엔터프라이즈
플러터
핸드북

**엔터프라이즈 플러터
핸드북**

발행일 2023년 4월 20일 초판 1쇄
지은이 Grady · Elieen
펴낸이 심규남
기 획 이정선 · 염의섭
표 지 신현수 | **본 문** 이경은
펴낸곳 연두에디션
주 소 경기도 고양시 덕양구 삼원로 73 한일윈스타 지식산업센터 8층 809호
등 록 2015년 12월 15일 (제2015-000242호)
전 화 031-932-9896
팩 스 070-8220-5528
ISBN 979-11-92187-99-0
정 가 35,000원

이 책에 대한 의견이나 잘못된 내용에 대한 수정정보는 연두에디션 홈페이지나 이메일로 알려주십시오.
독자님의 의견을 충분히 반영하도록 늘 노력하겠습니다.
홈페이지 www.yundu.co.kr

※ 잘못된 도서는 구입처에서 바꾸어 드립니다.

엔터프라이즈 플러터 핸드북

Enterprise Flutter Handbook

Grady · Elieen

YD Edition 연두에디션

| 추천사 |

소프트웨어 개발 조직을 보유한 회사라면 공통된 고민이 있다. '어떤 OS를 지원할까?', '모바일 앱도 네이티브로 짜야 하나?', '크로스 프레임워크를 쓸까?', '거기에 PC나 맥용까지 출시를 한다면 개발자 툴을 각 장비마다 따로 써야 하나?', '크로스 플랫폼, 그거 쓰자니 아직도 기능이 너무 떨어진다던데…' 이런 고민에 대한 구글의 해답은 Flutter이다.

이 책은 Flutter 프레임워크에 대한 단순한 해설서가 아니다. Flutter를 통해 구글의 모바일 생태계를 넘어서, PC를 포함한 모든 장비의 생태계를 어떻게 이끌고 싶어 하는지에 대한 야심을 파헤치고, 구글의 미래 기술 전략의 한 축을 보여주는 매력적인 시점이 들어 있다.

이 책의 또 다른 매력 포인트는 진화론적인 설명 방식이다. Front-end 개발 방법이 어떻게 진화했는지에 대한 설명을 듣다 보면 '앞으로는 이런 게 나오겠구나'하는 인사이트가 생길 수 있고, 그 지점에서 현재의 Flutter의 한계도 냉정하게 지적하고, 극복하는 방법도 소개되어 있다.

AI가 코딩을 하는 시대이다. ChatGPT로 코딩하고 CodePilot을 가지고 레퍼런스 삼아 개발하는 사람도 늘고 있다. 그럼에도 코딩 뒤에서 벌어지는 일을 이해하지 못하면, 코드의 최적화나 크로스 플랫폼을 효과적으로 지원하거나 사용하기는 어려울 것이다. 이 책의 세 번째 매력은 읽다 보면 알게 되는 코딩 뒤 숨겨진 이야기들이다.

Flutter는 앞으로가 더 기대되는 개발 툴이다. 이 툴에 대한 애정을 듬뿍 가지고 실제 현장에서 사용하면서 적은 Flutter 실용서와 구글의 야심을 기술이라는 렌즈로 파헤친 기술경영 분석서 두 권을 읽은 느낌을 다른 독자들과 함께하고 싶다.

KAIST 기술경영 대학원 동기이자 SK주식회사 C&C에서 Web3 플랫폼 그룹을 맡고 있는 최철

카이스트 기술경영대학원에서 공동과제를 수행하면서 저자와 인연이 되었다. 그중 벤처 창업 관련 수업에서 그의 비즈니스 아이디어를 현실에서 증명하기 위해 실질적인 성과물(PoC: Proof of Concept)을 플러터로 단기간에 보여주었다. 그의 수년간의 개발 경험에서 왜 플러터를 선택했는지, 플러터가 최적의 개발환경을 제공하고 협업 가능한 슬기로운 일잘러의 비결임을 알 수 있었다. 플러터를 꾸준히 연구하고 적극적으로 사용을 권하는 그는 진정한 전도사라고 말하고 싶다. 그리고 오늘 이 책을 통해 플러터는 현재까지 유효하며 앞으로 더 강력할 것임을 논리적으로 설명하고 있다.

현실에서 비즈니스 모델을 증명하고 싶은 자가 있는가?

그렇다면 저자는 플러터를 강력히 제안하고 있다. 그의 필드 경험과 고민, 축적된 노하우를 바탕으로 말이다!

본인은 Tizen OS기반 Smart TV 방송 SW기능에 대해 검증System을 개발하고 있는 Project Leader이다. 주변의 다양한 스마트 기기들과의 연결이 되면서 사용자에게 동일한 경험이 제공되는지 검증의 범위를 넓혀가고 있다. 동시에 해당 기기의 서비스나 앱이 성능/지연이 없이 Seamless하게 사용되어야 하기에 Tizen이 호환되는 플러터로 개발하고 검증하는 것이 중장기적으로 바람직함을 깨닫게 해주었다.

삼성전자 영상디스플레이사 개발PL 김주영 프로

많은 기업에서 네이티브 앱 개발에 더해서, 빠르게 변화하는 시장에 유연하게 대응하기 위해서 크로스 플랫폼 앱 개발을 필수적으로 선택하고 있다. Flutter는 이러한 기업의 요구사항에 부합되도록 기술적인 특이점을 지녔고, 이제는 적극적으로 도입을 고려해야 할 때라고 생각한다. 본 서적은 Flutter를 도입하기 위해 고민하는 많은 기업의 개발 관리자나 개발자들의 선택을 도와줄 모든 지식을 담고 있다.

포티투닷 모빌리티 플랫폼 임상석 개발 본부장

대학생 시절부터 저자 Grady는 뭐든 빠르게 배우는 얄미운 유형의 만능 개발자였다. 그가 특히나 처음부터 여기저기 떠벌리고 다녔던 것이 Flutter의 부흥이다.

이 책은 그만큼 저자가 수년간 고민하고 다듬으며 후배 개발자를 양성할 때도 활용해왔던 예제를 다루기에 야심 차게 실무적이지만 절대 불친절하지 않다.

구글의 반격으로 서막을 올릴 초거대 플랫폼의 미래 전쟁에 무슨 언어를 배울지 고민하는 모두에게 재벌 집 막내 개발자의 자신감으로 감히 Flutter를, 그리고 이 책을 추천한다.

(주)볼트앤너트 대표이사 윤기열

PM으로서 많은 개발 관리자 및 실무 개발자들과 협업하며 Flutter에 대한 엄청난 관심과 함께 해당 프레임워크로의 전환에 대한 어마어마한 부담감이 공존함을 체감했다.

본 서적의 가장 큰 매력은 Flutter를 이용한 개발부터 배포까지 그 어느 서적보다 쉽고 명확하게 설명하고 있다는 점이다. 또 하나의 매력은 Flutter 전환 프로젝트 경험이 있는 현업 개발자들의 생생한 인터뷰다. 한발 앞선 이들이 전하는 전환 과정에서의 어려움과 이로부터 배운 교훈은 당신의 전환 프로젝트에 귀중한 자원이 될 것이다.

Flutter 도입을 망설이고 있는 주변 개발자들의 손에 이 책을 꼬옥 쥐여주고 싶다.

삼성전자 빅데이터센터 Data Platform PM 윤예슬

이미 많은 플러터 입문 서적이 시중에 출판되어 있으나 엔터프라이즈급 서비스에 참고할 만한 서적이 마땅치 않았다. 이 책은 실제 서비스를 Flutter로 개발하는 과정에서 얻은 저자의 교훈을 바탕으로 효과적인 아키텍처를 제시함과 동시에, 실제 적용 사례들을 인터뷰 형식으로 읽기 쉽게 풀어내어 Flutter를 실제 서비스에 적용하려는 개발자에게 큰 도움이 될 것이라고 생각한다. 또한 크로스 플랫폼 앱 개발로 생산성 향상을 꾀하고자 하는 기획자 및 개발 관리자들에게도 큰 도움이 될 것이다.

COUPANG media group 김민석 프런트엔드 개발자

핀테크 앱을 기획하면서 가장 고민스러웠던 점은 프레임 워크 선정에 있었습니다.

이 책은 개발과 친하지 않은 저와 같은 사람에게도 왜 플러터여야만 하는지 자세히 설명해 주고 있습니다. 무엇보다 플러터를 이용하는 현업 개발자들과 인터뷰하는 형식을 채택하여 저자 외 다양한 의견 역시 참고할 수 있다는 점이 저에게 많은 도움이 되었습니다.

잘 쓰여진 책이란, 어렵거나 모호한 것을 쉽게 풀어내는 책이라고 생각합니다. 이 책이 그렇습니다.

KB증권 Equity Trading부 김태수

| 서문 |

내가 처음 Flutter를 접한 것은 2018년이었다. 당시에는 구글의 차세대 플랫폼 경영 전략에 대한 연구로서 Flutter를 접하게 되었다. 당시 Flutter는 많은 부분이 부족했었다. 막 Flutter 1.0이 출시되어 생태계가 확장되던 단계였다. Flutter를 처음 접했을 때 느꼈던 점은 "단순하나 사용하려면 시간이 오래 걸리겠구나"였다.

당시에는 기능을 개발하기 위한 생태계가 절대적으로 부족하였으며 기능적 결함도 많았다. 때문에 나는 프레임워크의 작동 원리와 효용성에 대한 얕은 수준의 탐색 이후 Flutter에 대해 크게 관심을 두지 않았다.

2020년 대학원에 입학하게 되며 연구주제를 찾다가 다시 Flutter를 살펴볼 기회가 생겼다. 나는 다시 Flutter를 살펴보고 나서 매우 놀랐다. 몇 년은 걸리겠다고 생각했던 Flutter 생태계는 폭발적으로 성장하여 서비스를 개발하여 운영할 수 있는 수준이었다. 몇 차례 기술 검토 이후 레거시 전환을 위해 Flutter를 통해 PoC 만들어 보기로 했다. PoC 개발 이후 운영에 충분히 적용 가능하다 판단하여 레거시를 전환하였고 그를 통해 경험한 Flutter의 개발 생산성과 유지보수성은 가히 혁신적이었다. 더불어 이분화되어 있던 모바일 애플리케이션 개발 조직을 하나로 묶을 수 있다는 점은 조직 운영 측면에서 강력한 이점으로 작용했다. 그 후 나는 "Flutter 전도사"가 되어 개발 생산성과 조직 운영에 애로사항을 겪는 지인들에게 열심히 Flutter를 홍보하고 다녔다.

적극적인 추천에도 불구하고 레거시 전환을 성공한 회사는 소수에 불과했다. 전환을 주저하는 대부분은 조직의 생산성에 문제를 인지하고 있었지만 검증되지 않은 기술로 전환한다는 것은 어려운 일이었다. 만나서 이야기를 들어보면 "좋은 건 알겠는데 운영 이슈가 예상이 안돼서 도입이 어렵다", "도입 사례가 없어서 회사에서 그냥 네이티브로 하라고 한다"와 같은 답변이 돌아왔다.

소프트웨어 시대에서 IT 회사가 높은 개발 생산성을 가진다는 것은 강력한 경쟁력이다. 노키아는 개발 생산성 관리에 실패하여 Android와 iOS에 시장을 넘겨주어야만 했다. 현대 IT 경영 전략은 주된 초점 중 하나로 IT 조직의 생산성을 정량화하여 측정하고 병목지점을 최소화하여 생산성을 극대화하는 것에 집중하고 있다. 그러한 관점에 따라 시장의 선두 기업들은 적극적으로 IT 조직의 병목 현상을 제거하고 있다. 생산성의 측면에서 Flutter는 IT 기업의 강력한 무기가 될 수 있는 프레임워크이다. 모든 플랫폼에서의 서비스 개발을 하나의 시선으로 볼 수 있는 조직과 플랫폼마다 다른 시각과 리소스를 소모해야 하는 조직의 경쟁은 불 보듯 뻔하기 때문이다.

더불어, 구글의 전략이 유효하다면 Flutter는 차세대 플랫폼의 Player로 참가할 수 있는 입장권과 같다. 소프트웨어 시대에서는 플랫폼의 전환에 따라 시장의 Player의 흥망이 결정되었다. PC의 시대에서는 마이크로소프트가 시장을 지배하였고, 스마트폰의 시대인 현재는 구글과 애플이 시장을 양분하여 지배하고 있다. 그리고 IT 거인들은 모두 차세대 플랫폼을 바라보고 있다. Flutter는 구글의 차세대 플랫폼 Fuchsia OS의 프레임워크로서 개발되고 있다. 가까운 미래에는 Flutter가 차세대 플랫폼에 참여하기 위한 필수적인 도구가 될 수도 있을 것이다.

개인적으로 Flutter의 효용성과 중요성에도 불구하고 사용되기 어려운 현실이 아쉬웠다. 그러나, 스스로 역량도 경험도 부족하다고 판단했기 때문에 어떠한 기여를 할 수 있을 것이라는 생각은 하지 못했었다. 때문에 Flutter에 대한 연구 자료를 개인 노트북에 저장해 놓고 지난 1년간 보관해 두었다.

시간이 지나며 Flutter 적용 사례들이 종종 들려오기 시작했다. 개인적인 궁금증에 성공적으로 도입한 회사들에게 인터뷰를 요청하여 귀중한 경험을 들을 수 있게 되었다. 인터뷰 과정에서 레거시 전환을 고민하고 도입한 관리자 혹은 개발자들이 공통으로 나와 같은 시행착오를 경험하고 내가 연구했던 사례들을 찾는 데에 어려움을 느낀다는 것을 알게 되었다. 때문에 나의 경험과 연구를 하나의 책으로 엮어낸다면 다른 분들께 작은 도움이라도 될 수 있지 않을까 하는 생각에 책을 집필하게 되었다.

본 책은 많은 부분에서 부족하다. 연구 목적으로 정리한 천 페이지가 넘는 자료를 현업에 도움이 되는 내용만 추려내는 것은 매우 어려운 일이었다. 자료를 정리하며 짧은 현업 경험으로 책을 쓴다는 것이 오만하다는 생각이 수도 없이 들었다. 그럼에도 불구하고 책을 완성할 수 있었던 건 경험과 고견을 공유해 주신 분들 덕분이었다. 부족한 부분을 보완하기 위해 국내외 적용 사례와 인터뷰 내용을 실었다. 독자분들께서 이러한 사례들을 통해 인사이트를 얻어 갈 수 있길 희망한다.

책을 완성하는 데 도움 주신 공동 저자 Elieen에게 진심으로 감사드린다. 현업에서 작성하신 코드와 인사이트 공유가 없었다면 책을 완성하기 어려웠을 것이다. 더불어 인터뷰를 통해 귀중한 경험을 공유해 주신 중고나라 박세건 팀장님, 임동현 매니저님, 그리고 자료 소개에 동의해 주신 네이버 웹툰 장영빈 개발자님, 라인 박혁준 개발자님께 감사드린다. 또한, 서평을 써 주신 최철 님, 김주영 님, 임상석 님, 윤기열 님, 윤예슬 님, 김민석 님, 김태수 님 모두 감사드린다. 마지막으로 이 책이 세상에 나올 수 있도록 힘써주신 연두에디션의 염의섭, 이정선 부장님께도 깊은 감사를 표한다. 이 책이 국내 IT 기업들의 경쟁력을 위한 참고 자료가 되길 희망한다.

본 서적의 인세는 모두 홀트아동복지회로 기부됩니다.

Grady

| 책의 소개 |

본 서적은 Flutter를 활용한 실무 서비스 개발에 대해 다루고 있다. 책을 시작하기 전 독자들의 이해를 도울 수 있도록 간략하게 책의 내용을 소개하고자 한다. 각 장에서 어떠한 내용을 다루는지, 눈 여겨볼 내용은 무엇인지 소개할 예정이다.

1장 Flutter의 과거, 현재, 그리고 미래

이 장에서는 구글의 Dart 언어와 Flutter 도입 배경에 대해 다룬다. 특히 **모바일 크로스 플랫폼 프레임워크의 도입 배경과 원리를 이해함으로써** Flutter와 React-Native의 구조적 차이에 대해 알아본다.

더불어 **Flutter를 실무에 도입한 국내(중고나라, GS Retail, Naver, Line, Felidia)와 해외(Alibaba Xianyu, eBay Motors) 사례**에 대해 다룬다. 특히 중고나라와 Felidia의 인터뷰 사례를 통해 Flutter의 실무 도입 시 겪는 시행착오와 경험에 대해 살펴볼 수 있다.

마지막으로 Google의 미래 전략으로써 Flutter의 중요성에 대해 다룬다. 이를 통해 Flutter 프레임워크가 Google의 차세대 플랫폼에 참여하기 위한 필요조건임을 알 수 있다.

2장 Dart와 Flutter의 변천사

이 장에서는 Dart와 Flutter 각각 2.18 Version, 3.0 Version까지의 변천사를 다룬다. **이 장의 목적은 독자들이 변화 과정을 가볍게 살펴보며 'Dart와 Flutter는 이러한 특징을 가지고 있구나'라는 생각을 하게 하는 것이다.** 때문에 모든 변천사에 대해 암기하거나 공부할 필요는 없다.

다만 필자가 이 장을 통해 한 가지 희망하는 것이 있다. **독자들이 Dart와 Flutter의 변화 흐름에 대해 이해**하는 것이다. Flutter의 생태계는 급속도로 성장하고 있어 Release마다 많은 변화가 발생한다. 때문에 Flutter를 이용하여 개발한 소프트웨어의 품질과 성능을 유지보수하고 개선하기 위해서는 생태계의 변화에 민감할 필요가 있다.

3장 Dart 시작하기

이 장에서는 Flutter 프레임워크의 언어인 **Dart의 설치 방법부터 문법, 사용법, 구조**에 대해 다룬다. 특히 **Null-Safety와 DVM(Dart Virtual Machine)와 Isolate에 대한 개념**에 대해서는 눈 여겨보길 추천한다. Flutter에 대한 다른 서적들에서도 Dart에 대한 기본 문법 및 사용법에 대해서 다루기 때문에 다른 서적을 먼저 읽어본 독자라면 이 장을 이해하기 더욱 수월할 것이라 생각된다.

4장 Flutter 시작하기

이 장에서는 **Flutter의 특징과 개념**에 대해 다룬다. 이 장에서는 **Widget Tree & Element Tree & RenderObject Tree, Flutter의 생애주기와 BuildContext** 등에 대해 상세히 다룬다.

엄밀히 말해서 이 장을 온전히 이해하지 못하더라도 Flutter 소프트웨어를 만들 수는 있다. 다만, 이 장을 이해하지 못한다면 Flutter로 만든 소프트웨어의 품질을 관리하기 어려울 것이다. 만약 이 장을 읽으며 내용을 이해하기 어렵다면 책을 모두 읽고 나서 다시 돌아와 4장을 복습하는 것을 추천한다.

5장 Flutter 도전하기

이 장에서는 **Flutter의 문법과 다양한 위젯의 사용법**에 대해 다룬다. 3장과 마찬가지로 5장의 일부 내용은 Flutter를 다루는 다수의 기본 서적들에서도 다루고 있어 그를 읽어본 독자라면 이 장을 이해하기 더욱 쉬울 것이다.

6장 Flutter 프로젝트 구성하기

이 장에서는 **실무 환경에서 Flutter 프로젝트를 구성하는 방법**에 대해 다룬다. 상세하게는 프로젝트 구성부터 **Flutter 소프트웨어를 위한 디자인 패턴, 그리고 자주 사용되는 14가지 Flutter Package**에 대해 다룬다. 독자들이 4장과 5장을 통해 익힌 Flutter에 대한 개념과 사용법을 토대로 6장의 내용을 통해 실무 프로젝트를 구성할 수 있길 바란다.

7장 Firebase 시작하기

본 서적에서는 Flutter와 함께 사용하는 개발 도구로 Firebase를 소개한다. Firebase는 몇 가지 한계점을 가지고 있긴 하지만 그를 상쇄하는 장점들을 가진 개발 도구이다. 특히나 Flutter와는 생산성 향상 측면에서 강한 시너지를 낸다. 이 장에서는 Authentication, Firebase Hosting, Cloud Firestore, Cloud Storage, Cloud Function에 대한 자세한 실무 활용법에 대해 다룬다.

8장 상태 관리 전략과 Provider, 그리고 Riverpod

이 장에서는 '상태 관리'와 '상태 관리 전략'이라는 개념의 도입 배경을 이해하기 위해 지난 30년간의 Front-end의 발전 역사에 대해 다룬다. 특히나 대규모 애플리케이션을 위한 상태 관리의 필요성으로 파생된 6가지 니즈와 그에 따른 상태 관리 패턴 및 라이브러리의 발전에 대한 서술은 반드시 이해하길 권한다.

본 서적에서는 상태 관리 전략의 필요성에 대한 이해를 바탕으로 **상태 관리 라이브러리로써 Provider**를 소개한다. 더불어, **Provider의 한계점을 개선한 Riverpod**에 대해서도 간략히 소개한다.

9장 Flutter의 테스트 코드

이 장에서는 **Flutter 소프트웨어의 품질관리를 위한 테스트 코드 작성 방법**을 설명한다. 다른 프레임워크들과 유사하게 Flutter의 테스트는 **단위 테스트, 위젯 테스트, 통합 테스트**로 구성된다. 때문에 테스트 코드 작성 경험이 있는 독자라면 이 장의 내용을 수월하게 이해할 수 있을 것이다.

더불어, TDD(Test-Driven Development)의 개념과 이를 Flutter 소프트웨어 개발에 도입하는 방법에 대해 설명한다. 이를 통해 독자들이 TDD를 활용한 테스트 코드와 프로덕션 코드 개발 방법에 대해 이해하길 바란다.

10장 Flutter 프로젝트 배포하기

이 장에서는 Flutter 프로젝트 배포 방법에 대해 다룬다. 상세히는 Android와 iOS 스토어에 배포하는 방법, 배포 과정을 통합하는 CI/CD Tool인 CodeMagic에 대한 활용 방법, 운영 데이터를 수집하고 분석하는 BI Tool인 Amplitude와 Teableau에 대해 다룬다. 이 장을 읽고 나면 여러분들이 만들 소프트웨어를 배포하여 사용자들에게 선보이고, 그러한 사용자 데이터들을 분석하여 고객의 니즈와 가치를 살펴볼 수 있을 것이다.

서문		vii
책의 소개		xi

CHAPTER 1 Flutter의 과거, 현재, 그리고 미래 — 001

1.1	구글은 왜 Flutter를 만들었을까?	003
1.2	모바일 크로스 플랫폼 프레임워크	009
1.3	Flutter 도입 관련 국내외 사례	015
1.4	Flutter의 미래	063

CHAPTER 2 Dart와 Flutter의 변천사 — 069

2.1	Dart의 변천사 : Version 1	071
2.2	Dart의 변천사 : Version 2	078
2.3	Flutter의 변천사	084

CHAPTER 3 Dart 시작하기 — 103

3.1	Dart 사용법 살펴보기	105
3.2	Dart 언어 살펴보기	116
3.3	Dart의 형식	132
3.4	Dart의 주석	135
3.5	Dart의 변수와 상수	136
3.6	Dart의 연산자	138
3.7	Dart의 제어 흐름	139

3.8	Dart의 함수	143
3.9	Dart의 객체 지향 프로그래밍	145
3.10	Dart의 비동기 프로그래밍	152
3.11	Effective Dart	154

CHAPTER 4 Flutter 시작하기 159

4.1	모든 것이 위젯이다. Flutter	162
4.2	Flutter 시작하기	168
4.3	StatefulWidget과 StatelessWidget	173
4.4	BuildContext	180

CHAPTER 5 Flutter 도전하기 185

5.1	Flutter를 통한 모바일 애플리케이션 개발, 그리고 Material과 Cupertino Design	187
5.2	Scaffold 위젯	193
5.3	레이아웃 위젯	194
5.4	뷰 위젯 : ListView, GridView, PageView	204
5.5	상호작용 위젯 : GestureDetector, InkWell	217
5.6	Form 위젯	220
5.7	라우팅 : Navigator, RouteObserver	223
5.8	Modal : AlertDialog, SnackBar, BottomSheet	229

CHAPTER 6 · Flutter 프로젝트 구성하기 — 241

- 6.1 프로젝트 설정하기 — 243
- 6.2 Flutter에 사용되는 디자인 패턴 — 253
- 6.3 MVVM 패턴 사용하기 — 258
- 6.4 자주 사용되는 14가지 Flutter Package — 273

CHAPTER 7 · Firebase 시작하기 — 301

- 7.1 Firebase의 역사 — 306
- 7.2 Flutter와 Firebase 연동하기 — 307
- 7.3 Authentication — 313
- 7.4 Realtime Database — 323
- 7.5 Firebase Hosting — 324
- 7.6 Cloud Firestore — 326
- 7.7 Cloud Storage — 348
- 7.8 Cloud Function — 358

CHAPTER 8 · 상태 관리 전략과 Provider, 그리고 Riverpod — 385

- 8.1 Front-end의 발전 역사 — 387
- 8.2 React의 상태 관리 전략과 라이브러리 — 393
- 8.3 Flutter의 상태 관리 전략과 Provider — 398
- 8.4 Provider 시작하기 — 403
- 8.5 Provider와 MVVM 패턴 활용 — 423
- 8.6 Riverpod 알아보기 — 430

CHAPTER 9 Flutter 테스트 코드 · 437

- 9.1 단위 테스트 · 439
- 9.2 위젯 테스트 · 445
- 9.3 통합 테스트 · 452
- 9.4 Flutter와 TDD(Test-Driven Development) · 463

CHAPTER 10 Flutter 프로젝트 배포하기 · 483

- 10.1 Android 배포하기 · 485
- 10.2 iOS 배포하기 · 510
- 10.3 CI/CD를 위해 codeMagic 사용하기 · 521
- 10.4 BI Tool: Amplitude와 teableau 사용하기 · 536

마치며 · 541
INDEX · 543

CHAPTER
1

Flutter의
과거, 현재, 그리고 미래

CONTENTS

1.1 구글은 왜 Flutter를 만들었을까?

1.2 모바일 크로스 플랫폼 프레임워크

1.3 Flutter 도입 관련 국내외 사례

1.4 Flutter의 미래

1.1 구글은 왜 Flutter를 만들었을까?

Flutter에 대해 알아보기 위해서는 Flutter의 언어인 Dart의 시작을 먼저 살펴봐야 한다. Dart는 2011년 10월 덴마크 GOTO 회의에서 구글 엔지니어 Gilad Bracha에 의해 공개됐다.[1] Dart에 대한 그의 저서에 따르면 **Dart는 개발자의 생산성과 효율성을 향상하는 새로운 언어를 만들고자 하는 목적으로 개발되었다.**[2]

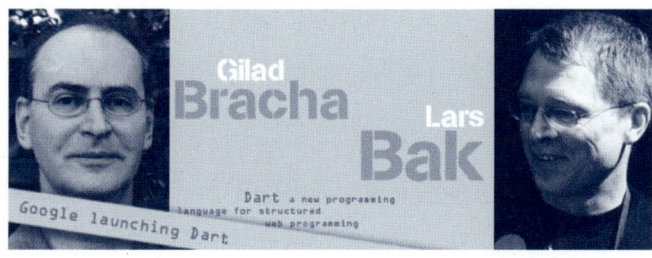

2011년 10월 열린 GOTO 회의에서 소개된 Dart

때문에 Dart는 기존 언어의 단점을 보완하는 방향으로 개발되었고, 문법과 특징들은 C와 Java 언어와 유사하게 디자인되어 있다. 더불어, Dart는 멀티 플랫폼에서 동작할 수 있도록 디자인되었기 때문에 Java의 JVM과 유사하게 DVM(Dart Virtual Machine)을 통해 동작하며 네이티브 컴파일링을 통해 애플리케이션 실행을 지원하고 있다.[3]

---

1 Dart는 구글 엔지니어였던 Lars Bak과 Kasper Lund가 공동 개발했다.
2 그는 Dart 언어를 구조화된 최신 App의 개발을 단순화하고, 복잡하지 않은 스크립트로 큰 응용 프로그램으로 확장될 수 있으며, 모든 최신 브라우저에서 사용할 수 있도록 JavaScript로 컴파일할 수 있는 클래스 기반 객체 지향 언어로 설명하고 있다.
3 후에 다시 서술하겠지만 Dart가 모바일 운영체제 네이티브 언어로 컴파일이 가능하다는 특징 덕분에 Dart를 사용하는 Flutter는 React Native와 달리 Bridge를 통하여 발생하는 병목 현상에서 자유로울 수 있다.

Flutter가 출시되기 전까지 Dart는 프로그래머들에게 외면받는 언어였다. Google은 JavaScript를 대체할 목적으로 Dart를 출시했다.[4] 그러나 대다수의 프로그래머들은 JavaScript를 사용하는 데 익숙했고, 단순히 JavaScript의 단점들을 보완하기 위해 익숙하지 않은 새로운 언어를 선택하고자 하지 않았다. 그러한 이유로 2012년 이전까지 Dart는 단순히 사용되지 않는 언어였다.

그러나, 구글이 2012년 Dart VM을 Chrome에 포함하는 업데이트를 진행하면서 Dart는 많은 프로그래머들이 싫어하는 언어가 되었다. 구글이 JavaScript를 배제하고 Dart의 사용을 강요하고 있다고 느끼게 되었기 때문이다.

구글의 이러한 접근 방식은 프로그래머들에게 큰 반발을 일으켰고, 결국 구글은 2015년 3월 Dart VM을 Chrome에 통합하지 않겠다고 알렸다. 그럼에도 불구하고 Dart를 싫어하는 분위기는 2018년까지 이어졌다. 일례로 Dart는 미국의 개발자 매칭 플랫폼인 Codementor에서 진행하는 2018년 Worst Programming Languages to Learn에서 전체 Worst Ranking 1위를 차지했다.[5]

---

[4] 구글이 명시적으로 "JavaScript를 대체하기 위해 Dart를 만들었다"라고 밝힌 바는 없다. 다만, Dart의 개념의 많은 부분은 JavaScript의 한계점을 개선하는 방향으로 설계되었으며, 초기의 Dart 발표 제목이 "Dart: 구조화된 웹 프로그래밍 언어"라는 점 등을 고려할 때, 아마 구글은 단순히 현대 생산성 언어를 창조하는 목적이 아니라 JavaScript를 완전히 대체하기 위한 목적을 가졌을 것으로 생각한다.

[5] Codementor는 친절하게도(?) Dart가 Worst인 이유를 상세히 설명해 준다. 그들에 따르면 2011년도에 나온 Dart는 2014년에 나온 Swift보다 모든 개발커뮤니티에서 낮은 랭킹을 가지고, 사용률이 상대적으로 성장하지 않았다고 한다. 더불어 Dart를 사용하는 Google, Wrike 등의 일부 회사가 있지만 Swift에 비해 40배 이상 일자리가 적으며, 다른 옵션들이 많기 때문에 Dart는 배우지 말아야 할 언어 중 1위라고 설명한다.

Worst Programming Languages to Learn in 2018 Rankings

그러나, Flutter의 공식 언어로 Dart가 사용되고 Flutter 생태계가 활성화되며 Dart 언어에 대한 평가는 달라졌다. Flutter는 'SKY'라는 이름으로 2015 Dart Developer Summit에서 공개되었다. 이때 SKY는 Android 개발자가 Dart를 활용하여 모바일 앱을 쉽게 개발하고 배포할 수 있는 오픈 소스 프레임워크로 소개되었다. 즉, **Flutter 개발의 초기 의도는 Dart 언어를 활용하여 모바일 앱 개발의 생산성을 높이기 위한 목적이었다.**

2015 Dart Developer Summit에서 공개 된 SKY

그러나, 2018년 Google Developer Days에서 발표된 **Flutter Release Preview 2**와 같은 해 12월에 출시된 **Flutter 1.0**은 단순한 개발 생산성을 위한 도구가 아닌 모바일 크로스 플랫폼 프레임워크로서 소개되었다. 이때부터 개발자들은 모바일 애플리케이션 개발에 높은 생산성을 보였던 Flutter와 Dart 언어를 수용하기 시작했다. 더욱이 기존에 사용되던 React Native, Xamarin 등의 모바일 크로스 플랫폼 프레임워크 대비 낮은 진입 장벽과 높은 개발 생산성을 보였기 때문에 기존 모바일 크로스 플랫폼 프레임워크를 사용하는 개발자들에게도 많은 인기를 끌었다. 이러한 인기를 증명하듯 Flutter는 GitHub 2019 State of. the Octoverse report에서 Dart와 Flutter는 지난 1년간 가장 빠르게 성장하는 언어와 오픈 소스 프로젝트로 각각 1위와 2위에 선정되었다.

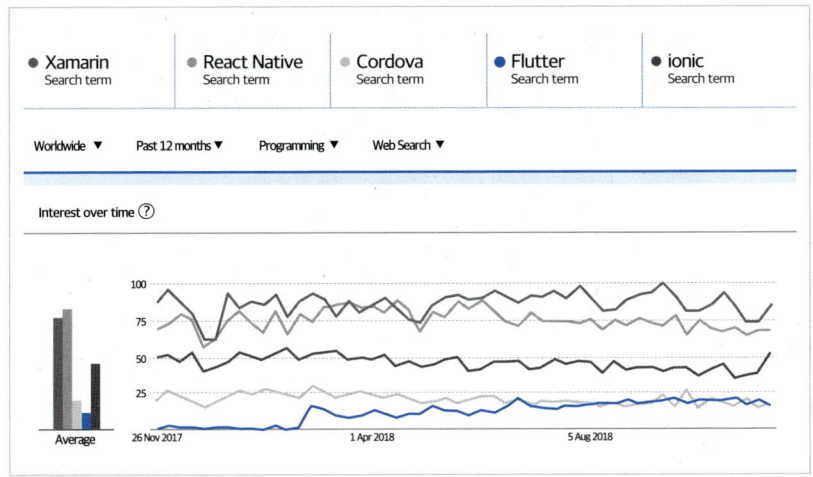

구글 트렌드로 살펴본 Flutter 검색량 변화

CHANGE IN PROGRAMMING LANGUAGE USE, 2018-2019	
01 Dart	532%
02 Rust	235%
03 HCL	213%
04 Kotlin	182%
05 Typescript	161%
06 PowerShell	154%
07 Apex	154%
08 Python	151%
09 Assembly	149%
10 Go	147%

Fastest growing languages

With Flutter in our trending repositories, it's not surprising that Dart gained contributors this year. We also saw trends toward statically typed languages focused on thpe safety and interoperability: the Rust, Kotlin, and Type Script communities are still growing fast."

Octoverse report 에서 소개한 가장 빠르게 성장하는 언어 랭킹

Google은 여기서 멈추지 않고 Flutter의 Vision을 확장했다. **2019년 12월 Google은 Flutter 1.12를 출시하며 Flutter를 모든 하드웨어에서 같은 언어로 개발할 수 있는 프레임워크로 정의했다.** 이러한 목표는 Flutter의 Vision를 "A portable UI framework for an ambient computing world"로 정의한 것에서 적나라하게 나타난다.

구글이 설정한 Flutter의 Vision

Flutter는 모든 하드웨어에서의 개발을 목표로 기능을 확장해 나갔다. 2019년에는 코드리스 프로토타이핑 도구인 Supernova와의 통합을 알렸으며, 2021년에는 Web과 Windows, MacOS, Linux 서비스 개발을 공식 지원했다. 2022년에는 Flutter 3을 출시하며 MacOS와 Linux Desktop App Stable support가 추가되어 범용 크로스 플랫폼으로 한 단계 도약했다.

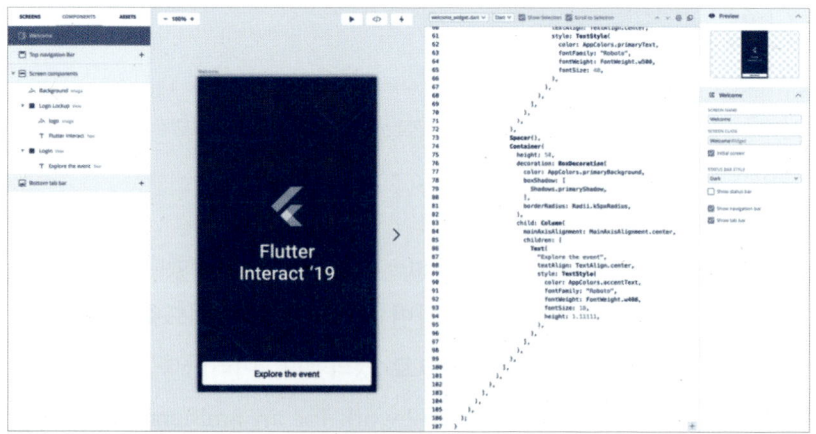

Flutter 개발이 가능해진 Supernova

1.2 모바일 크로스 플랫폼 프레임워크

Flutter를 이해하기 위해서 먼저 모바일 크로스 플랫폼 프레임워크의 개념에 대해 이해할 필요가 있다. Flutter의 Vision이 범용 크로스 플랫폼 프레임워크이긴 하지만, 현재 가장 많이 쓰이는 분야는 모바일 애플리케이션 개발이며, 이 개념에 대해 이해한다는 것이 Flutter의 특징과 아키텍처를 이해하는 데 도움이 되기 때문이다.

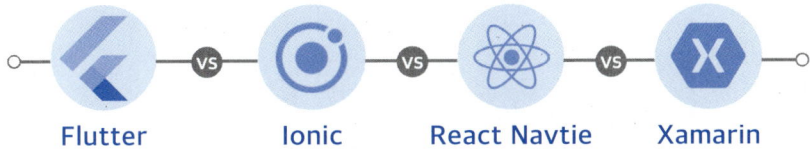

Choose the Best Cross-Platform APP Development 2021

애플 iOS SDK는 2008년 3월, 구글 안드로이드 SDK는 2009년 10월에 각각 출시되며 모바일 시대의 시작을 알렸다. 전 세계 PC와 스마트폰의 출하 개수는 2011년 역전되었으며, 2015년에는 스마트폰 14억 개, PC 2억 8,900만 개로 압도적인 격차로 모바일 플랫폼이 중심 플랫폼으로서 떠오르게 됐다. 모바일 운영체제 시장은 2020년 5월 기준 안드로이드가 72.5%, iOS가 26.8%로 두 운영체제가 시장을 독점하고 있는 형태이다. 스마트폰 출하 OS 시장 점유율 전망도 2026년까지 안드로이드가 86~87%대, iOS가 13%대로 예상되며 앞으로 5년 이내에는 두 운영체제의 모바일 시장 독점이 예상된다.

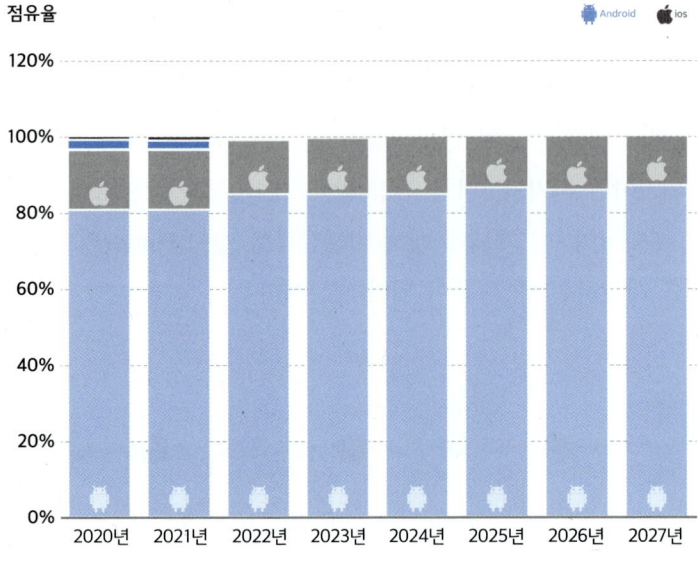

스마트폰 출하 OS 시장 점유율 전망

우리는 모바일 크로스 플랫폼 프레임워크의 도입 배경을 이해하기 위해 모바일 운영체제에서 애플리케이션의 작동 원리를 이해할 필요가 있다.

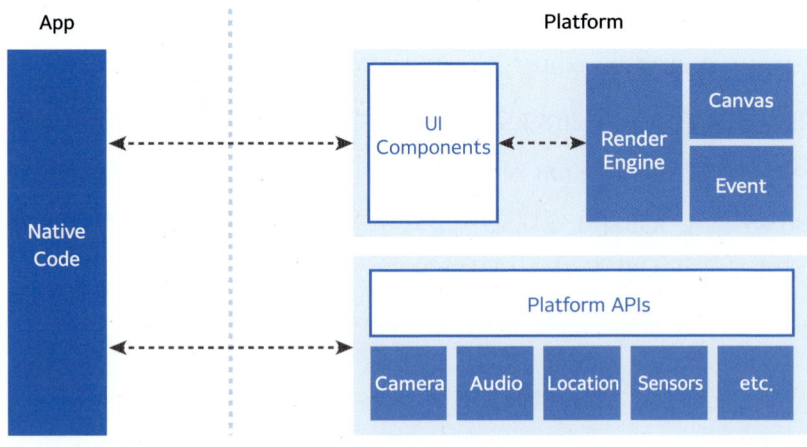

모바일 운영체제에서 애플리케이션 작동 원리

모바일 운영체제에서 애플리케이션은 위 그림과 같이 작동한다. iOS와 android 플랫폼의 애플리케이션은 Native 언어를 통해 위젯을 만들고 Camera 등의 서비스를 이용하기 위해 Platform과 소통한다.[6] OEM (Original equipment manufacturer) Widgets를 통해 위젯들은 그리고자 하는 것들을 스크린 캔버스에 Render 하며, 화면에서 발생한 이벤트는 다시 위젯으로 보내지게 된다.

iOS는 object-C 기반 안드로이드는 Java 기반의 서로 다른 네이티브 언어를 통해 응용프로그램을 개발할 수 있기 때문에, 두 운영체제의 독점은 모바일 응용프로그램을 만드는 개발자들에게 부담을 안겨주었다. 이는 모바일 애플리케이션을 출시하기 위해서는 서로 다른 두 가지 네이티브 언어로 개발하고 지속해서 유지보수해야 한다는 것을 의미했다. **같은 애플리케이션을 두 가지 방식으로 개발 및 유지보수하는 수고로움을 덜기 위해 모바일 크로스 플랫폼 프레임워크가 탄생**하게 됐다.

---

[6] 모든 과정을 이해하기 위해서는 Java, Kotlin 혹은 Object-C, Swift 언어로 작성된 소프트웨어가 컴파일 되고 빌드 되는 과정을 알아야 한다. 그러나, 우리의 주된 관심사는 Flutter이므로 해당 내용에 관해서는 생략하고자 한다. 뒤에 이어 서술되는 내용에서도 우리의 관심사와 거리가 있는 내용들은 생략할 예정이라는 점을 미리 밝힌다.

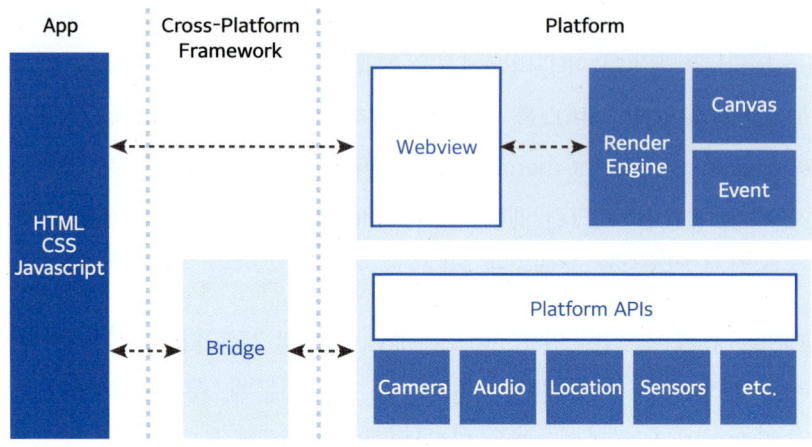

WebView를 활용한 초기 모바일 크로스 플랫폼 프레임워크의 작동 원리

초기의 모바일 크로스 플랫폼 프레임워크 중 대표적인 것은 Javascript 와 webview를 기반으로 만들어진 Apache Cordova[7], Ionic이다. 두 가지 모두 Cordova를 기반으로 제작되었고, Ionic은 GUI 및 CUI 기능을 추가한 프레임워크이다. 이들은 WebView를 이용하는 프레임워크로 OEM Widgets이 아닌 HTML 언어를 통해 Platform 내부의 WebView와 소통하며, WebView는 Canvas를 통해 사용자에게 Render 해준다. 네이티브와 달리 Javascript를 통해서 Platform의 서비스들과 직접 소통하기는 어렵기 때문에 Bridge를 이용한다. 초기 프레임워크들은 Bridge 덕분에 JavaScript 코드를 통해 서비스와 소통할 수 있었다. 이러한 프레임워크들은 하나의 언어를 통해 개발과 유지보수를 할 수 있다는 점에서 애플리케이션 제작에 이용되었다.

초기 모바일 크로스 플랫폼 프레임워크의 등장 이후 대규모 트래픽

---

7   초기 이름은 PhoneGap으로 다음에 Apache Cordova로 이름이 변경되었다.

을 다루는 다수의 IT 기업들이 등장했다. 그에 따라 사용자 경험의 중요성이 대두되었다. 때문에 애플리케이션 복잡성이 증가하더라도 좋은 사용자 경험을 제공할 수 있는 비동기적 데이터 흐름에 기반한 리액티브 프로그래밍이 많은 인기를 얻었다. 그러한 이유로 리액티브 프로그래밍 패턴을 가지고 Webview 생성을 이전 프레임워크 대비 쉽게 만들어준 React-Native는 많은 IT 회사의 선택을 받았다. React-Native 출시 이후, 테슬라, 에어비앤비, 월마트, 우버 등 다양한 기업들이 React-Native를 통해 자신의 애플리케이션을 출시했다.

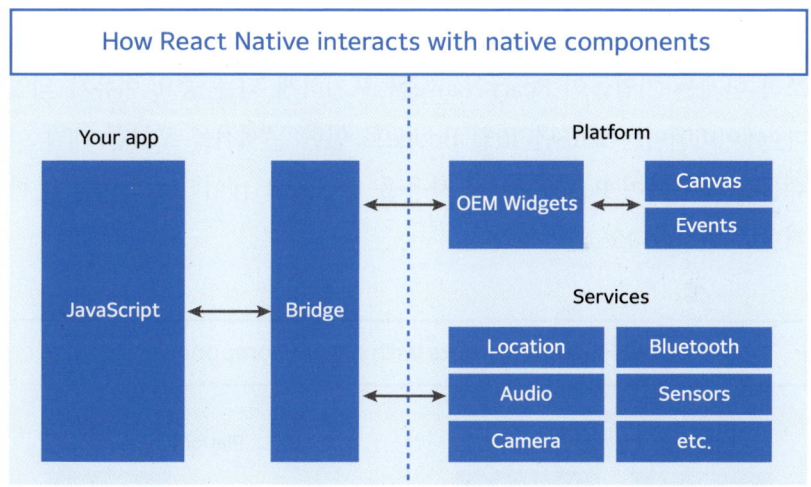

React Native의 작동 원리

React-Native는 초기 모바일 크로스 플랫폼 프레임워크와 달리, Flux라는 이름의 Bridge를 이용하여 OEM Widgets과 service와 소통한다. 이러한 구조 덕분에 React-Native를 사용한 회사들은 Native 언어를 이용한 개발 리소스를 최소화하고 JavaScript 언어만으로 iOS와 Android 운영체제 모두에서 작동하는 애플리케이션을 만들 수 있었다.

그러나, Native 영역의 OEM Widgets과 소통하기 위해 Bridge를 거쳐야 한다는 구조적 한계 때문에 React-Native는 외면받게 되었다. Services들에 비해 OEM Widgets들은 애플리케이션을 사용할 때 빈번하게 호출되기 때문에 Bridge를 거치는 구조에서 병목현상이 발생하기 때문이다. 즉, **React-Native는 구조적 한계로 다수의 트래픽이 발생하는 애플리케이션에서는 성능 문제가 발생**한다는 것이다.

때문에 **React-Native로 만들어진 애플리케이션은 규모가 커질수록 성능이 떨어졌다.** 뿐만 아니라 IT 기업들의 서비스가 글로벌화되며 인터넷과 모바일 단말기 수준과 무관하게 같은 사용자 경험을 제공하는 것은 소프트웨어에 중요 요구사항이 되었다. 이러한 맥락에서도 Bridge라는 구조적 한계는 기업들이 React-Native를 포기하게 되는 중요 이유가 되었다. 에어비앤비는 2018년 10월 Bridge로 인한 문제점을 포함한 개발 이슈들을 발표하며 React-Native 사용을 중단하고 네이티브 언어를 통한 개발로 변경한다고 선언하였다.

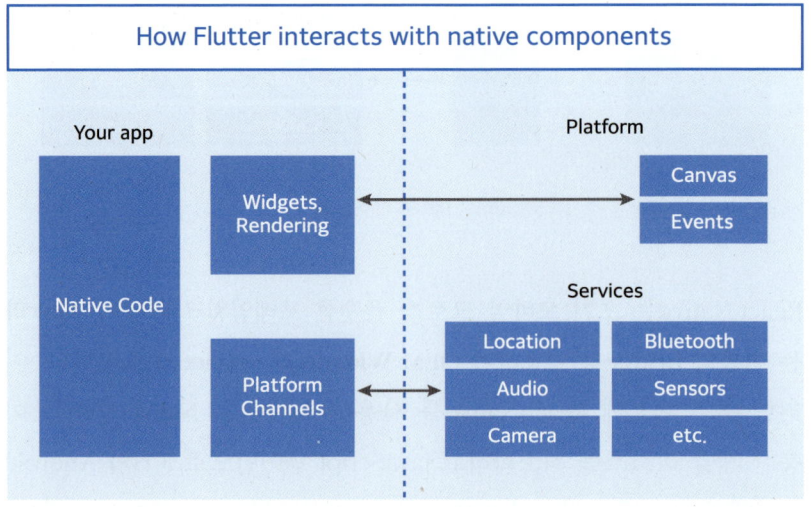

Flutter의 작동 원리

2017년 구글이 출시한 Flutter는 React-Native와 유사하게 리액티브 프로그래밍을 기반하여 제작되었지만, 컴파일 프로그래밍 언어를 Dart로 이용하여 Bridge로 인한 성능 문제를 겪지 않는다.[8] 즉, **Flutter는 bridge를 거치지 않고, Platform과 소통할 수 있기 때문에 bridge로 인한 병목현상이 발생하지 않는다.** 대신 Flutter 내부의 Skia라는 Rendering 엔진을 보유하여 플랫폼에 요청하지 않고 즉시 렌더링하는 방식을 취한다. 이 때문에 Flutter의 렌더링 속도는 네이티브의 렌더링 속도와 유사하다. 때문에 Flutter는 고성능의 애플리케이션이 작동될 때 React-Native보다 상대적으로 좋은 성능을 가진다.

1.3 Flutter 도입 관련 국내외 사례

1.3.1 국내 사례

❋ 중고나라

감사하게도 중고나라의 박세건 팀장님과 임동현 개발자님께서 독자들에게 레거시 전환에 대해 귀중한 경험을 공유해 주셨다. 인터뷰에 참여하신 두 분은 과거 GS Shop에서 레거시 전환을 수행하신 경험이 있다. 후에 소개할 GS Shop 인터뷰 소개 자료와 함께 살펴보는 것도 인사이트를 얻는 데에 도움이 될 것으로 생각한다.

인터뷰는 Flutter 도입 배경과 경험 공유와 Flutter 소프트웨어 개발 및 운영 노하우를 주제로 진행되었다.

---

8 Dart는 구글이 JavaScript를 대체하고자 2011년 출시한 프로그래밍 언어로 모바일 플랫폼의 네이티브 언어로 컴파일이 가능하다.

Flutter 도입 배경과 경험 공유

Grady 안녕하세요. 반갑습니다! 첫 질문으로 독자분들께 Flutter를 도입하게 된 계기를 소개해 주시면 좋을 것 같아요.

박세건 안녕하세요. 박세건입니다. 저는 중고나라에 올해 초 조인하여 기존 네이티브 서비스를 Flutter로 전환하는 팀을 담당하게 되었습니다. 이전에는 GS Shop에서 네이티브 서비스를 Flutter로 전환하는 것을 담당했고, 백그라운드는 iOS 개발입니다.

Flutter를 처음 시작한 계기는 다음과 같습니다. 저는 중간 관리자 입장이었는데, Flutter라는 기술은 태생이 관리자나 경영진이 좋아하는 기술이거든요. 한 명의 개발자가 2개의 OS의 서비스를 개발할 수 있다는 점이 관리자나 경영진한테는 매력적이기 때문에 언제나 시도해 보고 싶어 하죠.

그래서 19년 초에 저에게 검토 요청이 왔었습니다. 그때는 Flutter 버전이 1.0이었어요. 그때 PoC를 해보니까 성능이 생각보다 안 나와서 적용하지 않았습니다. 그 후에도 고객사에서 'Flutter라는 것을 하자'는 제안이 들어와서 PoC를 했어요. 그런데 그때도 Flutter가 익숙하지가 않은 문제가 있었죠. 개발 환경이 매우 달라지는 두려움도 있었고, 레거시를 전환하는 과정에서 기존 코드의 아키텍처랑 달라져야 하는 부분, Flutter 개발자 수급이 어려운 점 때문에 Flutter 도입이 어렵다고 생각했어요.

그런데, 그 당시에 개발 팀장님이 샘플 코드를 새벽에 만드셔서 보여주셨습니다. 이거 잘 된다고 해보자고 하셔서 그 열정에 반해 Flutter를 시작하게 되었어요. 처음에 홈쇼핑 앱을 그렇게 전환했는데, 처음에는 사람이 없어서 사람 모으는데 한 달 정도 걸린 것 같아요. 처음에는 모인 모든 개발자가 Flutter를 잘 몰라서 Flutter에 대해 공부를 시작했습니다. TF를 만들어서 같이 공부하고 기존의 구조로 만들어보는 것들을 했습니다. 베이스 코드가 만들어지는데 1달에서 1달 반 정도 걸렸던 것 같아요.

다만, 처음에 만들었을 때는 잘 몰랐던 부분이 있어서 서비스 만들면서 계속 갈아엎었던 것 같아요. 예를 들면, 처음에 시작할 때는 상태 관리에 대해 깊은 이해 없이 동작 방식이 이렇구나 정도만 이해하고 시작했어요. 그런데 만들어 놓고 보니까 유지보수성도 떨어지고 생산성도 안 좋아져서 상태 관리를 이렇게 하면 안 되겠다는 생각에 상태 관리 라이브러리도 많이 바꿨죠. BLoC을 적용해 보기도 하고, Provider를 적용해 보기도 했습니다. 결국에는 혼합해서 사용했습니다.

그리고 처음에는 선언형 UI에 대해 이해가 없어서 조금 힘들었어요. 기존에는 절차식으로 짜는데 익숙하다 보니까 선언적으로 프로그래밍하는 것에 익숙해지는 데에 시간이 걸렸습니다.

GS Shop에서 중고나라로 이직하게 된 계기는 중고나라 경영진들이 Flutter로 전환하고자 하는 니즈가 있어서예요. 앞서 밝혔듯이 Flutter는 임원들이 좋아하는 이상적인 요소를 가지고 있어요. 그래서 누구나 탐내고 누구나 시도를 합니다.

중고나라에 처음 와서 했던 일은 개발자 수급입니다. 그래도 처음 했던 것과 비교하면 사람 모으기는 훨씬 수월했어요. 이번에는 최소한 한 번 이상 프로젝트를 했던 분들과 레거시 전환을 시작했기 때문에 훨씬 더 수월했습니다. 그리고 Flutter로 전환하게 되면서 원래 팀에 있던 기존 네이티브 개발자들도 Flutter로 넘어오게 되었습니다. 네이티브 개발자 분들도 기존 비즈니스 로직을 아시니까 넘어오는데 큰 문제는 없었던 것 같아요.

임동현 안녕하세요, 임동현입니다. 저도 박세건 팀장님과 함께 GS홈쇼핑에서 레거시 앱을 Flutter로 전환하는 업무를 같이 했었습니다. 박세건 팀장님이 중고나라로 합류하신 뒤, 불러 주셔서 조인하게 되었습니다.

제 백그라운드는 안드로이드 시스템 개발 / 임베디드 개발자입니다. 이전에는 월패드(스마트홈 기기)를 만드는 일을 했었고, 시스템 개발이 보통 소규모 사업으로 이뤄지다 보니, 이것저것 다 하다가 안드로이드 애플리케이션 개발도 자연스럽게 하게 되었습니다.

이후에는 스타트업에서 RC 기기로 온라인 대전을 할 수 있는 플랫폼을 만드는 일을 했습니다. 안드로이드와 iOS 네이티브 개발 두 가지 모두 하기에는 리소스가 부족해서 React-Native와 Flutter를 선택지로 두고 비교했는데, 구상하던 플랫폼(RC 조종)이라면 기본적으로 60프레임 성능은 나와야 했습니다. 하지만 React Native로는 전혀 불가능한 수치였고, 자연스럽게 선택지가 Flutter밖에 없어서 선택하게 됐습니다.

이런 배경을 가지고 GS Shop 레거시 앱을 전환하는 업무에 합류하게 되었고, 현재 중고나라 Flutter 앱 개발자에 이르게 되었습니다.

Grady 계기가 흥미롭네요. 다음 질문으로 넘어가 볼까요? 혹시 개발자 측면에서 네이티브에서 Flutter로 전환하는데 진입 장벽이나 애로사항이 있었는지 궁금해요.

박세건 저는 iOS 개발자가 Flutter로 전환하기 쉽지는 않은 것 같아요. 일례로 레이아웃 그릴 때도 iOS에서는 스토리보드에서 그리는데. Flutter로 넘어오면서 코드로 UI를 만드는 것들이 다른 것 같아요. 그리고 절차형으로 프로그래밍하다가 선언형으로 전환하는 것도 진입 장벽이었던 것 같아요.

그리고 Flutter와 iOS의 UI 스레드 동작 방식이 달라서 렌더링 되는 타이밍이 다른 문제 같은 것들이 익숙해지기 어려웠네요. 그래서 그런 것들 익숙해지는데 1달 정도 고생했던 것 같아요. 그래도 개발자로서 새로운 기술은 항상 배우는 것이니까 배우는 마음가짐으로 공부했습니다. 아마 iOS 개발자들한테 하라고 하면 저랑 비슷한 허들을 느낄 것 같습니다.

특히 오래된 레거시를 다루는 경우에는 좀 더 그럴 것 같아요. 중고나라에서 레거시를 전환할 때는 허들이 낮아서 1달 이내에 다 전환했거든요. 네이티브 코드 모두 RX 패턴을 가지고 있어서 선언형으로 쉽게 전환할 수 있었습니다. 아마 오래된 레거시를 가지고 있을 때에는 더 힘들 것 같긴 합니다. 그리고 iOS 개발자들이 프라이드가 있어서 iOS 개발을 포기하고 싶어 하지 않을 거라는 생각이 드네요.

임동현 저는 제 베이스인 안드로이드 개발자 측면에서 봤을 때, 진입 장벽이 거의 없다고 생각합니다. Flutter 개발할 때 기존에 쓰던 안드로이드 스튜디오도 똑같이 쓸 수 있고, build 환경도 비슷해서 훨씬 진입 장벽이 낮다고 생각해요. 특히 기존에 안드로이드 앱 개발을 하고 있었다면, 막상 전환할 때 가장 중요한 것은 비즈니스 로직이기 때문에, UI 구현할 때 말고는 큰 문제가 없을 겁니다. 특히나 초기 Flutter와 다르게 요즘버전 Flutter는 생산성도 좋고 렌더링 최적화가 매우 잘 되어 있어 적당히 구현해도 화면이 버벅대거나 하는 이슈도 거의 없다 보니까 진입 장벽이 더욱 낮아진 것 같아요. 이제는 정말 Dart와 Flutter가 많이 성숙해져서 완성도가 높아진 것 같습니다.

제 측면에서는 Flutter는 모던한 개발 언어들의 장점들만 잘 섞어 놓은 듯한 느낌이 드네요. 코틀린 같은 데서 겪었던 변수 타입을 뒤에 적어야 하는 이질감도 없고요. Flutter의 Dart는 Java 같은 느낌으로 편하게 작성할 수 있고, Null-Safety 시스템도 잘 구축되어 있고, Flutter의 특징인 선언형 UI 특성에 따라 관심사가 나뉘고, 코드가 쪼개지다 보니 코드 가독성이 자연스럽게 좋아지는 점 등 장점만 모여 있는 느낌이에요.

개인적으로 안드로이드 앱을 만들 때는 코드가 머리에 있다는 느낌이 들지 않았는데, 지금은 모든 로직이 머릿속에 정리되어 있는 느낌이 듭니다. 요새는 정말 신규 기능을 개발할 때에도 마치 주머니에서 가지고 있는 기능을 뽑아 구현하는 것 같은 편안함도 느끼고 있습니다.

Grady 답변 감사드립니다. 이야기하다 보니 Dart 언어와 Flutter 프레임워크의 완성도에 관해서 이야기가 나왔는데 팀장님께서는 어떻게 생각하세요?

박세건 예전에 Dart를 싫어할 만한 이유가 있었다고 생각해요. 예를 들어 Swift는 세미콜론이 없는데 다트는 있어서 살짝 열받고(웃음), Dart는 Java 냄새 나면서 Java가 아닌 느낌이 들어요. 대괄호가 많이 들어가니까 시각적으로 안 좋은 것 같기도 하고요. 코틀린과 Swift 같이 Null-Safety한 코드에 최적화가 덜 된 느낌입니다. 개인적으로는 Flutter 프레임워크 베이스 언어가 Dart가 아니었으면 좋겠다는 생각도 드네요. Object-C하다가 Swift했을 때는 천국이었는데 Dart하니까 다시 안 좋더라고요. Object-C보다가 Dart보면 괜찮긴 할 것 같은데 Swift하다가 넘어오는 건 다소 아쉬운 것 같아요.

Grady 두 분의 백그라운드가 다르다 보니까 답변이 다른 게 흥미롭네요. 혹시 기존 네이티브 개발에서는 어떠한 한계점이나 단점을 느끼셨나요?

박세건 개발자 입장과 관리자의 입장이 다를 것 같아요. 개발자 측면에서는 기존 레거시의 문제가 있다기보다는 둘 다 개발해야 하는 걸 한 가지만 개발하면 되니까 그게 편하죠. 만약 iOS 개발자에서 iOS만 개발한다고 하면 개발자 측면에서는 굳이 바꿀 이유는 없어요. 반면에 관리자 입장은 많이 다르죠. 보통 iOS 개발자가 Android 개발자보다 수급이 안 되는 것에서 발생하는 관리의 문제가 존재해요. 그리고 iOS랑 Android를 개발해 보면 외면적으로는 똑같지만 구조가 다르다 보니 발생하는 이슈가 각각 달라요. iOS랑 Android 애플리케이션의 동작이 궁극적으로 달라서 발생하는 관리 이슈가 많아요. 그런데 Flutter를 도입하면 그 이슈가 싹 없어집니다. 그게 큰 장점이죠.

임동현 이 질문에 관해서는 제 경험을 공유하는 게 좋을 것 같아요. 서드파티 광고 플랫폼을 활용하여 개발했던 경험이 있는데 Flutter 지원이 전혀 안돼서 Native (Android/iOS) 와 Flutter 3가지 모두 만지면서 개발했었거든요. 거기서 느낀 점이 Flutter는 OS 버전에 대해 분기 코드와 같은 과거의 경험이 필요 없어서 매우 좋더라고요.

반면에 네이티브는 개발/운영 시 경험적 숙련도가 많이 필요하거든요. 예를 들어 안드로이드 특정 버전 이하에서 작동 안 하는 기능이 있는지 없는지 경험하지 않고는 전혀 모르잖아요? 그런데 Flutter는 skia 엔진 위에서 단독으로 돌아가기 때문에 그런 의존성이 전혀 없다는 게 매력적입니다. C만 쓰다가 Java가 처음 나왔을 때 이기종 기기 지원 기능이 저에게는 충격이었거든요. 그 때 느꼈던 감정이랑 유사한 감정을 느꼈습니다.

Flutter로 하면 단 하나의 코드로 다양한 OS에서 똑같은 경험을 제공할 수 있기 때문에, 꼭 네이티브를 고집해야 할 필요가 전혀 없다고 생각해요. Flutter 코드로 만든 안드로이드 앱을 조금만 바꾸면 소위 '날먹' 하듯이 iOS랑 웹도 나오는데 굳이 Flutter를 안 할 이유가 없는 것 같아요.

팀장님께서도 말씀해 주셨듯이 iOS 개발자 구하기가 요새 정말 힘들거든요. 그런데 Flutter는 다양한 개발자를 한 명의 개발자 유형으로 통합시킬 수 있으니 휴먼 리소스 측면에서도 굳이 네이티브를 고집할 필요가 없다 생각합니다.

Grady 답변 감사드립니다. 개발자와 관리자 측면에서 다른 점이 인상 깊네요. 말씀 들어보니 Flutter로 전환하면서 개발 시행착오나 운영상의 이슈가 있었을 것 같은데 공유해 주실 수 있을까요?

임동현 개발 중에 몇 가지 이슈가 있긴 했습니다. 한글을 지원하긴 하는데 약간의 버그가 있었습니다. 그리고 블루투스 키보드나 외장 키보드, 가상 키보드 이슈도 꽤 있습니다.

더불어, 개발을 하면서 Flutter 2.5 이하에서 이미지 처리기에 대한 부분이 미흡하다고 느꼈던 기억이 있습니다. GS에 있을 때 오픈 직전까지 앱이 죽어버리는 이슈가 있었거든요. 아직 완벽한 이유는 알지 못하지만, int가 아닌 float 사이즈를 가지는 이미지 위젯이 GC에 의해 밀리지 않는 버그가 있지 않았나 싶습니다. Paint 객체에 접근해서 모든 것을 밀어버려도 메모리 정리가 되지 않아 계속 문제가 있었습니다. 다행히 오픈 바로 직전에 Flutter 2.5 버전이 출시되었는데, 이 버전 업데이트 이후 버그가 해결되어 무사히 출시했던 기억이 있습니다.

개인적으로 지금 정도의 Flutter가 보여주는 성숙도라면, 적어도 커머스 앱에서는 Flutter가 정답이 아닐까 싶어요. 접했을 때, 크게 어려운 개념도 없고 사용자 제스처나 입력기기 지원 등에서도 크리티컬한 이슈는 없으니 생산성 높은 툴로서 적극 활용하는 것이 좋다고 생각합니다.

박세건   Flutter에서 중요한 개념이 BuildContext입니다. 그런데 이러한 특성으로 개발상의 복잡도가 생깁니다. 그래서 GetX를 도입한 것도 있어요. GetX는 BuildContext에서 자유로워서 과거에 다른 상태 관리를 사용하며 느꼈던 어려움들이 많이 해소되었습니다. 기획자의 의도를 구현해야 하는데 BuildContext에 의존하여 개발할 때는 그것을 해석하고 그에 따라 개발하는 데 한계를 많이 느꼈습니다.

Grady   실무 경험을 공유해 주셔서 감사합니다. 그럼 다음 질문으로 결과적으로 전환한 것에 대해 어떻게 평가하는지, 어떠한 장단점이 있다고 생각하는지에 대해 궁금합니다.

박세건   Flutter를 도입하게 된 가장 결정적 계기는 개발 생산성이에요. 생산성이 무조건 좋아질 수밖에 없습니다. 과거에는 일을 맡기더라도 Android, iOS 개발자에게 각각 설명하고 받는 단계를 거치고 이슈 대응도 테스트도 다른 프로세스를 거쳤습니다. 반면에 Flutter로 전환하면서는 한 명의 개발자에게 한 벌의 코드가 생산되고 이슈 대응과 테스트도 하나의 단계를 거치게 됐습니다. 여기서 파생되는 장점은 이슈를 하나의 시선으로 볼 수 있다는 점이에요. 관리 측면에서는 이슈를 하나의 시선으로 보게 됨으로써 관리가 효율화되거든요.

더불어, 팀이 하나로 움직인다는 점이 좋습니다. 조직적으로는 앱을 개발하는 팀으로 뭉쳐져 있지만 사실 실무에서는 iOS 개발자들과 안드로이드 개발자들은 서로 보이지 않는 벽이 있습니다. 서로의 영역에 관심도 없고 모르기 때문에 서로 갈리게 되는 부분이 있어요. Flutter를 통해서 하나로 합쳐지고 나서는 그런 게 없어서 매우 좋은 것 같습니다. 종합하자면 개발 생산성이 좋아진 점, 이슈 리포트가 하나로 모인다는 것 두 가지가 가장 큰 장점인 것 같습니다. 이러한 요소는 회사가 크든 작든 운영 측면으로 간다면 바람직한 개선 방향인 것 같습니다.

임동현   저는 일단 제가 경험했던 두 가지 앱의 전환은, 정말 잘했다고 생각합니다. Flutter로 전환하면서 레거시 시스템에 대해 정리도 할 수 있었고, 멀티플랫폼 지원에 대해 준비도 할 수 있었습니다. 빠르게 신규 서비스를 찍어내고 손쉽게 수정할 수 있는 환경이 만들어졌다고 생각합니다. 지금은 어떤 기능을 만들든 수정하든 웬만한 건 개발하는 데 하루면 할 수 있을 것 같네요. 점수를 매기면 100점입니다!

Grady 두 분 다 전환에 관해서는 긍정적이시네요. 그럼 레거시 전환을 위해 보유하면 좋은 백그라운드는 어떤 것이라 생각하시나요?

박세건 제 백그라운드를 먼저 소개하면 좋겠네요. 저는 C, Java, .NET 등의 언어로 시스템 프로그래밍을 주로 했고, 윈도우 모바일 하면서 모바일로 넘어오게 되었어요. 그렇다 보니까 시스템이나 운영체제에 대해 이해가 있는 편이라 모바일 개발에 큰 도움이 됩니다. 모바일 개발을 단순히 UI적으로만 접근하면 퍼포먼스를 놓치기 쉬워요. 사실 사용자들에게 UI 만큼 중요한 게 서비스 퍼포먼스인데 배경지식 없이 시작하면 운영상의 이슈를 컨트롤하기 쉽지 않을 것 같아요. 운영체제와 컴퓨터 시스템에 대해 배경지식이 있다면 Flutter 개발을 효율적으로 할 수 있다고 생각합니다.

임동현 "무엇을 만들까?"에 따라서 답변이 달라질 수 있을 것 같아요. 다만, 공통으로 CS 지식이 있으면 서비스를 더 완성도 있게 만들 수 있을 것 같아요.

서비스 개발 과정에서 Flutter는 진입 장벽이 별로 없으므로 언어에 대해 배경지식은 크게 필요하지 않습니다. 앱을 Flutter로 전환하고자 할 때 기존 제공하고 있던 서비스에 대해 잘 이해하고 있는 사람이면 충분한 것 같아요. 실제로 기존 안드로이드 개발자분들이 Flutter로 정착하시는 것을 보면 딱히 고전하는 장면이 없었습니다. UI 만들 때만 다른 부분에 관해서 물어보실 뿐 로직 짜는 것은 당연하다는 듯이 작성하셔서 든든했던 기억이 있습니다.

한 가지 덧붙이면, CS 지식이 Flutter만의 난해한 문제를 풀 때 도움이 되는 것 같습니다. 예를 들어 개발하면서 Flutter의 String객체가 UTF-16 기준으로 작성되어 있어서 이모지가 깨지는 버그를 겪은 적이 있습니다. 아마 제가 전공 지식이 없었으면 "OS가 문제가 있어요" 하고 문제를 해결하지 못했을 것 같아요. 그래도 전공 지식이 있으니 인코딩 문제에 대해 생각하게 되고, 안드로이드와 Flutter의 차이점에 대해 고민하다 보니, UTF-32 규격의 이모지가 문제가 있다는 것을 알게 되었고, 결국 비트 시프트를 이용해서 Flutter의 String이 처리할 수 있게끔 Length를 맞춰주는 방식으로 이모지가 깨지지 않게 조절해 줄 수 있었습니다. 툴이 정상적으로 제공하지 못하는 이런 문제를 해결할 때 전공지식이 필요하구나 느꼈습니다.

그리고 모바일 서비스 특성상 첫 프레임인 16millisecond 안에 필요한 연산을 끝내고, 렉 없이 깔끔하게 UI를 뿌려주는 게 정말 중요하거든요. 그때 할 일이 정말 많은데 CS 지식이 있다면 이런 상황에서 UX를 개선하는 데에도 큰 도움이 될 것 같습니다.

Grady 말씀 주신 것처럼 소프트웨어 기술을 깊게 이해하기 위해서는 어느 정도 CS 지식이 필요한 것 같아요. 공감합니다. 저도 Dart 컴파일 과정에 대해 원리를 이해할 때는 수업 들었던 게 생각나더라고요. 음… 그럼 다음 질문으로 넘어가 볼게요. Flutter로 서비스를 개발할 때 기존 네이티브 툴과의 호환성은 어느 정도로 가능하다고 판단하시나요?

박세건 일단 호환성이 좋다고 생각합니다. 아직 부족하거나 버그 이슈가 있긴 하지만 Flutter 팀이 준비를 했다는 게 느껴져요. 기존 네이티브 OSS에 대해 지원을 많이 해주는 것 같아요. 개인적인 생각으로는 10개의 외부 라이브러리가 있으면 보통 10개 중의 9개는 있습니다. 공식 라이브러리는 5개 정도이고 4개 정도는 개인이 지원하는 것 같아요. 개인 라이브러리를 공식이 아니어도 사용할 수밖에 없다는 불안감이 있지만, "오픈 소스이기 때문에 고쳐서 쓰면 된다" 생각했습니다. 그리고 라이브러리 대부분 사용성이 괜찮았어요. Firebase도 잘 사용하고 있습니다.

임동현 구글의 차세대 OS인 Fuchsia의 메인 UI 툴로 Flutter가 선택되었습니다. 이런 배경이 있으니 기존 서비스나 SDK 들을 제공하는 기업들이 Flutter에 호의적인 것 같아요. 대부분 지원을 하고 있고, 준비하고 있습니다. 다만, 국내 SDK 같은 경우에는 지원이 좀 부족한 것 같아요. 저희가 접할 수 있는 글로벌 SDK는 대부분 지원을 시작했는데 국내는 아직 미비해 보여 아쉽습니다.

Grady 그렇군요. 그럼 혹시 기존 네이티브 툴 중 Flutter 호환으로 전환한 툴들은 어떤 것이 있나요?

박세건 대표적으로 전환한 건 SendBird SDK를 Flutter로 전환해서 사용했어요. 최근에는 채팅 서비스를 내재화해서 SendBird를 사용하고 있지는 않지만, 그 당시에는요.

Grady 답변 감사드립니다. 이건 개인적인 궁금증인데 Flutter로 개발하시면서 네이티브 코딩이 얼마나 필요하던가요?

박세건 저는 대전제는 네이티브 코드가 없어야 한다고 생각해요. 하지만 어쩔 수 없이 네이티브 코딩을 하는 경우가 종종 생기죠. 최소 80% 이상은 Flutter로 구현하고 네이티브 코딩을 20% 이하로 유지하려고 노력합니다. 이유는 그 수치보다 네이티브 비율이 높아지면 Flutter를 사용하여 얻는 이점들이 많이 희석되기 때문이에요.

소프트웨어 설계 및 개발 & 운영

Grady 이번에는 소프트웨어 설계 및 개발, 그리고 운영 관련하여 질문드리려고 해요. 아키텍처 디자인은 어떻게 하셨나요?

임동현 모두 클린 아키텍처를 사용해서 설계했습니다. 네이티브 레거시와 다른 부분은 상태 관리 라이브러리를 어떤 것을 썼느냐이고, 아키텍처 디자인 자체는 매우 유사합니다. 상태 관리는 Provider/Bloc이 섞였던 앱과, GetX를 메인으로 사용한 앱 두 가지를 작성했었습니다.

박세건 처음에는 비효율적이라고 생각할 수도 있는데 사이트 규모가 커질수록 클린 아키텍처가 유지보수성이나 코드 가독성 등이 나아집니다. 저도 처음에는 이렇게까지 나눠야 하나? 하는 생각도 가끔 했었는데 시간 지나고 나니까 괜찮다는 생각이 듭니다. 동현님 말씀대로 초기에는 상태 관리 같은 개념들을 깊게 이해하지 못해서 이것저것 해봤어요. 지금은 GetX로 정착하긴 했지만요. 다음에 패턴이 안 맞는 상황이 온다면 모르겠지만, 현재까지는 GetX는 좋은 선택지라고 생각합니다.

Grady GetX에 대해 이야기가 나왔네요. Flutter 생태계에는 다양한 State Management Library들이 있잖아요? 소프트웨어 규모라든지 선택 기준들이 있으셨을 것 같은데 GetX를 선택하시게 된 계기가 어떻게 되는지 궁금하네요.

박세건 소프트웨어 규모에 대해 부분이 1순위 고려사항은 아니었어요. 오히려 Provider와 BLoC을 사용하게 되면 BuildContext에서 자유롭지 못하다는 사실이 가장 중요한 고려 사항이었습니다. GetX는 기존 개발 패턴에서 크게 벗어나지 않아도 되는 장점이 있다고 생각했습니다. 검토 단계에서 스터디를 해보니 GetX를 가지고도 저희 소프트웨어 요구사항에 대한 부분이 모두 구현 가능하겠다는 생각이 들었고요. GetX라는 라이브러리는 규모에 상관없이 적용해 볼 만하다고 생각합니다.

Grady GetX를 선택한 이유에 대해 소개 감사합니다. 혹시 기존 레거시의 소프트웨어 아키텍처와 현재 Flutter의 아키텍처의 차이가 있나요?

임동현 기존 안드로이드 레거시는 외주 히스토리도 매우 많고, 유지보수를 오래 해서 산으로 간 느낌이 있었어요. 제가 처음부터 만든 것이 아니다 보니 자세히는 모르겠지만, 추측하자면 MVVM으로 잘 만들어보려고 했던 것 같은데 사방에서 데이터가 갱신되고, 어디서 화면이 업데이트되는지 제대로 추적을 할 수 없는 부분이 많이 보이더라고요. 뭔가 패턴이 있는 것 같긴 한데 이해하기 난해한 부분이 있었습니다.

현재 앱은 클린 아키텍처 형태로, 데이터에서 UI까지 흐름이 보이는 형태로 바뀌었습니다.

박세건 중고나라 앱 레거시는 오랫동안 외주사에서 운영되다가 내부로 바꾸고 이런 손 바뀜 과정이 3번 정도 있었어요. 그렇다 보니 만들어진 시기마다 사용된 패턴이 다르더라고요. 그래서 발생하는 이슈에 대해 원인을 찾기까지 오랜 시간이 걸렸어요. 네이티브 모두 Dependency 문제가 있었죠. 그래서 기획이 넘어올 때 "코드가 이렇게 안 되어 있어서 적용하기 어려워요" 이런 대답들이 많았습니다. 기존 레거시에 대한 부분을 버리고 Flutter로 전환하고 나서는 기획사항을 반영해서 넣을 수 있게 되어서 그게 큰 차이인 것 같아요. 최근 업무 수행하면서는 웬만한 요구사항을 반영해서 넣을 수 있거든요.

Grady 아키텍처가 변경하시고나서 유지보수성이나 코드 가독성에는 어떠한 장단점이 있었나요?

박세건 특정한 디자인 패턴을 적용하는 기본적인 이유 중의 하나는 패턴을 적용하면서 같은 결과물을 얻기 위한 목적이 있다고 답변드릴 수 있을 것 같아요. 사실 어떤 디자인 패턴이던 러닝 커브는 크지 않기 때문에 일반적으로 한두 번 기능 만들어보면 개발하는 방법에 관해서는 이해할 수 있잖아요? 그래서 아키텍처에 대해 허들은 별로 없었던 것 같아요. 질문 주신 것에 대해 원론적인 답변이 될 것 같긴 합니다. 같은 품질의 결과물을 얻기 위해 클린 아키텍처를 적용했고 허들이 크지 않아서 좋았습니다. 과거에는 아키텍처 패턴을 싫어하기도 했는데 지금 와서 보면 추가로 들어가는 공 대비 유지보수성이나 코드 가독성이 좋아지는 것이 월등하기 때문에 필요하다 생각하고 있습니다.

임동현 저는 경험치가 낮은 개발자가 오더라도 선언형 UI + 클릭 아키텍처라는 패턴이 제약으로 작동하기 때문에 유지보수할 때에도 좋다고 생각해요. 반면, 안드로이드는 비교적 손쉽게 아키텍처를 망칠 수가 있거든요. 길게 간다면 선언형 UI 개념을 채택한 Flutter가 분명 강점을 보일 거라 생각합니다.

Grady 아키텍처를 만들 때 특별히 신경 쓰신 사항이 있으실까요? 예를 들면 저는 상태 관리 전략 중 하나로 Layer간 교차 연결이 발생하지 않도록 주의하거든요. 대규모 프로젝트가 아니라면 Provider를 주로 사용하는데요. 그를 토대로 설명해 드리자면 저는 '단위기능'을 가진 Screen 단위로 상태 관리를 분리해요. 보일러 플레이트 코드가 생기더라도 Screen 단위가 다르면 서로 다른 Provider에 동일하거나 유사한 상태 관리 로직을 분리한다고 보시면 되는데요. 그렇게 분리하지 않으면 규모가 커질수록 교차 연결 수준이 매우 높아져서 유지보수성이 급격히 떨어지더라고요.

그리고 State를 전역적으로 사용되는 State, 독립 기능 단위로 사용되는 State, 지역적으로 관리되는 State로 기준에 따라 3가지로 분리합니다. 일종의 대, 중, 소분류라고 할 수도 있겠네요. 상태 관리 전략 이외에도 개발하실 때 사용하는 렌더링 최적화 전략이나 성능 최적화 전략 같은 것도 있으실 것 같은데 궁금합니다.

임동현 사실 성능에 관해서는 앱이기 때문에 눈으로 보면 뭔가 잘못됐다는 게 보이잖아요? 여기 왜 렉이 걸리지? 화면이 이상하게 나오지? 그런 부분이 티가 나잖아요. 그런 부분에서 최적화를 시작하고, Flutter의 devtool이 굉장히 잘 되어 있어서 특이사항을 발견한 화면마다 분석을 통해 개선하는 편이에요.

렌더링 최적화를 할 때에는 기본적으로 설계할 때 불필요한 위젯 렌더링이 발생하지 않도록 하는 게 우선이라고 생각합니다. 그 후에 최적화에 대한 부분은 개별적으로 대응하는 것 같아요. 위젯을 그릴 때 무지개색으로 칠해주는 툴들이 있어서 이것도 마찬가지로 위젯마다 Rebuild 빈도를 파악하고 특이사항이 발견되는 위젯을 상세하게 검토해서 불필요한 위젯 렌더링이 발생하지 않도록 합니다.

경험을 말씀드리자면 커머스 앱 같은 경우에는 콘텐츠 이미지가 굉장히 많기 때문에 무겁잖아요? 그런 것들을 로딩하면 저 사양 디바이스에서는 앱 구동이 멈추거나 하는 일들이 생겨요. 메모리 확인해 보면 진짜 기가 단위 메모리를 먹을 때도 있더라고요. 특히 iOS 환경은 대게 메모리가 작아서 관리를 잘못하면 좀 더 잘 터지는 느낌이 있어요. 그런 이슈를 발견해서 콘텐츠 이미지를 쪼개서 로딩하는 유틸을 만들거나 해서 성능을 개선한 경험이 있네요.

상태 관리 관련해서는 말씀해 주신 사항이랑 저희도 비슷하게 사용하는 것 같아요. 지역적으로 관리하는 부분과 전역적으로 관리하는 부분을 분리해서 사용하고 있습니다. 개인적으로는 init에 선언되는 상태나 로직들은 20줄 이내로 관리하려고 노력합니다. 그 이상이 되면 다른 사람이 봤을 때 유지보수성이나 가독성이 많이 떨어진다고 생각해서요. 그리고 상태 관리 관련 비즈니스 로직 같은 경우에도 공통으로 사용되는 사항은 인터페이스나 클래스를 MixIn 하거나 상속하고, 유사한 기능은 유틸리티로 분리합니다. 예를 들어 검색이 총 4가지(일반 검색, 카테고리 검색, 가게 검색 등)가 있는데 같이 쓰는 기능은 MixIn으로 가져다 바르고 각 화면에 사용하는 것은 분리해서 사용합니다.

그리고 상태 관리 툴인 GetX에서 GetView 같은 걸 쓰면 컨트롤러와 뷰를 바인딩한(묶어 놓은) 형태로 쓸 수 있어서 GC를 통해 메모리를 잘 관리할 수 있는 것 같아요. GetX로 상태 관리 툴을 바꾸고 나서 특별히 성능이나 메모리 이슈로 고생한 적은 없습니다.

박세건　　동현님께서 개발 측면에서 말씀을 많이 해 주셔서 관리 측면에서 말씀을 드리면 좋을 것 같아요. 동현님 말씀 주신 대로 나름의 전략들을 가지고 있지만 이를 적용하기 위해 중요한 건 협업하는 구성원들 전반적인 경험이거든요. 그래서 이러한 내용을 개발자들에게 학습을 지속해서 시키고 있어요. 그래도 현업 하면서는 한계가 있어서 만들 때부터 최적화되기는 어렵고 기능 구현을 하고 나서 PR을 통해 점검합니다. 그리고 리팩토링 시간을 별도로 갖고 최적화하는 것 같아요. 저희 같은 경우는 일정 이슈도 있고, 렌더링 최적화에 대해 부분을 조금 타협하게 되는 것 같습니다.

그리고 성능에 관해서도 재밌는 부분이 있는데, Flutter가 메모리 최적화가 점점 좋아져서 조금 타협하더라도 운영상의 이슈가 발생하지 않아요. 운영하면서 동현님 말씀 주신 것처럼 개별적 최적화 이외에는 메모리는 딱히 신경 쓰지 않았던 것 같아요. 역설적인 부분도 있는 게 Flutter 기본적으로 메모리를 먹어서 저 사양 디바이스에서는 돌아가지 않아서 기본 사양은 된다는 가정하에 퍼포먼스를 측정하게 돼서 그런 것 같기도 하고요.

메모리 최적화에 관해서는 GetX를 사용하면서 숙련도가 높아진 것도 있는 것 같아요. BLoC이나 Provider는 BuildContext와 연결되다 보니 GC 작동을 처리하는 부분이 까다롭거든요. 솔직히는 BLoC이나 Provider를 사용하면서 메모리 관리는 실패했죠. 특히 WebView가 쌓이면서 WebView들이 메모리를 계속 점유하고 Clear 되지 않는 메모리 이슈가 있었어요. 반면에 개인적으로는 GetX는 BuildContext와 다른 개념으로 관리하다 보니 좀 더 명확하다고 느껴요. 그래서 메모리 관리가 잘되는 것 같습니다.

<u>Grady</u> 답변 감사드립니다. Provider를 사용하는 측면에서 Build Context와 연결되어 GC 작동을 처리하는 부분은 확실히 숙련을 요구하는 것 같아요. 저도 처음에는 BuildContext를 Provider로 넘겨서 비즈니스 로직 처리를 하는 부분이 다소 편리하다 보니 깊은 이해 없이 사용하였는데 클로저 문제가 발생해서 GC가 해당 위젯을 수집하지 않아 메모리 점유가 계속 증가해서 결국 터지는 이슈가 발생하더라고요. 혹시 발생했던 이슈를 해결한 요령이나 경험도 있을까요?

<u>임동현</u> 아까 잠깐 말씀드렸던 커머스 콘텐츠 이미지를 처리하는 방법이 일종의 요령이라고 소개할 수 있을 것 같아요. 커머스 서비스에서는 심하면 수십 MB의 기다란 족자형 이미지가 던져지거든요. 그 이미지를 프로세싱 해주는 부분을 isolate로 만들어서 메모리 문제가 생길 때에도 안전하게 만들어주고, 렌더링 해주는 부분은 메인 프로그램에 맡겨 메모리 이슈에 안전한 구조를 만들었죠. 그 유틸을 만들어서 현재도 요긴하게 쓰고 있는 걸로 알고 있습니다.

그리고 이미지를 사용할 때는 메모리/네트워크 효율성을 항상 고려하는 편이며, CacheNetworkImage를 활용해서 반복적으로 불러지는 이미지는 최대한 캐싱하도록 유도하고 있습니다.

Grady 족자형 이미지를 Pagination 하여 렌더링 하는 유틸은 커머스 서비스에 전반적으로 사용될 수 있겠네요. 유용할 것 같습니다. 질문의 주제를 넘어가 볼까요? 팀 내의 테스트 코드 작성 관련 컨센서스나 프로세스가 어떻게 되는지 궁금합니다.

박세건 사실 두 가지 측면에서 테스트 코드 작성은 안 하고 있어요. 첫 번째 이유로는 레거시를 전환하여 새로 깔끔하게 만들다 보니 비즈니스 로직을 백엔드 쪽으로 많이 옮길 수 있었어요. 그렇다 보니까 서버 측 테스트 코드를 관리하는 데 초점을 맞추고 있어요. 두 번째로는 현업을 하면서 UI에 관해서 TDD를 하는 것이 비효율적이라는 개인적인 생각이 있어서 그렇습니다. 보통 성능이나 UI 이슈는 눈에 보이기 때문에 QA 테스트로 갈음하게 되는 것 같아요. 기획서에 제안된 스토리를 중심으로 QA 테스트를 거치면서 체크하는 것 같습니다.

임동현 테스트 코드는 시간이 남으면 작성하고 싶긴 해요. 다만, 생산성 측면에서 판단하는 거로 생각합니다. 테스트 코드가 있는 게 당연히 좋다고 생각하는 데 테스트를 해야 하기 때문에 테스트 코드를 작성해야 해 이런 것은 맞지 않는 것 같아요. 조직에서 생산성과 안정성 등을 고려해서 선택해야 할 일이라고 생각합니다.

Grady 답변 감사드립니다. 말씀대로 현업에서 생산성과 안정성에 따라 선택하는 것이 맞는 것 같아요. 저는 개인적으로 TDD 형태로 서비스를 개발하는 편이거든요. 보통 기획 측에서 유저 스토리를 기반으로 티켓을 따서 오게 되잖아요? TDD로 개발을 진행하면 그 흐름에 맞춰서 진행하기 편해서 익숙해진 것 같아요. 개발 요구사항을 Top-Down으로 넣으려고 하면 Layer 간 흐름이 정리되지 않고 즉흥적으로 하는 경우가 종종 생긴다고 느낄 때가 있었어요. Bottom-up 형태로 가장 낮은 Layer부터 쌓아 올라가면서 개발 요구사항 놓치지 않으면서 기술

부채 최소화하기에 좋아서 선호합니다. 제가 아마 Back-end 업무를 더 많이 해서 그렇게 느끼는 걸 수도 있을 것 같아요. 그렇게 작성하게 되면 '단위 기능' 단위로 Screen까지 올라오면 단위 테스트랑 위젯 테스트는 완성되기 때문에 개발하면서 작성이 되는 것 같습니다. 다만, 통합 테스트 같은 경우에는 상황에 따라 작성 여부를 결정하는 것 같아요. 말씀드리면서 생각해 보니 제가 경험이 부족해서 통합 테스트 관련해서는 확실한 가이드가 없다 보니 기준에 따라 판단하지는 못하는 것 같네요. 말씀 나누다 보니 자동화 테스트 관련하여 진행하는 프로세스가 있는지 궁금해지네요.

박세건　지금 자동화 테스트는 안 하고 있어요. 원래 UI 테스트 때문에 해보려다가 생산성이 떨어지는 것 같아서 안 하고 있습니다. 테스트 코드나 자동화 테스트를 안 하는 대신에 QA 프로세스를 꼼꼼하게 유지하고 있어요. 보통 제가 한 건의 개발을 기준으로 잡을 때 3일 개발에 4일 QA로 일정을 잡거든요. 운영 나가는 건 무조건 QA를 태우고 나갑니다. QA TC를 상세하게 기획하다 보니 큰 운영 이슈는 없었던 것 같아요.

Grady　그렇군요. 혹시 배포 관련하여 이슈는 없으셨어요? 유저들이 버전 업데이트를 안 한다던 지 하는 것들이요.

박세건　유저 업데이트 관련해서는 큰 이슈는 없었던 것 같아요. 사실 거의 모든 Active User들은 1주일 이내에 80~90%는 업데이트를 하거든요. 비활성 유저까지 챙길 수는 없고요. 버전 업데이트 이후에 활성 유저가 전환이 많이 생기고 나면 업데이트를 하지 않은 유저들 대상으로 강제 업데이트를 시킨다. 이런 건 오히려 마케팅 팀한테 허락을 받는 게 더 이슈인 것 같아요. 업데이트가 생기면 무조건 User Retention이 떨어지니까요. 마케팅팀에서 크게 신경 쓰다 보니까 협의가 잘 되어야 하죠.

임동현　QA를 꼼꼼히 해도 운영까지 나갔는데 에러 있을 때에는 어쩔 수 없어요. 운영 나갔을 때 에러 발견하면 긴급 배포로 다시 나갑니다. 새벽 4시에 달려와서 한 적도 있고요.

Grady 역시 긴급 배포가 답인가요 (웃음) 보통 운영하게 되면 상당수가 하이브리드 앱을 구현하게 되잖아요? 저 같은 경우에는 하이브리드 앱을 구성할 때 특정 Screen에 대해 변경 가능성, 개발 생산성 등 정량화하는 내부 기준을 가지고 WebView로 보여줄지 네이티브를 사용할지 결정하는 과정을 거치거든요. 혹시 하이브리드 앱을 운영하시면서 사용하는 전략이나 방법이 별도로 있는지 궁금합니다.

박세건 저희는 하이브리드를 백업 전략으로 사용하는 부분이 있어요. 예를 들어 신규 서비스가 추가되는 경우에는 두 벌을 놓고 신 서비스가 문제가 있으면 구 서비스를 동작하게 하거든요. 모든 기능에 다 적용되는 것은 아니고 일부 기능에 적용되어 있어요. Flag를 둬서 문제가 있으면 네이티브를 끄고 웹을 보여준다든가 그런 방식입니다.

Grady 백업 전략은 독자분들에게 유용한 전략일 것 같아요. 감사합니다. Code Smell 관리 관련해서도 질문드리고 싶은데요. 사전 전달 주셨던 내용 중에 Code Metrics를 활용한다고 하셨는데 관련 내용 설명 부탁드려도 될까요? Dart Analyze도 사용하시나요?

임동현 두 가지 모두 활용하고 있어요. 지금 바로 생각나는 건 Dart code metrics 덕분에 메소드나 파라미터를 길게 못쓰거든요? 메소드를 길게 쓰면 새파랗게 밑줄이 생겨버리니까 프로그래머가 길게 쓸 수가 없어요. 로직이 짧다 보니 코드 가독성이 자연스럽게 좋아지더라고요.

작업하면서 제일 편했던 것은 콤마의 위치까지 자동으로 Formatting 되는 기능인 것 같아요. 자동으로 규칙이 적용되어 코드가 저장되다 보니, 머지 할 때에도 불필요한 빈칸이나 변경사항이 없어져서 좋습니다. 그렇다 보니 진짜 로직이 바뀐 부분에만 하이라이팅이 되니, Commit History에서 한눈에 변경 점을 알 수 있게 되어 훨씬 편합니다. 코드 컨벤션에 대해 의식하지 않아도 알아서 맞춰지게 되니 매우 좋습니다.

박세건 사실 제가 선호하는 if 코딩 패턴이랑 Code Metrics이 규칙이 달라서 약간 거슬리긴 한데 다른 부분들 자동화를 해주니까 그냥 참고 씁니다.

Grady 그죠. 저도 밑줄 생기는 것 신경 쓰여서 계속 고치게 되긴 하더라고요. 배포 관련하여 마지막 질문인데, 혹시 배포할 때 코드 축소나 난독화 같은 것들이 Flutter에서도 큰 문제 없이 잘 되신다고 보세요?

박세건 둘 다 설정만 하면 문제 없이 잘됩니다.

Grady 답변 감사드립니다. 인터뷰 사전에 주신 내용 읽어보니까 CI/CD 툴을 fastlane을 사용하시더라고요. Flutter 생태계에 다양한 CI/CD 툴이 있는데 fastlane을 선택하신 이유가 있을까요? 기존에 네이티브에서 사용하던 것이라서 그럴까요?

박세건 말씀 주신 것처럼 fastlane은 해봤던 사람이 있어서 썼어요. 저희도 Flutter로 전환하면서 CI/CD 툴을 고민했었어요. 젠킨스 사용할지 고민하다가 Fastlane이 콘솔에서 쉽게 쓸 수 있다 보니까 사용하게 된 것 같아요. 처음 설정할 때 공이 조금 들긴 하지만 설정하고 나서는 편한 것 같습니다.

말하다 보니까 생각이 나는데 BitBucket이나 firebase Pipline 같은 것도 같이 검토해 보긴 했었네요. 시도하다가 러닝 커브가 조금 있는 것 같아서 fastlane을 사용하자고 의사 결정한 것 같습니다. 다른 효율적인 부분이 있다면 찾아보긴 할 것 같아요. 일단은 큰 이슈는 없다 보니 내년 상반기까지는 유지할 계획입니다.

Grady 아하 그렇군요. Visualization이나 BI tool도 appsflyer와 Apptium을 사용하신다고 보내주셨던 것 같아요. 요새 Amplitude나 teableau 같은 툴을 많이 사용하잖아요? 이 툴도 선택하신 이유가 궁금합니다.

박세건 이것도 기존에 사용했어서 그대로 사용합니다. 사실 이런 툴들의 선택권은 마케팅 팀한테 있는 것 같아요. 트래킹 하는 용도 아니면 개발자들은 많이 쓸 일이 없죠..?

임동현 맞아요. 개발자가 쓸 일은 없는 것 같아요.

Grady 감사합니다. UI에 대해 질문을 드리고 싶어요. Flutter로 만든 서비스가 iOS와 Android UI 호환에 관해서는 어떻게 평가하세요? 저도 2018년도 쯤부터 Flutter를 사용했거든요. 요새는 많이 나아지긴 했는데 그때는 다소 다르게 적용되는 것들이 있었던 것 같아요.

임동현 저도 최근에는 UI 호환성에 대해 문제를 크게 느낀 적이 없는 것 같아요. 다만, OS 호환성을 맞출 수 있는 위젯을 만들어서 사내에서 사용하긴 하죠. 예를 들어 iOS에서만 키보드 입력할 때 우측 상단에 완료 버튼 뜨는 것 같이, OS마다 상이한 UI를 맞춰주는 커스텀 위젯을 사용합니다.

박세건 iOS는 Gesture Action이 Flutter랑 약간 다른데 그게 아직 문제가 있긴 해요. 그거 이외에는 별로 없는 것 같습니다. 다만, 처음에는 위젯을 통일해서 적용할 부분에 대해 계산 없이 진행하다 보니 이슈가 있었죠. 이제는 통일할 사항이 정리돼서 개발을 진행하니까 괜찮아진 것 같아요. 팀 내에 안드로이드 개발자가 좀 더 많다 보니 iOS 호환에 대해 잘 몰랐던 부분도 있어요. iOS 개발자분들이 상이한 부분 개발하면서 맞춰 주셔서 기틀이 된 것 같습니다.

사실 아직 최적화되지 못한 부분들도 있긴 해요. 하나씩 찾아가면서 해야죠. Flutter 버전이 낮을 때는 스크롤부터 이질감이 있었는데 요새는 버전이 많이 올라가면서 좋아져서 이질감을 못 느끼고 있어요. 버전이 올라갈수록 호환성이 좋아져서 지금은 호환이 안 되는 걱정은 안 하고 있습니다.

Grady 반응형에 대한 부분도 큰 이슈 없이 잘 정리가 되나요?

박세건 Flutter 자체에 큰 이슈가 없다 보니 UI를 구성할 때 "Flexible 하게 구현을 할 거야"라는 전제하에 개발하면 큰 이슈가 없는 것 같아요. 예를 들어 화면 회전이나 플립 폰 접었다 폈다 할 때도 반응형으로 보여줄 수 있게 콘셉트를 잡아요. 그런 것들이 디자인 단계부터 정해져서 오니까 큰 이슈는 없는 것 같습니다.

Grady 마지막으로 2가지 질문을 드리고 싶어요. 우선 첫 번째로 사내에서 제작하여 공개할 만한 라이브러리가 있는지 질문드리고 싶습니다.

임동현 외부 발표할 만한 수준은 없는 것 같네요. 굳이 고르자면 Flutter WebView 라이브러리 정도인 것 같습니다. Flutter WebView 라이브러리를 그대로 붙이면 잘 안됩니다. 저희는 내부적으로 웹 뷰 버그를 해결한 커스텀 webview를 가지고 있습니다. 이건 중고나라 입사하면 6개월 후에 공개해 드릴 수 있습니다! (웃음) 제가 알기로는 이런 버그들이 있기 때문에 다른 곳은 어쩔 수 없이 네이티브 웹 뷰를 사용하는 것으로 알고 있습니다.

박세건 몇 가지 있는데 외부적으로 보여주려면 정리가 필요할 것 같아요. 아까 말씀드렸던 사내에서 사용되는 UI 공통화 관련 스니펫들은 다른 분들한테도 유용할 것 같아요. 그리고 마찬가지로 앞 질문에서 나왔던 이미지나 이모지 같은 텍스트 처리 같은 것도 라이브러리화해도 괜찮을 것 같다고 생각합니다. 사실 그런 사항들 공개하는 것을 팀 미션으로 잡고 있어요. 저희가 겪었던 시행착오나 경험 정리해서 중고나라 기술 블로그(https://blog.joongna.com/)에 공개하려고 하나씩 올리고 있습니다. 아마 오늘 인터뷰에서 다루지 못한 내용들은 기술 블로그 방문하시면 살펴보실 수 있을 것 같아요.

Grady 중고나라 OSS 기대해 보겠습니다. 마지막 질문입니다. 필수적으로 알면 좋은 OSS를 독자들에게 추천한다면 어떤 것을 추천하실 것 같으세요?

임동현 저는 GetX요. 처음에 편견이 되게 심했어요. GetX Like가 1위인데 Flutter favorite이 안 붙었잖아요? 그런데 막상 써보니까 메모리 이슈도 전혀 없고, 생각보다 안티패턴도 많이 생기지 않는 것 같더라고요. 그리고 아키텍처 설계로 앱을 적당히 분리했다면, GetX 대신에 다른 상태 관리 툴로 바꾼다고 해도 큰 이슈가 없을 것 같습니다. 만약 지금 앱을 Provider로 바꾼다고 하면 1달이면 QA까지 마무리될 것 같습니다.

그러니 매우 GetX에 대해 편견 가지지 않고 시도해 보셔도 될 것 같아요. 만약에 해봤는데 생산성이 매우 떨어지거나 유지보수에서 문제가 있다면 다시 다른 것을 사용해도 될 것 같아요.

박세건   저도 GetX요. 어떤 개발자가 스레드에 대해 평가한 글이 기폭제가 되어 평가 절하 된 것 같습니다. 처음에 거부감이 있었거든요. 동현님이 말씀 주신 것처럼 걷어내려면 시간이 문제지 걷어내는 건 문제가 없을 것 같아요. GetX가 Dependency가 없다고 할 수는 없지만 유연하게 뜯어낼 수 있으니까 한 번 시도해 보시는 것도 괜찮을 것 같아요.

✽ GS Retail

GS Retail의 전환 사례는 앞서 인터뷰를 진행했던 임동현 님과 박세건 님, 그리고 GS Retail의 김요한 실장님께서 흔쾌히 소개를 허락해 주신 덕에 독자들에게 소개할 수 있었다. 다시 한번 감사드린다. 앞서 살펴본 인터뷰와 GS Retail의 사례를 함께 살펴 봄으로서 인사이트를 얻을 수 있을 것으로 생각한다.

GS Retail은 2021년 GS Shop을 Flutter로 만들었음을 밝히고 있다. 그들은 기존에 네이티브 코드로 개발된 모바일 애플리케이션을 개발하는 이유로 다음 4가지를 꼽았다.

1. 10년 전에 개발되어 기술 부채가 쌓인 레거시 코드였다는 점
2. Web에 비해 모바일 개발 생산성이 떨어진다는 점
3. 프로덕트의 UI/UX를 개선하고 프로세스를 일원화하고자 하는 점
4. 모바일 애플리케이션의 성능을 개선하고자 하는 점

이들은 Flutter의 사용을 고려하는 과정에서 Native 코드와 Cross Platform의 차이, React Native와 Flutter의 차이, Dart와 Flutter의 전망을 살펴보았다. 그 과정에서 Flutter의 안정성에 대해 관심을 갖고 향후 Web 서비스를 Flutter 기반으로 전환하는 부분을 중장기적으로 검토 중이라 밝힌 점이 주목할 만하다.

이들은 글에서 자신들이 사용하는 프로젝트 구조를 다음과 같이 밝혔다. State Management Library는 Bloc, Constant의 집합인 constant, 화면 이동과 관련된 router, 화면을 구성하는 screens, 앱 이내에서 사용되는 utils, 다양한 화면에서 공통으로 사용하는 위젯인 widgets으로 구성되어 있다.

```
lib/
|- bloc/
|- constants/
|- router/
|- screens/
|- utils/
|- widgets/
|- main.dart
```

언급된 내용에 관해서는 다음 프로젝트 구조와 디자인 패턴에 대해 서술할 때 상세히 다룰 예정이다. 간략하게 미리 언급하자면 **Flutter에 자주 쓰는 패턴은 있지만 "정규화" 된 디자인 패턴이 존재하지 않는다.** 일례로 State Management Library도 개발자의 선호도에 따라 Bloc, GetX, Provider, Riverpod 등을 선택하여 사용한다. **필자의 경우 Provider와 Riverpod[9]를 주로 사용하며, 하이브리드 형태로 GetX를 일부 사용**하고 있다. 본 서적에서는 Provider 라이브러리를 중심으로 State Management를 서술할 계획이다.

한 가지 밝힐 점은 정답은 없다는 것이다. 당연하게도 모든 구조와 디자인 패턴에는 장단점이 존재한다. 본 서적에서는 부족한 필자의 역량과 경험에 기반하여 효율적이라고 판단하는 예시 사례를 소개하는 것이다. 기술 전환을 고민하고 있다면 본인 혹은 본인이 속한 조직의 역량과 경험에 기반하여 프로젝트 구조와 디자인 패턴을 선택하는 것이 필요하다.

---

9 Provider의 경우 BuildContext에 의존하여 발생하는 몇 가지 번거로움이 존재한다. 때문에 BuildContext에 의존하지 않는 GetX나 Riverpod를 활용할 수 있다. 필자가 이를 혼용해서 사용하는 이유는 이어지는 8장에서 설명하고자 한다.

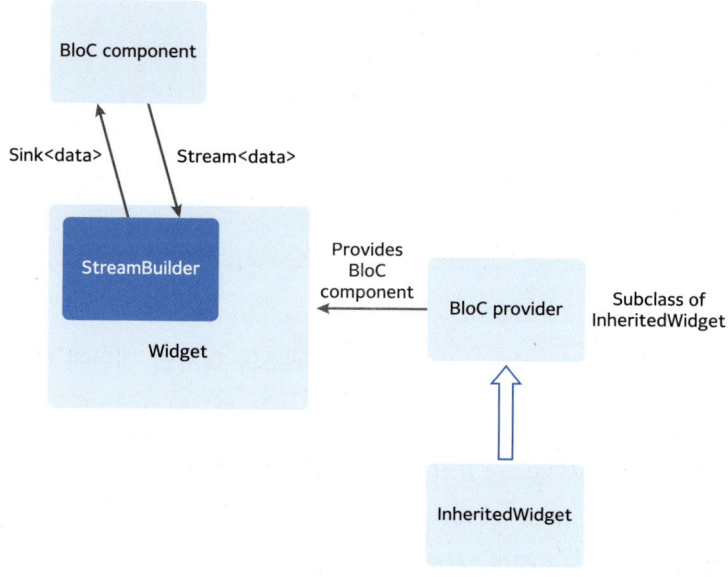

BloC provider의 작동 방식

이외 GS Shop의 스타일 가이드 및 개발 경험 등을 살펴보고 싶다면 GS Retail의 기술 블로그를 살펴보기를 추천한다. (https://gsretail.tistory.com/7)

❄ Naver

네이버와 글의 원작자이신 장영빈 개발자님께서 사례를 공유해 주신 덕분에 귀중한 사례를 본 서적에 공유할 수 있었다. 공유해 주신 도입 경험을 통해 독자분들이 Flutter 도입에 대한 힌트를 얻길 희망하며 사례를 공유해 주신 네이버와 장영빈 개발자님께 다시 한번 진심으로 감사를 표한다.

네이버는 2019년 지식 IN 서비스에 Flutter를 도입하였다. Naver는 Naver D2 기술 블로그를 통해 Flutter의 도입 배경을 OS에 비의존적인 통일된

UI 개발, 개발자 불균형에 의한 병목현상 해소, 협업 일관성 확보 등을 **위함**으로 소개했다. 흥미롭게도 이들은 사내 동료 개발자들의 인터뷰를 통해 문제 상황에 대한 데이터 조사를 진행했다. 조사 결과 많은 수의 개발자들은 크로스 플랫폼 프레임워크 도입을 지지했다. 인터뷰 결과에 대한 해석을 그대로 인용하자면 Naver 측에서는 "대다수 개발자가 플랫폼에 특화된 스펙의 구현이 까다로웠고, 개발자 불균형으로 인해 프로젝트 진행 문제를 겪었음을 알 수 있다. 서비스 상황에 따라 크로스 플랫폼이 필요하다고 생각하는 비율도 월등히 높다."라고 밝혔다.

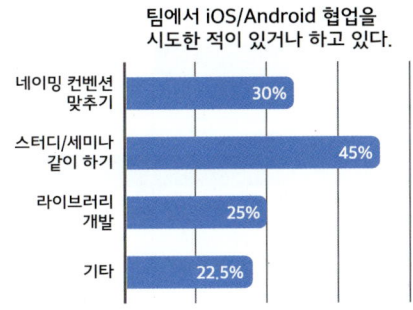

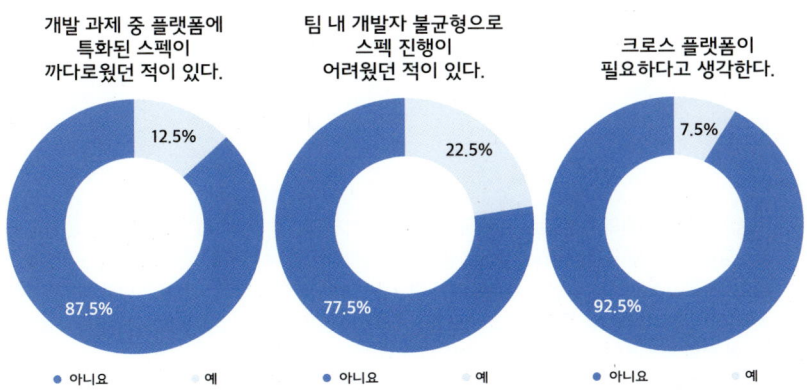

이와 함께 크로스 플랫폼에 대한 통념에 대해 조사하였는데 결과는 다음과 같다. 필자가 예상했던 결과와 정확히 일치하여 흥미로웠다. 응답 결과는 **학습 비용이 클 것, 성능이 안 좋을 것, 버그가 많은 것이라는 통념이 지배적**이었다.[10] Flutter 개발에 참여한 팀원들도 이와 마찬가지로 크로스 플랫폼에 대해 회의적이었으나 개발 생산성을 위해 크로스 플랫폼 프레임워크를 도입하고자 결정했다고 한다. 그들은 지식 IN App 개발을 통해 Flutter에 대한 사전에 가지고 있던 통념이 편견이었음을 깨달았다고 한다.

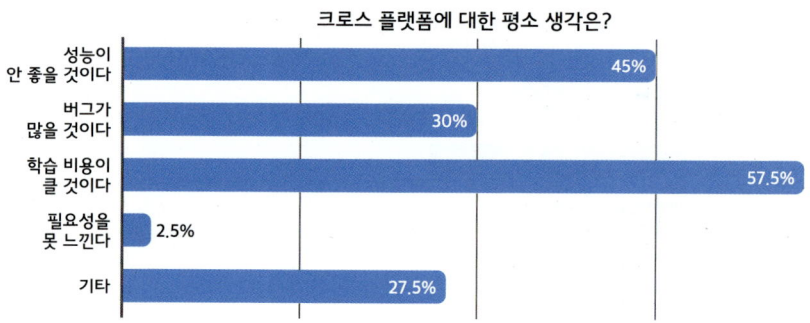

---

10 기술의 채택은 기술의 완성도보다 이해관계자들이 느끼게 되는 통념이 더 큰 영향을 미친다. 이를 학술적으로는 인식된 유용성이라는 용어로 설명한다. 대학원 시절 여러 개발자들이 오픈 소스 라이브러리(Open Source Library)의 채택에 대한 연구를 진행한 경험이 있다. 사회자가 여러 주제를 진행하며, 참여자에게 의견을 묻고 토론하는 포커스 그룹 방법론(Focus Group Interview)을 사용했었다. 이 회의 과정에서도 오픈 소스 라이브러리를 채택하는 요인으로서 제품의 완성도는 낮은 순위였고, 오히려 제품의 브랜드 혹은 축적된 콘텐츠 및 주변인의 추천 등을 통한 인식된 유용성이 높은 순위로 평가되었다. 서두에도 언급하였지만, Flutter라는 기술은 단순히 생산성 향상 프레임워크 그 이상의 것이다. 책을 통해 Flutter에 대한 통념을 해소하고, 정확한 기술의 장단점을 파악하여 이점을 얻을 수 있길 희망한다.

이들은 기술 검토를 위해 2019년 1월 7일부터 1주일간 4가지의 크로스 플랫폼 프레임워크(React Native, Xamarin, Flutter, SCADE)의 성능과 생산성을 비교하기 위해 토이 프로젝트로 박스 오피스 앱을 구현하고 평가했다. 그들이 밝힌 평가 기준은 다음과 같다.

구분	내용
학습 비용(learnability)	초심자가 쉽게 학습할 수 있는가?
가독성(readability)	개발 언어나 프레임워크의 가독성이 좋은가?
서드파티(third-party)	서드파티 라이브러리를 가져다 쓰기 쉬운가?
커뮤니티 활성도(community size)	이슈가 발생했을 때 Stack Overflow와 같은 커뮤니티에서 답을 찾기 쉬운가?
개발도구 사용성(IDE support)	IDE 사용성이 좋은가?
디버거	디버거가 잘 작동하는가? 디버깅이 쉬운가?
컴파일 속도	컴파일 속도가 기존 iOS용 개발 도구와 Android용 개발 도구보다 많이 느린가?
런타임 속도	UI 실행 속도와 애니메이션 실행 속도가 느린가?
안정성(stability)	크래시가 발생하는가?
호환성(compatibility)	• 네이티브 코드(Kotlin, Swift)와 같이 쓸 수 있는가? • 프레임워크 버전마다 API의 차이가 많은가?
로컬라이징(localization)	로컬라이징이 어려운가?
테스트 용이성(testability)	UI 테스트와 유닛 테스트를 하기 쉬운가?

상세하게 평가 점수를 밝히지는 않았지만, Flutter가 가장 좋은 평가를 받았고, 성능 면에서 네이티브 코드와 큰 차이를 느끼지 못하였다고 한다. 평가 순서는 Flutter, React Native, Xamarin, Scade 순이었다고 한다.

이러한 긍정적 평가를 기반으로 그들은 선택된 Flutter로 프로덕트 구현이 가능한지 검토하기 위해 네이티브 코드로 2개월간 개발한 프로토타입 서비스를 Flutter로 재구현하였다. 그들은 기존 프로토타입 서비스를 카피하여 개발한 것임을 감안하더라도 Flutter를 사용한 개발이 높은 생산성을 보였음을 밝혔다. 네이티브 코드를 통한 개발과 Flutter를 통한 개발에 대한 개발 기간과 개발 인원을 비교하면 다음과 같다.

	기존 방법으로 개발	Flutter로 개발
개발 인원	• iOS 개발자: 6명 • Android 개발자: 6명	• iOS 개발자: 3명 • Android 개발자: 4명
개발 기간	2개월	2주

개발 이후 팀원 모두 네이티브 방식 개발보다 높은 생산성을 보였음을 동의했는데, **UI 개발의 높은 생산성, Dart 언어의 낮은 진입 장벽, 선언형 UI 방식의 직관성** 등을 장점으로 꼽았다. 더불어 상세한 비교지표를 기준으로 Flutter를 평가했는데, 이는 다음과 같다.

구분	내용
학습 비용	Dart 언어 자체는 사용하는 언어와 큰 차이가 없어서 학습 비용이 낮다.
	좀 더 효율적인 코드 스타일을 위해서는 컨벤션 등에서 시행착오가 필요할 것 같다.
	Java와 Kotlin을 주 언어로 사용한 개발자 입장에서 Dart 언어 자체는 기존에 사용하는 언어와 큰 차이가 없어 학습 비용이 낮은 편에 속하는 것 같다.
	위젯의 조합으로 UI를 구현한다는 개념이 iOS 개발자에게는 조금 생소할 수 있으나 금방 적응된다.

구분	내용
가독성	뷰(view)를 그리는 코드를 작성할 때 '( )'와 '{ }'를 중첩해서 사용하기 때문에 보기가 불편하다. Android Studio의 닫는 괄호 표시 기능으로 보완이 되지만 깊이가 깊어질수록 보기 불편한 것은 여전하다.
	private을 설정할 때 밑줄(_)을 접두어로 붙이는 것이 불편하다.
	Android에서 XML로 뷰를 그리는 방법과 코드를 짜서 뷰를 그리는 방법 중 코드를 짜서 뷰를 그리는 느낌과 비슷하다. XML에서 뷰의 시작과 끝을 알 수 있듯이 Flutter를 사용할 때에도 Android Studio에서 위젯의 시작과 끝을 자동으로 알려주는 부분이 있어 가독성이 좋았다. 어느 뷰던 깊이가 깊어지면 복잡해지는데 그걸 위젯별로 나눠서 가독성을 높여 주는 방법이 있다.
	IDE에서 가독성을 높여 주는 여러 리팩터링 기능을 제공한다.
서드파티	Flutter에서 제공하는 라이브러리 자체는 사용하기 수월했다.
	사내 라이브러리를 아직 사용할 수 없다는 점이 아쉬웠다.
커뮤니티 활성도	공식 문서가 굉장히 깔끔하게 정리되어 있어서 기본 사용법을 익히기에 무리가 없다.
	Medium 등에 내부 구조나 특징 등을 설명한 글이 많이 있다.
	커스텀 뷰를 제작하다가 막히는 부분에 대한 Stack Overflow에도 글이 제법 있다. 하지만 그 양이 많다고는 할 수 없다.
개발도구 사용성	기존 Android 개발자라면 Android Studio를 사용할 수 있기 때문에 좋다.
	iOS 개발자라면 Xcode와 다른 점이 있어서 좀 불편했다.
	Android 개발자로서 늘 쓰던 Android Studion를 사용할 수 있기 때문에 큰 어려움이 없었다.
	Visual Studio Code를 사용했다.
	디버깅, 리팩터링, 가독성 향상 등의 유용한 기능이 기본으로 탑재되어 있어서 편리하게 작업할 수 있었다.
디버거	레이아웃에서 오류가 발생할 경우 Simulator가 크래시 대신 해당 오류를 보여주기 때문에 오류를 파악하기가 쉬웠다.
	Android Studio에서 제공하는 중단점(breakpoint)을 사용해도 된다. 데이터의 경우에는 print 구문을 활용해서 많이 확인했다.

구분	내용
디버거	React Native도 개발했던 경험이 있던 개발자로선 React Native 디버거와 비교했을 때 정말 사용하기 편하다고 볼 수 있다. 기존 Android 개발 환경과 디버거는 동일하다.
컴파일 속도	Swift 파일이 많은 Xcode보다 빌드가 빠르다고 느꼈다. 특히, UI 작업을 할 때 재빌드 없이 코드가 바로 반영되는 hot-reload 기능은 정말 편했다.
런타임 속도	직접 뷰를 그리기 때문에 속도는 문제가 없었다. iOS, Android 양쪽 다 부드럽게 실행되었다.
안정성	크래시가 발생할 때 앱이 종료되지 않고 크래시가 발생하는 화면에만 빨간색 오류 화면이 나타나도록 되어 있다. 이에 따라 어느 화면에서 오류가 발생했는지 알 수 있지만 정확히 어떠한 부분으로 인해 오류가 발생했는지는 빠르게 파악할 수 없다(개인적인 문제이다).
	Flutter 프레임워크 자체는 안정적이나, Flutter가 제공하는 라이브러리(카메라, 지도, 동영상 등)의 안정성이 아직 많이 떨어진다.
호환성	아직 평가 불가
로컬라이징	자체적으로 클래스 개발해서 사용했다.
테스트 용이성	유닛 테스트, 위젯 테스트, 융합 테스트(intergation test) 3단계로 나눠서 테스트 할 수 있게 되어 있어서 괜찮았다.

이들은 테스트 결과를 토대로 Flutter를 채택하기로 했다. Flutter 개발 시에는 사내 라이브러리나 필수 라이브러리를 사용할 수 없으므로 해당 부분 개발까지 고려하여 지식 iN 앱에 사용하기로 결정했다고 한다. 지식 iN은 iOS 지원이 중단되었고, Android 앱도 개발자 문제로 지원이 중단되어 유지보수 수준으로 제공되고 있었다. 이들은 Flutter 적용을 위해 유관부서와 소통하고 기존 자료를 수집하여 개발했다고 한다. 그 과정에서 네이티브 SDK를 사용해야 하는 라이브러리는 Method Channel, 이외 라이브러리는 Flutter에서 사용할 수 있도록 재작성하여 만들었다고 한다.

해당 사례를 살펴보며 Flutter에 대한 통념과 장단점을 파악해 볼 수 있었을 것이다. 해당 사례를 소개하며 책의 방향성에 대해 한 가지 밝히고자 한다. **본 서적에서는 네이티브 SDK를 활용하는 라이브러리와 연결하는 방법에 관해서는 간단하게만 언급할** 예정이다. Flutter 오픈 소스 라이브러리의 생태계가 확장하고 있음에도 불구하고, 레거시 라이브러리와 연결하는 것은 전환 작업에서 불가피하기 때문에 필수적인 내용이다. 그러나, 해당 내용은 실용서에서 다루기에는 내용이 매우 방대하고, 부족한 설명으로는 Flutter 도입에 대한 의사 결정에 오히려 잘못된 판단을 유발할 수 있다고 생각되기 때문에 길게 언급하지 않고자 한다. 짧은 서술에도 불구하고 레거시 라이브러리는 전환 의사 결정에 중요한 요인으로 작용할 수 있다. 만약 Flutter를 도입하고자 한다면 라이브러리 전환 비용에 대한 심사숙고할 필요가 있다. Naver에서 진행한 Flutter 개발 과정에 대한 상세 내용은 NaverD2(https://d2.naver.com/helloworld/3384599) 블로그와 Naver Tech Talk(https://d2.naver.com/news/9527890)에서 소개하고 있다. 그들의 의사 결정 과정과 실무적인 내용에 대한 심층적으로 이해하고 싶다면 해당 사이트에서 내용을 살펴보는 것을 추천한다.

✻ Line

앞서 소개한 세 가지 사례는 Flutter를 성공적으로 적용한 사례를 다뤘다. 그러나, 개인과 조직의 역량 및 경험, 그리고 레거시 및 개발 환경 등에 따라 도입을 하지 못한 사례를 살펴보는 것도 Flutter에 대한 이해도를 높여줄 것이다. 원작자이신 박혁준 개발자님과 Line측에서 귀중한 경험을 소개할 수 있게 허락해 주셔서 해당 내용을 소개하고자 한다. 다시 한번 진심으로 감사드린다.

Line Biz+ Pay App 개발팀에서는 2019년 Flutter 도입을 고려하였으나 도입하지 못한 사례를 소개하고 있다. 그들은 도입을 고려하며 Flutter의 OS 비의존성 덕분에 개발 생산성이 높아진다는 점, UI/UX를 개선하기 유리하다는 점, 기존 IDE를 사용하기 쉽고, Hot Reload 등의 개발 편의 기능이 있다는 점, Google이 추진하고 있다는 점을 장점으로 꼽았다.

LINE Pay 앱 가이드 화면

이들이 Flutter의 장점을 고려하며 밝힌 내용 중 UI/UX 개선에 대한 효율성과 편의성에 대해 살펴볼 필요가 있다. Flutter는 iOS 환경에서는 Material를 Android 환경에서는 Cupertino를 사용할 수 있게 한다는 점이다. 이 부분은 UI/UX 개발의 효율성을 높여줄 수 있다. Flutter Release Note들을 살펴보면 해당 부분은 지속해서 개발되고 있다. 아직 상호 호환이 완벽하지는 않아 OS에 따라 약간의 UI/UX 차이가 발생할 수는 있다.

이들은 **Flutter를 도입하고자 했으나 플러그인 안정성과 개발 정보의 부족으로 어려움을 겪었음**을 밝혔다. 플러그인이 부족하거나 없는 경우에는 기능을 자체 개발해야 하며 Camera 등의 Platform의 Service와 소통하는 기능의 경우 플랫폼 의존적인 코드를 작성해야 한다는 점을 지적했다. 더불어 해당 플러그인 대부분이 베타 버전이어서 안정성이 떨어졌다는 점도 지적했다.

Plugin	Pub	Points	Popularity	Likes	Issues	Pull requests
camera	v0.10.0	1.30	100	1223	148 open	11 open
espresso	v0.2.0+3	1.30	81	8	3 open	2 open
file_selector	v0.9.0	1.30	96	124	9 open	3 open
flutter_plugin_android_lifecycle	v2.0.7	1.30	99	68	4 open	2 open
google_maps_flutter	v2.1.10	1.20	100	2626	220 open	8 open
google_sign_in	v5.4.0	1.20	100	1035	67 open	4 open
image_picker	v0.8.5+3	1.30	100	4120	72 open	12 open
in_app_purchase	v3.0.6	1.30	99	1161	85 open	6 open
ios_platform_images	v0.2.0+9	1.30	83	18	4 open	1 open
local_auth	v2.1.0	1.30	99	1485	30 open	4 open
path_provider	v2.0.11	1.30	100	2183	15 open	2 open

필자는 지난 3년간 Flutter는 많은 변천사와 발전이 있었기 때문에 해당 시점에서 Line 팀이 겪었던 문제에 관해서 공감한다. 현재는 많은 플러그인들이 안정화되어 있고, 프로덕트를 개발하는 데에 큰 어려움은 없다. 그럼에도 불구하고 Flutter의 OSL(Open Source Library) 생태계는

더욱 발전할 필요가 있다. 특히나 개발을 하다 보면 한국의 Flutter 생태계가 미국 등에 비해 상대적으로 부족하기 때문에 한국에서만 사용하는 기능의 생태계가 많이 부족하다. 만약, 레거시의 많은 부분이 한국에서만 사용하는 기능들과 플러그인에 의존한다면 Flutter로의 전환은 어려운 결정이 될 수 있다.

해당 글에서는 Flutter에 대한 평가와 LINE 내부에서의 Flutter 사용 사례들을 추가로 소개하고 있다. 해당 내용에 관해서는 Line 기술 블로그에서 자세히 살펴보길 추천한다.
(https://engineering.linecorp.com/ko/blog/flutter-pros-and-cons/)

Felidia

본 서적의 공동저자로 참여해 주신 Felidia의 Elieen 님도 Flutter를 통해 애플리케이션 개발을 진행했다. 해당 사례는 인터뷰 형태로 소개함으로써 스타트업에서의 Flutter 사용에 대해 소개하고자 한다.

Grady 안녕하세요? Flutter에 대해 독자님들에게 소개하고자 하는데요. Flutter에 대해 설명하기 이전에 간략하게 회사 소개를 부탁드리겠습니다.

Elieen 안녕하세요. 딜리버리 커머스 서비스 이웃집밥을 운영하고 있는 Felidia 대표 Elieen이라고 합니다. 현재는 남양주 다산 지역에서 음식, 주류, 생활에 대한 딜리버리 커머스 플랫폼을 운영하고 있습니다.

Grady 네 반갑습니다. 바로 Flutter에 대해 질문드려보겠습니다. Flutter를 도입하게 된 계기가 궁금한데요. 설명해 주실 수 있을까요?

Elieen 저는 처음 사업을 기획하고 모바일 애플리케이션을 출시하고자 했을 때 개발하는 방법을 몰랐어요. 제가 이전에도 PO로서 창업을 지속해서 했었기 때문에 프로덕트 기획 경험은 있었지만 실제 개발을 하려고 하니 너무 어렵더라고요. 게다가 모바일 애플리케이션은 iOS와 Android를 모두 개발해야 하는 부분이 더 큰 진입 장벽이었던 것 같아요. 공부를 하다 보니 두 가지 모두 개발하고 운영 관리하는 것이 현실적으로 불가능하다고 판단되어 크로스 플랫폼 프레임워크에 관해서 공부했었어요. 우선 만들고자 하는 기능과 User Flow를 정리하고, React-Native와 Flutter의 공식 문서와 기술 블로그를 따라해 보면서 예상 개발 기한과 요구사항을 유연하게 개발할 수 있는지를 중점적으로 검토해 보았어요. 2개월 정도 공부하다 보니 Flutter로 충분히 가능할 것이라는 판단이 들어서 프레임워크를 선택하게 되었습니다.

Grady 그렇군요. 비전공자 측면에서 Dart와 Flutter에 관해서 이해하고 접근하기 어려우시지는 않으셨어요?

Elieen 제가 개발을 시작하기 전에 공공기관에서 지원해 주는 Python 수업을 2개월 정도 들었었는데 해당 내용이 도움이 많이 되었던 것 같아요. 기본적인 문법이 많이 다르지는 않더라고요. 오히려 초기에 기능을 만드는 것보다 운영하는 과정에서 발생하는 이슈의 원인을 파악하는 것이 어려웠어요.

Grady 그렇군요. 혹시 운영하시면서 어떤 이슈들과 어려움들이 있었나요?

Elieen 상당히 다양한 문제가 있었는데요. 지금 생각나는 문제는 Scroll Controller를 사용할 때 겪었던 문제에요. 제가 처음에는 Flutter의 LifeCycle 개념에 관해서 명확히 이해하지 못해서 문제를 겪었어요. 예를 들어 LifeCycle에 따라 initState 시에 인스턴스가 할당되고, dispose 시에 인스턴스가 dispose가 되어서 메모리 유출이 없어야 하는데요. 그런데, 그 내용을 명확히 이해하지 못하니 initState에 별도로 ScroolController를 할당하고 나서 dispose를 안 해줬어요. 그 때문에 지속해서 메모리 유출이 발생해서 앱 성능이 떨어지는 상황이 있었습니다. 또 한 가지 예를 들면, 아키텍처 구조를 깊게 고민하지 않고 프로젝트를 만들어 놓으니 유지보수하는데 어려움을 겪게 되더라고요. 그래서 앱 배포 후 3개월 정도 지났을 때 MVVM 패턴과 Provider를 사용해서 아키텍처를 재구성했어요. 특히 아키텍처의 경우 샘플 프로젝트를 구현해 보면서 장단점을 비교해 봤던 경험이 어려웠지만 도움이 되었던 것 같아요. 글로만 공부했을 때는 장단점이 와닿지 않았는데, 프로젝트를 구현해 보니 각 디자인 패턴에 따라 장단점이 명확히 느껴졌어요. 클린 아키텍처와 MVC, Redux, 그리고 MVVM 패턴을 통해 토이 프로젝트를 구현해 봤거든요. 같은 소프트웨어의 아키텍처에 다른 디자인 패턴을 적용해 보니 무조건적으로 어떤 것이 좋다기 보다는 애플리케이션의 목적과 사용자의 규모, 조직의 특성 등을 종합적으로 고려해야겠다는 생각이 들었던 것 같아요. Flutter가 아니라 다른 Framework를 사용했다면 검색했을 때 추천하는 아키텍처 구조를 별 고민 없이 사용했을 것 같아요. 오히려 표준화된 아키텍처 구조에 대한 자료가 부족하다는 점이 제가 서비스를 운영하는 데에 도움이 된 것 같아요.

Grady 흥미롭네요. 혹시 Flutter를 사용하면서 특이했던 부분이라고 할까요? 다른 프레임워크가 아닌 Flutter를 사용해서 겪었던 부분도 있을까요?

Elieen 제가 Flutter 이외에 다른 프레임워크를 실무적으로 해본 경험이 없어서 Flutter만의 특징이라고 설명하기는 어려울 것 같은데 특이한 부분은 몇 가지 있었어요. 우선, 나이가 드셨거나 눈이 조금 안 좋으신 분들은 휴대폰 설정에서 폰트를 키우는데, Flutter로 만들어진 앱에서는 그대로 적용되어 UI가 다 깨지더라고요. 해당 내용을 찾아보니 공식 문서에서 접근성을 위해 폰트 설정을 적용한다고 기재되어 있었어요. 처음에는 그런 내용을 몰랐기 때문에 고객분들께서 앱 UI가 이상하다고 컴플레인을 하는데 왜 그런지 이유를 파악할 수가 없어서 어려웠어요. 그리고 Flutter에서 주로 사용되는 Firestore의 Collection 개념이 생소했어요. 그게 MySQL이나 PostgreSQL 같은 일반적으로 사용하는 관계형 데이터베이스랑 다르거든요. 그래서 데이터베이스 설계도 마찬가지로 주도적으로 해야 한다는 문제가 있어요. 표준화된 방식은 없는 것 같더라고요. Firebase에서 제공하는 형태로 Collection in Collection 구조를 사용했더니 데이터 호출이 매우 늦어서 데이터베이스 구조를 아예 갈아엎은 적이 있어요. 그리고 Firebase는 만들어진 Collection과 Document의 이름을 바꾸는 기능이 제공되지 않아서 데이터베이스 복원이나 복제 과정이 불편하더라고요. 그리고 최근에 Provider의 생성자의 기본 값이 lazy 로딩이라는 사실을 알게 되었어요. ViewModel이 lazy 로딩으로 작동하면 생성자를 선언하고 내부에 작동되어야 할 메서드들을 기재하였는데 프로그램 실행 시점이 아니라 다시 불러오는 시점에 동작이 되더라고요. 이 부분을 활용하면 모델과의 소통을 효율적으로 할 수 있고 사용자 경험을 개선할 수 있어서 전체적으로 살펴보고 있어요.

마지막으로 상태 관리 전략과 렌더링 최적화 전략을 새로 만들어서 프로젝트 전체를 리팩토링하고 있어요. 예를 들어 렌더링 최적화에 대해 설명하면 Provider을 선언하면 App 상단에 위치하게 되는데 그렇게 되면 Notification 이벤트가 발생할 때 모든 Wiget Tree가 갱신되더라고요. 그래서 select와 Selector를 적절히 활용하여 변화가 필요한 위젯만 이벤트에 다시 렌더링 될 수 있도록 수정하고 있습니다.

Grady · 답변 감사드립니다. 운영에 대한 부분을 질문드리고 싶은데요. 혹시 배포하는 과정에서 어려움은 없었는지 궁금하네요.

Elieen 배포하는 과정에서 겪었던 어려움 중에 대표적인 건 각 플랫폼에서 빌드 되는 과정을 이해해야 한다는 것이었어요. 저는 전공자는 아니다 보니 Flutter와 C, Python 기초 정도만 공부했거든요. 플랫폼 네이티브 언어에 대해 잘 모를뿐더러 컴파일과 빌드 과정도 C 언어 배울 때 잠깐 공부한 내용이라서 어렵더라고요. 그뿐만 아니라 Gradle이나 pod이 뭔 지, Xcode는 뭔 지에 관해서 잘 모르니까 막막했어요. Flutter를 사용하면 그런 내용을 몰라도 앱을 배포할 수 있을 줄 알았는데 그건 아니더라고요. 개발과 배포가 별개의 과정이었어요. 각 플랫폼에서 프로젝트가 빌드 되는 과정을 모르면 발생하는 문제들을 디버깅할 수가 없더라고요. 특히나 dependency 문제가 종종 발생하는데 그때는 각 플랫폼의 빌드 과정을 이해해야 하는 경우가 발생하는 것 같아요.

그리고 배포 승인 과정이 까다로워요. 승인이 되고 나면 그나마 나은데, 처음 배포 시에는 승인 절차가 까다로운 것 같아요. 그리고 지속해서 정책이 변경되면서 신규로 만들어야 하는 기능들이 생겨요. 예를 들면 App Store에 승인을 받으려면 Apple Login 기능을 구현해야 한다든가 사용자들이 작성하는 콘텐츠가 있다면 신고하기 및 차단하기 기능을 만들어야 한다든가 하는 기능들이 있더라고요. iOS의 경우 배포가 오래 걸린다는 점도 단점 같아요. Android는 이제 30분 내외로 배포가 되는데 iOS는 최소 24시간은 걸리는 것 같아요. 배포와 버전 관리 이슈를 같이 해결하기 위해 하이브리드 앱 전환도 준비하고 있습니다.

Grady 답변 감사드립니다. Flutter 개발과 별도의 추가적인 개념을 이해해야 한다고 하셨는데, 그럼 배포 말고 비슷한 맥락에서 어려움을 겪은 경험이 있을까요?

Elieen 우선, 방금 말씀드린 하이브리드 앱 전환 준비하면서 일정 부분 네이티브 코드 작성이 필요하더라고요. 그리고 하드웨어와 통신하는 서비스 관련한 기능들에 대해 라이브러리들이 버전이 낮은 경우에는 사용 시 에러들이 발생해요. 디버깅 과정에서 네이티브 코드를 살펴봐야 하는 경우도 있었던 것 같아요. 그리고 iOS의 경우 권한에 대한 설정이 상대적으로 까다로워요. 푸시 알림을 주는 기능이 있는데 iOS는 추가적인 설정이 많이 필요하더라고요. 마찬가지로 그 과정에서 어느 정도는 네이티브 코드나 프로젝트 빌드 과정을 이해해야 해요.

다만, 직접 코드를 작성하는 경우는 거의 없을 정도로 생태계가 준비되어 있는 건 맞는 것 같습니다. 거의 85%에서 90% 이상은 Flutter 코드로만 작성할 수 있는 것 같아요.

Grady 제가 알기로는 모바일 서비스 말고도 웹 서비스도 Flutter로 만들어서 사용하고 있다고 알고 있는데요. 혹시 웹 서비스를 개발하시면서 겪었던 애로사항은 없으셨나요?

Elieen 많았어요.(웃음) 여러 가지 우여곡절이 있었는데요. 가장 큰 문제는 Flutter Web의 로딩 속도가 매우 느리다는 점이었어요. Flutter는 Web 서비스를 로딩할 때 다수의 프로세스를 일정 부분 직렬적으로 수행하거든요. 저희는 가맹점 포스기를 웹 서비스로 제공하는데 가맹점 포스기는 일반적인 데스크톱보다 성능이 많이 떨어져요. 그래서 웹 서비스를 개발해서 배포해 보니 처음 로딩에 거의 15초~20초 걸리더라고요. 문제를 해결하려고 리서치를 해보니 그에 대한 다수의 issue 제기가 존재하고 다양한 로딩 아이디어가 GitHub에 제시되어 있더라고요. 다만, 답변이 아쉬웠어요. Flutter 팀의 공식 답변인지는 모르겠지만 'Flutter Web은 아직 발전하고 있고 10년 이상의 연혁을 가지고 있는 기존 웹 기술과 비교하는 것은 무리다.'라고 답변이 되어 있더라고요. 그래서 그냥 개인적으로 해결해야겠다고 생각했어요. 그래서 network를 통해 값을 가져오는 JavaScript를 수정해서 Local에서 가져올 수 있도록 수정하니 조금 나아졌어요. 그래도 아직도 느려서 React로 전환하던지 Window 응용 프로그램 실행 파일로 만들어야 할 것 같아요.

그리고 Flutter Web은 자료가 정말 없어요. Flutter Web은 업데이트 속도가 빠르다 보니 구글링을 통해 나오는 자료들을 실제 반영해 보면 작동되지 않아요. FCM을 이용하려고 하면 Service Worker를 활용하여 기능을 개발해 줘야 하는데 자료가 없다 보니 오랜 기간 애를 먹었던 기억이 있습니다.

개인적으로 느끼기에 Flutter Web은 생태계 확장이 시급한 것 같아요. UI에 대한 부분이 엄청나게 줄어드니 생산성은 좋아지지만 자료와 라이브러리들 모두 아직 개선되어야 할 점이 많아요. 주문 접수 시에 포스기 프린터 기능을 만들 때도 USB 연결 프린터 라이브러리가 작동하지 않아서 새로 만들었거든요.

 답변 감사드립니다. 마지막으로 좀 더 소개할 사항이 있을까요?

Elieen 제 경험이 부족하다 보니 충분히 설명드렸는지 모르겠네요. 사실 설명드린 문제는 제가 겪었던 문제의 극히 일부에요. 정말 다양한 문제들이 있었어요. 다른 프레임워크에 비해 상대적으로 Flutter의 디버깅은 어려운 것 같아요. 생태계가 많이 발전하긴 했지만 아직 StackOverFlow에서 검색되지 않는 에러도 종종 발생하더라고요. 저는 처음에 잘 몰랐으니까 원래 그런 건 줄 알았어요. 로그 하나씩 따라가고 원리 공부하고 그러면서 해결했던 것 같아요. 나중에 다른 프레임워크나 언어를 사용하시는 분들 말씀 들어보니까 아예 없는 경우는 드물다고 하더라고요. 그렇다 보니 오히려 개념에 대한 깊은 이해를 필요로 하는 것 같아요.

더불어 Java에 익숙하신 분은 진입 장벽이 많이 낮을 것 같습니다. 개인적으로는 문법이나 특징이 비슷하게 느껴져요.

마지막으로 저희는 TDD 형태로 프로젝트를 개발하고 있는데 언어가 어렵지 않다 보니 테스트 코드를 작성하는데 큰 어려움은 없는 것 같아요. 스타트업 특성상 종종 hotfix 배포가 있어 100%는 아니지만 테스트 코드 작성이 어렵지 않아서 커버리지도 높게 유지할 수 있는 것 같아요. Flutter 사용을 고려해 보시는 개인이나 스타트업 분들이 있다면 적극적으로 추천하겠습니다. 생산성과 유지보수 관점에서 강점이 있는 것 같아요. 제가 큰 규모의 프로덕트와 조직에 속한 것은 아니라서 조직의 의사결정에 관해서는 제가 답변드리기는 어려울 것 같아요.

1.3.2 해외

해외 사례는 국내 사례에 비해 참조할 만한 사례가 풍부한 편이다. Flutter Showcase(https://flutter.dev/showcase)를 살펴보면 어떤 기업이 Flutter로 모바일 애플리케이션을 사용하고 있는지 안내하고 있다. 주요 기업으로는 알리바바, BMW, eBay, Tencent, TOYOTA 등이 있이 있고 본 서적에서는 알리바바와 eBay의 사례를 소개하고자 한다.

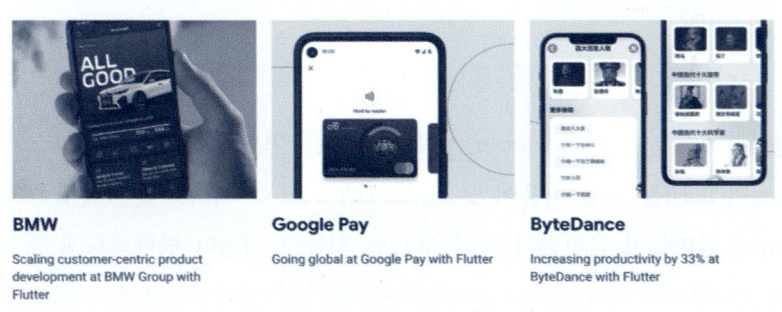

Flutter Showcase에 소개된 사용 사례

※ Alibaba Xianyu

2017년 Alibaba의 Xianyu의 경우 **Flutter의 UI/UX 개발 효율성, 단일 코드베이스로 인한 유지보수의 편리성, 개발 효율성을 위해 Flutter를 선택**하였음을 밝히고 있다. Xianyu는 5천만 명 이상의 유저가 사용하는 E-commerce 서비스로 Flutter의 엔터프라이즈 프로덕트 적용에 대해 살펴볼 수 있는 귀중한 사례로 볼 수 있다.

2017년부터 2021년까지 Flutter를 적용해 본 사항에 대한 Xianyu의 Tech 팀 client Leader인 Yu jin이 밝히고 있는 Flutter에 대한 인터뷰가 있어 소개하고자 한다.

Xianyu 서비스 화면

인터뷰에서는 Dart와 Flutter 선택의 장점을 먼저 소개하고 있다. 그에 따르면 **Dart는 학습 비용이 낮고, AOT(Ahead-Of-Time) 및 JIT(Just-In-Time) 컴파일이 유연하며 특히 AOT는 성능상 이점이 명확**하다고 밝힌다. DVM(Dart Virtual Machine)은 AOT와 JIT 컴파일을 모두 지원하고 있다. 필자 개인 경험으로는 Flutter의 컴파일 속도는 매우 빠르다. 특히 JIT 컴파일러 등을 활용하여 Hot Reload 등의 기능을 원활하게 지원하고 있는데 이 기능이 매우 편리하고 빠르다. React Native 사용 경험 없이 네이티브 코드로만 모바일 애플리케이션을 진행했다면 Flutter를 통한 개발 진행 시 Hot Reload 기능의 유용성을 느낄 수 있을 것이다.

더불어 Xianyu가 Flutter를 도입했을 때 겪은 경험에 관해서도 소개하고 있다. Xianyu에 따르면 본인들은 엔터프라이즈 프로덕트 Flutter 도입의 개척자였기 때문에 도입 초기에는 전체 기술 생태계가 열악하고 많은 것을 본인들이 해결해야 했고, Flutter 초기 엔진에는 안정성에 큰 문제가 있었다고 밝히고 있다.

Xianyu는 자신들이 Flutter 생태계에 기여하는 방법을 택했다고 한다. 때문에 Flutter 엔진이 메모리 및 지연 최적화를 감지하는 Flutter Library를 만들어 사용하고 그를 공개했다고 한다. 그뿐만 아니라 자신들이 생태계에 기여한 여러 OSL을 인터뷰에서 소개하고 있다. 이 중 눈에 띄는 OSL은 FlutterBoost이다. FlutterBoost는 기존의 네이티브 앱을 Flutter와 통합하여 하이브리드 앱을 만들 수 있도록 도와주는 플러그인이다.

FlutterBoost Package 로고

네이티브 레거시를 보유한 기존 기업이 Flutter로의 전환 시에는 기존의 네이티브 앱과 통합할 것인지, Flutter로만 구현할 것인 지에 대한 고민할 필요가 있다. 앞선 국내 네이버의 사례도 네이티브 모바일 애플리케이션과 Flutter를 통합하여 하이브리드 형태로 개편한 예시 중 하나이다.[11]

더불어 이들은 초기 단계에 Flutter engine을 커스터마이징한 경험을 공유하고 있다. 흥미롭게도 Flutter 엔진을 커스터마이징하고자 한 본인들의 선택은 자신들의 Flutter에 대한 이해도가 떨어져 낮은 수준의 솔루션을 택한 것이라고 밝히고 있다. 더불어, 현재의 Flutter는 본인들이 가진 문제의 90% 이상을 해결할 수 있음을 이야기하고 있다. 때문에 그들은 Flutter 코드를 커스터마이징하지 말 것을 추천하고 있다.

---

11 개인적으로는 Flutter로의 전환을 통해 얻을 수 있는 이점이 명확하기 때문에 기존 네이티브 모바일 프로덕트들을 전환하고자 하는 기업들은 늘어날 것으로 생각한다. 때문에 Flutter 하이브리드 애플리케이션에 대한 생태계는 중장기적으로 확장될 것이라 판단한다.

그 외 Flutter의 특징과 발전 방향성 등을 인터뷰에서 다루고 있다. 인터뷰 시점이 과거이기 때문에 인터뷰에서 다룬 이슈들 중 일부는 Flutter 버전이 업데이트되며 개선되었고 아직도 개선이 필요한 사항도 있다. 해당 내용을 상세히 살펴보는 것은 Flutter 도입 의사 결정에 중요한 근거가 될 것으로 보인다. 자세한 내용은 Alibabacloud에서 확인할 수 있다.
(https://www.alibabacloud.com/blog/is-xianyu-quietly-giving-up-flutter_597991)

❋ eBay Motors

eBay에서는 2018년 차량 매매 플랫폼인 ebay Motors 개발에 Flutter를 도입했다. 개발팀은 짧은 목표 일정 하에 두 가지 네이티브 개발을 할 수 없었기 때문에 Flutter를 도입하여 애플리케이션을 개발하였음을 소개하고 있다. 개발 과정에서 눈여겨 볼만한 경험들을 공유하고 있어 독자분들께 소개한다.

그들은 Flutter의 주요 이점으로 네이티브 코드에 거의 의존하지 않을 수 있는 점을 꼽았다. 그들이 소개한 바에 의하면 22만 줄의 코드 중 98.3%가 Dart이고, 네이티브 코드는 0.5%에 불과할 정도로 네이티브에 의존하지 않아도 되는 점이 개발 효율성을 증대 시켰다고 한다. 대다수의 코드가 단일 코드 베이스로 개발되었기 때문에 UI/UX, 모든 비즈니스 로직, 도메인 모델 및 네트워크 스택을 통일할 수 있었고, 단일 CI Pipline 구축, 일관된 테스트 자동화를 구현할 수 있게 되어 조직 생산성에 큰 이점이 있음을 밝혔다.

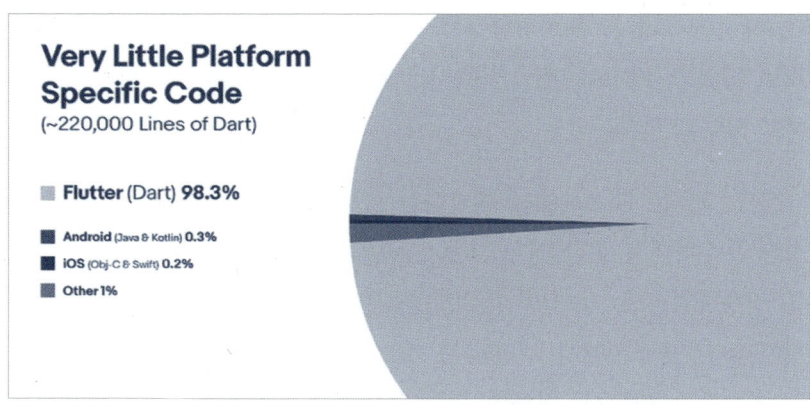

ebay Motors Flutter 애플리케이션에 사용된 코드 비중

그들에 따르면 **Flutter의 테스트 지원은 자신들의 예상보다 뛰어나 복잡한 UI 상호 작용에서 애니메이션 세부 사항에 이르기까지 깊은 수준의 테스트 자동화**를 이룰 수 있었다고 한다. 이는 Flutter에서 testing이 일급 객체 개념임과 동시에 Flutter가 모든 장치와 플랫폼에 렌더링 되는 Pixel을 완전히 제어하는 Flutter 아키텍처의 특징 덕분임을 밝히고 있

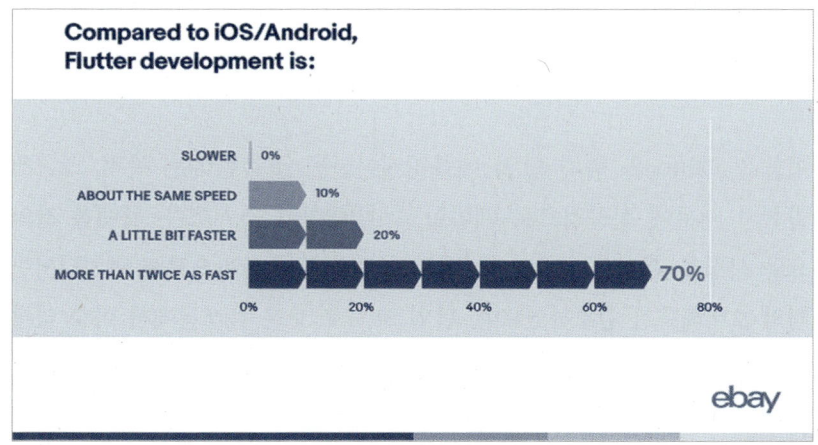

Flutter를 통한 개발이 얼마나 빠른지에 대한 사내 인터뷰 결과

다. 때문에 그들은 프로덕션 코드 커버리지를 100% 달성하는 것을 목표로 하였고, PR rule에도 적용시켜 현재까지도 100% 커버리지를 달성하고 있다고 한다.

심지어 **그들은 Flutter에서 개발하는 것이 전통적인 네이티브 개발보다 훨씬 우수하다고 주장**한다. 그들을 이를 뒷받침하기 위해 내부 인터뷰를 진행하였는데, 응답에 따르면 대다수의 팀이 Flutter에서 개발하는 것이 이전 플랫폼에서 개발하는 것보다 두 배 이상 빠르다고 생각하는 것으로 나타났다. 더불어 모든 응답자는 iOS와 Android 개발보다 Flutter 개발을 선호했다.

기술 블로그에 소개된 Flutter를 통한 소프트웨어 개발의 장점

이들은 Flutter를 통해 단일 애플리케이션을 구축한다는 목적으로 개발했기 때문에 성공적으로 개발할 수 있었다고 소개했다. **플랫폼 간의 요구 사항을 분산시키지 않고, 백로그 관리도 통합함으로써 엔지니어링 팀의 오버헤드가 감소하였으며, 단일 코드로 모든 플랫폼에서 이슈 없이 목표한 UI/UX를 구현할 수 있었음을** 소개했다. 더불어 Flutter의 도입을 통해 기능 통합을 구현하여 운영 안정성을 높였고 1주 스프린트로 App을 release 할 수 있게 되었음을 밝혔다.

소개한 내용의 자세한 사항은 ebay 기술 블로그에서 살펴볼 수 있다. 더불어 테스트 자동화에 대한 포스팅도 함께 본다면 Flutter 도입에 대한 더욱 깊은 이해를 도울 수 있을 것으로 생각한다.

(https://tech.ebayinc.com/product/ebay-motors-accelerating-with-fluttertm/)
(https://tech.ebayinc.com/engineering/ebay-motors-screenshot-testing-with-flutter/)

1.4 Flutter의 미래

간혹 혹자들은 구글의 전적을 언급하며 Flutter도 버려지는 제품 중 하나가 될 수 있다고 언급한다. 이러한 지적이 구글에 대한 불합리한 평가는 아니다. 실제로 구글은 2022년 현재 120개 이상의 제품들을 출시하고 포기함으로써 구글 프로덕트의 충성도 있는 고객 및 개발자들을 여러 번 실망하게 한 전례가 있다. 가장 대표적인 사례는 구글 +이다.

구글 플러스는 구글이 페이스북과 경쟁하기 위해 2011년 출시한 SNS 서비스이다. 출시 당시 구글은 SNS 시장을 독점하고자 했고, 페이스북은 구글+를 중대한 비즈니스 위험으로 판단하고 대처하였다. 그러나, 구글 +는 초기 성장 이후 별다른 호응을 얻지 못했다. 결국 2019년 4월에 서비스를 종료하게 되었다.

현재는 서비스를 종료한 구글 +

그러나, 개인적으로 구글은 Flutter를 버리지 않을 것이라 감히 판단한다. 출시 종료된 제품의 상당수는 구글의 확고한 사업영역과 시너지가 날 수 있는 타 사업 영역에 속한다. 그와 달리 Flutter는 구글의 핵심 사업 영역인 OS와 관련되어 있으며, 구글의 Vision에 큰 연관이 되어 있다.

Fuchsia OS 소개 사진

2016년부터 개발된 Fuchsia OS는 오랜 개발 기간 끝에 2021년 5월 Google Nest Hub의 제품으로 출시되었다. Fuchsia OS가 Android 애플리케이션을 작동할 수 있도록 호환되게 개발되었다는 점을 고려할 때, Google이 개발하고 있는 Fuchsia OS는 차세대 플랫폼에서도 Android의 지위를 승계하고자 하는 목표를 가지고 있다. 더불어 구글의 움직임을 살펴볼 때 Google이 바라보는 차세대 플랫폼을 모바일 기기가 아니라 일상 속의 IoT로 판단하는 것으로 생각된다. 정리하자면, 구글은 차세대 플랫폼에서 다시 독점적 지위를 유지하는 것을 목표로 하고 있다. 그와 함께 Flutter와 Fuchsia의 상호 호환적인 개발을 고려할 때, 독점적 OS에서 작동하는 프레임워크로서 Flutter를 개발하고 있다고 판단된다.[12]

---

[12] 페이스북이 React를 통해 얻어낸 Open Source Framework을 통한 이점에 대하여 이해한다면 Flutter의 전략적 중요성을 더욱 깊게 이해할 수 있다. 그러나, 해당 내용을 다루는 것은 내용의 응집성

태블릿에 적용된 Fuchsia OS

혁신 기업들은 마이크로소프트가 독점한 1세대 플랫폼인 PC의 시대와 구글과 애플이 독점한 2세대 플랫폼인 스마트폰의 시대에서 독점 기업이 어떠한 경쟁우위를 가지고 사업을 영위했는지 매우 명확히 알고 있다. 2세대 플랫폼을 쟁탈하기 위해 페이스북과 마이크로소프트는 페이스북 폰과 마이크로소프트 폰을 만드는 등의 각고의 노력을 했지만 실패했다. 그 결과는 어떤가? 페이스북은 애플과 구글의 독점적 지위로 광고 비즈니스 모델을 위협받고 있다. 애플은 개인정보 보호정책을 변경시키며 앱스토어에 출시된 앱이 사용자의 개인정보 이력을 추적 및 사용한다면 **"이 앱이 당신의 검색과 사용 이력 정보를 추적하는 걸 허락하시겠습니까?"** 라는 팝업이 뜨게 강제했다. 페이스북은 데이터를 통한 광고 매출이 기업의 핵심 비즈니스 모델이기 때문에 해당 정책은 페이스북에 치명적이다. 앞서 설명한 구글+의 시장 진출 시에도 구글은 독점권을 행사했었다. 페이스북은 2세대 플랫폼을 지배하지 못하면서 구글과 애플과의 경쟁에서 뒤처질 수밖에 없었다.

을 해치는 것으로 판단되어 간략하게만 설명하고자 한다. 간략하게는 실리콘 밸리 인재 영입 우위, MIT License를 통한 특허 무효화 및 기능 복제, 브랜드 가치 개선 등 Open Source Framework 개발을 통한 이점은 명확하다. 혁신기업들이 Open Source로 제공하는 것이 이타적인 선의로만 진행하는 것이라 판단하는 것은 표면적인 부분만 살펴보는 것이다. 기업의 행동에는 각자의 전략이 숨어있다.

애플의 개인정보 정책 변경으로 타격을 받게된 페이스북

역사는 반복된다. 앞으로 펼쳐질 플랫폼의 시대에서도 플랫폼을 독점한 자, 플랫폼에 참여한 자, 플랫폼에 참여하지 못하여 쇠퇴된 자로 나뉘게 될 것이다. 그를 위해 차세대 플랫폼을 위한 수많은 투자가 진행되고 있다. 예를 들어 테슬라는 차세대 플랫폼의 단말기를 자동차로, 페이스북은 AR 글라스로, 구글은 IoT로 차세대 플랫폼을 예측하고 투자하고 있다. 특히나 페이스북은 차세대 플랫폼을 AR 글라스로 유력하게 보고 있는 것 같다. 그들은 Reality Labs를 통해 다양한 AR 기술에 대해 R&D 및 M&A를 진행하고 있고, AR 글라스를 위한 OS를 개발하고 있다.

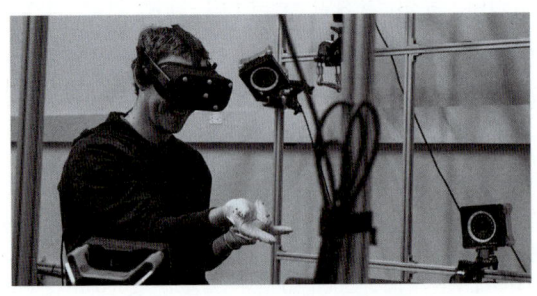

오큘러스 글러브를 사용하는 저커버그

Flutter 생태계는 앞으로도 확장될 것이다. Flutter를 대체할 프레임워크가 없다는 점, Flutter를 도입하여 얻게 되는 기업과 개인의 개발 및 전략이 명확하다는 점, 그리고 차세대 플랫폼에 Player로 참여할 수 있는 수단이 될 것이라는 점이 이를 뒷받침한다. 과감하지만, 구글이 Flutter를 버릴 것인가에 대한 질문에 관해서는 다음 질문으로 답변을 갈음할 수 있을 것으로 생각한다. "구글이 안드로이드를 버릴 것인가?"

CHAPTER

2

Dart와 Flutter의 변천사

CONTENTS

2.1 Dart의 변천사 : Version 1

2.2 Dart의 변천사 : Version 2

2.3 Flutter의 변천사

이 장에서 우리는 **Dart의 변천사와 특징**에 대해 알아볼 것이다. 1장에서 언급했듯이 Dart는 개발 생산성을 위한 언어임과 동시에 기존 언어의 단점을 개선하고자 하는 목적으로 개발되었다. 이러한 배경 때문에 Dart의 문법은 Java 등의 기존 언어들과 유사하며, 목적에 따라 발전되어 왔다. 책을 쓰는 현시점에 Dart는 Stable로 2.17 버전을 Beta로 2.18 버전을 Dev로 2.19 버전을 제공하고 있다. Dart의 변천사와 특징을 살펴 봄으로서 Dart의 발전 방향성과 장단점, 그리고 특징에 관해서 이해할 수 있을 것이다.

한 가지 밝힐 점은 **Dart와 Flutter의 주요하지 않은 버전은 다루지 않을 것이라는 점**이다. 주요 변천사를 살펴보는 것은 발전 방향성과 장단점 및 특징에 대해 이해하기 위함이다. 그러나, 그를 위해 모든 변경 사항을 이해할 필요는 없다. 모든 버전을 이해하기보다는 주요 버전의 흐름을 따라가는 것이 맞다고 판단되기 때문에 주요 버전의 변경사항들을 위주로 다룰 것이라는 점을 미리 밝힌다.

2.1 Dart의 변천사 : Version 1

2.1.1 Dart 1.0

Dart 1.0은 2013년에 소개되었다. GOTO 회의에서 처음 소개되고 2년 만이다. Dart 1.0에서 추가된 주요 사항은 "dart2js"이다. dart2js는 이름처럼 다트 언어로 프로그래밍된 코드를 JavaScript 코드로 바꿔주는 변환 도구이다. Dart 1.0이 출시되는 시점에 대다수의 브라우저들은 Dart

언어를 지원하지 않았다. 때문에 Dart로 된 프로그램을 변환하여 브라우저에서 구현하기 위한 도구로서 dart2js가 필요했다.

Google은 dart2js의 자동 변환 덕분에 손으로 작성한 JavaScript 대비 Dart언어로 작성 후 자동 변환한 JavaScript의 훨씬 빠르다고 언급했다. 그들의 주장에 따르면 "while loop을 for loop로 대체" 한다거나 "type check을 제거"하는 등의 자동 변환 덕분에 이러한 성능을 도출할 수 있다고 한다. 프로젝트 리더인 구글 엔지니어 Lars Bark는 해당 기능을 통해 Dart가 단순 테스트 기능이 아닌 실 세계 웹사이트에서 사용할 수 있는 언어라고 주장했다.

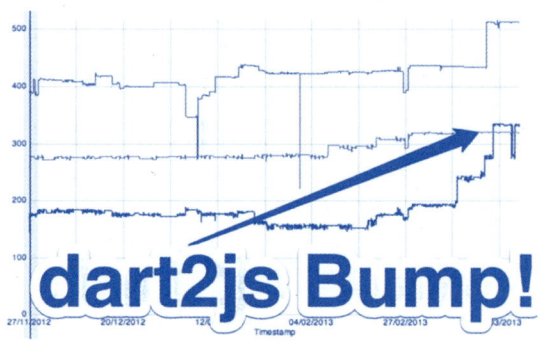

Google이 소개한 dart2js의 성능 개선 효과

그러나, 해당 시점에 Dart는 JavaScript의 대항마로 평가받지 못했다. 해당 시점에는 이미 JavaScript가 웹 브라우저 서비스 개발에 광범위하게 사용되었고, 라이브러리, 성능 최적화 등의 풍부한 생태계를 확보하고 있었다. 반면, Dart는 새로운 언어로 기존 사용자도 없었으며, 작동되는 브라우저는 구글이 제시한 크롬 기반의 Dartium뿐이었다. 때문에 Dart의 성능과 언어의 완성도와 별개로 개발자들과 IT 기업들에게 많은 인기를 얻지 못했다.

2.1.2 Dart 1.1~Dart 1.3

구글은 Dart 1.0 release 이후 2개월 만에 Dart 1.1을 소개했다. Dart 1.1은 Javascript에 대항하기 위해 성능을 향상하는 것이 주요 목표였다. 그들의 주장에 따르면 Dart 1.1은 Dart 1.0 대비 최대 25% 빠른 성능을 보였다고 한다. 개선의 결과로 Dart의 런타임 속도가 dart2js를 통한 변환 시간을 포함하더라도 JavaScript와 유사하게 개선되었다고 소개했다.[1]

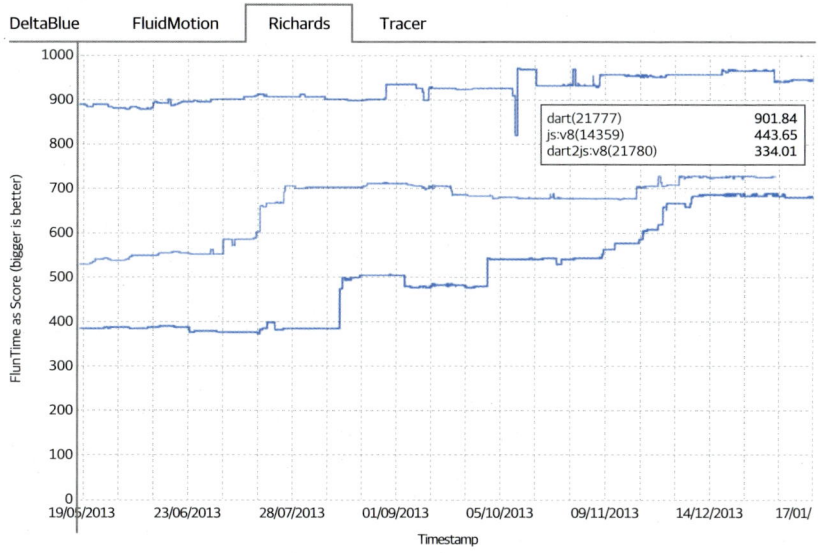

Dart와 Javascript의 런타임 속도 비교

---

1 Dart 1.0과 1.1의 성능에 대해 소개한 내용이 서로 상충되게 느껴질 수도 있다. 이러한 차이는 벤치마크 기준에 따른 것이다. Dart 1.0에서는 객체 지향 언어 벤치마킹에 자주 사용되는 DeltaBlue 벤치마크를 사용한 것이고, Dart 1.1에서는 Richard 벤치마크를 사용한 것이다. Dart 1.0에서는 Richard 벤치마크 기준 26% 느리다고 소개했다. Dart 1.0에서 소개한 비교 기준은 "손으로 직접 작성한 관용적 JavaScript"인데, 개인적으로 해당 부분을 비교하는 게 유의미한 지는 의문이다. 관용적 JavaScript가 잘 짜여 있다면 Dart의 런타임 시간은 변환 과정을 거치기 때문에 여전히 JavaScript보다 느리기 때문이다.

Dart 1.3에서는 Dart VM에서 실행되는 비동기 코드의 성능과 dart:io를 개선했다고 소개했다. 개선 결과로 HTTP benchmark가 Dart 1.2 대비 2배 이상 증가하였음을 알렸다. 더불어 Dart Editor에서 Angular 코드에 대해 도구를 지원할 수 있도록 수정하였다.

2.1.3 Dart 1.4

2014년 5월 Release 된 Dart 1.4에서는 가시성 도구들이 추가되었다. 일례로 1.4 Release에는 Observatory라는 도구가 dart:io에 추가되었는데, 이는 실행 중인 DVM 내부를 분석할 수 있도록 실시간으로 데이터를 제공해 준다. 이 기능을 통해 Dart Project의 성능과 구성을 쉽게 이해할 수 있다.

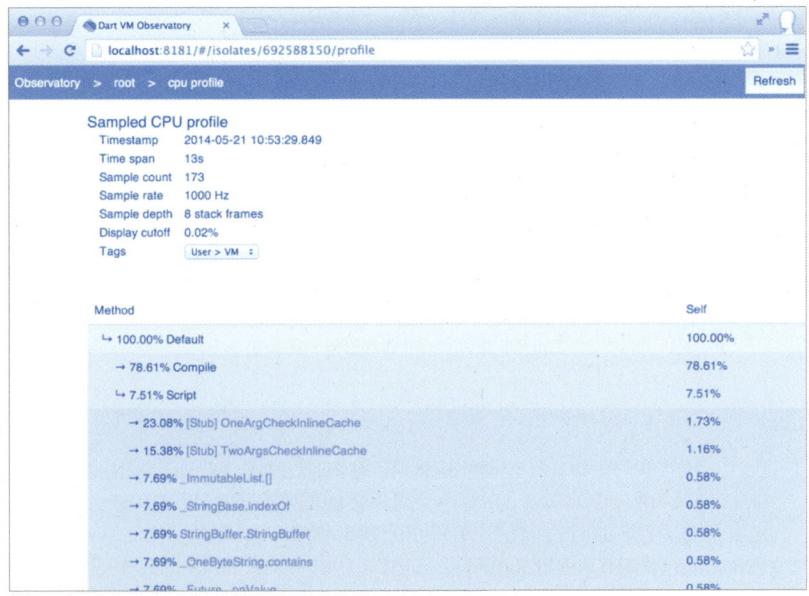

Dart VM Observatory 화면

더불어 Dart analyzer command tool은 Java 의존성을 제거하여 100% Dart를 통해서 사용할 수 있도록 수정했다. Dart analyzer command tool은 linter 결과나 패키지 설정의 경로 지정, 경고 표시 등 Dart 코드를 분석하고 설정하는데 사용하는 명령어 도구다.

2.1.4 Dart 1.9~1.11

2015년 3월에 Release 된 Dart 1.9.1에서는 비동기 프로그래밍을 공식적으로 **지원**하게 되었다. 이에 따라 Async, await, sync, async, yield, yield, await for, Future 등이 추가되었다. 더불어 열거형 타입(Enumerated types)도 공식적으로 지원하게 되어 Dart 프로그래밍의 효율성을 개선할 수 있었다.

이와 함께 dart:isolate에 대해 다수의 기능이 1.9~1.11 버전에서 수정되었다. 해당 변경사항에 관해서 구체적으로 설명하는 것 대신 dart:isolate에 대해 간략히 설명으로 갈음하고자 한다.

Dart는 Single-Thread 환경이다. 때문에 비동기 프로그래밍 지연 등을 방지하기 위한 목적으로 Muti-Threading와 같은 **병렬 작업을 수행하기 위해서는 dart:isolate Library를 이용**하게 된다. 하나의 isolate는 별도의 메모리와 하나의 스레드, 이벤트 루프를 가지고 있다. 때문에 dart에서는 스레드 경합 조건(thread race condition)이 발생하지 않아 Java에서처럼 synchronized 등의 키워드가 존재하지 않는다. 쉽게 정리하면 첨부한 그림처럼 Dart의 isolate는 Process와 유사하고, 다중 isolate를 사용하는 것은 MultI-Processing과 유사하다고 생각하면 된다. 이러한 특성 때문에 dart:isolate의 사용을 위해서는 isolate의 원리와 작동 방식에 관해서 이해할 필요가 있다.

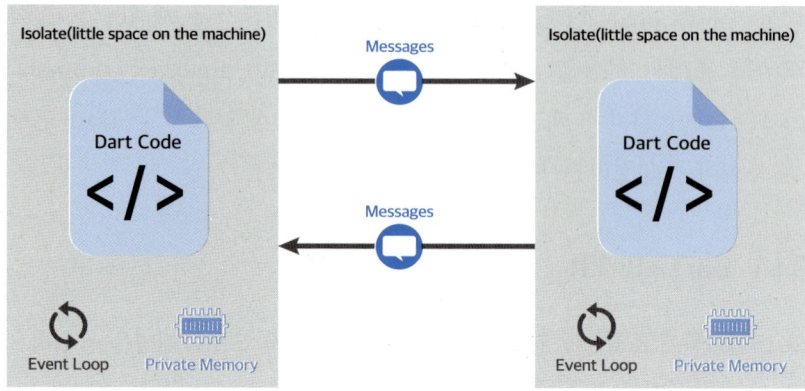

Dart Isolate 작동 방식

마지막으로 소개할 사항은 Dart 1.10과 Dart 1.11에서 html와 I/O 관련 기능이 다소 수정되었다는 점이다. 예를 들어 Uri.parse method가 추가되어 URI 문자열을 통해 새로운 URI object를 만드는 등의 기본적인 통신 기능들이 추가 및 수정되었다.

2.1.5 Dart 1.12

2015년 8월에 Release 된 Dart 1.12에서 눈 여겨볼 변화는 Null 인식 연산자(Null-aware operators)가 추가되었다는 것이다. 관련 문법으로는 "??", "??=", "x?.p", "x?.m()"가 추가되었다. 특히 변수 뒤에 ?가 추가되는 Null 인식 연산자는 Dart 프로그래밍에 자주 사용되기 때문에 유의미한 변화라 볼 수 있다.

Using Null-aware Operators

2.1.6 Dart 1.21~1.22

2016년과 2017년에 Release 된 Dart 1.21~1.22에서는 다수의 Dart 문법이 수정되었다. 예를 들어 선택적 매개변수의 기본값 초기화 시 다음 사진과 같이 "="를 허용하게 되었다. 더불어 assert( )의 선택적 매개변수가 추가되어 쉽게 에러 메시지를 표현할 수 있게 수정되었다.

```
/// "=" 사용이 가능해짐
enableFlags({bool hidden: false}) { ... }
enableFlags({bool hidden = false}) { ... }

// 선택적 매개변수 추가
assert(configFile != null, "Tool config missing. Please see https://
goo.gl/k8iAi for details.");
```

2.1.7 Dart 1.24

2017년 Release 된 Dart 1.24에서는 언어와 라이브러리, 인프라에 대한 광범위한 변경이 있었다. 먼저 눈 여겨볼 사항은 화살표 함수(arrow function)인 "=>" 문법을 사용할 수 있게 변경된 것이다. 또한, Dart develop Compiler가 추가되어 Pub build 명령어 도구에서 활용할 수 있게 되었다. 더불어 DVM의 MIPS infrastructure 지원이 중단되었다. MIPS 지원은 다음 Dart 2.0에서 제거된다.

2.2 Dart의 변천사 : Version 2

2.2.1 Dart 2.0~2.4

2018년 Release 된 Dart 2.0에서도 많은 변화가 있었다. 우선, int 유형의 size가 무제한 할당이 아닌 64비트 정수로 변경되었다. 또한 Dartium이 더 이상 지원되지 않는다. 이는 Dart의 출시의 주요 목적 중 하나인 "JavaScript를 대체하기 위한 언어"라는 목표를 과거와 같이 추구하지는 않는다는 것을 의미한다.

더불어 주요 문법이 몇 가지 변화하였다. async 이후 첫 번째 await가 나오기 전까지 동기적으로 실행된다거나, 상수 이름 규칙이 lower CamelCase를 따르도록 변경되었다는 점 등이 눈 여겨볼 만하다. 상수 이름의 경우 기존에는 UPER_CASES를 사용하였으나 lowerCamelCase를 따르도록 코드 컨벤션이 변경된 것이다. **코드 컨벤션은 Dart 2.0~2.4를 거치며 많은 부분이 변경**되었다. 이러한 변화는 Dart의 코드 컨벤션을 규정하여 협업 효율성을 높이고자 하는 일환으로 볼 수 있다. 이러한 변경사항들을 토대로 Dart는 현재 Effective Dart라는 컨벤션을 제공하고 있다.

또한, **Dart 2.0~2.4버전에서는 많은 라이브러리들이 변경**되었다. 라이브러리 중에서는 dart:cli 가 추가되었고, dart:collection, dart:convert, dart:core, dart:io에 많은 기능들이 추가되었다. CLI(Command-line interface)는 터미널을 통해 컴퓨터 혹은 프로그램과 상호작용을 하는 방식으로 dart:cli도 유사한 기능을 지원한다. 그러나, 해당 라이브러리는 아직 안정화되지 못했으며, Dart Documentation에서는 최근 업데이트에서 dart:cli가 삭제될 수 있다는 점을 언급하고 있다.

2.2.2 Dart 2.12

2021년 3월 Release 된 Dart 2.12는 중대한 변화사항을 포함한다. 바로 **Null-safety이다.** Dart는 Null-safety 규칙을 통해 Null Error를 제거한다. 만약 변수에 null이 포함되어 있음을 나타내려면 변수 유형 선언 시 "?"를 표시하면 된다.

Null-Safety 환경을 적용하게 됨으로써 발생한 큰 변화는 기존 패키지에 사용하는 코드를 모두 Null-Safety하게 만들어야 한다는 점이다. 때문에 Dart 2.12 출시 초기에는 이전 버전의 패키지가 Null-Safety하게 Migrate할 필요가 있었다. 현재는 대부분의 패키지가 migrate되었다. 그러나, 종종 적용되지 않은 일부 패키지를 발견할 수 있다. 보통 일반적이지 않은 기능을 사용하거나 21년 이후로 관리되지 않은 패키지의 경우가 그렇다. 그런 경우 소프트웨어 실행 시 Null-Safety에 대해 에러가 발생할 수 있다. 해당 이슈가 발생한 경우에는 다른 패키지를 사용하거나 사용하는 패키지를 Null-Safety하게 만들어야 한다. 다음 사진과 같이 명령어를 통해 소프트웨어의 의존성이 Null-Safety 조건을 충족하고 있는지 확인할 수 있다.

Package가 Null-Safety 조건을 만족하는지 명령어를 통해 확인할 수 있다.

2.2.3 Dart 2.15

2021년 12월에 Release 된 Dart 2.15에서는 생성자 분리(constructor tear-offs)를 지원하게 되었다. 생성자 분리를 통해 인스턴스화 시 반드시 선언해야 했던 생성자를 분리하여 추상화하는 것이 가능해졌다. 때문에 [코드 1]과 같은 이전의 코드를 [코드 2]와 같이 변경할 수 있게 되었다.

```
// Dart 이전 버전
Widget widget;

switch (type) {
  case "outlined";
    widget = OutlinedButton(
      onPressed: () {},
      child: const Text("Button"),
    );
    break;
  case "text";
    widget = TextButton(
      onPressed: () {},
      child: const Text("Button"),
    );
    break;
  default:
    widget = ElevatedButton(
      onPressed: () {},
      child: const Text("Button"),
    );
}
```

[코드 1]

```
// Dart 2.15
Function button;

switch (type) {
  case "outlined";
    button = OutlinedButton.new;
    break;
  case "text";
    button = TextButton.new;
  break;
  default:
    button = ElevatedButton.new;
}

Widget widget = button(
  onPressed: () {},
  child: const Text("Button"),
);
```

[코드 2]

Dart는 다양한 생성자 선언 방식을 제공하고 있다. 다양한 생성자 선언 방식은 객체 지향프로그래밍을 용이하게 도와준다. 다른 객체지향언어들과 마찬가지로 Dart의 Class에서는 생성자가 존재하며, 인스턴스화를 통해 객체가 생성될 때 생성자가 호출한다.

다만, Dart에는 Dart만의 생성자의 종류가 존재한다. 몇 가지 생성자를 미리 소개하고자 한다. Default Constructor의 경우 선언하지 않아도 자동으로 생성된다. 이때 생성자는 클래스명과 동일하면서 인자가 없다. 그와 달리 Named Constructor는 생성자에 이름을 부여할 수 있다. Named Constructor는 한 클래스 내부에 많은 생성자를 생성하여 관리하거나 생성자를 명확히 정의하기 위한 목적으로 활용할 수 있다. 자세한 내용은 4장에서 다룰 것이다.

2.2.4 Dart 2.17

2022년 5월 Release 된 Dart 2.17에서도 눈 여겨볼 문법적 변화가 있다. 업데이트를 통해 **열거형 선언에서도 객체처럼 필드와 생성자, 메서드, getter 등의 선언이 가능**하게 되었다.[2] [그림 3]과 같이 선언한 열거형의 경우 [그림 4]와 같이 사용할 수 있다.

```
enum Water {
  frozen(32),
  lukewarm(100),
  boiling(212);

  final int tempInFahrenheit;
  const Water(this.tempInFahrenheit);

  @override
  String toString() => "The $name water is $tempInFahrenheit F.";
}
```

[코드 3]

```
void main() {
  print(Water.frozen); // prints "The frozen water is 32 F."
}
```

[코드 4]

더불어 **Super initializers**를 사용할 수 있게 되었다. Dart 2.17부터 생성자 매개변수를 Super Class에 전달할 수 있게 되어 [그림 5]와 같은 코

---

2 이때 enum이 항상 상수이므로 생성자는 반드시 const여야 한다.

드를 [그림 6]과 같이 수정할 수 있다. Release Note에서는 Super initializers 활용하여 Flutter를 리팩토링하니 약 2000줄의 코드가 줄었음을 밝히고 있다.

```
class Person {
  Person(this.name);
  Final String name;
}

// Dart 이전 버전
class Employee extends Person {
  Employee(String name, this.salary) : super(name);
  Final int salary;
}
```

[코드 5]

```
// Dart 2.17
Class Employee extends Person {
  Employee(super.name, this.salary);
  Final int salary;
}
```

[코드 6]

이 책을 집필한 시점에서 Dart의 최신 버전은 2.19 버전이다. Dart의 변천사에 대해 더욱 자세히 알고 싶다면 Dart 공식 GitHub에서 제공되는 Release Note(https://GitHub.com/dart-lang/sdk/blob/main/CHANGELOG.md)를 살펴보면 된다. 1.7 버전 이후부터 현재까지 기록되어 있기 때문에 Dart 언어의 전체적인 변화와 방향성에 대해서 심도 있게 이해하고 싶다면 읽어 보길 추천한다.

2.3 Flutter의 변천사

우리는 이제 Flutter의 변천사를 살펴볼 것이다. Flutter의 언어가 Dart 인만큼 Dart의 업그레이드에 따라 Flutter의 업그레이드 사항도 큰 영향을 받는다는 점을 기억하자. Dart 소개와 마찬가지로 주요 변경사항들 위주로 설명하도록 하겠다.

2.3.1 Flutter 1.0과 그 이전

Flutter 1.0과 그 이전 버전의 변경의 경우 주로 특정 Widget 변경과 같은 사항이 주를 이뤘다. 이러한 변경사항은 프레임워크의 초기의 에러 수정과 최적화의 과정으로 이해할 수 있다. 그중에 주목할 만한 변화 사항에 대해 몇 가지 언급하고자 한다. 먼저, 프로젝트 생성 시 Test 사용을 위한 의존성 설정이 default로 설정되었다. Flutter 프로젝트 생성 시 test 라이브러리가 Flutter의 dependency 및 config 설정 파일인 pubspec.yaml의 다음과 같이 명시적으로 추가되었다.

```
dev_dependencies:
  test: ^1.5.1
```

또한, v.0.4.0 버전에는 ViewPort Cache의 개념이 추가되었다. ViewPort Cache란 현재 화면에서 보이는 뷰포트 전후의 영역을 의미하며, 무한 스크롤 등에 ViewPort Cache 속성 설정을 통해 캐싱 할 영역을 커스터마이징 할 수 있다.

마지막으로 TextFormField의 initalValue 매개변수가 더 이상 TextEditingController의 text 속성을 무조건 초기화하지 않는다. 즉, 컨트롤러를 사용하려면 컨트롤러를 초기화해야 한다. 때문에 다음과 같이 코드 스타일이 변경되었다.

```
// Flutter 이전 버전
new TextFormField(
  initialValue: 'Hello World',
  controller: _myTextEditingController,
);

// Flutter 1.0 - 첫 번째 방법
new TextFormField(
  controller: _myTextEditingController ..text= 'Hello World',
);

// Flutter 1.0 - 두 번째 방법
_myTextEditingController = new TextEditingController(
  Text: 'Hello World',
);
new TextFormField(
  controller: _myTextEditingController
);
```

2.3.2 Flutter 1.5.- 1.9.

2019년 9월 Release 된 Flutter 1.5.4의 경우, 1장에서 언급했듯이 Flutter 의 Ambient computing Fremework라는 Vision이 반영된 버전이다. 때문에 해당 버전에서는 추가 플랫폼 지원을 위한 다수의 변경사항 반영되었다.

우선, iOS Cupertino 패키지에 많은 변화가 있었다. 개인적으로 판단하기에 베타 버전이 아닌 정식 버전 Release 후에 iOS에 많은 변화가 있는 이유는 Flutter가 처음 소개될 때 Android 환경에서 설계되어 iOS 최적화는 Android에 대비 상대적으로 천천히 되었기 때문이라 생각한다.

더불어 Vision의 일환으로 Desktop 지원을 시작했으며, Fuchsia SDK를 연결할 수 있도록 도구를 만들었으며, Firebase와의 통합을 위한 다수의 firebase plugin을 업데이트했다. 참고로 이 버전 이후 현재 Firebase는 Flutter의 공식 클라우드 서비스로 지원되고 있다. 이에 더해 Flutter 1.9에서는 macOS를 지원하기 시작했다.

마지막으로 주목할 만한 점은 Flutter 1.9에서는 IntelliJ와 VSCode에도 DevTools을 원활히 사용할 수 있도록 Plugin을 업데이트했다는 점이다. 대중적인 IDE에서 프로젝트 구조 확인 및 디버깅을 할 수 있게 되었다는 점은 Flutter를 선택하고자 하는 기존 개발자들의 진입 장벽을 낮춰주었다.

VSCode에서 설치할 수 있는 Flutter Plugin

2.3.3 Flutter 1.12

2019년 12월에 Release 된 Flutter 1.12는 Flutter가 폭발적으로 성장하고 있음을 알 수 있는 업데이트였다. **Flutter 1.9의 경우, 1500개의 PR과 100명의 Contributor가 기여한 반면, Flutter 1.12의 경우 5950개의 PR과 484명의 Contributor가 업데이트에 기여했다.**

Flutter 1.12버전부터는 업데이트 사항이 매우 방대하여 변경된 상세 업데이트 사항은 Release Note에서 살펴볼 필요가 있다. 본 서적에서는 앞서 밝힌 바와 같이 주요한 일부 사항만 다룰 예정이다. 먼저 해당 버전부터 iOS 13 버전에서 다크 모드 지원이 가능하게 되었다. 더불어 Android Studio에서 Flutter 모듈을 지원함으로써 기존의 App에 Flutter를 추가할 수 있도록 지원했다. 이러한 업데이트는 기존 네이티브 개발자들이 Flutter로의 전환을 용이하게 하기 위한 목적이라 볼 수 있다.

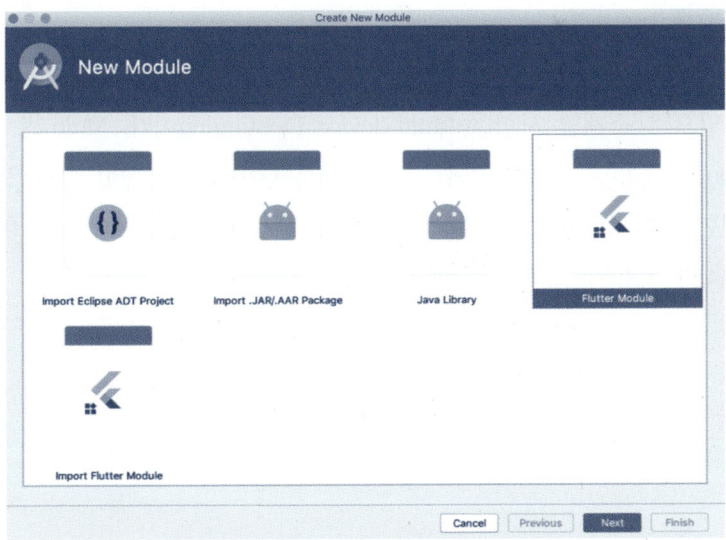

Android Studio 프로젝트 생성 화면

또한, DartPad에서 Flutter를 사용할 수 있도록 업데이트했다. DartPad를 사용하면 Dart와 Flutter를 설치하지 않고 IDE를 통하지 않더라도 온라인으로 코드를 테스트해 볼 수 있다.

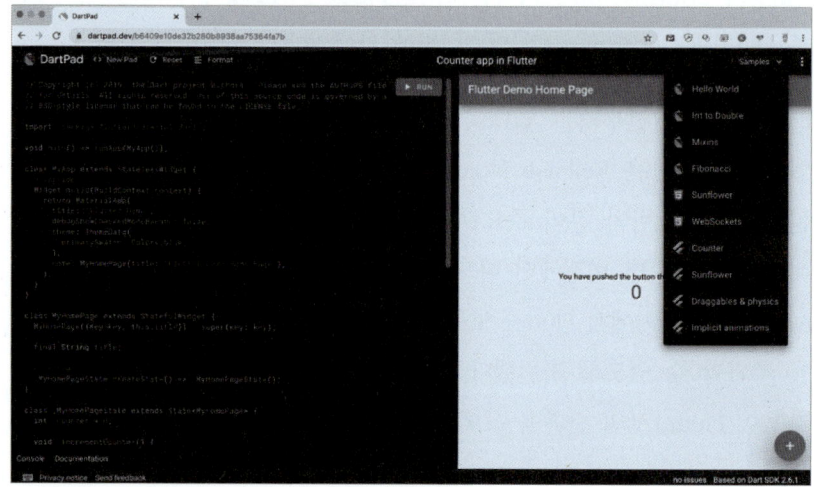

DartPad 사용 화면

마지막으로 소개할 사항은 Multi-device Debugging이다. Multi-device Debugging은 동시에 다양한 device에서 디버깅을 진행할 수 있도록 지원한 업데이트이다. 동시 디버깅을 통해 목표한 코드가 device마다 동일하게 적용되었는지 확인할 수 있다.

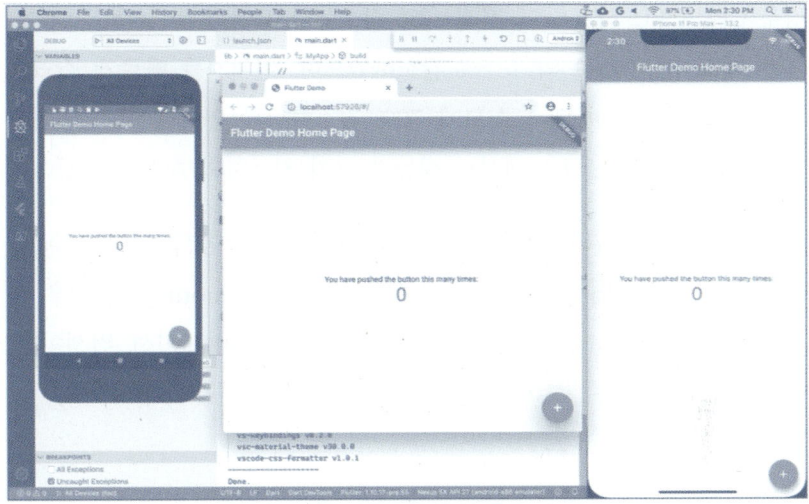

Multi-device Debugging 사용 화면

2.3.4 Flutter 1.17 - 1.20

2020년 5월 Release 된 Flutter 1.17도 많은 업데이트가 진행되었다. 업데이트 사항 중 주목할 만한 점 중 하나는 모바일 성능과 Flutter 프로젝트 크기가 대폭 개선되었다는 점이다. Release Note에 따르면 Flutter 이전 버전에 비해 20~37%의 속도가 개선되었으며, iOS 애니메이션의

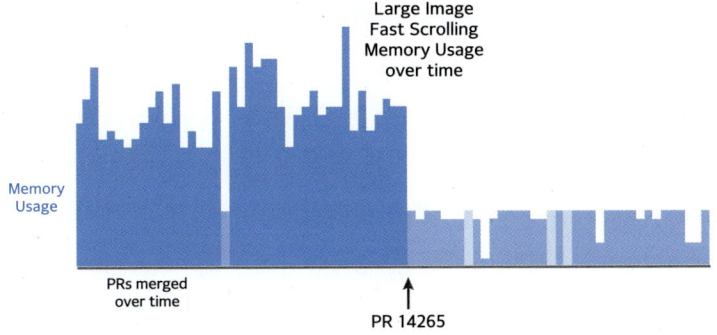

경우 CPU/GPU 사용량이 최대 40% 감소했다고 한다. 더불어, App 크기는 데모 버전 기준 약 18.5% 감소하였으며, 이미지를 빠르게 스크롤하는 상황에서는 메모리 소모가 70% 감소하도록 업그레이드되었다고 한다. 이어진 Flutter 1.19에서도 성능과 크기 최적화의 개선이 있었다.

더불어 Meterial 위젯에 NavigationRail과 같은 반응형 위젯과 Date-Picker 등의 애니메이션 위젯이 추가되었다. NavigationRail의 경우 마우스 포커스에 따라 메뉴의 크기가 달라지는 내비게이션 위젯이며, DatePicker는 날짜를 선택하는 달력 기능을 가진 위젯이다.

또한, Material Design의 표준 Type Scale을 공개했다. 해당 스타일 가이드는 TextTheme 적용을 통해 활용할 수 있다. 당연하게도 반드시 따라야 하는 절대적인 사항은 아니다. 그러나, 해당 가이드를 위한 Flutter API들이 존재하기 때문에 활용한다면 UI를 효율적으로 구성할 수 있다.

Scale Category	Style Name	Typeface	Size	Font	Case	Letter Spacing
H1	headline1	Roboto	96	Light	Sentence	-1.5
H2	headline2	Roboto	60	Light	Sentence	-0.5
H3	headline3	Roboto	48	Regular	Sentence	0
H4	headline4	Roboto	34	Regular	Sentence	0.25
H5	headline5	Roboto	24	Regular	Sentence	0
H6	headline6	Roboto	20	Medium	Sentence	0.15
Body 1	bodyText1	Roboto	16	Regular	Sentence	0.5
Body 2	bodyText2	Roboto	14	Regular	Sentence	0.25
Subtitle 1	subtitle1	Roboto	16	Regular	Sentence	0.15
Subtitle 2	subtitle2	Roboto	14	Medium	Sentence	0.1
BUTTON	button	Roboto	14	Medium	All caps	0.75
Caption	caption	Roboto	12	Regular	Sentence	0.4
OVERLINE	overline	Roboto	10	Regular	All caps	1.5

Material Design의 표준 Type Scale

또한, DevTools에 Network 기능이 추가되고 Vscode에서 사용할 수 있게 되었다는 점, 그리고 Android에 Fast Run 기능이 추가되었다는 점도 살펴볼 만하다. 개발자는 아래 그림과 같이 Network 기능을 통해 Flutter 앱의 네트워크 트래킹을 수행할 수 있다. 또한 Fast-Run 기능은 Android 빌드를 70% 이상 더 빠르게 시작할 수 있는 기능으로 다음 명령어를 사용할 수 있다.

```
// Fast Run
$ flutter run –fast-start -d <your Android device>
```

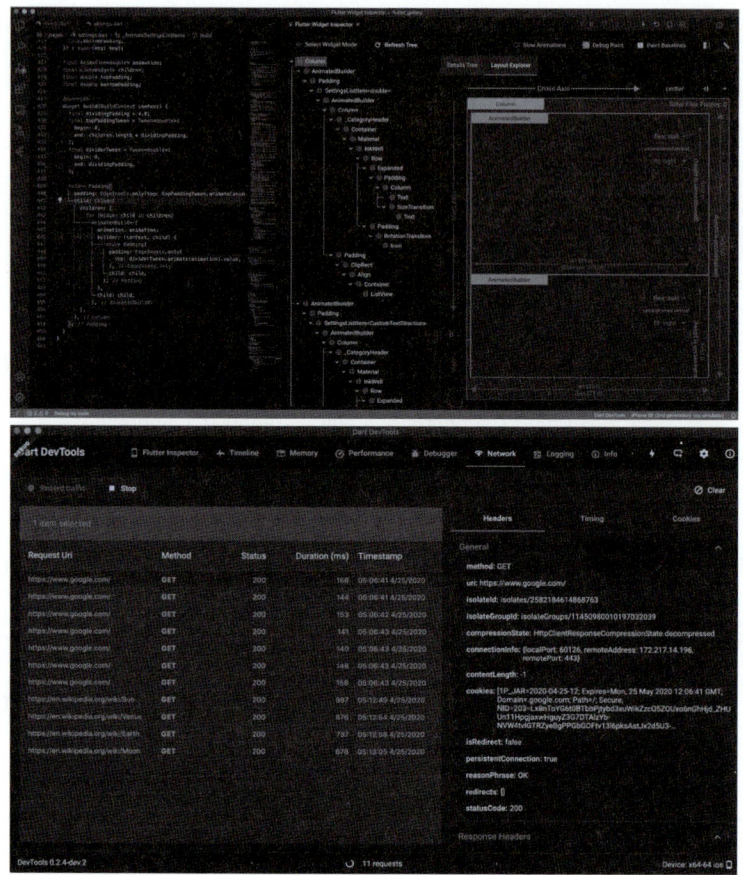

Dart DevTool 사용 화면

마지막으로 살펴볼 부분은 Vscode에서 파일을 이동하거나 이름을 바꿀 때 import된 파일에서 자동으로 이름 혹은 디렉터리를 변경해 주는 기능이 추가된 점이다. 이 기능 업데이트 이전에는 리팩토링을 위해 디렉터리나 파일 이름을 변경할 때 수동으로 모든 import 값을 찾아 수정해주어야 했다. 해당 기능은 편리한 기능이나 완벽하게 작동하지 않아 아쉽다. 빠른 시일 이내에 업그레이드되었으면 하는 기능 중 하나이다.

2.3.5 Flutter 2.0

2021년 3월 Release 된 Flutter 2.0에서 주요 변화로는 Null-Safety가 적용되었다는 점이다. 더불어, Web과 Desktop 지원이 Stable 버전으로 제공되었다. 이로써 **Flutter는 정식버전과 베타버전을 포함 Web, Android, iOS, Window, MacOS, Linux를 지원하는 크로스 플랫폼 프레임워크**가 되었다. 또한 Flutter용 Google Mobile AD SDK가 제공되어 모바일 환경에서 구글 광고를 활용할 수 있게 되었다. 이와 함께 App-to-App 기능의 최적화로 Flutter 인스턴스와 Flutter 엔진을 생성하는 메모리 비용을 최소화하였다.

이 글을 쓰는 시점에는 대다수의 주요 패키지는 Null-Safety가 적용되어 있다. Null-Safety가 적용된 패키지의 경우 pub.dev에서 확인하면 "Null safety"로 표시되어 있는 것을 확인할 수 있다. 종종 Null-safety가 적용되지 않은 패키지가 있는데, 그런 경우에는 사용 여부 시 Null Error가 발생할 가능성이 있으므로 사용에 신중을 기해야 한다.

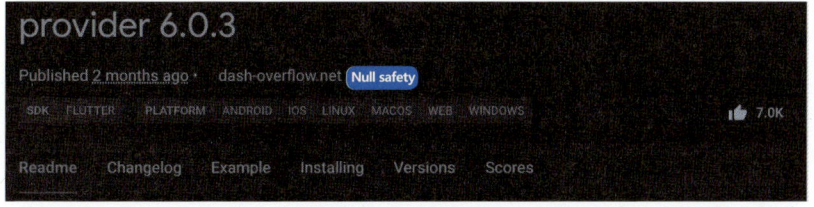

Null-safety가 적용된 패키지

마지막으로 살펴볼 만한 기능은 Flutter Fix이다. Flutter Fix는 사용되지 않는 코드들을 자동으로 업데이트한다. Flutter는 업데이트가 잦고, 광범위하기 때문에 해당 기능을 Flutter 버전 업데이트 시 자주 사용하게 된다. 예를 들어 Flutter Fix를 사용하면 다음과 같이 더 이상 사용되지 않는 위젯의 인수를 사용하는 코드로 변경하게 된다. 터미널에 "dart fix –apply"를 입력하면 전체적인 수정이 적용되게 Flutter Fix를 사용하면 사용되지 않은 위젯이 수정된다.

```
// Flutter Fix 적용 전
Stack (
  overflow: Overflow.visible,
  children: _chileren,
),

// Flutter Fix 적용 후
Stack (
  chipBehavior: Clip.none,
  children: _children,
),
```

2.3.6 Flutter 2.2

2021년 5월에 Release 된 Flutter 2.2는 Flutter 2.0이 출시된 지 불과 2개월 만에 출시되었다. 이러한 업데이트 속도는 Flutter 생태계의 폭발적 성장을 방증한다. Flutter 팀이 밝힌 바에 의하면 Flutter 2.2가 Release 된 시점에 Play 스토어에 있는 새 앱 중 1/8은 Flutter로 제작되고 있으며, 20만 개 이상의 Flutter 앱이 존재한다고 한다.

해당 업데이트에서도 몇 가지 눈 여겨볼 사항이 있어 소개하고자 한다. 우선 Flutter DevTools을 통해 Web용 레이아웃 탐색기를 제공하게 되었다. 개인적으로는 해당 기능 제공 이전과 이후의 Flutter Web 디버깅 편의성은 꽤나 차이 난다고 생각한다. Flutter Web 개발 시에 해당 기능을 활용해 보길 추천한다.

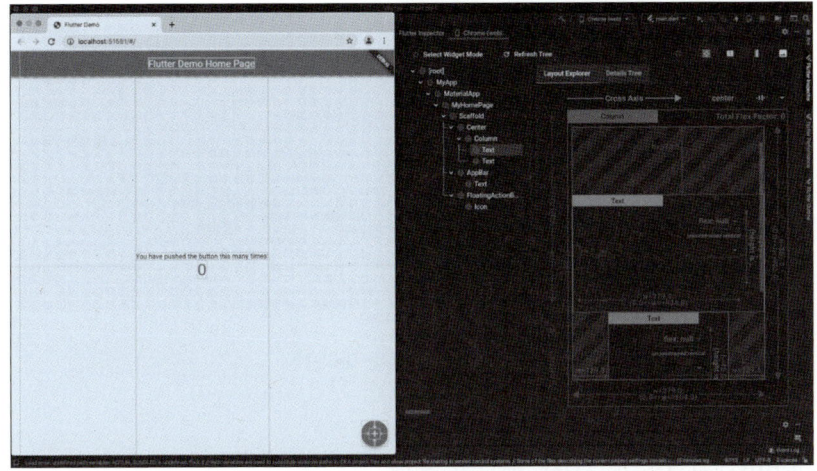

Flutter DevTools의 web용 레이아웃 탐색기

또한, **iOS의 애니메이션 프레임을 렌더링 하는데 실행 시간이 75% 감소했다**. 개인적인 체감으로 애니메이션 기능이 작동하기 어려운 저사양 디바이스의 경우, 해당 버전 업데이트 이전에는 Flutter 앱이 원활하게 작동하기 어려웠다. 그러나, 해당 버전 업그레이드 이후 페이지 전환 시 버벅거림이 다소 줄어들었다.

더불어, **Material icon을 다수 추가하여 7,000개 이상의 아이콘이 추가되었다**. Flutter icon의 경우 개발하며 자주 사용되는 편이다. 그러나, 실제 프로덕트에 적용할 아이콘이 많지 않아 아쉽다. 소프트웨어를 개발하다 보면 아이콘들의 디자인 완성도가 높지 않아 개발 시 새로운 아이콘을 만들어야 사용하는 경우가 많다.

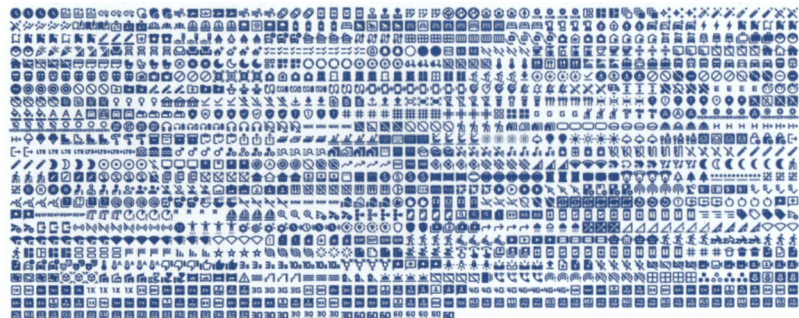

Flutter에서 제공되는 아이콘들

마지막으로 DevTools에 메모리 추적 기능과 특정 타임라인에 사용자 지정 메모리 이벤트를 삽입할 수 있는 기능, 그리고 Provider 탭이 추가되었다. 해당 기능들은 Flutter SDK의 크기가 점점 커지고 third-party Package가 다양해지며, 발생할 수 있는 메모리 누수와 문제들을 디버깅할 필요성에 의해 추가된 것이다. Provider는 Flutter 팀이 아닌 개

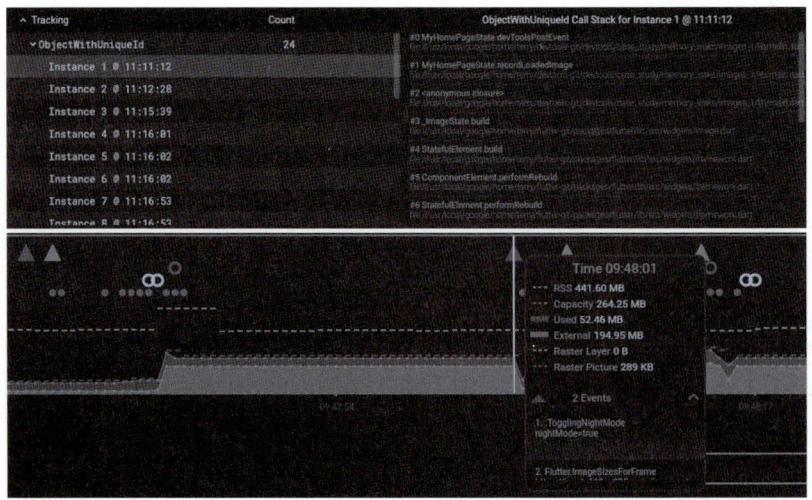

개선된 DevTools 기능들

인에 의해 개발된 third-party Package이다. 개인적으로는 third-party Package 제작자와 협업을 통해 제공하는 공식 도구가 업데이트되었다는 점이 인상 깊었다. Flutter 팀에 의하면 앞으로도 다른 패키지 작업자와의 협업을 통해 제품을 개선해 나갈 것이라고 한다. Flutter 생태계가 지속해서 성장하는 만큼 DevTools가 개선되며 안정적인 서비스 개발에 기여할 수 있을 것이라 본다.

2.3.7 Flutter 2.5

이번 Release에서는 **GC의 성능 개선이 개선**되었다. 이전 버전에서는 Dart VM에서 수행된 GC에 대해 응답으로만 이미지 회수가 되어 이미지가 장시간 메모리를 점유하고 있었다. 이러한 이미지의 느린 회수는 메모리 이슈를 만드는 주된 원인이었다. 때문에 많은 Flutter 소프트웨어 사용자들은 메모리 부족 이슈로 애플리케이션이 버벅거리는 현상을 자주 겪었다. 이를 해결하기 위해 해당 업그레이드에서는 하나의 GC 호출이 다수의 불필요한 메모리를 제거하는 방식으로 변경하여 GC의 회수 성능을 개선했다.

또한, Flutter 2.5에서는 **Flutter Lint**를 설정할 수 있도록 기능이 추가되었다. "flutter create"를 통해 Flutter 프로젝트를 생성하면 Flutter Lint Rule를 설정할 analysis_options.yaml 파일이 함께 생성된다. 개발자는 해당 파일을 활용하여 Flutter 프로젝트에 Lint Rule을 적용할 수 있다.

더불어 DevTools 업데이트에 위젯 검사기가 추가되어 다음과 같이 Widget의 상태를 상세하게 볼 수 있게 되었다.

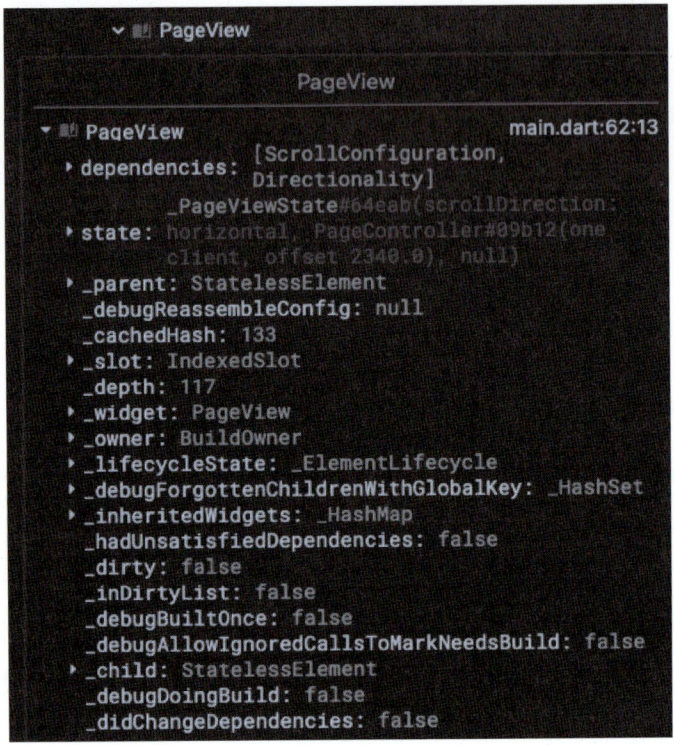

DevTools 위젯 검사기

이와 함께 IntelliJ/Android Studio 플러그인에 통합 테스트 지원이 추가되었다. **통합 테스트 디렉터리는 프로젝트 생성 시 다음 사진처럼 "integration_ test"**로 생성된다. 통합 테스트에 관해서는 9장에서 상세히 다룰 예정이다.

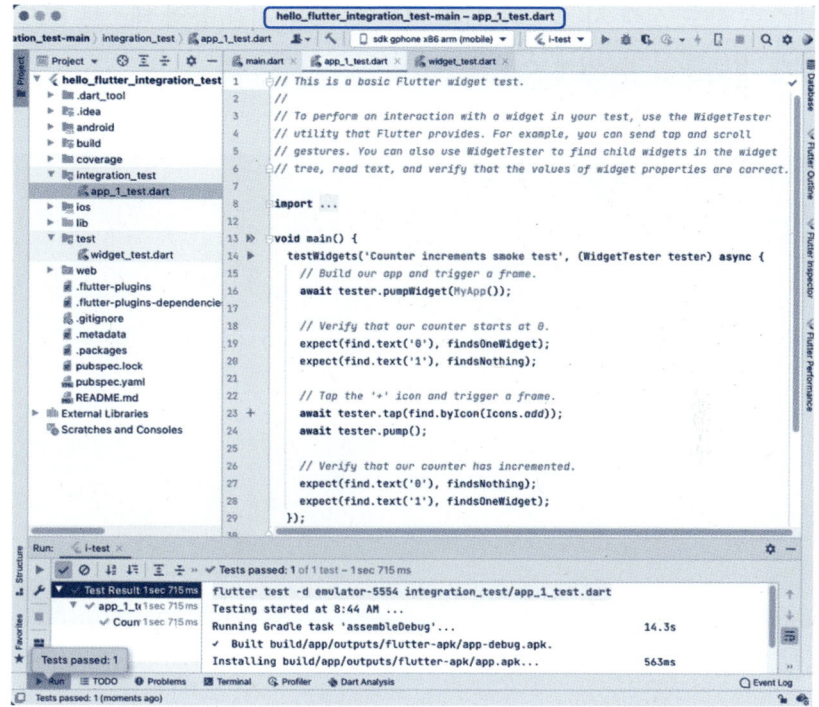

생성된 통합 테스트 디렉토리

또한 Visual Studio Code에서 종속성 추가 기능과 린터 기능, 테스트 확인 기능이 추가되었다. "Dart: Add Dev Dependency 명령어를 통해 Dedendency를 추가할 수 있으며, 이는 터미널에서 pub add 명령어를 통해 패키지를 설치하는 것과 같은 기능이다. 린터 기능의 경우 "Fix All" 명령어를 통해 린터 규칙을 적용할 수 있다. 특히나 Vscode 설정에 추가하면 파일이 저장될 때마다 자동으로 실행되게 설정할 수 있어 편리하다.

마지막으로 살펴볼 수정사항은 VsCode의 test runner이다. 새로운 Vscode test runner를 사용하면 다음 사진과 같이 Dart 및 Flutter의 테스트 코드 실행 시 성공과 실패 여부 및 작동 시간 등의 테스트 코드 실행 정보를 볼 수 있게 수정되었다.

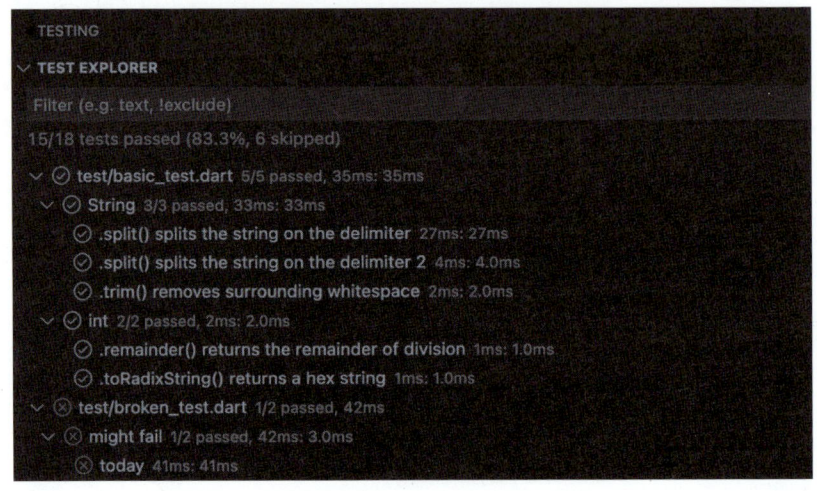

Vscode test runner

2.3.7 Flutter 3.0

글을 쓰는 현재 시점에서 가장 최근 버전인 Flutter 3.0은 2022년 5월에 출시되었다.

Flutter 3.0에서는 **Window와 macOS, Linux 모두 Stable 버전을 제공하기 시작했으며 폴더블 모바일 지원을 시작**했다. 이는 Flutter의 비전으로 시작된 모든 하드웨어에서 작동하는 프레임워크의 목표가 1단계 완성된 것으로 볼 수 있다. Flutter는 이후 버전에서 비전의 완성을 위해 다양한 플랫폼에서의 지원을 출시할 것이다.

또한 **Lint 패키지의 2.0 버전이 출시**되었다. 앞서 언급한 것처럼 터미널에서 명령어 입력을 통해 프로젝트에 적용시키거나 자동 수정을 할 수 있도록 설정할 수 있다. 개인적으로 느끼기에는 Lint의 자동 수정 성능 안정성이 금번 출시에서 더욱 좋아진 것 같다. 코드 컨벤션이라는 개념을 모르더라도 협업에 지장이 없을 정도이다. Lint 자동 수정을 이용하면 삼항 연산자를 이용할 수 있는 코드를 변경해 주거나, 변수명에 camelCase를 적용시켜주는 등 코드를 효율적으로 변경시켜준다.

더불어 이전 버전인 Flutter 2.8부터 Firebase와의 통합에 대해 많은 업데이트가 추가되었으며 **Flutter 3.0부터는 Firebase에서 Flutter를 공식 지원**한다. 이전에는 iOS와 Android 연동을 각각 진행하고, 데이터도 분리된 앱으로 확인했어야 했다. 그러나, 통합이 진행되며 연동이 간편해졌으며, 앱 관리도 수월해졌다고 느낀다.

2장에서는 Dart와 Flutter의 주요 변천사들을 알아보았다. 2장의 목표는 Dart와 Flutter의 변천사를 통해 변화해온 과정을 살펴볼 수 있도록

하는 것이다. 그저 "Dart와 Flutter에 이런 변화들이 있었고, 앞으로 읽게 될 내용들에 이런 내용들이 있겠구나" 정도로만 이해해도 충분하다.

본 장에서는 기반 지식이 필요하거나 지엽적인 수정의 경우 다루지 않았다. 그러나, 다루지 않았다고 해서 중요하지 않은 것은 아니다. 상세한 사항에 대해 알고 싶은 독자는 이 책을 완독하고 난 후에 Dart와 Flutter에 대해 기반 지식을 갖고 변경사항을 살펴보기를 추천한다. 각 버전의 Release Note들에서 변화사항을 친절하게 설명하고 있다. (https://docs.flutter.dev/development/tools/sdk/release-notes, https://dart.dev/guides/whats-new)

CHAPTER

3

Dart 시작하기

CONTENTS

3.1 Dart 사용법 살펴보기

3.2 Dart 언어 살펴보기

3.3 Dart의 형식

3.4 Dart의 주석

3.5 Dart의 변수와 상수

3.6 Dart의 연산자

3.7 Dart의 제어 흐름

3.8 Dart의 함수

3.9 Dart의 객체 지향 프로그래밍

3.10 Dart의 비동기 프로그래밍

3.11 Effective Dart

3.1 Dart 사용법 살펴보기

우리는 이 절에서 Dart SDK의 설치 및 App 생성과 실행, 그리고 빌드 과정 등의 사용법을 살펴볼 것이다. 먼저 설치하는 방법부터 살펴보자.[1]

3.1.1 Window

[1] 설치를 위해 Window PowerShell을 관리자 권한으로 실행한다. Windows 명령 프롬프트로 실행해도 상관은 없다. 필자도 Linux에 익숙하고 Window 환경에서 개발을 많이 하지 않아 PowerShell 보다는 명령 프롬프트를 주로 사용한다. 그러나, Window 환경에서 주로 개발을 진행한다면 CLI 기능이 더욱 다양한 PowerShell을 사용할 것이 좋다. 두 방법이 큰 차이가 없으므로 Window에서 Dart SDK 설치 방법은 PowerShell을 사용하는 방법으로 소개하고자 한다.

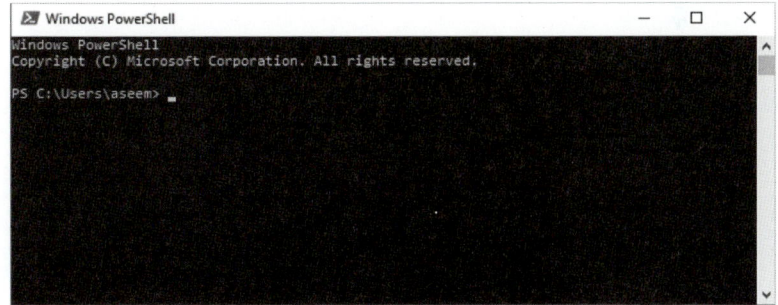

PowerShell 터미널

---

1 더불어 다음 장에서 소개할 Flutter 설치 과정에서 Dart SDK도 함께 설치되기 때문에 Dart SDK의 설치 과정은 가볍게 읽어도 좋다.

[2] Chocolatey를 설치한다. Chocolatey는 Windows용 패키지 관리자이다. 우리는 Chocolatey를 통해 Dart를 설치할 것이다. 다음과 같이 명령어를 PowerShell에 입력하면 Chocolatey가 설치된다.

```
$ Set-ExecutionPolicy Bypass -Scope Process -Force; [System.Net.ServicePointManager]::SecurityProtocol = [System.Net.ServicePointManager]::SecurityProtocol -bor 3072; iex ((New-Object System.Net.WebClient).DownloadString('https://chocolatey.org/install.ps1'))
```

설치가 완료되었는지 확인하기 위해 "choco" 혹은 "choco -v", "choco outdated"를 입력하면 설치된 버전을 확인할 수 있다.

명령어를 통한 choco 설치 확인

[2] Dart 설치

아래와 같이 명령어를 입력하면 Dart SDK를 설치하게 된다.

```
$ choco install dart-sdk
```

설치가 모두 되고 나면 설치가 완료되었음을 확인할 수 있다. 설치 이후에 버전 확인은 다음 명령어로 확인할 수 있다.

```
$ dart --version
```

기본 설치 경로는 "C:sdk"이다. 설치 이후 버전 확인 등의 dart 명령어가 작동하지 않는 경우에는 환경 변수 설정 문제일 가능성이 높다. 이때는 환경 변수에서 dart sdk의 디렉터리 경로를 추가시켜주어야 한다.

dart 업그레이드 시에는 다음 명령어를 사용할 수 있다.

```
$ choco upgrade dart-sdk
```

3.1.2 macOS 설치

Window 설치와 마찬가지로 Dart 설치를 위해 패키지 관리자를 설치해야 한다. macOS에서 Dart를 설치하기 위해 사용하는 패키지 관리자는 Homebrew이다.

[1] Homebrew 설치

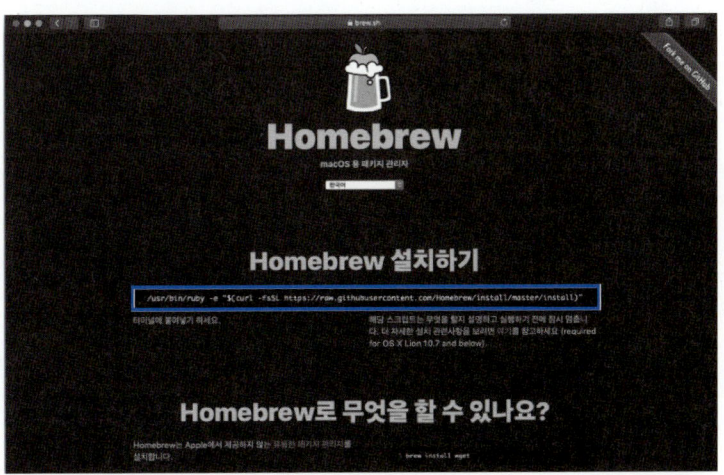

Homebrew 홈페이지

Homebrew 사이트로 접속하여 파란색 박스에 있는 명령어를 복사한 후 터미널창에서 입력하게 되면 설치가 진행된다. 설치 시 "Press RETURN to continue or any other key to abort"라는 메시지가 나온다. 이때 Enter 키를 입력해야 한다. 다른 키를 입력하는 경우에는 설치가 취소된다.

brew 설치하기

설치가 완료되면 "brew -v"을 통해 설치가 되었음을 확인할 수 있다. 만약 명령어가 작동하지 않고 brew를 찾을 수 없다는 메시지가 뜨면 터미널을 종료하고 재시작하면 보통 문제없이 작동된다. 재시동 후에도 작동이 되지 않는다면 Window와 마찬가지로 환경 변수 설정이 되지 않은 것이니 환경 변수 설정을 다시 해야 한다. 참고로 brew는 brew install [패키지명], brew uninstall [패키지명], brew update, brew upgrade 등의 명령어로 패키지를 관리할 수 있다.

```
mk-mac-126@MK-Mac-126ui-MacBookPro ~ % brew -v
Homebrew 3.5.2
Homebrew/homebrew-core (git revision 6e0465d5c1e; last commit 2022-06-15)
mk-mac-126@MK-Mac-126ui-MacBookPro ~ %
```

brew 버전 확인

[2] Dart 설치

Homebrew 설치 후에 터미널에 "brew tap dart-lang/dart" 명령어를 입력한 후 "brew install dart"를 입력하면 dart가 설치되게 된다. 설치가 정상적으로 되었는지 확인하기 위해서는 "brew info dart" 혹은 "dart –version" 명령어를 입력하면 된다. Homebrew 설치 시 자동으로 PATH 설정이 되기 때문에 터미널에서 dart 명령어를 사용해도 작동하나, Dart SDK를 찾지 못하는 경우에는 PATH 설정을 수동으로 할 필요가 있다. Dart를 업그레이드하려면 "brew upgrade dart", 특정 버전을 전환하려면 "brew install dart@[특정버전]"을 입력하면 된다.

```
wckd@Tiberius-MacBook-Pro ~ % brew --version
Homebrew 3.1.5
Homebrew/homebrew-core (git revision 0f7e4ea6ca; last commit 2021-04-22)
wckd@Tiberius-MacBook-Pro ~ % brew tap dart-lang/dart
    Tapping dart-lang/dart
Cloning into '/usr/local/Homebrew/Library/Taps/dart-lang/homebrew-dart'...
remote: Enumerating objects: 1973, done.
remote: Counting objects: 100% (136/136), done.
remote: Compressing objects: 100% (92/92), done.
remote: Total 1973 (delta 88), reused 92 (delta 44), pack-reused 1837
Receiving objects: 100% (1973/1973), 363.31 KiB | 1.75 MiB/s, done.
Resolving deltas: 100% (1215/1215), done.
Tapped 15 formulae (41 files, 469.5KB).
wckd@Tiberius-MacBook-Pro ~ % brew install dart
    Installing dart from dart-lang/dart
    Downloading https://storage.googleapis.com/dart-archive/channels/stable/rele
######################################################################## 100.0%
    Caveats
Please note the path to the Dart SDK:
    /usr/local/opt/dart/libexec
    Summary
🍺 /usr/local/Cellar/dart/2.12.4: 500 files, 467.4MB, built in 14 seconds
wckd@Tiberius-MacBook-Pro ~ %
```

brew로 dart 설치하기

3.1.3 Linux(Debian/Ubuntu) 설치

Linux 환경에서는 두 가지 방법으로 설치할 수 있다. 하나는 apt-get을 통한 방법이고, 다른 하나는 Debian Package를 이용한 방법이다. 본 서적에서는 환경 변수 설정이 별도로 필요하지 않은 apt-get 방식을 소개할 계획이다.

[1] 사전작업

Dart 설치를 위해 Dart Package가 있는 apt-get 관리자에 저장소를 추가해야 한다. 다음과 같은 명령어를 입력하여 사전 설정을 할 수 있다.

```
$ sudo apt-get update
$ sudo apt-get install apt-transport-https
$ wget -qO- https://dl-ssl.google.com/linux/linux_signing_key.pub | sudo gpg --dearmor -o /usr/share/keyrings/dart.gpg

$ echo 'deb [signed-by=/usr/share/keyrings/dart.gpg arch=amd64] https://storage.googleapis.com/download.dartlang.org/linux/debian stable main' | sudo tee /etc/apt/sources.list.d/dart_stable.list
```

[2] Dart 설치하기

터미널에 다음 명령어를 입력하면 설치가 완료된다. 앞서 언급한 다른 OS에서 설치와 마찬가지로 "dart -version"을 입력하면 설치된 버전을 확인할 수 있다.

```
$ sudo apt-get update
$ sudo apt-get install dart
```

3.1.4 Dart의 기본 명령어

[1] Dart 애플리케이션 생성하기

내가 원하는 애플리케이션명을 입력하면 해당 프로젝트가 생긴다. 원하는 애플리케이션의 목적에 따라 하위 명령어를 추가할 수 있다. 예를 들어 콘솔 애플리케이션을 만들고자 한다면 다음과 같이 console 명령어를 추가할 수 있다.

```
$ dart create [나의 애플리케이션 명]
$ dart create -t console [나의 애플리케이션 명]
```

```
(base) mk-mac-126@MK-Mac-126ui-MacBookPro GitHub % dart create fluttertest
Creating fluttertest using template console...

  .gitignore
  analysis_options.yaml
  CHANGELOG.md
  pubspec.yaml
  README.md
  bin/fluttertest.dart
  lib/fluttertest.dart
  test/fluttertest_test.dart

Running pub get...                    5.9s
  Resolving dependencies...
  Downloading lints 2.0.1...
  Downloading stream_channel 2.1.1...
  Downloading boolean_selector 2.1.1...
  Downloading source_map_stack_trace 2.1.1...
  Downloading js 0.6.5...
  Downloading collection 1.17.0...
  Downloading http_parser 4.0.2...
  Downloading webkit_inspection_protocol 1.2.0...
  Downloading shelf_web_socket 1.0.3...
  Downloading path 1.8.3...
  Downloading mime 1.0.3...
  Downloading logging 1.1.0...
  Downloading glob 2.1.1...
  Downloading convert 3.1.0...
  Downloading shelf 1.4.0...
  Downloading coverage 1.6.1...
  Downloading vm_service 9.4.0...
  Downloading analyzer 4.7.0...
  Downloading _fe_analyzer_shared 47.0.0...
  Downloading watcher 1.0.2...
  Downloading pub_semver 2.1.3...
  Changed 46 dependencies!

Created project fluttertest in fluttertest! In order to get started, run the following commands:

  cd fluttertest
  dart run
```

Flutter 애플리케이션 생성하기

[2] Dart 애플리케이션 실행하기

Dart run 명령어를 통해 Dart 프로그램을 실행할 수 있다. 상대 경로를 지정하여 실행할 수도 지정하지 않고 실행할 수도 있다. 상대 경로 미지정 시 프로젝트 루트의 main() 함수가 실행된다. 참고로 run 명령어가 없이 "dart 〈DART_FILE〉"만 입력해도 dart 파일이 실행된다. 그러나, 공식 문서에서는 "dart run"을 사용하는 것을 권장하고 있다.

```
$ dart run
$ dart run bin/my_app.dart
```

프로젝트를 생성하게 되면 main 함수에 Hello world를 출력하는 예시가 작성되며 "dart run" 명령어를 입력하면 다음과 같은 출력을 확인할 수 있다.

```
(base) mk-mac-126@MK-Mac-126ui-MacBookPro fluttertest % dart run
Building package executable...
Built fluttertest:fluttertest.
Hello world: 42!
```

[3] Dart 애플리케이션 빌드하기

명령어를 통해 Dart 프로그램을 목표하는 플랫폼에서 작동하는 실행 파일로 빌드 할 수 있다. 다음과 같이 exe 하위 명령을 사용하면 exe 실행 파일이 생성되며, aot-snapshot 하위 명령을 사용하면 AOT(Ahead-of-Time) 컴파일 된 AOT 모듈이 제공된다. AOT 모듈은 다음 코드와 같이 dartaotruntime를 통해 실행할 수 있다.

```
$ dart compile exe bin/myapp.dart
Generated: /Users/me/myapp/bin/myapp.exe
```

```
$ dart compile aot-snapshot bin/myapp.dart
Generated: /Users/me/myapp/bin/myapp.aot
$ dartaotruntime bin/myapp.aot
```

[4] Dart 애플리케이션 분석하기

dart analyze는 현재 디렉터리에 있는 모든 Dart 파일에 대해 정적 분석을 수행한다. 'dart analyze' 명령어를 입력해 주면 된다. 만약 Dart analyze에 대해 정보를 보고 싶다면 "dart analyze --help"를 사용하면 된다.

```
$ dart analyze
$ dart analyze --help
```

[5] Dart 애플리케이션 테스트하기

dart 프로젝트 테스트를 위해서는 "dart test" 명령어를 사용하면 된다. Dart test 명령은 2.10에서 도입되어 비교적 최근에 생긴 명령어이다. 그 이전에는 "pub run test"로 사용되었으나 dart가 업그레이드되면서 다수의 명령어 실행이 pub이 아닌 dart로 바뀌게 되었다. 테스트 명령어도 이와 같은 맥락이다. "dart test --help"를 이용하면 사용법을 확인할 수 있다.

```
$ dart test
$ dart test --help
```

[6] Dart API 문서 만들기

"dart doc" 명령어는 Dart 소스 코드에서 API 참조 문서를 생성한다. 주의할 점은 문서를 생성하기 전 "dart pub get"을 실행해야 하며 "dart analyze" 명령어를 실행했을 때 오류 없이 통과되어야 한다는 점이다.

```
$ dart pub get
$ dart doc .
```

[7] Dart 애플리케이션 수정하기

"dart fix"는 두 가지 유형의 문제를 찾아 수정한다. 먼저 dart analyze를 통해 식별된 문제를 수정한다. 그다음으로 Dart 과거 버전의 사용되지 않거나 폐기된 API를 사용하고 있는 경우 현재 Release 버전에 맞게 수정한다.

"-dry-run" 플래그는 제안된 변경 사항을 미리 보여주며, "-apply"는 제안된 변경 사항을 적용한다.

```
$ dart fix --dry-run
$ dart fix --apply
```

[8] Dart Null-safety

Dart는 2021년 3월 Release 된 2.12 버전부터 Null-Safety를 적용하고 있다. 그에 따라 Null-Safety하게 되지 않은 code를 Null-Safety하게 만들 필요가 생겼는데, 해당 과정을 수행해 주는 명령어가 바로 "dart migrate"이다.

```
$ dart migrate
```

다음 명령어를 사용하면 다음과 같이 Null-Safety를 처리할 수 있는 URL를 반환해 준다.

```
View the migration suggestions by visiting:
http://127.0.0.1:60278/Users/you/project/mypkg.console-simple?authToken=Xfz0jvpyeMI%3D
```

링크로 접속하면 다음과 같은 GUI가 나오며 이를 통해 Null-Safety로 migrate를 수행할 수 있다.

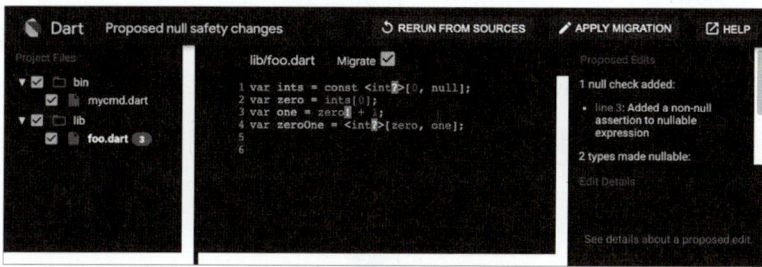

Dart migration GUI

[9] Dart 코드 Format

"dart format" 명령어는 dart의 코드 컨벤션으로 작성된 dart 파일의 코드 스타일을 정리해 준다. 그러나 VSCode 등의 IDE에서 개발을 진행할 때, Plugin만 설치해도 dart format을 자동으로 적용시켜 주기 때문에 자주 사용되지는 않는 명령어이다. 특정 파일을 지정할 수도 전체적으로 적용할 수도 있다.

```
$ dart format lib bin/updater.dart   // 특정 파일 지정
$ dart format .  // 전체 적용
```

[10] Dart 패키지 관리

Dart에서 사용되는 패키지 관리자는 pub이다. 때문에 패키지에 관한 명령을 수행할 때는 "dart pub 〈하위 명령어〉"를 사용한다. 예를 들어 특정 패키지를 Dart 프로젝트에 추가하고 싶다면 "dart pub add 〈특정 패키지〉"와 같은 식으로 명령어를 입력할 수 있다. 참고로 만약 Flutter 프로젝트를 사용하고 있다면 dart pub이 아니라 flutter pub을 사용하면 된다. 하위 명령어로는 "add, cache, deps, downgrade, get, global, outdated, publish, remove, token, upgrade"가 있으며 자세한 사항은 Dart 공식 문서에서 확인할 수 있다. (https://dart.dev/tools/pub/cmd) 특히나 패키지 명령어는 애플리케이션을 개발하는 데 자주 사용되므로 각각 명령어의 목적과 쓰임에 익숙해질 필요가 있다.

패키지 관리자 pub

3.2 Dart 언어 살펴보기

이 절에서는 Dart 언어의 특징을 살펴보며 Dart 언어에 대해 가볍게 이해해 볼 것이다. 중요 문법의 경우, 이어지는 절을 통해 서술할 것이기 때문에 해당 절에서는 "Dart 언어가 이런 특징들을 가지고 있구나" 정도로 이해하고 넘어가면 된다.

책 제목에서도 알 수 있듯이 본 서적은 입문자용 서적이 아닌 실무자용 서적이다. 때문에 책을 읽는 독자들이 기본적인 C 혹은 Java 프로그래밍에 익숙하거나 알고 있다는 가정하에 내용을 기술한다. 때문에 대중적인 프로그래밍 언어와 유사한 기본적인 Dart 문법에 대해 상세히 다루지 않을 예정이다. 만약, Dart의 기본적인 문법은 더 알고 싶다면 Dart 공식 Documentation(https://dart.dev/guides)을 통해 모르는 문법들에 대해 살펴보는 것을 추천한다. 그럼 Dart 언어의 특징에 대해 살펴보자.

3.2.1 Dart의 main 함수

Dart 프로그램은 시작 시에 항상 아래와 같이 main 함수를 정의해야 한다. 반환 형식은 void이며 이는 메인 함수의 반환 값이 없음을 의미한다.

```
void main() {
  print("Hello, Dart!");
}
```

3.2.2 Dart와 객체

Dart에 대해 가장 먼저 알아야 할 것은 객체에 대해 개념이다. Dart는 모든 것이 객체인 객체 지향 언어이다. 때문에 Java와 유사한 부분이 많다. 기본적으로 상속, 다형성 등의 객체의 특성을 모두 가지고 있다. 더불어, Dart는 모든 것이 객체라는 말과 같이 선언된 변수와 함수도 모두 객체이다. 때문에 Kotlin과 같이 함수가 일급 객체로 작동한다.[2] 이러한 이유로 Dart에서 유형 선언 시 "모든 유형이 허용된다"라고 명시하

---

2 일급 객체는 변수나 데이터에 할당할 수 있어야 하며, 객체의 인자나 반환 값으로 사용할 수 있어야 한다.

고 싶을 때는 다음과 같이 Object type을 사용한다.[3]

```
Object name = 'Bob';
```

3.2.3 Dart의 추상화와 상속

Dart는 abstract 키워드를 통해 추상 클래스와 메서드를 선언할 수 있다. 아래와 같이 abstract를 class 앞에 선언한 후 method를 기재하면 추상 메서드로 사용할 수 있다. 이러한 추상 클래스는 extends 키워드로 상속받아 사용할 수 있다.

```
// 추상 클래스
abstract class Doer {
  void doSomething();
}

// 그를 상속한 클래스
class EffectiveDoer extends Doer {
  void doSomething() { ... }
}
```

Dart에서 extends가 일반 클래스와 abstract 클래스의 상속에 사용된다면, implements는 인터페이스의 구현에 사용된다. 주의할 점은 Dart는 명시적인 Interface가 존재하지 않는다는 점이다. 그 대신에 "implements" 키워드를 통해 class를 암시적 의미의 인터페이스로 사용할 수

---

[3] Object type은 null을 제외한 모든 Dart Class의 Super Class이다. 참고로 Runtime까지 유형 검사를 연기하고자 하는 경우 dynamic type을 사용할 수 있다.

있다. 객체 지향 프로그래밍에 익숙한 독자의 경우 Interface를 통한 계층 분리 및 의존성 주입 등에 대해 익숙할 것이다. Dart에서도 Interface는 같은 목적으로 사용되기 때문에 사용 방법에 대해 잘 살펴볼 필요성이 있다.

```dart
class Person {
  final String _name;

  Person(this._name);

  String greet(String who) => 'Hello, $who. I am $_name.';
}

// 상속한 클래스
class Impostor implements Person {
  String get _name => '';

  String greet(String who) => 'Hi $who. Do you know who I am?';
}

String greetBob(Person person) => person.greet('Bob');

void main() {
  print(greetBob(Person('Kathy')));
  Print(greetBob(Impostor()));
}
```

더불어, **Dart는 다중 상속을 지원하지 않는다.** 객체의 다중 상속의 경우 죽음의 다이아몬드(The Deadly Diamond of Death) 문제가 발생하기 때문이다. 죽음의 다이아몬드 문제는 상속받은 두 부모 객체가 같은 메소드를 가지고 있을 때 어떠한 메소드를 사용할지 불명확한 문제가 발생한다는 것이다. 이러한 문제점에도 불구하고, 다중 상속은 여러 부모 객체로부터 메소드를 상속받아 사용할 수 있기 때문에 코드의 재사용성과 효율성을 증대 시킬 수 있다는 장점을 함께 가지고 있다. 그 때문에 일부 객체 지향 언어에서는 다중 상속을 지원하고 있다.

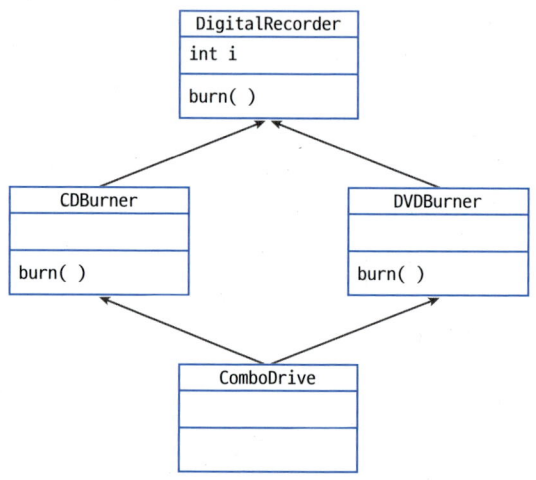

다중 상속에서 발생하는 죽음의 다이아몬드 문제

Dart에서는 다중 상속 대신 Mixins이라는 개념을 사용한다. 이 개념을 통해 부모 객체로부터 상속받지 않더라도 여러 객체 계층에서 메소드를 가져와 사용할 수 있다. Mixins 개념을 사용하기 위해서는 with 키워드를 사용할 수 있다. 다음과 같이 with 키워드를 통해 다양한 객체의 메소드를 가져와 사용할 수 있다.

```
class Musician extends Performer with Musical {
  // ...
}
```

```
class Maestro extends Person with Musical, Aggressive, Demented {
  Maestro(String maestroName) {
    name = maestroName;
    canConduct = true;
  }
}
```

3.2.4 Dart의 접근 지정자

Java와 달리 Dart에는 키워드 public과 protected, private와 같은 접근에 대해 제어 지정자가 없다. 다만 식별자가 밑줄(_)로 시작하는 경우 private와 같은 기능을 하게 된다. 즉 public 혹은 private 상태만 존재한다. 다음 코드와 같이 변수 혹은 메서드에 "_"이 포함되어 있으면 private, 아무런 키워드가 포함되어 있지 않다면 public이다.

```
Class Car {
    String name;           // public
    String _price;         // private
    start(){}
    _end(){}
}
```

3.2.5 Dart와 Null-Safety

이 책의 대부분의 독자들은 한 번쯤 NPE(Null-Pointer-Error)를 겪어봤을 것으로 생각한다. Java 8에서는 NPE를 방지하기 위해 Optional 기능을 제공하고 있지만 이는 근본적인 해결책이라 보기 어렵다. 이러한 문제를 해결하기 위해 나온 개념이 Null-Safety이다.

Null-Safety는 기본적으로 변수가 Nullable하지 않게 만들어 NPE를 발생하지 않도록 처리하는 방식으로 Dart뿐만 아니라 Kotlin에도 적용되어 있다. Nullable로 만들기 위해서는 엘비스 연산자(Elvis operator, ?)를 넣으면 된다.[3]

이때, Nullable 형식이 있는 초기화되지 않은 변수의 초깃값은 null이다. 다음 코드를 통해 이를 확인할 수 있다.[5] 이는 JavaScript에서 변수를 초기화하지 않았을 때 undefined로 선언되는 것과 대조적이다. 만약 Null-Safety를 적용하지 않았다면 모든 변수에는 Nullable 유형이 존재한다.

```
int? lineCount;
assert(lineCount == null);
```

 **TIP NPE와 Null**

엄밀히 말해서는 NPE의 근본적 원인은 객체 지향적 언어에서 Null이라는 개념을 다루는 것이다. Null이라는 개념은 절차 지향적 언어에서 Null 메모리 주소(0x00000000)에서 파생된 개념으로 객체 지향적 언어에서 사용하지 않아도 되는 개념이다. 개인적으로는 Null을 처리하는 Optional 등의 개념을 사용하는 것보다 객체에 Null이 전달되지 않도록 프로그래밍하는 것이 바람직한 방향이라 생각한다. 이러한 관점에서 소프트웨어를 만든다면 NPE를 잘못된 위치에 Null이 전달되었기 때문에 로직을 변경해야 함을 알려주는 신호로 활용할 수 있다.

---

4   사족이지만, ?의 이름이 엘비스 연산자인 이유는 정말 엘비스 프레슬리의 머리가 ? 모양이었기 때문이라고 한다.

5   assert는 디버깅을 위한 메소드이다. assert 내부의 조건이 False면 에러가 발생하며, 개발 환경에서만 작동한다. 즉, 프로덕션 코드에서는 assert() 호출을 무시한다.

3.2.6 Dart의 식별자

식별자는 변수나 함수 등의 이름을 의미한다. 식별자는 문자나 밑줄로 시작하고 그 뒤에 해당 문자와 숫자의 조합이 올 수 있다. Dart에서 사용되는 Keyword는 다음과 같다. 다음 Keyword는 식별자의 이름으로 사용할 수 없다.

abstract[2]	else	import[2]	show[1]
as[2]	enum	in	static[2]
assert	export[2]	interface[2]	super
async[1]	extends	is	switch
await[3]	extension[2]	late[2]	sync[1]
break	external[2]	library[2]	this
case	factory[2]	mixin[2]	throw
catch	false	new	true

3.2.7 Dart의 변수와 상수

Dart는 Type-Safety 언어이기 때문에 변수의 형식을 표현해 주지 않아도 된다. 때문에 "var" 키워드를 변수 앞에 사용할 수 있으며, Dart는 "var" 키워드가 선언된 변수가 있다면 변수에 할당된 값의 유형을 통해 유형을 추론한다. 변수 유형은 Number(int, double), String, Booleans, List, Set, Map 등이 존재한다.

Dart에서는 상수 선언 시 final과 const 키워드를 사용할 수 있다. 값을 변경하지 않으려면 final 키워드를 추가하면 된다. 해당 키워드는 한 번만 설정할 수 있다. 반면 컴파일 타임에서 상수를 만들고자 하는 경우

const 키워드를 상수 앞에 추가하면 된다. 이러한 특성 때문에 인스턴스 변수에는 const를 사용할 수 없다. 더불어, 상수 선언에는 const를 생략할 수 있다.

final 키워드와 const 키워드의 중요한 차이는 객체 내부의 값을 변경시킬 수 있는지이다. final 키워드를 선언한 객체 자체는 변경할 수 없지만 객체 내부의 Field는 변경할 수 있다. 그에 비해 const 키워드가 선언된 객체는 객체 내부의 필드도 변경할 수 없다.

```
// final 변수는 선언 후 변경할 수 없다.
final name = 'Bob'; // 타입 없이 선언
final String nickname = 'Bobby'; // 타입 선언

name = 'Alice'; // Error: final 변수는 한 번 값을 넣은 후에 변경할 수 없음

// const 키워드가 선언된 객체는 객체 내부의 필드도 변경할 수 없다.
const Object i = 3;
const list = [i as int];
const map = {if (i is int) i: 'int'};
const set = {if (list is List<int>) ...list};
```

3.2.8 Dart의 계단식 표기법(Cascade notation)

Dart는 계단식 표기법(Cascade notation)을 사용할 수 있다. 이를 사용하면 같은 개체에 대해 일련의 작업을 수행할 수 있다. 예를 들어 아래 코드와 같이 인스턴스 멤버에 접근하거나 메서드를 호출할 때 계단식 표기법을 사용하여 코드를 변경할 수 있다. 이를 이용하면 반복적으로 작성해야 하는 코드를 줄여 효율적인 코드를 작성할 수 있다.

```
// 일반 표기법
var paint = Paint();
paint.color = Colors.black;
paint.strokeCap = StrokeCap.round;
paint.strokeWidth = 5.0;

// 계단식 표기법
var paint = Paint()
  ..color = Colors.black
  ..strokeCap = StrokeCap.round
  ..storkeWidth = 5.0;
```

개인적으로 계단식 표기법이 효율적이라고 느껴지는 때는 nullable 객체의 경우이거나 builder 선언 시이다. 우선, nullable 객체일 때 null check를 하기 위해 계단식 표기법을 사용할 수 있다. "?.."을 앞에 선언하게 되면 해당 object가 null일 때 해당 작업이 수행되지 않는다.[6]

```
querySelector('#confirm')
  ?..text = 'Confirm'
  ..classes.add('important')
  ..onClick.listen(€ => window.alert('Confirmed!'))
  ..scrollIntoView();
```

더불어 builder 선언 시 다음과 같이 nested cascades를 사용할 수 있다.

---

6 "?.." 표기 방법을 사용하기 위해서는 Dart 2.12 이상 버전을 사용해야 한다.

```
Final addressBook = (AddressBookBuilder()
    ..name = 'jenny'
    ..email = 'jenny@example.com'
    ..phone = (PhoneNumberBuilder()
        ..number = '415-555-0100'
        ..label = 'home')
      .build())
  .build();
```

3.2.9 Dart의 예외(Exception)

다른 언어와 유사하게 Dart 코드도 아래와 같이 예외를 던지고(throw) 잡을(catch) 수 있다.

```
try {
  breedMoreLlamas();
} on OutOfLlamasException {
  buyMoreLlamas();
} on Exception catch (e) {
  print('Unknown exception: $e');
} catch (e) {
  Print('Something really unknown: $e');
}
```

catch에는 2가지 변수를 확인할 수 있는데 첫 번째는 exception이며, 두 번째는 StackTrace Object이다. StackTrace Object는 예외가 발생한 경로를 확인할 수 있는 Object로 다음과 같이 확인할 수 있다.

예외가 발생했을 때 catch되지 않으면 Dart 프로그램은 예외를 발생시킨 격리(isolate)가 일시 중단되고 일반적으로 격리 및 해당 프로그램이 종료된다.[7] Java와 달리 Dart의 모든 예외는 명시적으로 예외 처리를 강제하지 않는 Unchecked Error이다.

```
// exam.dart
main() {
  try {
    throw "Not implemented";
  } catch (e, s) {
    print("Exception $e");
    print("StackTrace $s");
  }
}

// Terminal에서 실행 시
$ dart example.dart
Exception Not implemented
StackTrace #0      main(파일경로)
#1    _startIsolate.<anonymous closure> (dart:isolate-patch/isolate_
   patch.dart:305:19)
#2.   _RawReceivePortImpl._handleMessage (dart:isolate-patch/isolate_
   patch.dart:172:12)
```

더불어 예외가 발생한 여부와 관계없이 코드를 실행하고 싶다면 다음과 같이 finally 키워드를 사용하면 된다.

---

7   Dart에서 격리(isolate)의 개념은 Dart의 작동 원리를 이해하는 데 중요한 개념으로 바로 뒤에서 간략하게 다루고자 한다.

```
try {
  breedMoreL1amas();
} catch (e) {
  print('Error: $e');
} finally {
  cleanL1amaStalls();
}
```

> **TIP** **Unchecked Error와 Checked Error**
>
> Checked Error는 RuntimeException 클래스를 상속받지 않은 예외 클래스들로 복구 가능성이 있는 Exception이므로 반드시 예외를 처리하는 코드를 함께 작성해야 한다. 대표적으로는 IOException, SQLExcetion 등이 있으며, 예외를 처리하기 위해서는 catch 문으로 잡거나 throws를 통해 메소드 밖으로 던질 수 있다. 만약 예외를 처리하지 않으면 컴파일 에러가 발생한다.
> 반면, Unchecked Error는 RuntimeException 클래스를 상속받는 예외 클래스들이다. 이들은 복구 가능성이 없는 예외들이며 컴파일러가 예외 처리를 강제하지 않는다. 때문에 예외를 처리하지 않아도 컴파일 에러가 발생하지 않는다. RuntimeExcpetion에는 대표적으로 NullPointerException이나 IllegalAragumentException 등과 같은 것들이 있다.

3.2.10 Dart의 DVM(Dart Virtual Machine)과 isolate

Dart는 DVM 상에서 동작하거나 네이티브 컴파일링을 통해 다양한 플랫폼 상에서 애플리케이션 실행을 지원한다. 우리는 그 중 DVM을 살펴볼 것이다. DVM은 Java의 JVM과 유사하다. GC(Garbage Collector)도 존재하며, OS에 의존하지 않고 Dart 코드를 실행하는 역할을 한다.

더불어 **Dart VM에서는 JIT와 AOT의 두 가지 컴파일 모드를 제공**한다. 컴파일 모드의 유연성은 Dart 언어를 더욱 강력하게 만든다. VM 내의 모든 Dart 코드는 자체 메모리(heap)와 일반적으로 자체 제어 스레드(mutator thread)가 있는 격리된 Dart isolate 이내에서 실행된다. 작동 모델을 모식도로 나타내면 다음과 같다.

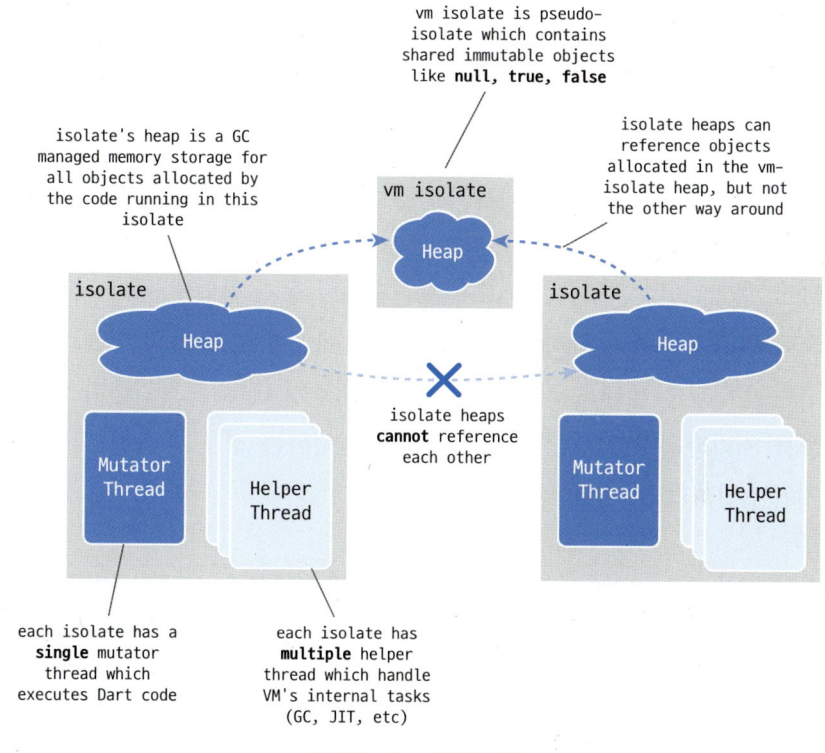

그림은 isolate 작동 모식도

Dart에서 사용되는 격리(isolate)라는 개념은 무엇일까? Dart 코드는 격리 내부에서 실행된다. **격리는 간단히 말하자면 프로세스와 유사한 개념**이다. 각 격리에는 자체 메모리 heap이 있으며 격리의 상태 중 어느 것도 다른 격리에 접근할 수 없다. 때문에 멀티 스레드에서 발생하는 경합 문제가 Dart에서는 발생하지 않는다. 격리를 사용하여 Dart는 여러 독립적인 작업을 동시에 수행할 수 있으며 각 격리에는 이벤트 루프를 실행하는 단일 스레드가 존재한다.

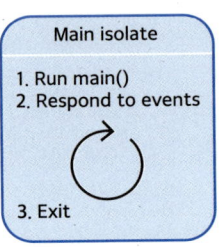

Main isolate 모식도

Main isolate만 작동하는 Dart 프로그램에서 동기 작업에 처리 시간이 오래 걸리면 앱이 응답하지 않을 수 있다. 예를 들어 Dart의 이벤트 루프는 선입선출 형태로 작동하여 isolate 내부의 Dart 프로그램이 이벤트를 처리하는데 일부 작업에서 지연이 발생하는 경우 후순위 작업의 지연이 발생할 수 있다.

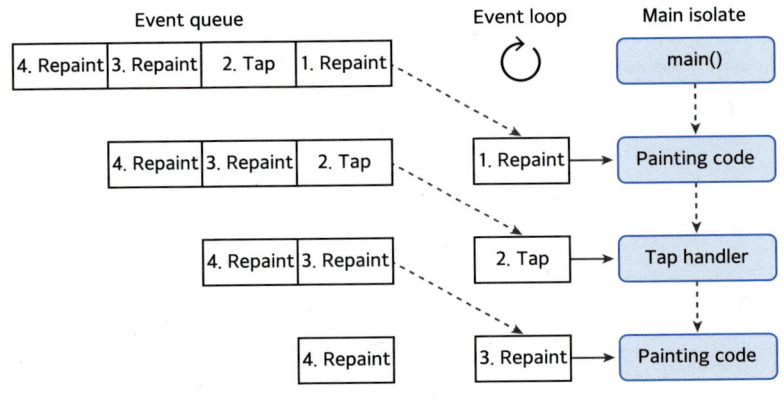

Dart isolate의 이벤트 처리 예시

이러한 **동기 작업의 문제를 해결하기 위해 Dart에서는 Worker Isolate를 만들어 작업을 수행하게 할 수 있다.** 작업의 동시 처리를 위한 isolate에 대해 프로그래밍은 고급 프로그래밍에 속하며 Flutter를 활용하기 위해 Dart를 살펴본다는 목적에 비해 지나치게 전문적이기 때문에 상세히 다루지는 않을 것이다. 그러나, 프로그래밍 언어가 동시성 작업을 위해 어떠한 개념을 가지고 있는지는 매우 중요한 문제이다. 만약 Dart의 isolate 개념에 대해 더 알고 싶다면 Dart 공식 Document를 살펴보길 추천한다.
(https://dart.dev/guides/language/concurrency)

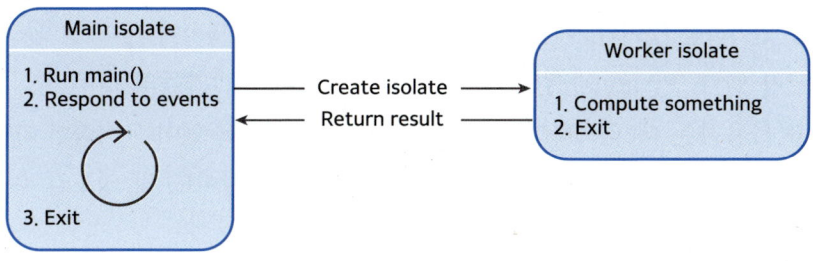

Dart Main isolate와 Worker isolate 작동 예시

우리는 Dart 언어의 특징을 살펴보았다. 서술한 내용이 어렵거나 이해가 되지 않더라도 실망할 필요는 없다. 이 장은 독자들에게 Dart가 어떠한 특징을 가지고 있는지 소개하기 위해 Dart의 일부 개념들을 나열한 것이다. 아마도 Java, C, Python 등에 익숙한 독자들은 이 장을 살펴보며 "**내가 사용하는 기존 프로그래밍 언어와는 이런 개념이 다르고, 이런 개념은 동일하구나**"라는 생각이 들었을 것이다.

다룬 내용 중 가장 중요한 점은 **Dart가 객체 지향 언어라는 것**이다. 객체 지향 언어에 익숙하지 않다면 객체 지향의 개념에 대해 공부하는 것을 추천한다. 개인적으로는 객체 지향의 개념을 토대로 Dart 언어를 이해하는 것이 Dart 언어를 가장 빠르게 이해하는 방법이라고 생각한다. 이제 우리는 Dart의 중요 문법들을 살펴보게 될 것이다. 앞서 밝힌 바같이 Dart는 C, Python, Java 같이 대중적인 언어와 유사한 기본 문법들을 가지고 있다. 그러한 문법에 관해서는 간략히 다룰 것이며, 실무적으로 중요한 문법과 개념을 중심적으로 다룰 것이다.

3.3 Dart의 형식

Dart는 객체 지향 언어라는 점과 함께 중요한 Dart의 특징은 형식을 갖는 언어라는 것이다. 때문에 가장 처음으로 Dart의 형식에 대해 알아보고자 한다. Python과 같은 동적 언어에 익숙한 개발자들의 경우 형식을 사용하는 데 익숙하지 않을 수 있다. 반면에 형식 언어에 익숙한 개발자들은 해당 내용이 매우 뻔해 굳이 읽어보지 않아도 될 정도일 수 있다.

형식 언어는 변수 혹은 함수의 반환형을 선언할 때 형식을 지정해야 한다. 앞서 다뤘듯이 Dart에는 String, int 등의 형식이 있다. 만약 문자 변수를 지정하고 싶다면 "String name;", 숫자 변수를 지정하고 싶다면 "int age;"와 같이 선언하면 된다. 이때 "int age = "seven";"처럼 잘못된 형식을 지정한 코드를 컴파일하면 오류가 발생한다. 이는 Dart 언어의 형식 안전성(Type Safe) 때문이다. Dart는 컴파일 타임에서 형식을 검사하는데, 만약 잘못된 형식을 지정한 코드가 있다면 컴파일 에러를 발생시킨다.

Map이나 List 등의 데이터 형식을 사용할 때는 ◇를 사용한다. 다음과 같은 코드로 사용할 수 있다.

```
Map<String, int> student;
List<Int> studentAge;
```

변수뿐만 아니라 함수의 앞에 형식을 지정하여 함수의 반환형을 설정할 수 있다. 우리는 앞서 main() 함수의 반환형이 void임을 살펴보았다. 반환형이 void인 경우에는 생략해도 코드는 정상적으로 작동한다. 만약 우리가 함수의 반환형을 지정하고 싶다면 다음과 같이 원하는 유형을 선언하면 된다.

```
int calculateStudentAverage() {
  // 함수 내용
}
```

더불어, Dart는 동적 형식(dynamic type)을 사용할 수 있다. 즉, 변수와 함수 반환형 유형에 dynamic을 사용할 수 있다. dynamic 유형을 설정하면 컴파일러가 해당 변수 및 함수의 반환형에 모든 형식을 허용한다. dynamic을 통한 동적 형식 할당은 편리한 기능이지만, 되도록 유형을 지정하는 것이 코드 안정성 면에서 유리하다.[8] 동적 형식은 비동기 기능과 유형 추론이 어려울 때 편리한 기능으로 작동하지만, 유형을 지정할 수 있는 경우 유형을 지정하도록 하자.

```
dynamic myName = "Klein"
```

---

[8] 동적 할당의 편리함 때문에 오픈 소스 코드를 살펴보면 종종 불필요한 dynamic이 많이 선언된 코드를 볼 수 있다. 그러한 코드는 아마도 유형 언어에 익숙하지 않은 개발자가 Dart에 대해 깊은 이해 없이 작성한 코드일 수 있다. 유형을 설정하는 것은 소프트웨어의 유지보수성에 큰 도움이 된다.

주의할 점은 **동적 형식을 할당하더라도 한 번 형식이 규정되면 변화될 수 없다는** 점이다. 예를 들어 위의 코드를 선언한 후에 아래와 같은 코드를 작성하면 컴파일러 오류가 발생한다. 이는 변수뿐만 아니라 함수의 반환형에도 동일하게 적용된다.

```
myName = 1;
```

마지막으로 Dart의 제네릭 개념에 대해 살펴보자. **제네릭을 간략히 설명하면 "유형을 명시하여 매개변수 타입을 제한하는 것"**이다. 제네릭은 클래스와 메소드에 모두 사용할 수 있다. 제네릭을 사용하면 프로그래밍 시에 구조 파악에 용이하고 프로그램의 안정성이 강화된다. 제네릭은 다음과 같이 사용할 수 있다.

```
class Student {
  T getName<T>(T input) {
    return input;
  }
}

void main() {
  Student student = Student();
  print(student.getName<String>('Kelin'));
}
```

3.4 Dart의 주석

Dart는 세 가지 주석을 지원한다.

```
// 인라인 주석
/* 여러 줄 주석(블록 주석) */
/// 문서 주석
```

클린 코드에 익숙한 개발자라면 주석을 지양하는 프로그래밍 습관을 가지고 있을 것이다. Dart 공식 문서에서도 주석을 통한 설명보다는 코드를 간결하고 명확하게 사용하도록 권유하고 있다. 이와 동시에 현실 프로그래밍 상황에서 주석이 불가피함을 일부분 인정하고 있다. 때문에 Dart 공식 문서에서는 문서화를 위한 "문서 주석"을 작성하는 것을 되도록 권장하고 있다. 문서 주석을 사용하면 "dart doc" 명령어를 통해 Dart 프로그램 API 참조 문서를 생성할 수 있다.[9]

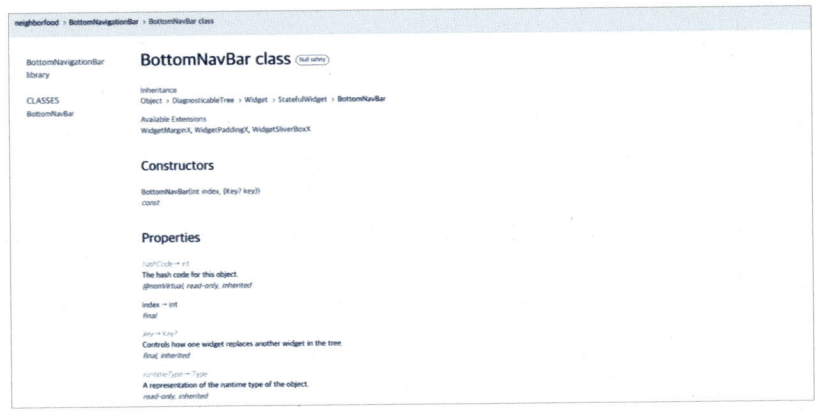

BottomNavBar의 API 참조 문서

---

[9] 테스트 코드를 통해 문서를 대체하는 방법을 활용할 수도 있다. 협업을 위한 방법은 본인의 조직과 상황에 따라 결정하면 된다. 테스트 코드에 관해서는 9장에서 상세히 다룰 예정이다.

개인적으로도 주석을 지양하기 위해 함수의 역할을 한정하고 객체명을 명확히 하는 등의 노력을 한다. 대다수는 기능에 대한 명확한 명명 등의 클린 코딩 방식으로 해결할 수 있지만 일부 복잡한 비즈니스 로직의 경우 주석 없이 이해하기 어려운 경우가 종종 있다.[10]

사견으로는 프로그램을 개발할 때 주석을 작성하는 방식에 정답이 있다고 생각하지는 않는다. 중요한 것은 유지보수성과 코드 가독성이다. 개발자마다 중요하게 여기는 가치가 상이하기 때문에 본인의 정답을 찾아 나가면 된다고 생각한다. 개인적으로는 협의된 컨벤션을 통해 효율적인 개발과 레거시 관리만 뒷받침된다면 주석을 어떠한 형태로 작성하던 큰 문제가 된다고 생각하지는 않는다. 다만, Dart의 API 문서화 라이브러리는 협업을 위해 꽤나 효율적이므로 Dart 주석을 작성할 때 문서 주석을 적극적으로 고려해 보는 것은 의미가 있을 것이라 생각한다.

3.5 Dart의 변수와 상수

변수와 상수는 앞서 다뤘기 때문에 간략히만 다루고 넘어갈 것이다. 예를 들어 다음과 같이 코드를 작성하게 되면 프로그램에 student라는 변수가 생성되며 아직 값이 할당되지 않은 상태이다.

---

10 국내에 전파되는 코드 컨벤션이나 클린 코딩에 대해 방법들은 대부분 원어민을 기준으로 작성된다. 협업을 하는 개발자들이 일반적으로는 원어민 수준의 영어 실력을 갖추고 있지 않기 때문에 정교하게 코드 컨벤션을 정하지 않는다면 작성자마다 명명법에 차이가 발생하게 된다. 이러한 차이가 누적되게 되면 클린 코딩을 통해 얻고자 했던 가독성이 현저히 저하될 수 있다. 만약 협업하는 개발자 모두가 원어민 수준의 영어 실력을 갖추고 있어 정교한 규칙 없이도 명명의 차이가 생기지 않는다면 복잡한 비즈니스 로직을 주석 없이 이해할 수 있을 것으로 생각한다.

```
String student;
```

Dart에서는 값을 할당하지 않은 변수를 null로 초기화하기 때문에 이렇게 변수에 값을 할당하지 않으면 null의 값을 갖게 된다. 때문에 null 값을 변수에 직접 할당할 필요가 없다. Dart 공식 문서에 따르면 null을 직접적으로 할당하지 않도록 가이드를 제시하고 있다.

변수를 사용할 때 Dart는 유형을 직접 명시하지 않고 "var"로 대체할 수 있는 타입 추론을 지원한다. 위에 선언된 student 변수의 유형을 지정하지 않고 아래와 같은 코드처럼 작성할 수 있다.[11]

```
var student = "kelin";
```

앞서 밝혔듯이 상수로써 사용하기 위해서는 const, final 키워드를 사용할 수 있다. final 변수는 한 번만 할당할 수 있으며, 할당 이후에는 값을 변화시킬 수 없다. 참고로 클래스 생성자에서 할당되는 모든 변수에는 final을 사용한다. 반면, const는 컴파일 타임 이후로 항상 같은 값을 같은 상수에만 선언할 수 있다. 예를 들어 다음 코드와 같이 컴파일 타임 이후에 값이 바뀔 수 있을 때에는 const를 사용할 수 없다.

```
const String studentAge = '$age'
```

---

11 다만, dynamic 키워드와 마찬가지로 무분별한 var는 최대한 지양하도록 하자. 유형을 정의하는 것이 형식 언어의 장점을 살릴 수 있는 방법이다.

더불어, 변수 대신 const를 사용하여 상수화를 하면 프로그램의 성능이 향상될 수 있다. 이러한 관점에서 Flutter는 위젯을 const화하는 기능이 적용되어 있다.

3.6 Dart의 연산자

Dart의 연산자의 종류는 다음과 같다.

연산자의 종류	연산자
산술 연산자	+, -, -expr, *, /, ~/, %
등식 및 관계연산자	==, !=, >, <, >=, <=
유형 테스트 연산자	as, is is!
할당 연산자	=, *=, %=, >>>=, ^=, +=, /=, <<=, $=, !=, -=, ~/=, >>=
논리 연산자	!expr, ||, &&
비트 및 시프트 연산자	&, |, ^, ~expr, <<, >>, >>>
널인지 연산자	?., ??, ??=

Dart의 연산자는 대부분 기존 타 언어의 연산자와 유사하기 때문에 상세히 다루지 않겠다. 다만, 널인지연산자(null-aware operator)에 관해서는 상세히 알아볼 필요가 있다. "?." 연산자의 경우 다음과 같이 사용할 수 있다.

```
Student student = new Student();
int studentAge = student?.age;
```

만약 student 객체가 null이면 studentAge 변수에 null을 할당하고 그렇지 않으면 student.age를 할당한다. 만약 "?." 연산자를 사용하지 않았을 때 student가 null이면 에러가 발생한다. 만약 널인지연산자를 사용하지 않으면

```
if (student != null) {
  // null-Check 관련 로직
}
```

다음과 같은 null 체크를 위한 분기 코드를 작성해야 한다. 때문에 널인지연산자를 활용하는 것은 코드를 효율적으로 작성하는데 필수적이다.

다음으로는 "??" 연산자를 살펴볼 필요가 있다. ?? 연산자는 다음과 같이 사용할 수 있다.

```
studentAge = student.age ?? 15;
```

"??" 연산자는 좌측에 있는 값이 null이라면 우측 값을 할당하게 한다. 만약 student.age가 null이면 studentAge에 우측 값인 15를 할당하게 된다.

3.7 Dart의 제어 흐름

여타 고급 프로그래밍 언어들과 유사하게 Dart도 제어 흐름 기능을 제공하고 있다. Dart는 if 조건문, 삼항 연산자, switch와 case, for와 while 루프 등의 제어 흐름 기능을 제공한다.

if 조건문의 경우, 다음과 같이 사용할 수 있다.

```
if (isStudent && isPerson) {
  // 조건 본문 1
} else if (isAnimal || isOranic) {
  // 조건 본문 2
} else {
  // 조건 본문 3
}
```

위와 같이 and를 의미하는 "&&"와 or을 의미하는 "||"을 사용할 수 있다. 이때 주의할 점은 Dart는 타 언어와 달리 조건문 내부에 boolean 값이 들어오지 않았을 때 에러를 발생시킨다는 것이다. 언어에 따라 다르지만, 많은 언어가 조건문 내부에 꼭 boolean 값이 아니더라도 0이 아닌 값이 들어오면 true로 인식하고 조건 본문을 실행하도록 되어 있다. 그러나, Dart에서는 해당 부분을 허용하지 않으므로 주의할 필요가 있다. 사견으로는 boolean 값만 허용하는 Dart의 프로그래밍 방식이 소프트웨어의 안정성에서는 더욱 유리한 것 같다.

if 조건문 대신에 삼항 연산자를 사용하면 효율적인 코드를 만들 수 있다. 삼항 연산자는 다음과 같이 사용할 수 있다.

```
String studentName = student.name == 'kelin' ? student.name : 'other';
```

위 코드의 의미는 "만약 student.name이 kelin이라면 studentName 변수에 student.name을 할당하고 그렇지 않다면 other을 할당하라"이다.

위와 같이 삼항 연산자를 사용하면 if, else를 사용하지 않고 조건문을 사용할 수 있다. 삼항 연산자에 익숙해진다면 기존 조건문을 리팩토링 할 때 early Return보다 효율적인 방식으로 코드 가독성을 개선할 수 있다.

switch와 case문은 다음과 같이 사용할 수 있다.

```
int studentAge = 18;
switch(studentAge) {
 case 0:
         print("no way!");
         break;
 case 18:
         print("old");
         break;
 default:
         print("not found");
}
```

switch-case 문을 적재적소에 이용하면 if else보다 효율적이고 직관적인 코드를 만들 수도 있다. switch-case 문에서 주의할 점은 case에 break나 return 혹은 throw를 사용하지 않을 때 switch loop를 탈출하지 못해 자동으로 다음 Case를 실행하게 된다는 점이다. 때문에 실수로 break나 return 등을 빠트렸을 때, 의도한 대로 프로그램이 작동하지 않을 수 있다.[12]

---

[12] 타 언어와 마찬가지로 루프의 흐름을 제어할 때 사용되는 키워드는 break, continue 등이 있다. break는 루프를 탈출하라는 명령이며, continue는 루프의 다음 반복을 실행하라는 명령이다.

for-loop과 for-in-loop, forEach-loop는 각각 다음과 같이 사용할 수 있다. for-loop의 경우 인덱스가 필요한 경우 사용되며 그렇지 않은 경우에는 for-in-loop와 forEach-loop를 사용한다. 다만 forEach-loop는 List 변수에 관해서만 사용할 수 있다는 점을 알아두자. 더불어 **forEach-loop는 코드의 순차 실행을 보장할 뿐 API 호출 등의 비동기 처리의 동기 실행을 보장하지 않는다.** 예를 들어 데이터베이스에서 데이터를 받아와 리스트 형태의 변수에 저장하여 사용하는 경우를 생각해보자. 이 때는 forEach-loop 사용 시 원하는 순서로 작동하지 않는 경우가 종종 발생한다.

```
for (int index = 0; index < 5; index++) {
    // loop 본문 내용
}

List<int> studentAges = [18, 12, 15];
for (int studentAge in studentAges){
  // loop 본문 내용
}

List<int> studentAges = [18, 12, 15];
studentAges.forEach((studentAge) => // loop 본문 내용);
```

while-loop 관련해서는 while과 do-while이 존재한다. while과 do-while의 경우 다음과 같이 사용한다.

```
while (isStudent) {
  // loop 본문
}

do {
  // 최초 1회 실행될 작업
```

```
} while (isStudent) {
  // loop 본문
}
```

참고로 앞서 밝혔듯이 조건에는 boolean 값이 입력되어야 한다. 그렇지 않으면 다음과 같이 에러가 발생한다.

```
// Console
Error compiling to JavaScript;
Info: Compiling with sound null safety
lib/main.dart:2:9:
Error: A value of type 'int' can't be assigned to a variable of type 'bool'.
while(1){
       ↑
Error: Compilation failed.
```

3.8 Dart의 함수

Dart의 함수는 다음과 같이 사용할 수 있다.

```
int topGradeInStudents(StduentsGrade studentsGrade) {
   // 본문 내용
   return studentsGrade.max(); // 반환형식
}
```

함수명의 바로 앞에는 유형을 선언한다. 해당 유형과 다른 유형을 반환하는 경우에는 에러가 발생한다. 만약 반환 값이 없다면 void 키워드를 사용하거나 생략할 수 있다. 앞서 언급했듯이 Dart는 함수도 객체인 객

체지향 언어이다. 때문에 Dart에서 함수는 함수의 반환 값으로 함수를 내보내거나, 매개변수에 함수를 할당할 수 있는 일급 객체로서 작용한다. 덕분에 Dart는 함수형 프로그래밍의 장점을 취할 수 있다.[13]

해당 함수를 화살표 함수로 표현하면 다음과 같다.[14]

```
int topGradeInStudents(StduentsGrade studentsGrade) => studentsGrade.max();
```

Dart에서는 함수에 선택 매개변수를 사용할 수 있다. 즉, 전달 여부와 관계없이 함수의 작동에 지장이 없는 매개변수를 지정하는 것이다. 선택 매개변수에는 이름 있는 선택 매개변수와 위치 선택 매개변수가 있다.

3.8.1 위치 선택 매개변수

```
int addStudentAge(int oldAge, [int addAge, int extra = 15]) {
   // 함수 내용
}

void main() {
  addStudentAge(15);
  addStudentAge(15, 5);
  addStudentAge(15, 5, 9);
}
```

---

13 다른 언어와 마찬가지로 Dart도 함수가 일급 객체로 사용되기 때문에 추상화, 불변성 유지, 의존성 주입 등의 이점이 존재한다.
14 람다 표현식이라고도 불리는 화살표 함수를 적극적으로 활용하여 코드를 효율적으로 작성할 수 있으니 사용법을 익혀 두도록 하자.

위 코드와 같이 위치 선택 매개변수의 경우 해당 위치의 매개변수가 매칭된다. 선택 매개변수는 전달되지 않았을 때 기본값이 있다면 기본값이 할당된다. 예를 들어 addStudentAge(15, 5, 9)를 사용할 때 addAge에는 5가 extra에는 9가 매칭된다. 만약 순서를 바꿔 addStudentAge(15, 9, 5)를 사용하면 addAge에는 9가 extra에는 5가 매칭된다.

3.8.2 이름 있는 선택 매개변수

```
int addStudentAge(int oldAge, {int addAge = 3}) {

}

void main() {
 addStudentAge(15);
 addStudentAge(15, addAge: 5);
}
```

이름 있는 선택 매개변수의 경우 위 코드와 같이 이름을 지정하여 매개변수를 입력해야 한다. 마찬가지로 선택 매개변수를 입력하지 않으면 입력된 기본 값이 할당된다. 즉, addStudentAge(15)에는 addAge에 3이 할당되며, addStudentAge(15, addAge: 5)에는 addAge에 5가 할당된다.

3.9 Dart의 객체 지향 프로그래밍

앞서 밝힌 바와 같이 Dart의 모든 것은 객체이다. 때문에 Dart 소프트웨어는 Class로 구현되며, Class는 Property, Method로 구성된다. Class는 다음과 같이 구현할 수 있다.

```
Class Student {
   String name;
   int age;

    void addAge(int Age) {
      age += Age;
    }
}

Student student = Student();
student.name = "Selin";
student.age = 10;
student.addAge(15);
print(student.age); // 25
```

Dart에는 Public, Protected, Private 키워드가 없으므로 "_" 기호 유무에 따라 Public, Private이 결정된다. 더불어, Dart는 Class를 인스턴스화할 때 new 키워드를 사용하지 않아도 된다.[15] Dart 2 Version 이후로 new나 const로 객체를 설정하지 않더라도 컴파일러가 적절한 키워드를 추론하기 때문에 new 키워드는 사용할 필요가 없다.

객체 지향 프로그래밍을 이해하기 위해서는 먼저 생성자에 대해 이해해야 한다. 처음으로 기본 생성자(Default Constructor)에 관해서 알아보자. Class 내부에 생성자를 선언하지 않으면 기본 생성자가 제공된다. 기본 생성자는 클래스 이름과 동일하고 인수가 없는 생성자이다. 다음 코드는 생성자를 명시한 클래스를 나타낸다. 만약 클래스 내에 생성자를 선언하지 않는다면 기본 생성자가 생성된다.

---

15 물론 new를 사용할 수는 있으나 Dart 공식 문서에서는 new를 지양하도록 권고하고 있다.

```
class Point {
  double x = 0;
  double y = 0;

  Point(double x, double y) {
    this.x = x;
    this.y = y;
  }
}
```

Dart는 생성자가 상속되지 않는다. 즉, 하위 클래스는 상위 클래스에서 생성자를 상속하지 않는다. 다음 코드처럼 Student 클래스가 Person 클래스를 상속받더라도 Student 클래스는 기본 생성자만 존재하게 된다. 더불어, 상위 클래스를 상속받는 하위 클래스는 생성자 본문을 실행하기 전 상위 클래스의 기본 생성자를 호출하기 때문에 상위 클래스의 기본 생성자가 없는 경우 에러가 발생하게 된다. 이때 초기화 목록(Initalizer List)를 이용하여 상위 클래스의 다른 생성자를 호출하도록 지정할 수 있다. 초기화 목록에 관해서는 바로 뒤에서 다룰 것이다.

```
class Person {
    Person();
}
class Student extends Person {
    // 생성자는 상속되지 않는다.
}
```

기본 생성자 다음으로는 명명된 생성자(Named constructors)를 알아보자. 명명된 생성자를 통해 하나의 클래스에 대해 여러 생성자를 구현할 수 있다. 다음과 같이 생성자를 재정의할 수 있다.

```
class Person {
  int age;

  Person(this.age); // 기본 생성자

  // 명명된 생성자
  Person.ageConstructor(int ageInformation) {
    final age = transfer(ageInformation);
    return Person(age);
  }
}
```

생성자가 실행되기 전에 인스턴스 변수를 초기화할 수 있는데, 이를 초기화 목록(initializer List)이라 한다. 초기화 목록은 다음 코드와 같이 생성자 다음에 ":"으로 시작하여 값을 지정할 수 있다.

```
class Student {
  int age;
  String name;

  // 명명된 생성자
  Person.ageConstructor(int ageInformation)
    : age = 15, name = "kieln"   {
    final age = transfer(ageInformation);
    return Person(age);
  }
}
```

마지막으로 다룰 생성자는 factory 생성자이다. **생성자 앞에 factory 키워드를 사용하면 캐시된 인스턴스를 재사용 할 수 있다.** factory는 싱글

톤 패턴(Singleton Pattern)과 관련이 있다.[16] 즉 생성자가 여러 차례 호출되더라도 최초 생성 이후에 호출된 생성자는 최초 생성된 객체를 반환한다. factory 생성자는 다음과 같이 생성자 앞에 "factory" 키워드를 사용하면 된다.

```
enum ShapeType {
  triangle,
  rectangle
}

abstract class Shape {
  factory Shape(ShapeType type) {
    switch (type) {
      case ShapeType.triangle: return Triangle();
      case ShapeType.rectangle: return Rectangle();
      default: return null;
    }
  }
  void draw();
}
```

다음으로 살펴볼 내용은 게터(Getter)와 세터(Setter)의 개념이다. Private으로 설정한 변수와 메서드에 접근하려면 게터와 세터를 통한 접근이 필요하다. 만약 Public이라면 게터와 세터 메서드를 사용하지 않더라도 접근할 수 있다. 게터와 세터는 다음과 같이 사용할 수 있다.[17]

---

16 객체 지향 프로그래밍 관점에서 싱글톤을 안티패턴으로 보는 관점도 있다. 그러한 관점에서 싱글톤은 캡슐화를 위반하는 전역변수로 소프트웨어의 규모가 커질수록 유지보수성을 어렵게 할 수 있다.

17 단, 세터의 경우 객체의 불변성을 해칠 수 있기 때문에 사용을 지양하는 것이 좋다.

```
class Student {
   String _name;
   int age;

   String get name => _name;
   set name(String name) => _name = name;
}

Student student = Student();
print(student.name);
```

마지막으로 다룰 개념은 열거자(enumerator)이다. 보통 enum이라고 부르며 일반적으로는 상수 집합을 표현하는 집합 클래스이다. 같은 속성들의 집합을 하나의 클래스로 묶어 사용하는 것으로 enum은 객체 지향 프로그래밍에서 자주 사용되게 된다. enum은 다음과 같이 사용할 수 있다.

```
enum StudentGrade {
   A, B, C, D, E, F
}

void main() {
 GradeA = StudentGrade.A;
}
```

Dart는 2.17부터 enum의 향상된 기능을 다루고 있어 해당 부분도 알아 두는 것이 좋다. **Dart에서는 enum도 일반 클래스처럼 쉽게 기능을 정의하고 사용할 수 있도록 지원**한다. 과거 enum은 상수의 집합만 선언할 수 있기 때문에 사용의 제한이 있었지만, Dart는 향상된 기능의 지원을 통해 enum의 활용도가 높아지게 되었다. Dart에서는 다음 코드와 같이 enum에서도 여러 인스턴스, 인스턴스 변수, getter 및 구현된 인터페이스 등을 작성할 수 있도록 지원한다.

```dart
enum Vehicle implements Comparable<Vehicle> {
  car(tires: 4, passengers: 5, carbonPerKilometer: 400),
  bus(tires: 6, passengers: 50, carbonPerKilometer: 800),
  bicycle(tires: 2, passengers: 1, carbonPerKilometer: 0),

  const Vehicle({
    required this.tires,
    required this.passengers,
    required this.carbonPerKilometer,
  });

  final int tires;
  final int passengers;
  final int carbonPerKilometer;

  int get carbonFootprint => (carbonPerKilometer / passengers).round();

  @override
  Int compareTo(Vehicle other) => carbonFootprint - other.carbon Footprint;
}
```

3.10 Dart의 비동기 프로그래밍

Dart의 비동기 프로그래밍은 매우 중요한 개념이다. Dart의 비동기 프로그래밍에 관해서 이해하기 위해서는 Future 클래스, asnyc와 await 키워드, Stream 클래스 등을 이해해야 한다. 이름에서 알 수 있듯이 비동기 작업은 주로 데이터베이스에서 데이터를 가져오는 등의 비동기적으로 작동되는 작업에 사용된다.

먼저 Future 클래스를 알아보자. Future 클래스는 비동기 작업의 결과를 미완성(uncompleted)과 완성(completed) 2가지로 나누는 클래스이다. 비동기 함수를 호출했을 때 작업이 완료되기 전에는 미완성 상태의 값을 반환한다. 완성 상태의 경우 값을 반환하거나 에러를 반환하게 된다. 다음 코드는 비동기로 데이터베이스를 호출하는 코드이다. 데이터 호출이 완료되기 전에 loadUser는 Future〈String〉 유형을 반환하고, 완료된 후에는 String을 반환하게 된다. 때문에 작업이 완료되기 전에 연산이 작동되는 경우 프로그램이 의도한 대로 작동하지 않을 수 있다.

```
String User = '';

Future<String> loadUser({String? phone = "", String? email = ""}) {
   retrun  _UserRepo.get_data(Email: email, Phone: phone);
}
```

이러한 문제를 방지하기 위해 async와 await 키워드를 사용한다. 해당 키워드를 사용하면 비동기 함수의 작동 시 await 키워드가 존재하는 경우 동기적으로 작동하게 해준다. 참고로 await 키워드는 async가 선언된 함수 이내에서만 사용할 수 있다.

await는 비동기 프로그래밍을 위한 유용한 기능이지만 남용하는 것은 바람직하지 않다. 비동기 프로그래밍을 하는 중요한 이유 중의 하나는 성능을 내기 위해서이다. 즉, await의 남용은 동시에 여러 작업을 수행함으로써 성능을 최적화하는 비동기 프로그래밍의 주요 목적을 해칠 수 있다. 따라서 꼭 필요한 await만 사용하도록 하자. async와 await 키워드는 다음과 같이 사용할 수 있다.

```
String User = '';

Future<String> loadUser({String? phone = "", String? email = ""}) async {
    retrun await _UserRepo.get_data(Email: email, Phone: phone);
}
```

마지막으로 Stream 클래스에 대해 간략히 알아보겠다. Stream의 개념과 사용 방법은 방대하기 때문에 한 번에 이해하려 애쓰지 않아도 된다. 간단히 말해 Stream은 옵저버블(Observable) 패턴의 일부로 데이터나 이벤트가 들어올 수 있는 파이프라인이다. Stream은 다양한 방법으로 사용할 수 있다. Stream은 주로 이벤트를 구독(Subscribe) 하여 이벤트가 도착했을 때 응답하는 용도로 사용한다.

```
Future<int> sumStream(Stream<int> stream) async {
    var sum = 0;
    await for (final value in stream) {
        sum += value;
    }
    return sum;
}
```

위 코드가 가장 단순한 Stream 사용의 예이다. 위 코드에서는 비동기 for 루프(await for)를 사용하여 단순히 정수 이벤트 스트림의 각 이벤트를 수신하여 더한 값을 반환한다. 루프의 본문이 끝나면 다음 이벤트가 도착하거나 스트림이 완료될 때까지 함수가 일시 중지된다. 즉, stream에 이벤트가 수신되었을 때 함수가 작동한다.

Stream은 다양한 사용 방법이 있고 비동기 프로그래밍에 매우 중요한 개념이다. Stream을 통해 비동기 이벤트를 처리하는 것은 Flutter와 Dart 프로그램을 최적화하는데 필수적이다. 때문에 Stream의 개념과 활용에 관해서는 충분히 공부하는 것을 추천한다.

3.11 Effective Dart

Effective Dart는 유지보수성과 코드 가독성을 위한 코드 컨벤션이다. 이 절에서는 Effective Dart에 대해 간략히 소개할 것이며 Effective Dart의 공식 문서(https://dart.dev/guides/language/effective-dart)에서 여러 규칙들을 살펴볼 수 있다.

당연하게도 코드 컨벤션은 조직에서 협업하는 개발자들이 소프트웨어를 효율적으로 개발하며, 레거시 코드를 유지 관리하기 위한 방법이다. 그렇기 때문에 Effective Dart에서 추천하는 내용은 절대적인 사항이 아니다. 독자의 백그라운드에 따라 활용할 규칙과 아닌 규칙을 정하여 사용하면 된다. 다만, 기본적으로 제공하는 dart format 명령어의 경우 Effective Dart에서 제공하는 규칙을 기반으로 코드 포맷팅을 수행하기 때문에 린터 규칙을 자신의 코드 컨벤션에 따라 커스터마이징할 필요가 있다.

우선, Effective Dart에서 제공하는 명명법을 살펴보자. Dart의 명명법에는 3가지가 사용된다.

- **UpperCamelCase** : 각 단어의 첫 글자를 대문자로 표시
- **lowerCamelCase** : 첫 글자는 약어일지라도 항상 소문자, 그 후부터 대문자로 표시
- **lowercase_with_underscores** : 모든 단어의 처음은 소문자, 단어는 _로 구분

Effective Dart에서는 클래스, 열거 타입, typedef, 타입 매개변수 들은 첫 번째 글자를 대문자로 쓰는 **UpperCamelCase**를 적용하는 것을 추천하고 있다.

```
// 클래스, 열거형 유형, typedef 및 유형 매개변수는 UpperCamelCase 사용
class SliderMenu { … }

class HttpRequest { … }

typedef Predicate<T> = bool Function(T value);

// 메타데이터 주석에 사용되는 클래스도 위 규칙과 동일하게 기재
class Food {
  const Food([Object? arg]);
}

@Foo(anArg)
class A { … }

@Foo()
class B { … }
```

```
// 주석 클래스의 생성자가 매개변수를 사용하지 않는 경우 별도의
// lowerCamelCase 상수 생성 가능
const foo = Foo();

@foo
Class C { … }
```

또한, 변수 등의 식별자의 경우 lowerCamelCase를 사용하는 것을 추천한다.

```
// 클래스 멤버, 최상단 정의, 변수, 매개변수와 명명된 매개변수는
// lowerCamelCase 사용
var count = 3;

HttpRequest httpRequest;

void align(bool clearItems) {
  // 메소드 내용
}

// 열거형 값과 상수 변수에는 lowerCamelCase 사용
const pi = 3.14;
const defaultTimeout = 1000;
final urlScheme = RegExp('^([a-z]+):');

class Dice {
  static final numberGenerator = Random();
}
```

마지막으로 import, Library 등에는 lowercase_with_underscores를 사용하는 것을 추천한다.

```
// import와 library는 lowercase_with_underscores 사용
library peg_parser.source_scanner;

import 'file_system.dart';
import 'slider_menu.dart';
import 'dart:math' as math;
import 'package:angular_components/angular_components.dart' as
angular_components;
```

```
// Good
import 'dart:math' as math;
import 'package: angular_components/angular_components.dart' as
angular_components;
import 'package:js/js.dart' as js;

// Bad
import 'dart:math' as Math;
import 'package:angular_components/angular_components.dart' as
angularComponents;
import 'package:js/js.dart' as JS;
```

이외에도 Effective Dart에서 권장하는 **린터 규칙**에는 "사용하지 않는 콜백 매개변수 _에는 __, 등을 사용할 것", "비공개가 아닌 식별자에는 "_"을 사용하지 말 것", "한 줄을 80자 이하로 유지할 것", "문서 주석을 작성하고, 주석은 간결하게 유지할 것" 등이 있다. 특히나 Dart는 타 프로그래밍 언어 대비 프로그래밍 시 협업과 레거시 관리에 대해 자료들이 많지 않기 때문에 Effective Dart에 대해 공식 문서를 꼭 읽어 보길 권장한다.

우리는 Dart의 중요 문법에 대해 알아보았다. 몇 차례 밝혔듯이 우리의 목적은 Dart 언어에 대해 통달하는 것이 아니라 Flutter의 장단점과 특징을 이해하고 Flutter를 도입하는 것이 본인에게 적합한 지 파악하기 위함이다. 그러한 목적에 따라 본 서적에서는 Dart의 중요 문법과 개념에 관해서 집중적으로 다뤘다. 때문에 설명되지 않은 일부 문법들이 있을 수 있다.[18] 프로그래밍을 할 때 본 서적에서 다루는 범위 이외의 문법이 있다면 기타 입문서나 온라인 검색을 이용하길 바란다.

우리는 객체 지향 언어이며 형식 언어인 Dart에 관해서 알아 봄으로서 Flutter를 시작할 준비를 마쳤다. 이 장에서 다뤄진 개념들은 우리가 Flutter 프로그래밍을 하며 반복적으로 나타날 개념들이다. 때문에, 이 장에 대해 내용을 온전히 이해하지 못했더라도 걱정할 필요가 없다. 그럼 이제 Flutter를 시작해 보자.

---

[18] 예를 들면 컬렉션(List, map, set) 등과 그와 관련된 형변환함수(toList, toSet), 조건을 필터링할 때 사용하는 where, 특정 조건을 충족하는 요소가 리스트에 있는지 확인하는 any() 함수 등의 문법과 개념을 상세히 다루지 않았다.

CHAPTER

4

Flutter 시작하기

CONTENTS

4.1 모든 것이 위젯이다. Flutter

4.2 Flutter 시작하기

4.3 StatefulWidget과 StatelessWidget

4.4 BuildContext

4장에서는 Flutter의 특징과 개념에 대해 알아볼 것이다. 이 장의 목적은 **Flutter의 특징과 개념을 이해 함으로서 Flutter 프로그래밍을 시작할 수 있는 준비를 하는 것**이다. 엄밀히 말해서는 이 장에서 다루는 내용을 온전히 이해하지 않더라도 Flutter 프로그래밍을 하는데 지장은 없다. 다만, 이 장에서 다루는 내용을 이해하지 못한다면 Flutter 서비스를 개발하고 운영할 때 발생하는 이슈사항을 해결하는 데 어려울 수 있다고 생각한다.

더불어 본 서적에서는 Flutter의 애니메이션 기능에 대해 자세히 다루지 않을 것이다. UI FrameWork로서 Flutter는 훌륭한 애니메이션 기능을 제공하고 있다. 그러나, 2가지 이유에서 본 서적에서 애니메이션 기능을 자세히 다루지 않고자 한다. 첫째로, 이미 Flutter 생태계에는 다양한 애니메이션 오픈 소스 패키지(Open Source Package)가 존재한다. 그러한 패키지들을 이용하지 않고 내장된 애니메이션 기능과 작동 원리를 이해하기 위해서는 본 서적에 많은 부분을 할애해야 한다. 그러나, 특수한 사례를 제외하고 대부분의 기능은 Flutter 생태계에서 제공되는 패키지만으로 해결할 수 있다. 그 때문에 내장된 애니메이션 기능과 원리를 설명하기 위해 많은 지면을 할애하는 것은 비효율적이라고 생각했다. 특수한 사례를 제외하고 다양한 애니메이션 기능은 Flutter 생태계를 통해 해결할 수 있다. 둘째로, 애니메이션 기능이 필요해서 Flutter 도입을 고려하는 개인 혹은 조직은 극히 일부일 것이라 판단되기 때문이다.

이제 Flutter에 대해 알아보도록 하자. 가장 처음으로 모든 것을 위젯으로 다루는 Flutter에 대해 내용을 다루고자 한다.

4.1 모든 것이 위젯이다. Flutter

Dart가 모든 것이 객체였던 것처럼 Flutter는 모든 것이 위젯(Widget)인 특징을 가지고 있다.[1] 위젯은 View를 나타내는 Dart의 클래스의 일부이다. Flutter는 모든 View를 위젯으로 다루면서 위젯 트리로서 UI를 관리한다. 웹 개발에 익숙하다면 DOM의 개념에 익숙할 것이다. 위젯 트리도 DOM과 유사하다. Flutter는 위젯 트리를 활용하여 UI를 그려낸다. 우리는 이 절에서 Flutter가 UI를 어떻게 렌더링 하는지 알아볼 것이다. 그 바탕에는 "모든 것이 위젯"인 Flutter의 특징이 있음을 꼭 기억

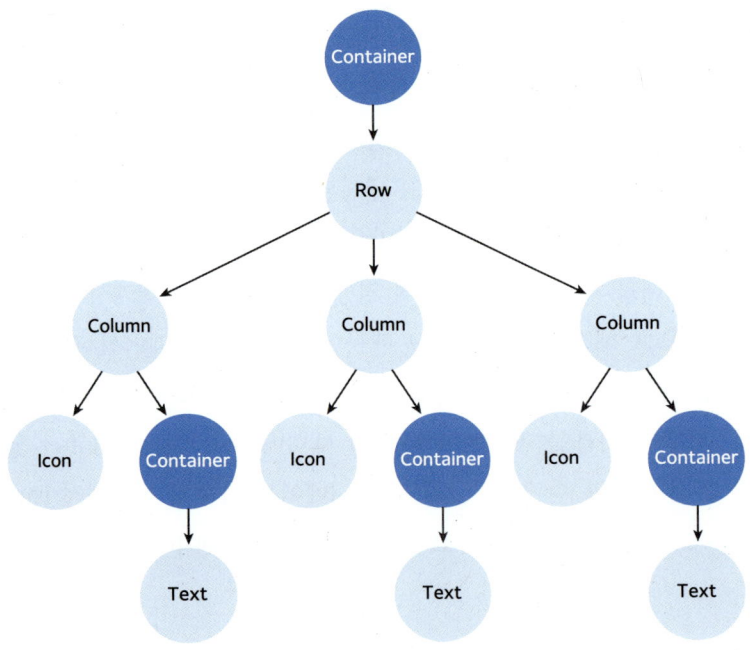

Flutter의 위젯 트리 예시

---

1 엄밀히 따지면 Flutter에서 위젯 이외의 객체도 일부 존재한다. 그럼에도 불구하고 대부분이 위젯이고, 일반적으로 프로그래밍을 할 때 위젯이 아닌 경우를 신경 쓸 일이 없으므로 편의를 위해 모든 것이 위젯이라는 개념으로 설명하고자 한다.

해 두도록 하자.

Flutter는 **UI를 그려내기 위해 위젯 트리(Widget Tree), 요소 트리(Element Tree), 렌더 트리(Render Tree) 3가지를 사용**한다. Flutter는 왜 굳이 3가지 트리를 사용하여 관리할까? 이는 성능 최적화와 관련이 있다. 웹 프런트엔드에 익숙한 개발자라면 3가지 트리를 소개하는 순간 가상 DOM(Virtual DOM)의 개념을 떠올렸을 수도 있다. Flutter가 UI를 렌더링할 때 3가지 트리 구조를 사용하는 것은 가상 DOM의 도입 배경과 유사하다. Flutter는 모든 것이 위젯이며, 그 위젯들은 자주 재구성된다. 만약, 위젯 트리 하나로 UI를 관리한다면 특정 위젯이 재구성될 때마다 큰 단위의 위젯 트리를 다시 렌더링 하는 손해가 발생하게 될 것이다. 이러한 성능 문제를 해결하기 위해 Flutter는 3가지 트리를 도입하여 UI 렌더링을 관리한다.

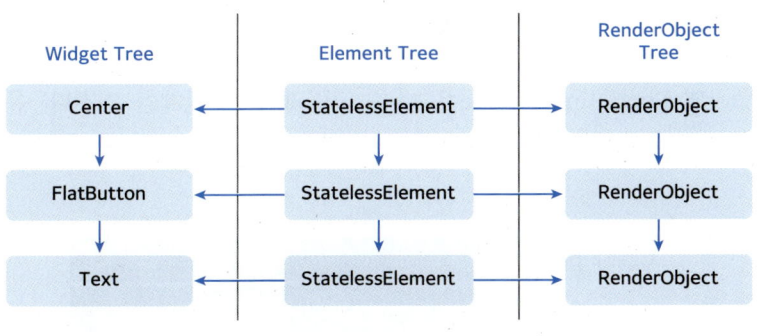

Flutter의 Tree 구조

위젯 트리(Widget Tree)는 말 그대로 Widget 객체로 이루어져 있다. 각 객체는 immutable로 구성되어 있으며 생성 및 파기 비용이 매우 작게 설계되어 있다. 반면 **요소 트리(Element Tree)는 mutable 객체로 구성**되어 있다. 요소 트리는 위젯 트리의 상태를 관리하고, 렌더 트리(RenderObject Tree)의 LifeCycle을 관리한다. 마지막으로 **RenderObject 트리는 화면 렌더링을 담당**한다. 즉, Flutter가 실제로 화면을 표시할 때는 RenderObject Tree를 참조한다.

위젯 트리와 요소 트리는 일대일 관계를 가지고 있으며, 간단하게는 상태를 분리하여 사용하는 목적으로 분리되어 사용한다고 생각하면 된다. **위젯 트리의 Widget 객체는 불변이고 빠르게 생성되고 제거될 수 있는 목적으로 구성**되었다. 이러한 Widget과 매칭되는 요소(Element) 객체는 상태 객체(StateObject)를 가지고 상태의 변경에 따라 요소 객체와 매칭된 Widget을 build하여 상태 변경을 반영하게 된다. 이때 요소는 Widget과 달리 가능한 재사용된다. 이는 렌더 트리의 RenderObject도 동일하다. **이러한 설명을 종합하자면, 상태와 렌더링 목적의 기능을 3가지 트리로서 분리하고, 변화가 발생했을 때 비용이 적고 변화가 잦은 Widget에 관해서만 재구성 함으로서 비용을 최소화하고 성능을 최적화하는 목적**을 가지고 있다고 정리할 수 있다.

Flutter의 Rendering Pipline은 다음 그림과 같은 단계를 거친다. 유저의 반응이 입력되었을 때 그에 따른 애니메이션을 실행하고 상태의 변

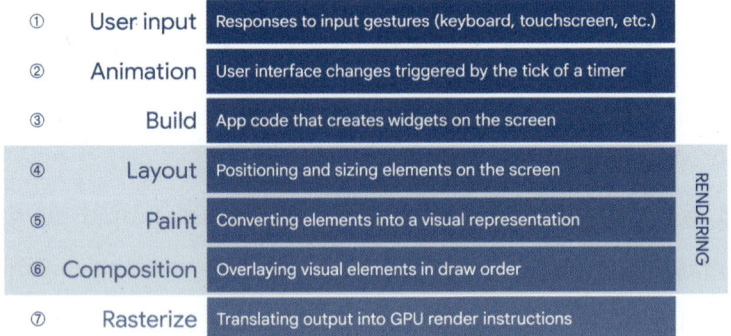

Flutter의 Rendering Pipline

화가 있다면 build 단계를 실행한다. 이때 위젯 트리와 요소 트리가 작동한다.

build 단계를 상세히 살펴보자. 아래 코드는 일반적인 Flutter의 코드이다. 코드를 살펴보면 진입점인 main() 함수에서 runApp()을 실행할 때, input으로 MyApp 클래스의 인스턴스를 전달하고 있다. MyApp 클래스에서는 build 함수를 정의하고 있다. 이처럼 Flutter의 모든 Widget class는 아래 코드와 같이 build 함수를 오버라이딩하여 사용한다.

build 함수를 살펴보면 build 함수는 BuildContext를 input으로 받고, Widget 유형을 반환한다. 함수 내용을 살펴보면 MaterialApp과 내부의 일련의 Widget을 반환하는 것을 알 수 있다.

```
main.dart

void main() {
  runApp(const MyApp());
}

class MyApp extends StatelessWidget {

  @override
  Widget build(BuildContext context) {
    return MaterialApp(
      home: const HomeScreen(),
    );
  }
}
```

```
home_screen.dart

class HomeScreen extends ... {

  @override
  Widget build(BuildContext context) {
    return Container(
      body: Container(
        color: Colors.bule,
        child: Row(
          ...
      );
    }
  }
}
```

Widget을 반환하는 Build 함수

build 함수로 반환된 Widget은 어디에서 사용될까? **build 함수에서 반환된 Widget이 바로 앞서 설명했던 위젯 트리에 연결**된다. main() 함수에서 가장 처음 인수로 사용되었던 MyApp 인스턴스가 위젯 트리의 루트가 된다. 그 후 build 함수를 통해 반환된 위젯들은 child로 연결되게 된다. 이때 BuildContext는 자신이 위젯 트리에서 어떤 노드에 위치해 있는지 알려주는 역할을 한다. BuildContext는 후에 다룰 상태 관리에도 중요한 개념이며 지속해서 다룰 예정이다. 위 코드로 구성되는 위젯 트리는 다음과 같다.

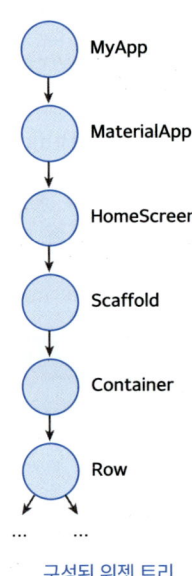

구성된 위젯 트리

이러한 위젯 트리가 만들어지면 이와 일대일 대응으로 요소 트리가 만들어진다. 앞서 밝힌 바와 같이 요소 트리는 상태객체를 관리한다.

네이티브 개발자 혹은 웹 프런트엔드 개발자들이라면 LifeCycle이라는 용어에 익숙할 것이다. **요소 트리는 상태객체에 따라 Flutter의 LifeCycle을 관리**한다. 요소 트리의 작동 방식은 간략히 다음과 같이 설명할 수 있다. 우선, **위젯 트리에서 위젯의 변경이 나타나면 요소 트리는 매핑된 Widget의 유형 혹은 Key를 비교하여 변화를 감지한다.** 그리고 요소 트리가 변화를 인지하게 되면 클라이언트에 변화를 반영한다.

마지막으로 렌더 트리를 살펴보자. **위젯 트리가 위젯의 정보, 요소 트리가 상태 정보를 가지고 있다면, 렌더 트리는 렌더링을 위한 정보를 담고 있다.** 이러한 역할 세분화를 통해 Flutter는 성능의 이점을 얻는다. **렌더 트리를 구성하는 노드가 요소 트리와 일대일 매칭은 아니라는 점은 요소 트리와 위젯 트리의 관계와 상이하다.** 정확히는 렌더 트리의 노드가 될 수 있는 건 요소 트리의 노드 중 일부이다.

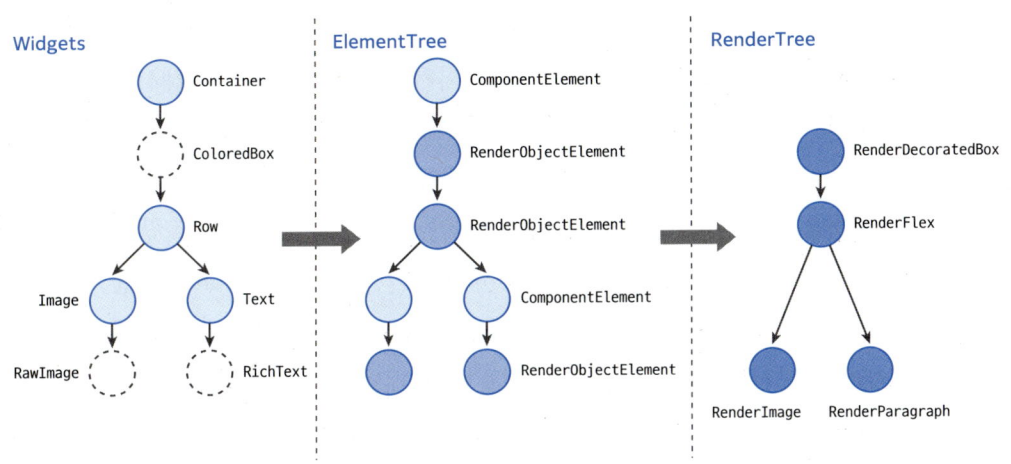

Flutter의 트리별 역할 세분화 예시

Flutter는 layout 단계에서 렌더 트리를 탐색한다. layout은 UI의 골격을 잡는 단계라고 생각하면 된다. 렌더 트리를 탐색하며 제약 조건(constraints) 정보들을 파악하고, UI의 계층 정보를 파악한다. layout 단계가 마무리되면 렌더 트리를 참조하여 Paint 단계와 일련의 과정을 거쳐 UI를 완성하게 된다.

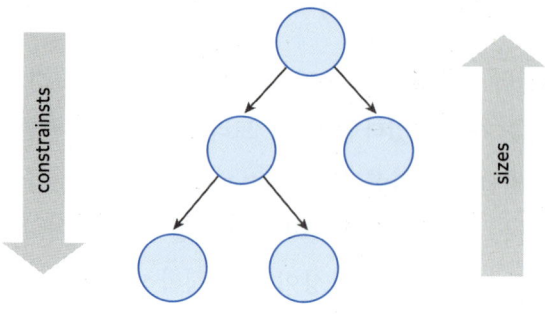

Flutter의 렌더 트리 탐색 원리

우리는 Flutter의 렌더링 원리에 대해 최대한 간단하게 이해해 보았다. Flutter의 렌더링 원리는 매우 방대하여 이를 명확히 이해하기 위해서는 한 절이 아니라 여러 장의 설명이 필요하다. 그러나, 이 절에서 설명한 부분만 이해한다면 Flutter를 사용하는 데 큰 지장은 없다. Flutter에 대해 설명을 시작하는 절에서 매우 원론적인 내용을 다뤄 어렵다고 생각할 수도 있다. 그러나, Flutter를 명확히 이해하기 위해서는 Flutter의 렌더링 작동 방식과 구성 요소(위젯 트리, 요소 트리, 렌더 트리)에 대해 이해가 반드시 선행되어야 한다. 이에 대해 개념을 충분히 이해했다면 다음 절로 넘어가도 좋다.

4.2 Flutter 시작하기

Flutter 프로젝트를 처음 만들면 다음과 같은 디렉터리가 생성된다.

```
app
 - android
 - ios
```

```
- lib
    - main.dart
- test
    - widget_test.dart
pubspec.yaml
pubspec.lock
```

Android와 iOS 폴더의 경우 네이티브 코드가 저장되어 있다. 이는 개발 시 네이티브 코드 작성이나 배포 시 버전 변경 등을 수행할 때 사용된다. Flutter가 네이티브 코드 없는 크로스 플랫폼인만큼 네이티브 코드 작성이 필요한 경우는 많지 않다.

lib 폴더는 dart 코드를 작성하는 공간이다. **main.dart에는 앱의 진입점인 main() 함수가 정의**되어 있다. test 폴더는 Flutter의 test 코드를 작성하는 공간이다. 그리고 pubspec.yaml은 프로젝트의 의존성과 메타데이터를 관리하며 해당 파일이 업데이트될 때 pubspec.lock이 업데이트된다.

개발 경험이 있는 독자라면 한 번쯤 프로젝트를 시작하기 전에 아키텍처 구조와 디자인 패턴 적용에 대해 고민해 보았을 것이다. 자주 사용되는 프레임워크들은 MVVM과 MVC 등 디자인 패턴과 아키텍처 구조에 대해 사용 사례가 다양하다. 때문에 개발자들은 자신의 프로젝트 특성에 따라 선택할 아키텍처에 대해 자료를 손쉽게 찾을 수 있다. 아쉽게도 **아직 Flutter는 그만큼 자료나 사례가 풍부하지 않다.** 때문에 필자가 사용해 보고 가장 효율적이라 판단하는 구조를 제시한다. 상세한 아키텍처 구조와 디자인 패턴에 관해서는 6장에서 설명할 예정이다.

자, 그럼 Flutter 공식 문서에서 제공하는 샘플 코드를 통해서 Flutter 코드가 어떻게 작성되는지 살펴보자. 샘플 코드는 다음과 같다.

```dart
import 'package:flutter/material.dart';

class MyAppBar extends StatelessWidget {
  const MyAppBar({required this.title, super.key});

  final Widget title;

  @override
  Widget build(BuildContext context) {
    return Container(
      height: 56.0, // in logical pixels
      padding: const EdgeInsets.symmetric(horizontal: 8.0),
      decoration: BoxDecoration(color: Colors.blue[500]),
      child: Row(
        children: [
          const IconButton(
            icon: Icon(Icons.menu),
            tooltip: 'Navigation menu',
            onPressed: null,
          ),
          Expanded(
            child: title,
          ),
          const IconButton(
            icon: Icon(Icons.search),
            tooltip: 'Search',
            onPressed: null,
          ),
        ],
      ),
    );
  }
}

class MyScaffold extends StatelessWidget {
  const MyScaffold({super.key});
```

```dart
  @override
  Widget build(BuildContext context) {
    return Material(
      child: Column(
        children: [
          MyAppBar(
            title: Text(
              'Example title',
              style: Theme.of(context)
                  .primaryTextTheme
                  .headline6,
            ),
          ),
          const Expanded(
            child: Center(
              child: Text('Hello, world!'),
            ),
          ),
        ],
      ),
    );
  }
}

void main() {
  runApp(
    const MaterialApp(
      title: 'My app',
      home: SafeArea(
        child: MyScaffold(),
      ),
    ),
  );
}
```

Flutter도 Dart 언어를 기반으로 하기 때문에 앱의 진입점은 main 함수
이다. Flutter에서는 최상위에 위치한 위젯을 입력 변수로 runApp 메
소드를 실행 함으로서 프로그램이 시작한다. 위 코드에서 최상위 위젯
은 MaterialApp이다. 이전 장에서 살펴보았듯이 Flutter는 모든 것이 위
젯이기 때문에 상위 위젯의 인수로 하위 위젯으로 전달되는 구조이다.
모든 위젯은 다른 위젯을 반환하는 build 메서드를 포함한다. 때문에
MyScaffold와 MyAppBar가 build 메서드를 override하고 있는 것이다.
위 코드를 실행하면 다음과 같이 표현되게 된다.

예시 코드 실행 화면

위 코드에서 Widget들이 StatelessWidget을 상속받고 있는 것을 눈 여겨보자. 모든 것이 위젯인 Flutter에서 class는 Widget class를 상속받아 사용한다. Widget 클래스의 종류로는 StatelessWidget, StatefulWidget 이 있다. 우리는 다음 절에서 해당 Widget class에 대해 알아볼 것이다.

4.3 StatefulWidget과 StatelessWidget

Flutter는 왜 StatefulWidget과 StatelessWidget을 분리하여 사용하는 것일까? StatefulWidget과 StatelessWidget은 용어 그대로 각각 State를 가진 Widget과 State를 가지지 않은 Widget을 의미한다.

"State가 없다"라는 것은 무엇을 의미할까? 우리가 앞서 배운 Flutter 의 렌더링 원리에 대해 생각해 보자. Flutter는 요소 트리에서 관리하는 State의 변화가 발생하면 이를 감지하고 UI를 변화시켰다. 그러나 **State 가 없다면 한 번 그려진 Widget 내부에서 변화가 발생하더라도 State의 변화를 파악할 수 없다.** 때문에 StatelessWidget은 한 번 그려지고 나면 Widget 내부에서 데이터 등이 변화하더라도 그에 따라 리렌더링 등의 상호작용을 하지 않는다.

반면에 StatefulWidget은 State가 있다. 때문에 내부에서 변화가 발생하면 상태가 변화하고 그에 따라 리렌더링 등의 상호작용을 수행할 수 있다. 만약, 개발자가 상태의 변화를 Flutter 엔진에 알려주고 싶다면 setState() 함수를 통해 해당 Widget이 변화했음을 선언해야 한다. setState() 함수가 실행되면 바뀐 데이터를 확인해 해당 데이터를 기반으로 Widget을 다시 그리게 된다.

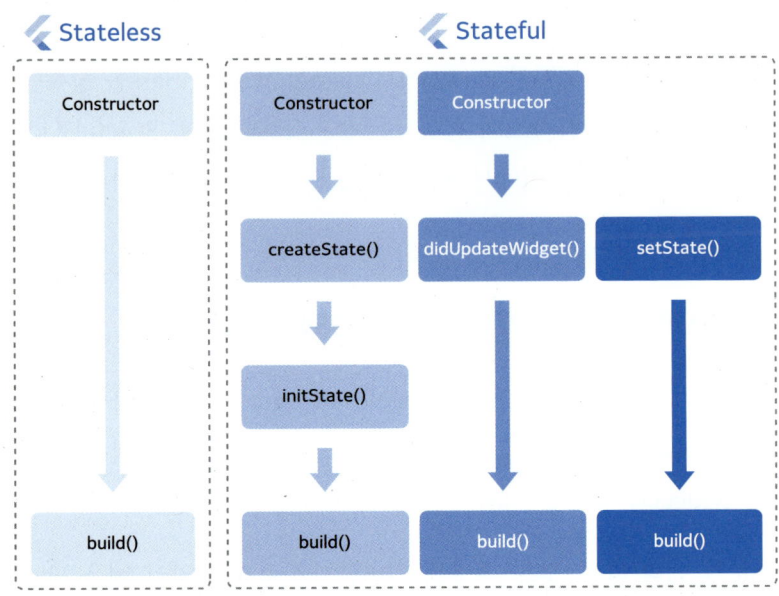

StatelessWidget과 StatefulWidget의 생애주기 차이

여기서 오해하지 말아야 하는 점은 **StatelessWidget은 한 번 그려지면 위젯 트리에서 변화하지 않는다고 생각하지 말아야 한다는 것**이다. 상태가 없으므로 내부의 변화에 따른 상호작용을 하지 않는 것일 뿐이다. 때문에 외부요인에 의해서 위젯 트리에서 제거되거나 다시 리빌드될 수 있다.

StatefulWidget은 상태를 가지기 때문에 생애주기(LifeCycle)을 가진다. 앞서도 밝혔지만, 웹 프런트엔드나 모바일 네이티브 등에 익숙한 개발자라면 생애주기 개념은 익숙할 것이다. Flutter의 생애주기를 간략히 요약하면 다음과 같다.

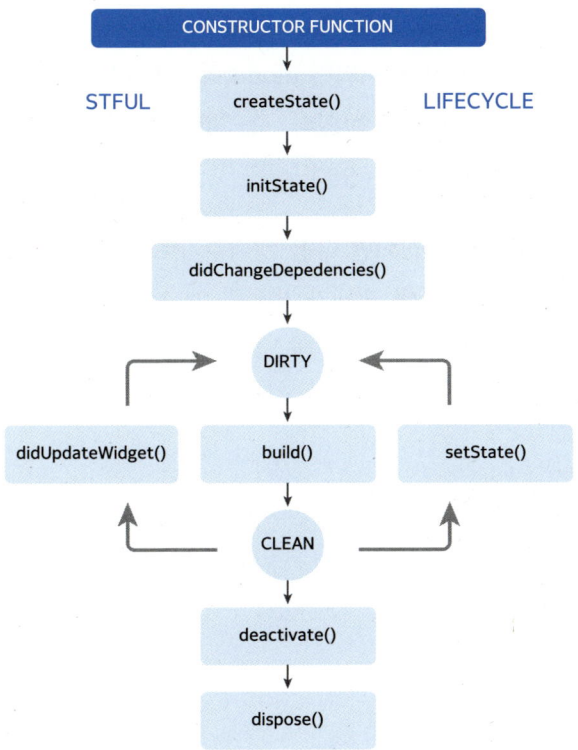

Flutter StatefulWidget의 생애주기

Widget을 생성할 때 가장 처음 createdState() 메소드를 호출해야 한다. createdState()는 state Object를 생성하며 해당 위젯의 변경 가능한 State 정보들을 가지고 있다. 다음과 같은 코드를 통해 created State() 메소드를 호출하게 된다.

```
class MyHomePage extends StatefulWidget {
  @override
  _MyHomePageState createState() => _MyHomePageState();
}
```

createdState() 메소드를 통해 State 객체가 생성되면 Widget은 mount 상태가 된다. mount 상태가 되면 mount라는 boolean 값을 true로 바꾸어 코드상으로도 확인할 수 있다. 즉, "if(this.mount)"와 같은 형태로 mount되었는지를 확인할 수 있다.

Widget이 mount 상태가 되면 다음 생애주기로 initState() 메소드가 호출된다. initState()는 상태 객체가 생성될 때 1회만 호출되며 개발자는 메소드 오버라이딩을 통해 해당 메소드에 Widget이 초기화될 때 함께 초기화할 값들을 설정할 수 있다.

```
@override
void initState() {
  super.initState();
  // TODO: 로직 추가
}
```

다음 생애주기로 didChangeDependencies() 메소드가 호출된다. **didChangeDependencies는 build() 메소드가 호출되기 전 Widget이 트리에 등록되어 BuildContext를 사용할 수 있는 첫 번째 메소드이다.** build와 마찬가지로 setState() 메소드 등의 호출로 인해 State의 종속성이 변화할 때 반복 호출될 수 있기 때문에 Controller의 구독 등 한 번만 호출되어야 하는 경우는 initState() 메소드를 사용해야 한다. State의 종속성이 변화할 때 build() 메소드도 항상 호출되기 때문에 자주 사용되는 생애주기 메소드는 아니다. 그러나, 종속성이 변경될 때 비용이 많이 드는 작업(예: 네트워크 가져오기)을 수행해야 하고 모든 빌드에 대해 수행하기에는 매우 비용이 많이 드는 작업을 수행하기 위해 해당 메소드를 재정의하여 사용하게 된다.

```
@override
void didChangeDependencies() {
    super.didChangeDependencies();
    // TODO: 로직 추가
}
```

다음 살펴볼 생애주기는 build()이다. build()는 Flutter를 개발하는 개발자라면 반드시 알아야 하는 생애주기이다. **Widget이 State 변화로 인해 dirty 상태가 되면 build() 메서드가 호출**된다. build() 메서드는 생애주기 동안 여러 번 호출될 수 있기 때문에 didChangeDependencies() 메소드와 마찬가지로 생애주기 동안 한 번만 호출되어야 하는 경우는 initState() 메소드를 사용해야 한다.

build() 메소드는 경우에 따라 아주 빈번히 호출될 수 있기 때문에 프로그램의 성능에 큰 영향을 미친다. build() 메소드를 통해 하위 위젯을 포함한 대량의 위젯이 빈번하게 변경되는 경우 성능 이슈가 발생할 수 있다. 이를 관리하기 위해서는 상태 관리 전략을 수립해야 한다.[2] 아래 코드와 같이 오버라이딩하여 정의할 수 있으며 앞서 밝힌 바와 같이 build() 메소드의 반환형은 Widget이다.

```
@override
Widget build(BuildContext context) {
    return Scaffold(
        // TODO : 위젯 추가
    )
}
```

---

2 이에 관해서는 8장에서 자세히 다룰 예정이다.

다음 살펴볼 생애주기는 didUpdateWidget() 메소드이다. **didUpdate Widget()은 부모 위젯이 변경되어 이 위젯을 재구성해야 하는 경우 호출** 된다. didUpdateWidget() 메소드가 호출되면 위젯의 상태가 dirty 상태로 변경되며, dirty 상태가 감지되면 build() 메소드가 호출되어 해당 위젯을 재구성하게 된다. 이때 매개변수로 변화 값을 비교할 수 있도록 이전 위젯을 제공한다. 때문에 변화 값에 따라 didUpdateWidget() 메소드를 오버라이딩할 수 있으며 목적하는 위젯의 변화에 의해서만 build() 메소드가 호출할 수 있도록 커스터마이징할 수 있다.

```
@override
void didUpdateWidget(covariant MyHomePage oldWidget) {
  super.didUpdateWidget(oldWidget);
  // TODO: 로직 추가
}
```

didUpdateWidget() 메소드와 유사한 메소드는 setState()이다. didUpdateWidget()이 부모 위젯의 변경으로 인한 해당 위젯을 재구성 하는 경우에 dirty 상태를 위젯에게 알려주는 메소드였다면, **setState() 는 해당 위젯이 dirty 상태이며 build() 메소드를 호출해야 한다고 알려 주는 메소드이다.** setState()는 개발자가 원하는 Event에 따라 Widget을 re-build할 수 있도록 도와준다. 후에 다루겠지만 상태 관리 라이브 러리를 사용하면 setState()를 사용할 일이 줄어들고 UI와 비즈니스 로직을 분리할 수 있어 유리하다.

```
setState(() {
  // 로직 추가
});
```

다음 살펴볼 생애주기 메소드는 deactivate()와 dispose()이다. **deactivate 메소드는 위젯 트리에서 위젯이 제거될 때 호출**된다. 그러나, 위젯 트리에서 위젯의 순서가 변경될 때도 Flutter는 이를 일종의 "제거"로 인식하여 호출된다. 때문에 **deactivate() 메소드가 호출된다는 것이 반드시 위젯 트리에서 해당 위젯이 제거된다는 점을 의미하지 않는다.**

반면 dispose() 메소드는 "확정적"으로 위젯 트리에서 위젯이 제거될 때 호출된다. dispose() 메소드가 호출되었다는 것은 위젯은 영구적으로 제거되었음을 의미하며 mount의 값이 false로 변화한다. 때문에 dispose()된 위젯은 setState() 등의 생애주기 내의 메소드를 호출할 수 없으며 BuildContext도 사용할 수 없다. deactivate보다는 dispose()가 상대적으로 많이 사용되는데, 주로 initState() 시 메모리를 할당한 컨트롤러 등을 함께 제거하는 용도로 오버라이딩하여 사용한다.

```
@override
void dispose() {
  super.dispose();
  // TODO: 로직 추가
}
```

그 이외 hot reload를 실행할 때마다 호출되는 reassemble()가 존재하나 자주 사용되지는 않는다. 다시 한번 전체적인 생애주기를 모식도로 나타내면 다음과 같다.

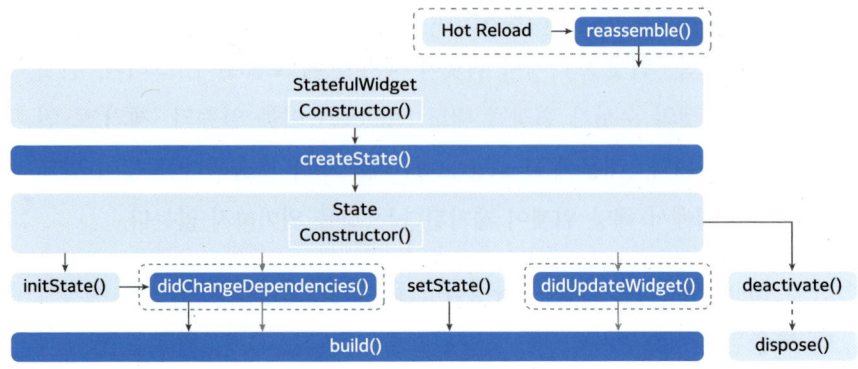

StatefullWidget의 생애주기

우리는 StatefulWidget의 생애주기를 살펴 봄으로서 Widget과 어떻게 상호작용해야 할지 살펴보았다. 설령 생애주기를 모르더라도 단순한 예제들을 따라 Flutter 프로그램을 만들 수는 있다. 그러나, 생애주기를 명확히 이해하지 않고 프로덕트 단위의 Flutter 프로그래밍을 하기는 어렵다. 앞서 소개한 다른 개념에 관해서는 온전히 이해하지 않아도 괜찮다고 했지만 생애주기는 다르다. 만약 이 절이 이해가 되지 않았다면 복습과 리서치를 통해 온전히 본인의 것으로 만드는 작업이 필요하다. 만약, 온전히 이해가 되었다면 다음 절로 넘어가도록 하자.

4.4 BuildContext

우리는 Flutter에 대해 다루면서 살펴본 코드에서 지속적으로 BuildContext를 볼 수 있었다. BuildContext에 대한 이해를 위해 다시 코드를 살펴보자.

```
@override
Widget build(BuildContext context) {
    return Scaffold(
      // 위젯 추가
    )
}
```

모든 위젯은 build() 메소드 호출 시에 BuildContext 유형의 context를 입력 값으로 받는다. context는 위젯 트리에서 현재 위젯의 위치 정보를 담고 있으며, 모든 위젯은 context를 가지고 있다. 모든 위젯은 build() 메소드를 호출할 때 위젯 트리에서 어디에 위치한 지에 대해 정보를 context 변수에 담아 전달한다. 그를 통해 각 위젯의 위치를 추적할 수 있게 된다. 즉, BuildContext는 트리의 각 위젯을 추적하고 트리에서 위젯과 위젯의 위치를 찾는 데 사용되는 위치 추적기(Locator)이다. BuildContext의 용도와 활용에 대해 심도 있는 이해를 위해 BuildContext에 관해서 조금 더 알아보자.

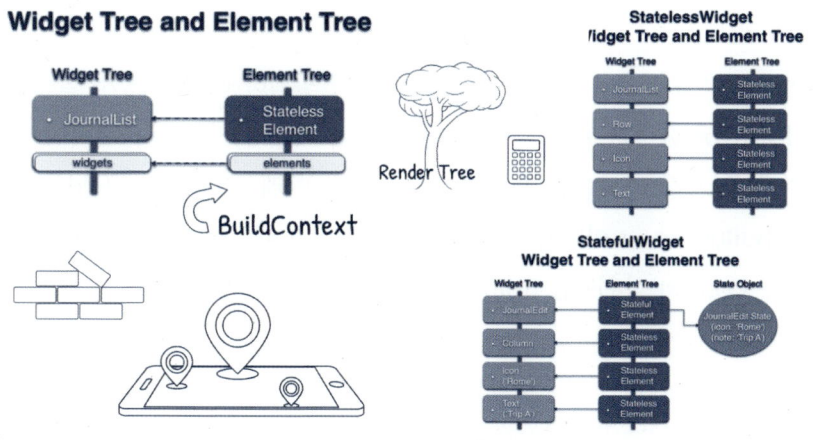

BuildContext와 Flutter Tree

모든 위젯은 고유한 Buildcontext를 가지며 Buildcontext는 요소 트리의 구성요소이다.[3] 다음 코드를 보면 MyApp 내부에서 하위 위젯을 반환하고 있다. context의 of 함수는 목표하는 위젯 중 가장 가까운 상위 위젯을 찾아오는 함수이다. 예를 들어 Container() 위젯 내부에서 MyApp을 찾기 위해 MyApp.of(context)를 사용하면 MyApp 위젯에 접근할 수 있다.

```
MyApp {
    build(BuildContext context) {
        return Container(
            child: Row(
                children: [
                    Text(),
                    FlatButton()
                ],
            ),
        );
    }
}
```

이와 같은 원리로 아래 코드에서는 에러가 발생하게 된다. 앞서 살펴보았듯이 of 함수는 context 정보를 통해 트리에서 자신보다 위에 있는 위젯 중 가장 가까운 것을 찾는다. 그러나, 아래 코드는 Scaffold와 같은 BuildContext 이내에서 of 함수를 호출했기 때문에 에러가 발생한다. 해당 Context 상위에는 Scaffold 위젯이 없기 때문이다.

---

3   BuildContext는 위젯 트리가 아닌 요소 트리 연계되어 있다. 때문에 StatefullWidget과 StalessWidget은 상태 객체 유무만 다를 뿐 위젯과 요소 트리의 노드이므로 모두 BuildContext를 가진다.

```
import 'package:flutter/material.dart';

void main() {
  runApp(MyApp());
}

class MyApp extends StatelessWidget {
  const MyApp({Key? key}) : super(key: key);

  @override
  Widget build(BuildContext context) {
    return MaterialApp(
      title: 'Appbar',
      theme: ThemeData(primarySwatch: Colors.red),
      home: MyPage(),
    );
  }
}

class MyPage extends StatelessWidget {
  const MyPage({Key? key}) : super(key: key);

  @override
  Widget build(BuildContext context) {
    return Scaffold(
      appBar: AppBar(
        title: Text('Snack Bar'),
        centerTitle: true,
      ),
      body: Center(
        child: FlatButton(
          child: Text(
            'Snack Bar Test',
```

```
            style: TextStyle(
               color: Colors.white
            ),
         ),
         color: Colors.red,
         onPressed: () {
               Scaffold.of(context).showSnackBar(SnackBar(con-
tent: Text('Hello World'),));
         },
      ),
    ),
  );
 }
}
```

BuildContext는 of 말고도 select, read, watch 등의 확장 메서드를 가지고 있다. 이러한 메서드들 모두 목적하는 위젯을 찾아 상호작용하는 것을 도와준다. 즉, Flutter 프로그램이 트리 구조를 통해 골격을 구성하면 Buildcontext는 그에 대한 목차를 제공한다. BuildContext는 다음 중요하게 다룰 상태 관리 라이브러리와 함께 중요하게 사용되므로 개념을 정확히 이해해야 한다.

우리는 4장에서 Flutter를 시작하기 위해 필수적인 개념들에 관해서 알아보았다. 다음 장에서는 Flutter 프로그래밍을 위한 위젯과 메서드들을 알아볼 것이다.

CHAPTER
5

Flutter 도전하기

CONTENTS

5.1 Flutter를 통한 모바일 애플리케이션 개발, 그리고 Material과 Cupertino Design

5.2 Scaffold 위젯

5.3 레이아웃 위젯

5.4 뷰 위젯 : ListView, GridView, PageView

5.5 상호작용 위젯 : GestureDetector, InkWell

5.6 Form 위젯

5.7 라우팅 : Navigator, RouteObserver

5.8 Modal : AlertDialog, SnackBar, BottomSheet

우리는 4장에서 Flutter를 시작하기 위한 필수적인 개념과 특징들에 관해서 알아보았다. 이제 우리는 Flutter 프로그래밍을 시작할 수 있다.

5장에서는 Flutter 프로그래밍을 위한 위젯들을 살펴볼 것이다. 기본 레이아웃을 구성하는 위젯들부터 다수의 데이터를 원하는 UI로 보여주기 위한 위젯들까지 다양한 위젯들을 알아볼 것이다. 위젯 소개와 코드 스니펫 중심인 이 장의 특성상 가장 빠르게 내용을 이해하고 습득하는 방법은 소개하는 내용의 코드를 실행해 보는 것이다. 만약, 이 장을 시작하기 전에 Flutter 프로그래밍을 위한 설정이 준비되지 않았다면 책을 덮고 설정을 완료하길 바란다.

준비가 되었다면 이제 Flutter의 위젯들을 알아보도록 하자. 5장이 끝나면 기본적인 Flutter 애플리케이션을 만들 수 있게 될 것이다.

5.1 Flutter를 통한 모바일 애플리케이션 개발, 그리고 Material과 Cupertino Design

5장을 시작하며 한 가지 밝힐 점은 **본 서적은 Flutter를 통한 모바일 애플리케이션 개발에 관해서 중점적으로 다룰 것이라는 점**이다. 앞서 소개했듯이 Flutter를 사용하면 다수의 운영체제에서 서비스를 높은 완성도로 개발할 수 있다.[1] 그러나, 글을 쓰는 현재 시점에서 개발자들이 Flutter를 선택하는 주요 이유는 모바일 애플리케이션 개발이다. 이 책을 구매하는 독자들도 그를 기대하고 구매했을 것으로 생각한다.

1　다만, 아직까지는 모바일 애플리케이션 이외의 Web, Window, MacOS, Linux에서는 생태계가 부족하다. 때문에 목표 기능 개발 시 어려움을 겪을 수 있다.

다행히도 모바일 애플리케이션 개발을 중심으로 다루더라도 웹 등의 타 플랫폼에서 Flutter 개발도 큰 틀에서 다르지 않다. 최근 Flutter를 통한 웹서비스 개발이 효율성 측면에서 인기를 얻고 있다. 그러한 점을 기대하고 책을 구매한 독자들일지라도 본 책에서 다루는 개념들을 기반으로 웹서비스 개발을 하는데 큰 어려움이 없을 것이니 크게 걱정하지 않아도 된다.

따라서 위젯을 소개하기 전에 모바일 애플리케이션 개발을 위한 위젯 디자인인 Material과 Cupertino에 대해 다룰 것이다. 이미 아는 독자도 있겠지만 Material Design은 Android 플랫폼에서 Cupertino Design은 iOS 플랫폼에서 사용되는 디자인이다. 이처럼 플랫폼마다 사용되는 디자인이 다르기 때문에 사용되는 위젯도 달라져야 한다. 때문에 Flutter 에서는 Android 플랫폼에서 작동되는 애플리케이션의 UI를 위한 위젯들을 지원하도록 Material Design을, iOS 플랫폼에서 작동되는 애플리케이션의 UI를 위한 위젯들을 지원하도록 Cupertino Design을 지원한다. 먼저 Material Design에 대해 알아보자.

Material Design은 Android 5.0(롤리팝)이 개발되면서 시작되었고 20214년 구글 I/O에서 Material Design을 소개했다. **Material Design은 Google이 제공하는 다양한 웹 및 모바일 제품에서 일관된 경험을 제공할 목적으로 만들어졌다.** Material은 현재 2021년 5월 Google I/O에서 소개된 Material You(Material Design 3)가 최신 버전이다. Flutter는 기본 설정으로 Material Design을 제공하고 있으며 Flutter 코드 상에서 Import하여 사용할 수 있다. 우리가 처음 Flutter 프로젝트를 만들면 main 함수에 MaterialApp 위젯이 기본적으로 생성된다. 해당 위젯은 Flutter 프로젝트에 전체적으로 Material Design을 적용시킨다. 뿐만 아니라 MaterialApp은 Flutter에서 제공하는 최상위 수준의 위젯인

WidgetsApp을 상속받는다. 때문에 MaterialApp은 네비게이터 설정과 테마 등의 속성값을 사용할 수 있다. 네비게이터 설정의 경우 다음과 같이 코드를 작성할 수 있다. 프로젝트 전체에 사용되는 Navigator 기능을 MaterialApp에서 일원화할 수 있다는 점이 강점이다.

```
import 'package:flutter/material.dart';
  MaterialApp(
      routes: <String, WidgetBuilder>{
        '/': (BuildContext context) {
          return Scaffold(
            appBar: AppBar(
              title: const Text('Home Route'),
            ),
          );
        },
        '/about': (BuildContext context) {
          return Scaffold(
            appBar: AppBar(
              title: const Text('About Route'),
            ),
          );
        },
  );
```

반면, Cupertino Design은 iOS 환경에서의 Design 스타일이다.[2] 바로 위에서 밝혔듯이 Flutter는 기본 설정으로 Material Design을 제공하고 있기 때문에 기본적인 Widget이 Material Design을 따른다. 때문에 Cupertino Design을 따르는 Widget들이 따로 존재한다. 아래 사진에

---

2 이름의 경우 Apple의 본사가 Cupertino에 위치하다 보니 다음과 같이 명명한 것으로 추측된다.

표시된 것처럼 "Cupertino"라는 단어가 붙은 Widget들이 Cupertino Design을 따르는 Widget들이며, Material과 마찬가지로 다음과 같이 import하여 Widget들을 사용할 수 있다.

```
import 'package:flutter/cupertino.dart';
```

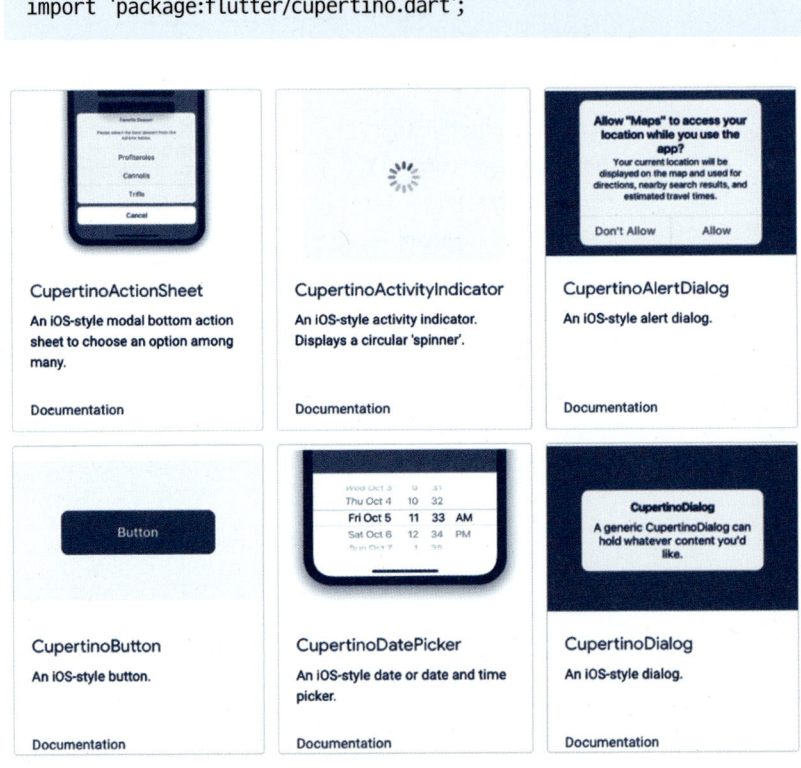

다양한 Cupertino 위젯들

Material과 Cupertino의 위젯이 동일하지 않다는 점에서 Android의 경우 Material Design Widget, iOS의 경우 Cupertino Design Widget을 각각 적용시켜야 한다는 사실을 유추할 수 있다. 이를 적용하는 방법을 2가지 소개하고자 한다. 우선, 우리는 "dart:io"에서 제공하는 플랫폼을 인식하는 메소드를 사용하는 방법을 사용할 수 있다. 사용 코드는 다음과 같다.

```
@override
Widget build(BuildContext context) {
    if (Platform.isIOS) {
        return CupertinoSwitch(value: _value, onChanged:
        onChanged);
    }
        return Switch(value: _value, onChanged: onChanged);
    }
}
```

그러나, 이를 모두 수동으로 적용시킨다는 것은 굉장히 번거로운 일일 것이다. 때문에 이를 편리하게 하기위한 패키지들이 존재한다. 그 중에서 "flutter_platform_widget"을 소개하고자 한다. 해당 패키지는 다음 코드로 설치하여 import한 후 사용할 수 있다.

```
$ flutter pub add flutter_platform_widgets
import 'package:flutter_platform_widgets/flutter_platform_widgets.dart';
```

해당 패키지에서는 Android와 iOS 플랫폼을 인식할 수 있는 "Platform-" Widget을 제공하며, 아래 코드와 같이 사용할 수 있다.

```
return PlatformSwitch(
    onChanged: (bool value) {},
    value: value
);
```

만약, Material과 Cupertino Design을 커스터마이징하고 싶다면 PlatformWidget은 material과 cupertino 속성값을 사용할 수 있다. 다음 코드와 같이 속성값을 사용하면 각 플랫폼에서 표현되는 위젯을 커스터마이징할 수 있다.

```
return PlatformSwitch(
  onChanged: (bool value) {},
  value: value,
  material: (_, __) => MaterialSwitchData(...),
  cupertino: (_, __) => CupertinoSwitchData(...)
);
```

우리는 Flutter Widget에 대해 알아보는 것의 시작으로 플랫폼에 따라 다른 Design이 적용된다는 사실을 알아보았다. **실무에서는 이처럼 플랫폼에 따라 Material, Cupertino Design을 적용할 수도 있고, 그렇지 않을 수도 있다.** 서비스에 따라 Android와 iOS Design을 일치시키는 경우도 있기 때문이다. 때문에 우리도 이를 반드시 적용할 필요는 없다. 다만, 우리가 알아 두어야 할 것은 **Flutter가 다양한 플랫폼 개발을 지향하기 때문에 개발하고자 목표하는 플랫폼의 특성에 따라 배경지식이 필요한 부분이 있다는 점이다.** 다시 말해 Flutter를 이용한 모바일 애플리케이션 개발뿐만 아니라 MacOS, Web, Linux 프로그램 및 서비스 개발을 수행할 때 각각 플랫폼에 대해 백그라운드 지식을 어느 정도 이해하고 있어야 한다는 것이다.

더불어, 앞으로 소개할 위젯들은 Flutter가 기본적으로 적용하고 있는 Material Design Widget을 중심으로 다룰 것이라는 점을 밝힌다. 그럼 이제 본격적으로 Flutter 모바일 애플리케이션 개발에 사용되는 위젯들을 살펴보자.

5.2 Scaffold 위젯

Scaffold 위젯은 Scaffold의 영어 뜻인 건설 인부들이 작업을 할 수 있도록 설치하는 "비계"처럼 앱의 구조를 만들 수 있는 틀이 되는 위젯이다. MaterialApp과 마찬가지로 Scaffold도 기본적인 Material Design을 따른다. Scaffold 생성자를 살펴보면 앱을 구성하기 위한 다양한 속성값들을 가지고 있는 것을 알 수 있다. 앱 상단 메뉴인 AppBar와 Body, 그리고 장바구니 버튼처럼 우측 하단에 버튼이 생기는 FloatingAcutionButton과 메뉴를 숨기기 위한 Drawer, 하단 메뉴인 BottomNavBar 등 포함하고 있는 대부분의 속성들이 높은 빈도로 프로젝트에 사용된다. Scaffold 위젯의 상세한 사용은 후에 서술할 내용에서 반복적으로 다뤄질 것이다. 이 절에서는 이러한 속성들이 사용되는구나 정도로만 이해하고 넘어가자.

```
class Scaffold extends StatefulWidget {
  const Scaffold({
    Key key,
    this.appBar,
    this.body,
    this.floatingActionButton,
    this.floatingActionButtonLocation,
    this.floatingActionButtonAnimator,
    this.persistentFooterButtons,
    this.drawer,
    this.endDrawer,
    this.bottomNavigationBar,
    this.bottomSheet,
    this.backgroundColor,
    this.resizeToAvoidBottomPadding,
    this.resizeToAvoidBottomInset,
    this.primary = true,
```

```
    this.drawerDragStartBehavior = DragStartBehavior.start,
    this.extendBody = false,
    this.drawerScrimColor,
    this.drawerEdgeDragWidth
    });
}
```

5.3 레이아웃 위젯

가장 처음 살펴볼 위젯은 레이아웃 위젯이다. **Flutter의 레이아웃 시스템은 상당한 자율성을 갖는다. 때문에 위젯의 순서와 중복에 따른 제약 사항이 거의 없다.** 때문에 개발자의 목적에 따라 마치 화면이라는 도화지 위에 그림을 그리는 것처럼 레이아웃 위젯을 사용할 수 있다. 이러한 자율성이 Flutter의 개발 효율성을 높여주게 된다. 우리는 2장에서 Flutter를 사용한 레거시 전환 사례들을 살펴보았다. 이러한 사례들에서 공통으로 나타난 것이 바로 "개발 생산성의 향상"이다. 개인적인 생각으로는 Flutter의 레이아웃 시스템의 자율성이 개발 효율성을 높여주는 가장 중요한 요인 중의 하나일 것이라 본다.

이 절에서는 기본적인 레이아웃 위젯에 대해 살펴볼 것이다. **Flutter의 레이아웃은 기본적으로 자식 위젯에게 속성 혹은 조건을 부여하기 위함**이다. Padding, Margin 등의 여백이나 Color 등의 자식 위젯에게 속성을 제공하는 Container 위젯, 행(수평 방향)으로 자식들을 배치하는 Row 위젯과 열(수직 방향)로 자식들을 배치하는 Column 위젯, 자식 위젯을 부모 위젯 내부의 절대적 위치에 따라 중첩할 수 있는 Stack 위젯, 자식 위젯이 주어진 부모 위젯의 공간을 비율과 속성에 따라 나눠 가질 수 있게 하는 Flexible 위젯, 자식 위젯이 부모 위젯의 공간 남는 공간을 모두 차지하는 Expanded 위젯이 우리가 이 절에서 살펴볼 레이아웃 위젯이다.

5.3.1 Container 위젯

가장 처음 살펴볼 위젯은 Container 위젯이다. Container 위젯은 단연코 Flutter 레이아웃 위젯 중 가장 많이 쓰이는 위젯이다. 그러나, StackOverFlow 등의 많은 질문 사례와 오픈 소스 패키지 코드를 살펴보면 많은 Flutter 개발자들이 Container의 목적을 모르고 사용하는 것으로 보인다. Container라는 말 그대로 화물 선적 컨테이너를 생각하면 이해가 쉽다. 화물 선적 컨테이너 내부에 화물을 넣는다고 생각해 보자. 컨테이너마다 색상, 두께, 내부 선적 면적 등이 상이할 것이다. 이와 유사하게 **Container 위젯의 주목적은 자식 위젯에게 제약 조건 혹은 속성을 주기 위함**이다. 해당 목적 이외에 Container를 사용한다고 해서 Flutter 프로그램이 작동하지 않는 것은 아니지만, 코드의 명확성을 해친다. 예를 들어 상위 위젯과 하위 위젯 사이의 공간을 주고 싶을 때 Container에 height만 주어 위젯을 만드는 경우가 있는데 이는 코드의 성능과 명확성, 모두에서 바람직하지 않다.

다음 코드를 살펴보자. Container는 다음과 같이 자식의 제약 조건(constraints)을 지정하거나 padding과 margin을 제공할 수 있다. 이와 함께 aligment를 통한 정렬 조건이나 transform과 같은 애니메이션 조건, 그리고 color 등의 속성을 지정할 수 있다.

개인적으로는 자식 위젯의 정렬을 위해 정렬 속성을 제공하는 Align 위젯 등의 정렬 위젯을 사용하지 않고, Container를 사용하는 것을 선호한다. 정렬 위젯이 아니라 Container의 정렬 조건을 사용하게 되면 Container의 공간을 기준으로 정렬하기 때문에 위젯 간의 관계에 따라 목표로 하는 정렬이 어려운 경우도 있지만, 코드가 간단해지고 통일성 있어진다는 점에서 개인적으로 선호하는 편이다. 때문에 이 책에서는 별도의 Align나 Center 등의 정렬 위젯을 소개하지는 않지만, 본인이 원하는 코드 스타일을 비교 선택한다는 점에서 한 번쯤은 찾아보길 추천한다.

```
Container(
  constraints: BoxConstraints.expand(
    height: Theme.of(context).textTheme.headline4!.fontSize! *
    1.1 + 200.0,
  ),
  padding: const EdgeInsets.all(8.0),
  color: Colors.blue[600],
  alignment: Alignment.center,
  transform: Matrix4.rotationZ(0.1),
  child: Text('Hello World', style: Theme.of(context).textTheme.
  headline4!.copyWith(color: Colors.white)),
)
```

Container 위젯과 자주 쓰이는 위젯 중 눈여겨볼 것은 MediaQuery 위젯이다. **MediaQuery 위젯은 개발자들이 보이는 화면의 속성값을 가져와 반응형 UI를 구축할 수 있도록 돕는다.** 예를 들어, 내가 Container의 "가로 크기를 가로 화면의 10%로, 세로 크기를 세로 화면의 10%로, 좌우 margin의 크기를 가로 크기의 0.01"로 만들고 싶다면 다음과 같은 코드를 사용할 수 있다.

```
Container(
    width: MediaQuery.of(context).size.width * 0.1,
    height: MediaQuery.of(context).size.height * 0.1,
    margin: EdgeInsets.only(
        left: MediaQuery.of(context).size.width * 0.01,
        right: MediaQuery.of(context).size.width * 0.01),
```

```
    child: // 자식 위젯
)
```

클라이언트 개발 환경에 익숙하지 않다면 MediaQuery를 이용하여 반응형으로 작업해야 하는 이유를 잘 모를 수 있다. 클라이언트 UI를 반응형으로 작업해야 하는 이유는 모바일 단말기의 크기들이 다양하기 때문이다. 반응형이 아닌 상숫값을 적용하는 경우 클라이언트가 사용하는 단말기에 따라 화면 깨짐 등의 에러가 발생할 수 있다. 후에 기술하겠지만 Flutter는 오픈 소스 라이브러리 중에 반응형을 전체적으로 적용하는 라이브러리가 있어 반응형 작업이 편리한 편이다. 별도로 반응형 설정을 하지 않아 Flutter UI가 사이즈 이슈로 깨지게 되면 다음 사진과 같이 화면에 공사장 표시가 나타낸다.

깨짐이 발생한 모바일 화면

다음 위젯을 설명하기 전에 한 가지 알아야 할 개념이 있다. MediaQuery 객체가 어떻게 장치의 속성값을 가져오며 어떻게 작동하는지에 관해서다. 감히 추측해 보건대 많은 수의 Flutter 개발자들은 "Media-

Query는 디바이스 화면의 속성 가져오는 것" 이상의 탐구를 해보지 않았을 것이다. 그러나, **Flutter를 자유자재로 사용하기 위해서는 MediaQuery는 어떤 속성들을 가지고 있고, 언제 인스턴스화되며, 어떤 객체를 상속받는지에 대해 이해할 필요**가 있다. 본 서적에서 다루는 것은 책의 내용을 매우 방대하게 만들 수 있기 때문에 MediaQuery에 관해서 좀 더 이해하고 싶다면 다음 링크를 참조해 보는 것을 추천한다.
(https://medium.com/flutter-community/mediaquery-in-flutter-4317d3fe3612)

5.3.2 Row와 Column 위젯

다음으로 살펴볼 것은 **행(수평 방향)으로 자식들을 배치하는 Row 위젯과 열(수직 방향)로 자식들을 배치하는 Column 위젯**이다. 해당 위젯들은 앞서 살펴본 Container Widget과 마찬가지로 아주 빈번하게 사용된다. Row와 Column은 Flex 레이아웃을 따라가는데, 이에 대해 개념적으로 이해할 필요가 있다. 웹 프런트엔드 개발에 익숙한 독자라면 Flex 레이아웃에 대해 알고 있을 것이다. 원하는 태그나 클래스에 "display : flex" 속성을 적용시켰을 때 적용되는 레이아웃이 바로 Flex 레이아웃이다. 간단하게 설명하면 Flex 레이아웃은 주축(Main Axis)과 교차 축(Cross Axis)를 가지며 start와 end point를 가진다.

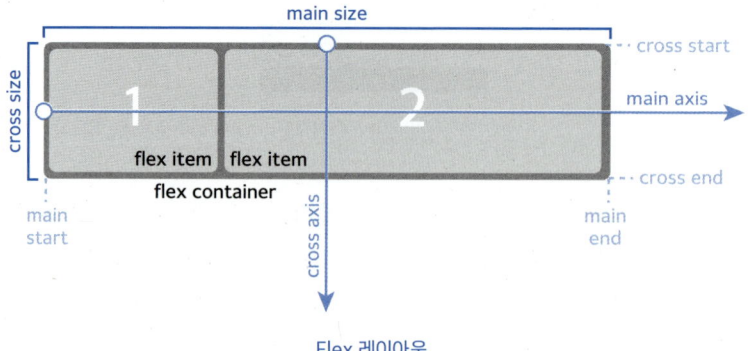

Flex 레이아웃

Flutter에서 사용되는 Flex 위젯들은 스크롤을 지원하지 않기 때문에 정해진 사이즈를 벗어나게 되면 Error가 발생하게 된다. 사이즈 때문에 발생하는 Error는 Flutter 프로그래밍에서 발생하는 에러 중 상당수를 차지하기 때문에 Flex 개념에 대해 이해하는 것은 중요하다. Flex 레이아웃에 대해 자세한 내용을 이해하고 싶다면 다음 링크를 참고해 보길 추천한다.

(https://css-tricks.com/snippets/css/a-guide-to-flexbox/, https://www.w3.org/TR/css-flexbox-1/#box-model)

먼저 Row에 대해 살펴보자. Row은 자식 위젯을 수평 방향으로 배치하는 위젯이다. **Row와 Column은 다른 위젯과 달리 여러 자식을 가질 수 있기 때문에 childern 속성을 가진다.** 더불어, 자식 위젯 정렬을 설정할 수 있다. 주축을 기준으로 mainAxisAlignment, 교차 축을 기준으로 crossAxisAlignment를 사용하면 Row 위젯의 자식을 정렬할 수 있다. 주축에서 사용할 수 있는 enum와 교차 축에서 사용할 수 있는 enum은 조금 차이가 있다. "시작-중간-끝"은 start-center-end로 동일하나, 주축의 경우 자식 위젯의 간격을 조정하는 spaceBetween, spaceEvenly가 있고, 교차축의 경우 자식 요소의 크기를 최대화하는 stretch가 있다. 소개한 사항을 코드로 나타내면 다음과 같이 사용할 수 있다.

```
Row(
    mainAxisAlignment: MainAxisAlignment.center,
    crossAxisAlignment: CrossAxisAlignment.center,
    children: <Widget>[
        FlutterLogo(),
        Text('Hello, Flutter Beginner!'),
```

```
        Icon(Icons.sentiment_very_satisfied),
    ]
)
```

Column도 마찬가지이다. Row와 같은 사용방법을 가진다.

```
Column(
    mainAxisAlignment: MainAxisAlignment.center,
    crossAxisAlignment: CrossAxisAlignment.center,
    children: <Widget>[
        FlutterLogo(),
        Text('Hello, Flutter Beginner!'),
        Icon(Icons.sentiment_very_satisfied),
    ]
)
```

Column과 Row를 사용할 때 항상 주의해야 하는 것은 Unbounded Error(Runtime Error)이다. Row와 Column은 자식에 따라 사이즈가 유동적으로 변한다. 예를 들어 Column의 경우 교차 축인 가로 너비는 자식의 최대 너비이며, 주축인 Column의 높이는 mainAxisSize 속성에 의해 결정된다. mainAxisSize 속성이 MainAxisSize.max이면 Column의 높이는 들어오는 제약 조건의 최대 높이이다. 반면, mainAxisSize 속성이 MainAxisSize.min 이면 Column의 높이는 자식 높이의 합이다. 이때 Column의 경우 높이 제약 조건을 사용하지 않고 Expanded나 Flexible과 같은 위젯이 존재하는 경우 무한의 크기를 가질 수 있어 에러가 발생한다. 이러한 에러는 간단하지만 Flutter 위젯의 고유한 특성이기 때문에 발생 이유를 모르면 꽤나 고생할 수 있다.

필자가 사용하는 방법이 꼭 정답은 아니지만, 필자는 이러한 에러의 발생을 막기 위해 기본 단위를 Container로 사용한다. 앞서 밝혔듯이 Container 위젯의 목적이 자식에게 제약 조건 등의 특성을 설정 위함이기 때문이다. 때문에 Row와 Container를 사용할 때 에러가 발생하지 않더라도 width와 height 제약 조건을 명시적으로 코드에 작성하는 편이다. 꼭 이 방법이 아니더라도 제약 조건을 작성하여 해당 에러를 피하는 것을 추천한다.

5.3.3 Stack 위젯

"쌓아 올린다"라는 뜻의 Stack의 영어 뜻처럼 Stack 위젯은 여러 자식 위젯을 가지며 자식 위젯을 순서대로 쌓아 올린다. 더불어 Positioned 위젯을 사용하여 스택 위젯이 할당된 공간 중 원하는 공간에 특정 위젯을 배치할 수 있다. Stack은 다음 코드처럼 사용할 수 있는데 사용법이 Column, Row와 유사하다. "쌓아 올린다"라는 뜻과 같이 위젯의 영역이 겹치는 경우 마지막에 생성된 위젯이 가장 상단에 오게 된다.

```
Stack(
  children: [
    Positioned(
      top: 0,
      child: Container(
        width: 450,
        height: 150,
        color: Colors.redAccent,
      ),
    ),
```

```
      Positioned(
        top: 100,
        child: Container(
          width: 350,
          height: 125,
          color: Colors.blueAccent,
        ),
      ),
      Positioned(
        top: 200,
        child: Container(
          width: 250,
          height: 100,
          color: Colors.cyanAccent,
        ),
      ),
      Positioned(
        top: 300,
        child: Container(
          width: 150,
          height: 75,
          color: Colors.purpleAccent,
        ),
      ),
    ],
)
```

5.3.4 Expanded와 Flexible 위젯

다음으로 살펴볼 위젯은 Expanded와 Flexible 위젯이다. Expanded 은 Flexible 위젯에서 파생된 위젯이다. 정확하게는 Expanded 위젯 은 Flexible 위젯에 FlexFit.tight 속성이 적용된 위젯이다. 해당 내용을 인지하고 Expanded와 Flexible 위젯에 대해 알아보도록 하자. 먼저 Flexible 위젯을 살펴보자.

Flexible는 Row와 Column과 같이 여러 위젯을 자식으로 갖는 위젯에서 자식 위젯으로 사용된다. Flexible 위젯들 끼리는 자식들 중 위젯 사이즈가 정해진 위젯을 제외하고 남은 공간을 나눠 갖는다. 예를 들어, 800의 height를 갖는 Column의 자식 위젯으로 400의 height를 갖는 Container 위젯과 2개의 Flexible 위젯이 존재한다면, Flexible 위젯에 별도의 속성 값을 제공하지 않았을 때는 각각 200의 height를 갖는다. 만약 아래 코드처럼 flex 값이 다른 경우 Flex가 1인 위젯은 400*1/(3+1), Flex가 2인 위젯은 400*3/(3+1)의 크기를 갖는다.

```
Flexible(
    flex: 1,
    fit: FlexFit.loose,
    child: Container()
),
Flexible(
    flex: 3,
    fit: FlexFit.loose,
    child: Container()
),
```

Flexible의 fit 속성은 FlexFit.loose와 FlexFit.fit을 사용할 수 있다. FlexFit.tight은 기본축의 남은 공간을 전부 채우도록 하며, FlexFit.loose은 기본축의 남은 공간을 채우도록 하되 필요한 공간만 차지하도록 한다.

Expanded의 경우 앞서 밝혔듯이 FlexFit.tght이 적용된 Flexible 위

젯이다. 때문에 아래 코드와 같이 Flexible과 사용방법이 동일하다. Expanded는 Flexible에서 파생된 위젯이기 때문에 Flexible과 Expanded 모두 별도의 명시적 flex 설정 없이 자식 위젯으로 함께 사용하면 공간을 1/2씩 할당받아 사용하게 된다.

```
Expanded(
   child: child,
)

is equivalent to

Flexible(
   fit: FlexFit.tight,
   child: child,
)
```

5.4 뷰 위젯 : ListView, GridView, PageView

앞서 Row와 Column 위젯은 Flex 레이아웃을 따르며 스크롤이 불가능한 위젯이라고 설명했다. 예를 들어 자식의 숫자를 알 수 없거나 자식 위젯의 크기를 알 수 없을 때를 생각해 보자. Row와 Column의 크기는 정해져 있다. 때문에 전체 자식 위젯들의 가로 혹은 세로의 길이가 부모의 공간을 초과할 수 있다. 이러한 상황에서 사용할 수 있도록 Flutter에서는 다수의 자식들을 가지며, 스크롤이 가능한 뷰 위젯들을 몇 가지 제공한다. Flutter에서는 이러한 위젯들을 "스크롤 위젯(Scrolling widgets)"으로 정의한다.

CHAPTER 5　Flutter 도전하기

Scrolling widgets

UI > Widgets > Scrolling

Scroll multiple widgets as children of the parent.

See more widgets in the widget catalog.

CustomScrollView

A ScrollView that creates custom scroll effects using slivers.

DraggableScrollableSheet

A container for a Scrollable that responds to drag gestures by resizing the scrollable until a limit is reached, and then scrolling.

GridView

A grid list consists of a repeated pattern of cells arrayed in a vertical and horizontal layout. The GridView widget implements this component.

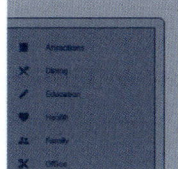

ListView

A scrollable, linear list of widgets. ListView is the most commonly used scrolling widget. It displays its children one after another in the scroll direction....

NestedScrollView

A scrolling view inside of which can be nested other scrolling views, with their scroll positions being intrinsically linked.

NotificationListener

A widget that listens for Notifications bubbling up the tree.

PageView

A scrollable list that works page by page.

RefreshIndicator

A Material Design pull-to-refresh wrapper for scrollables.

ReorderableListView

A list whose items the user can interactively reorder by dragging.

다양한 스크롤 위젯들

그중 우리가 살펴볼 위젯은 ListView, GridView, PageView 위젯이다. 먼저 가장 흔히 사용되는 ListView를 먼저 살펴보자.

ListView는 Flutter 프로젝트에서 자주 사용되는 위젯이다. **ListView는 Row나 Column처럼 자식을 한 축으로 배치한다.** 그러나, 스크롤이 가능하기 때문에 자식 위젯의 숫자나 크기를 모를 때도 에러 없이 사용할 수 있다는 점이 다르다.

ListView를 사용하는 방법은 4 가지로 나뉜다. 적은 숫자의 자식 위젯을 children 속성에 전달하는 경우인 ListView(), 다수의 데이터를 동적으로 호출하여 사용하는 ListView.builder(), 구분선으로 자식 위젯을 나눌 수 있는 LIstView.separated(), 그리고 ListView.custom이 있다.

ListView() 위젯은 다음과 같이 사용할 수 있다.

```
ListView(
  padding: const EdgeInsets.all(8),
  children: <Widget>[
    Container(
      height: 50,
      color: Colors.amber[600],
      child: const Center(child: Text('Entry A')),
    ),
    Container(
      height: 50,
      color: Colors.amber[500],
      child: const Center(child: Text('Entry B')),
    ),
    Container(
      height: 50,
      color: Colors.amber[100],
```

```
        child: const Center(child: Text('Entry C')),
      ),
    ],
  )
```

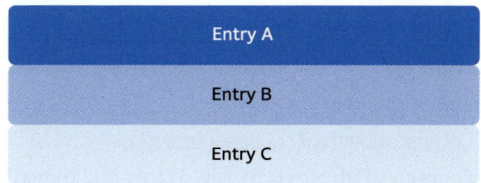

위 ListView 코드를 실행한 화면

이와 같은 코드를 ListView.builder() 위젯으로 만들면 다음과 같다.

```
final List<String> entries = <String>['A', 'B', 'C'];
final List<int> colorCodes = <int>[600, 500, 100];

ListView.builder(
  padding: const EdgeInsets.all(8),
  itemCount: entries.length,
  itemBuilder: (BuildContext context, int index) {
    return Container(
      height: 50,
      color: Colors.amber[colorCodes[index]],
      child: Center(child: Text('Entry ${entries[index]}')),
    );
  }
);
```

만약, 자식 위젯마다 구분선을 두고 싶다면 다음과 같이 ListView.separated()를 사용할 수 있다.

```
final List<String> entries = <String>['A', 'B', 'C'];
final List<int> colorCodes = <int>[600, 500, 100];

ListView.separated(
  padding: const EdgeInsets.all(8),
  itemCount: entries.length,
  itemBuilder: (BuildContext context, int index) {
    return Container(
      height: 50,
      color: Colors.amber[colorCodes[index]],
      child: Center(child: Text('Entry ${entries[index]}')),
    );
  },
  separatorBuilder: (BuildContext context, int index) => const Divider(),
);
```

ListView.builder와 ListView.separated의 경우 ListView와 달리 모든 자식 위젯을 한 번에 그리지 않고, itemBuilder 속성 값을 통해 CallBack을 이용하며, 자식 위젯을 반환한다. 이러한 원리로 ListView의 builder 패턴은 화면에 보이는 자식 위젯만 그린다. 이러한 특수성은 Flutter가 효과적으로 다수의 데이터를 렌더링 할 수 있도록 돕는다. ListView.separated의 경우 separatorBuilder가 더 존재해 자식 위젯 간의 분리자를 만드는데 사용한다.

마지막으로 ListView.custom의 경우 커스터마이징한 자식 위젯으로 ListView를 만드는 위젯으로 다소 복잡하나 중요한 위젯이다. ListView. custom를 활용하면 불필요하게 ListView 위젯이 길어지는 것을 방지할 수 있다. ListView.custom 위젯을 사용하기 위해서는 먼저 렌더링하고자 하는 모델을 만들어야 한다. 다음 예시 코드를 보자. 예시 코드는 설명을 위해 소수의 데이터만 사용하지만, 실제 프로덕션 환경에서는 데이터 호출 등을 통해 다수의 데이터를 사용할 수 있다.

```dart
import 'package:flutter/foundation.dart';

class Student with ChangeNotifier {
  final String id;
  final String name;
  final String imageUrl;

  Student({
    required this.id,
    required this.name,
    required this.imageUrl,
  });
}

class Students with ChangeNotifier {
  /// adding id and images
  List<Student> students = [
    Student(
      id: 's1',
      name: 'Json',
      imageUrl:
          'https://cdn.pixabay.com/photo/2018/09/11/19/49/'
          'education-3670453_960_720.jpg',
    ),
    Student(
      id: 's2',
      name: 'Limpi',
      imageUrl:
          'https://cdn.pixabay.com/photo/2016/11/29/13/56/'
          'asian-1870022_960_720.jpg',
```

```
    ),
    Student(
      id: 's3',
      name: 'Maria',
      imageUrl:
          'https://cdn.pixabay.com/photo/2017/09/21/13/32/
          girl-2771936_960_720.jpg',
    )
  ];
}
```

그 후, ListView.custom을 다음 코드와 같이 사용할 수 있다. ListView.custom은 자식을 itembuilder로 받는 대신, SliverChild Builder-Delegate를 통해 받는다.

```
import 'package:flutter/material.dart';
import 'package:flutter_artisan/models/student.dart';
import 'package:provider/provider.dart';

class ListViewCustomSample extends StatelessWidget {
  const ListViewCustomSample({Key? key}) : super(key: key);
  @override
  Widget build(BuildContext context) {
    return const MaterialApp(
      title: 'Students Name',
      home: StudentsHomePage(),
    );
  }
}

class StudentsHomePage extends StatelessWidget {
  const StudentsHomePage({Key? key}) : super(key: key);
```

```
@override
Widget build(BuildContext context) {
  final students = Provider.of<Students>(context).students;
  return Scaffold(
    appBar: AppBar(
      title: const Text('Students Home Page'),
    ),
    body: SafeArea(
      child: ListView.custom(
        childrenDelegate: SliverChildBuilderDelegate(
          (BuildContext context, int index) {
            return ChangeNotifierProvider.value(
              value: students[index],
              child: Center(
                child: Column(
                  children: [
                    Container(
                      padding: const EdgeInsets.all(5),
                      child: Text(
                        students[index].name,
                        style: const TextStyle(
                          fontFamily: 'Allison',
                          fontSize: 30,
                          fontWeight: FontWeight.bold,
                        ),
                      ),
                    ),
                    Image.network(
                      students[index].imageUrl,
                      fit: BoxFit.cover,
                    ),
                  ],
                ),
              ),
            ),
```

```
                );
            },
            childCount: students.length,
          ),
        ),
      ),
    );
  }
}
```

위 두 코드를 보며 일부 독자들은 **ListView.custom이 객체 지향에 더욱 가까운 형태의 코드임**을 알 수 있었을 것이다. ListView.custom을 적절히 활용하지 않으면 ListView 내부에 불필요한 위젯들과 데이터 처리를 해줘야 하기 때문에 코드가 더욱 불명확하게 된다.[3]

다음 살펴볼 View 위젯은 GridView이다. GridView를 소개하기 이전에 한 가지 알아 둬야 할 개념이 있다. 바로 **ListView와 GridView 모두 CustomScrollView의 특정 속성을 가진 위젯**이라는 점이다. Expanded가 Flexible 위젯의 특정 속성 값을 가진 위젯인 것처럼 ListView와 GridView도 이와 마찬가지이다. GridView는 이차원 위젯 배열을 만드는 위젯으로 GridView(기본 생성자), GridView.builder(), GridView.count, GridView.custom이 있다. GridView.count는 프로그래머가 지정한 숫자만큼의 2차원 위젯 배열을 만들며, 나머지는 ListView와 사용방법이 유사하다. 때문에, GridView.count만 사용방법을 소개하고자

---

[3] Flutter에는 프로그래밍을 위한 다양한 위젯이 존재한다. Flutter에서는 다양한 위젯을 조합하여 UI를 만들기 때문에 특정한 위젯을 사용하지 않더라도 목적하는 UI를 만들 수 있다. 그러나, 각 위젯은 사용 목적에 적합하게 설계되어 있기 때문에 사용 목적에 부합하게 위젯을 사용하면 UI를 더욱 효과적으로 만들어낼 수 있다. Open Source Library를 사용할 때 흔히 말하는 "바퀴를 만들지 말라"는 격언은 Flutter 위젯에서도 적용된다는 점을 말해두고 싶다.

한다. 예시 코드를 보자.

```
GridView.count(
  primary: false,
  padding: const EdgeInsets.all(20),
  crossAxisSpacing: 10,
  mainAxisSpacing: 10,
  crossAxisCount: 2,
  children: <Widget>[
    Container(
      padding: const EdgeInsets.all(8),
      color: Colors.teal[100],
      child: const Text("He'd have you all unravel at the"),
    ),
    Container(
      padding: const EdgeInsets.all(8),
      color: Colors.teal[200],
      child: const Text('Heed not the rabble'),
    ),
    Container(
      padding: const EdgeInsets.all(8),
      color: Colors.teal[300],
      child: const Text('Sound of screams but the'),
    ),
    Container(
      padding: const EdgeInsets.all(8),
      color: Colors.teal[400],
      child: const Text('Who scream'),
    ),
    Container(
      padding: const EdgeInsets.all(8),
      color: Colors.teal[500],
      child: const Text('Revolution is coming...'),
    ),
```

```
      Container(
        padding: const EdgeInsets.all(8),
        color: Colors.teal[600],
        child: const Text('Revolution, they...'),
      ),
    ],
  )
```

해당 코드를 사용하면 다음과 같은 UI가 화면에 나타나게 된다.

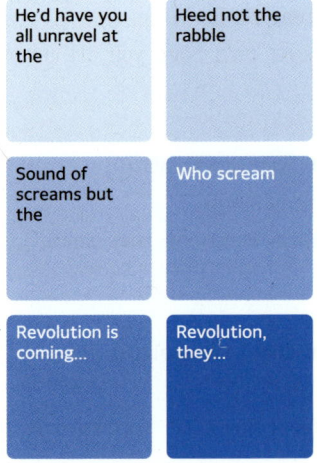

GridView 예시 코드 실행 화면

소개했듯이 GridView도 CustomScrollView이기 때문에, 같은 코드를 CustomScrollView로 나타내면 다음과 같다.

```
CustomScrollView(
  primary: false,
  slivers: <Widget>[
```

```
SliverPadding(
  padding: const EdgeInsets.all(20),
  sliver: SliverGrid.count(
    crossAxisSpacing: 10,
    mainAxisSpacing: 10,
    crossAxisCount: 2,
    children: <Widget>[
      Container(
        padding: const EdgeInsets.all(8),
        color: Colors.green[100],
        child: const Text("He'd have you all unravel at the"),
      ),
      Container(
        padding: const EdgeInsets.all(8),
        color: Colors.green[200],
        child: const Text('Heed not the rabble'),
      ),
      Container(
        padding: const EdgeInsets.all(8),
        color: Colors.green[300],
        child: const Text('Sound of screams but the'),
      ),
      Container(
        padding: const EdgeInsets.all(8),
        color: Colors.green[400],
        child: const Text('Who scream'),
      ),
      Container(
        padding: const EdgeInsets.all(8),
        color: Colors.green[500],
        child: const Text('Revolution is coming...'),
      ),
      Container(
```

```
              padding: const EdgeInsets.all(8),
              color: Colors.green[600],
              child: const Text('Revolution, they...'),
            ),
          ],
        ),
      ),
    ],
  )
```

마지막으로 살펴볼 위젯은 PageView이다. PageView도 ListView와 GridView와 유사한 특성을 가지는 위젯으로 기본값으로 하나의 뷰가 화면 하나를 차지하는 위젯이다. 직관적으로 이해가 안 될 수 있다. 예를 들어 설명하면 모바일 커머스 서비스에서 메인 페이지에 존재하는 "슬라이드로 화면을 넘길 수 있는 메인 배너"를 Flutter에서는 Page-View로 구현할 수 있다.

PageView도 ListView, GridView와 마찬가지로 기본 생성자인 Page-View, PageView.builder, PageView.custom이 존재하며 사용방법은 ListView, GridView와 유사하다. 사용 코드를 살펴보면 다음과 같다. 다른 위젯과 상이한 점은 Controller를 주입하여 PageView와 상호작용할 수 있도록 할 수 있다는 점이다.

```
  final PageController controller = PageController();
    return PageView(
      controller: controller,
      children: const <Widget>[
        Center(
          child: Text('First Page'),
```

```
      ),
      Center(
        child: Text('Second Page'),
      ),
      Center(
        child: Text('Third Page'),
      ),
    ],
  );
```

5.5 상호작용 위젯 : GestureDetector, InkWell

상호작용 위젯의 대표적인 위젯으로 GestureDectector와 InkWell 위젯이 존재한다. 본 서적에서 설명하지는 않지만, 드래그 상호작용을 통해 사용하는 Dismissible 위젯도 다양한 사용자 상호작용을 하는 애플리케이션을 만드는데 활용되니 살펴보길 추천한다. 우리는 자주 사용되는 GestureDectector와 InkWell 위젯을 살펴볼 예정이다.

GestureDectector 위젯과 InkWell 위젯 모두 사용자 상호작용에 대해 method를 지정할 수 있는 위젯이다. 그렇다면 두 가지 위젯의 차이는 무엇일까? GestureDectector 위젯은 InkWell에 비해 다양한 사용자 상호작용에 반응할 수 있는 위젯이다. 반면 InkWell의 경우 상대적으로 적은 수의 사용자 상호작용을 다루지만, UI적으로 다양한 기능을 가진다. InkWell이라는 이름처럼 기본적으로 사용자 상호작용 시에 "잉크가 퍼져 나가는" UI를 제공하며 개발자가 원하는 UI를 만들 수 있도록 다양한 기능을 제공한다.

먼저, InkWell에 대해 자세히 살펴보자. InkWell은 사용자의 동작을 감지했을 때 잉크가 퍼지는 듯한 애니메이션 효과를 보이는 위젯이다. 잉크가 퍼지는 방향 혹은 속도 등을 조절할 수 있기 때문에 사용자 경험을 중시하는 프로덕트의 경우에 잘 쓰이는 위젯이다. InkWell은 onTap(한 번 클릭), onDoubleTap(더블 클릭), onLongPress(길게 누를 때) 등 기본적인 상호작용 기능을 가진다. 기본적인 코드를 살펴보면 다음과 같다.

```
InkWell(
  onTap: () {
    setState(() {
      count++;
    });
  },
  child: Container(
    padding: EdgeInsets.all(15),
    child: Text("더하기", style: TextStyle(fontSize: 30)),
  ),
)
```

GestureDetector를 살펴보자. 이 위젯의 사용법은 InkWell과 유사하다. **InkWell과의 차이점은 사용자 동작을 감지할 때 별도의 애니메이션이 없다는 점**이다. 더불어, 실무 환경에서 발생하는 이슈를 한 가지 소개하면 InkWell에 비해 GestureDetector가 성공적으로 사용자 동작하게 코딩하기가 조금 더 까다롭다. 그 이유는 InkWell은 본인이 가진 영역을 모두 "상호작용 Spot"으로 만들지만, GestureDetector는 패딩 영역 등을 "상호작용 Spot"으로 만들지는 않아 종종 사용자 상호작용이 실패하는 경우가 생긴다. 마지막으로 GestureDetector는 InkWell에 비해 더욱 상호작용에 특화된 위젯으로 InkWell에 비해 상대적으로 많은 상호작용 기능을 가진다.

Gestures

TOUCH (TAP)	SWIPE LEFT	DRAG	PINCH OPEN	SCROLL DOWN
LONG PRESS	SWIPE RIGHT	DOUBLE TOUCH	PINCH CLOSE	SCROLL UP

기본 사용 코드를 소개하면 다음과 같다.

```
GestureDetector(
  onTap: () {
    setState(() {
      count++;
    });
  },
  child: Container(
    padding: EdgeInsets.all(15),
    child: Text("더하기", style: TextStyle(fontSize: 30)),
  ),
)
```

5.6 Form 위젯

Form 위젯은 회원가입 혹은 로그인 등의 다수의 정보를 입력받아 처리하는 목적으로 사용되는 위젯이다. 기술적으로 설명하면 Form 위젯은 Form 내부에 사용되는 필드 위젯들을 서브 트리에 포함한다. 즉, Form 위젯은 자식 위젯을 담는 Wrapper이다.

Form 위젯은 FormState 객체를 갖기 때문에 Form 위젯 내부에 GlobalKey를 선언 함으로서 상태 객체와 연결하여 접근할 수 있다. 즉, Form 위젯은 하위 위젯들을 포함하는 일련의 위젯으로 최상단에 있는 특정한 Form의 상태를 GlobalKey로 식별함으로써 Form의 구성요소와 상호작용할 수 있다. key는 tree에 존재하는 특정 위젯을 접근하는 이름표로 이해하면 된다. Form에 사용되는 key는 앞서 소개한 PageView의 Controller와 유사하게 내부 위젯을 포함한 Form 위젯과 상호작용하는 목적으로 사용된다. 앞서 설명했던 of 메서드를 통해 접근할 수도 있지만 일반적으로는 GlobalKey를 통해 Form 위젯을 제어한다. FormState는 Form 위젯 관리에 필요한 다양한 콜백을 제공한다. 주로 사용하는 메서드는 저장하는 FormState.save, 초기화하는 FormState.reset, 유효성을 체크하는 FormState.validate 등이 있다. Form 위젯을 사용하는 기본적인 코드는 다음과 같다.

```
class MyCustomFormState extends State<MyCustomForm> {
  final _formKey = GlobalKey<FormState>();

  @override
  Widget build(BuildContext context) {
    return Form(
      key: _formKey,
```

```
        child: Column(
          children: <Widget>[
            // TextFormFields 혹은 ElevatedButton 위젯 사용
          ],
        ),
      );
    }
  }
```

입력 값의 유효성 검사를 이용하기 위해서는 TextFormField 위젯을 이용할 수 있다. 다음 코드는 Text가 입력되지 않은 경우에 텍스트를 입력해달라는 텍스트를 띄워주는 코드이다.

```
TextFormField(
  validator: (value) {
    if (value == null || value.isEmpty) {
      return 'Please enter some text';
    }
    return null;
  },
)
```

만약 특정 값만 입력받고 싶다면 inputFormatters를 활용하여 정규 표현식으로 입력 값을 조절할 수 있다. 다음 코드는 숫자만 입력받기 위한 코드이다. 참고로 비밀번호 필드로 입력 값을 표시하지 않으려는 경우 위젯에 "obscureText: true"를 선언하면 된다. 더불어 모든 Form과 관련된 필드는 decoration 속성을 가지며 InputDecoration 인스턴스를 사용하여 입력 필드의 제목, 힌트 텍스트 등을 설정할 수 있다.

```
inputFormatters: [FilteringTextInputFormatter(RegExp('[0-9]'),
                  allow:false), ],
```

Form의 값을 제출하는 경우 Button 위젯에 formKey를 사용할 수 있다. 다음 코드는 ElevatedButton 위젯을 클릭할 때 유효성 검사가 완료된 경우에만 성공 메시지를 띄우는 예제 코드이다. ElevatedButton 위젯은 일반 버튼과 달리 입체감이 있도록 디자인된 버튼이다. 만약 예시 코드처럼 성공 메시지를 띄우는 것이 아니라 실제 Form의 데이터를 저장하려는 경우 _formKey.currentState!. save()를 통해 Form 위젯에 입력된 값을 저장할 수 있다. formKey.currentState에 Assertion(!)을 붙이는 이유는 해당 State가 존재하는지 Null-Check를 해야 하기 때문이다. 사실 개발자가 임의로 Null이 아니라 명명하는 Assetion은 지양해야 하는 부분이다. 그러나, 공식 문서에서도 currentState에 Assertion을 사용하여 코드를 제공하고 있으므로 이를 그대로 소개하고자 한다.

```
ElevatedButton(
  onPressed: () {
    if (_formKey.currentState!.validate()) {
      ScaffoldMessenger.of(context).showSnackBar(
        const SnackBar(content: Text('Processing Data')),
      );
    }
  },
  child: const Text('Submit')
)
```

FormState.save() 메소드를 통해 Form들의 데이터를 저장할 때는 일반적으로 모든 입력 필드의 값을 저장하는 객체를 만들어 저장하고, 그를 데이터베이스에 저장하도록 API를 호출하도록 구성할 수 있다. 위의 코드에 _formKey.currentState!.save()를 사용하고 지정된 객체에 저장하는 코드만 설정하면 FormState의 save 메소드를 사용할 수 있다.

Form의 개념은 깊게 다루면 꽤나 많은 지면을 할애해야 할 정도로 방대하다. 게다가, 개념 이외의 것들도 알아야 한다. 예를 들어 필자는 Flutter Form을 사용할 때 Form을 더욱 편리하게 사용할 수 있게 해주는 OpenSource Package인 flutter_form_builder를 사용한다. (https://pub.dev/packages/flutter_form_builder) Form은 소프트웨어를 구성하며 회원가입 등에서 최소 한 번 이상은 사용되는 위젯이다. 때문에 개념에 대해 명확히 이해하고 넘어가도록 하자.

5.7 라우팅 : Navigator, RouteObserver

우리는 앞서 MaterialApp을 통해 Flutter 프로젝트의 라우팅을 관리할 수 있다고 소개했다. MaterialApp을 통해 관리하는 예시 코드는 다음과 같다.[4]

```
MaterialApp(
    // 라우터 설정
    initialRoute: auth.currentUser != null ? '/home' :
    '/login',
    routes: {
      '/login': (context) => LoginIndexScreen(),
```

---

4   GetX를 사용하면 BuildContext 없이 더욱 간결한 라우터 설정을 할 수 있다. 다만, 해당 내용을 본 서적에서 상세히 다루지는 않을 예정이다. 관심이 있다면 GetX를 추가로 공부해 보길 바란다.

```
        '/login/home': (context) => LoginScreen(),
        '/login/findpassword': (context) =>
    FindPasswordScreen(),
        '/login/findid': (context) => FindIdScreen(),
        '/signup': (context) => SignupFirstScreen(),
        '/home': (context) => const HomeScreen(),
        '/home/detail': (context) => HomeDetailScreen(),
        '/food': (contex) => FoodScreen(),
        '/cart': (context) => CartScreen(),
        '/payment': (context) => PaymentScreen(),
        '/payment/complete': (context) => CompleteScreen(),
        '/scrap': (context) => ScrapScreen(),
        '/neighbor': (context) => NeighborScreen(),
        '/neighbor/information': (context) =>
    InformationScreen(),
        '/review/write': (context) => ReviewWriteScreen(),
        '/review/read/mine': (context) => MyReviewScreen(),
        '/review/read/neighbor': (context) => ReviewScreen(),
        '/order': (context) => OrderlistScreen(),
        '/order/detail': (context) => OrderdetailScreen(),
        '/notie': (context) => NoticeScreen(),
        '/mypage': (context) => MyPageScreen(),
        '/mypage/account': (context) => AccountScreen(),
        '/privacy': (context) => PrivacyScreen(),
        '/term': (context) => TermScreen()
    }
);
```

실제 프로젝트 코드를 소개하다 보니 코드가 깔끔하지는 않지만, 어떤 형태로 사용하는지 이해는 명확히 될 것이다. 그럼 각 페이지로의 이동은 어떻게 처리할까?

Navigator는 Stack 자료 구조를 사용하여 이동 시에 push, pop 개념을 사용한다. 만약 이전 페이지 위에 push하는 것이 아니라 대체하려 한다면 pushrepalcement를 사용할 수 있다. 때문에 다음과 같은 코드를 사용한다.

```
Navigator.pushNamed(context, '/cart');
Navigator.pushReplacementNamed(context, '/home');
```

모바일 애플리케이션의 경우 뒤로 가기 버튼을 누르면 pop 기능이 작동되어 스택 구조에서 아래에 쌓여 있던 Screen을 띄워주게 된다. 그러나, pushReplacement를 사용하였을 때는 바로 전 페이지를 대체했으므로 그 아래에 쌓여 있는 Screen으로 이동하게 된다.

pushReplacement는 적절하게 활용할 필요가 있다. **push Replacement를 사용하지 않고 모든 페이지를 push로 Stack에 쌓는다면, 메모리 초과 이슈로 앱이 비정상 종료될 수 있다.** 예를 들어 메모리를 많이 사용하는 Listener를 특정 스크린에 구독하도록 선언하고, 생애주기 상으로 해당 스크린이 dispose될 때 함께 삭제하게 만들었다고 생각해 보자. 그럼 Stack에 해당 스크린이 쌓이는 개수만큼 Listener는 늘어나게 되고, 해당 사항만큼 리소스를 잡아먹게 된다.

생애주기를 완벽하게 이해하고 리소스를 조정하도록 프로그래밍하는 것이 까다로울뿐더러 개발자의 예상보다 고객들은 더욱 많은 페이지를 탐구하는 경우가 있기 때문에 pushReplacement 메소드를 적절히 활용하는 것이 서비스의 안정성을 향상시켜줄 수 있다. 다만, pushReplacement를 남용하게 되면 유저가 이전 페이지로 돌아가고 싶어도 돌아가지 못하는 불편함이 발생할 수 있다.

이러한 이슈를 방지하기 위해 RouteObserver를 이용할 수 있다. Route-Observer는 RouteAware에 Route 상태의 변경사항을 알리는 Navigator 관찰자이다. RouteObserver는 구독한 경로로 push되거나 pop되는 등의 Navigator 상호작용에 따라 추적하는 기능을 제공한다. 우리는 해당 기능을 가지는 RouteObserver를 상속받아 우리가 원하는 기능을 가지도록 Override할 수 있다.

```dart
class MyRouteObserver extends RouteObserver<PageRoute<dynamic>> {
  void _sendScreenView(PageRoute<dynamic> route) {
    var screenName = route.settings.name;
    print('screenName $screenName');
    // TODO
  }

  @override
  void didPush(Route<dynamic> route, Route<dynamic> previousRoute) {
    super.didPush(route, previousRoute);
    if (route is PageRoute) {
      _sendScreenView(route);
    }
  }

  @override
  void didReplace({Route<dynamic> newRoute, Route<dynamic> oldRoute}) {
    super.didReplace(newRoute: newRoute, oldRoute: oldRoute);
    if (newRoute is PageRoute) {
      _sendScreenView(newRoute);
    }
  }

  @override
  void didPop(Route<dynamic> route, Route<dynamic> previousRoute) {
```

```
      super.didPop(route, previousRoute);
      if (previousRoute is PageRoute && route is PageRoute) {
        _sendScreenView(previousRoute);
      }
    }
  }

  class Screen1 extends StatelessWidget {
    @override
    Widget build(BuildContext context) {
      return Scaffold(
        body: Center(
          child: RaisedButton(
            color: Colors.pink.shade200,
            child: Text('GOTO Screen 2'),
            onPressed: () => Navigator.of(context).pushNamed('/screen2'),
          ),
        ),
      );
    }
  }
```

위 코드와 같이 만든 RouteObserver 객체를 MaterialApp에 선언하여 Navigator 이벤트를 감지하고 목적에 따라 커스터마이징 할 수 있다. 위에 설명한 pushReplacement 사례를 활용해 보자. 특정 페이지에서 또 다른 특정 페이지로 이동할 때 경로를 인식하여 pushReplacement를 사용하여 리소스 이슈 발생을 방지하되 사용자가 이전 버튼을 클릭할 때 정상적으로 이동할 수 있도록 설정할 수 있다. 그뿐만 아니라 특정 데이터를 호출하거나 validatation을 진행하는 등의 기능을 추가할 수도 있다.

```dart
void main() {
  runApp(MyApp());
}

final RouteObserver<PageRoute> routeObserver = RouteObserver<PageRoute>();

class MyApp extends StatelessWidget {

  @override
  Widget build(BuildContext context) {
    return MaterialApp(
      navigatorObservers: [MyRouteObserver()],
      routes: {
        'pageone': (context) => PageOne(),
        'pagetwo': (context) => PageTwo()

      },
      theme: ThemeData(
        primarySwatch: Colors.blue,
        visualDensity: VisualDensity.adaptivePlatformDensity,
      ),
      home: MyHomePage(title: 'Flutter Demo Home Page'),
    );
  }
}
```

5.8 Modal : AlertDialog, SnackBar, BottomSheet

Flutter는 사용자에게 상호작용의 성공 혹은 실패 등의 정보를 제공하는 Modal 위젯을 제공한다. 일반적인 Alert인 AlertDialog, 서비스에 특정 시간 동안만 나타나는 SnackBar, 서비스 하단에서 나타나는 Bottom-Sheet가 바로 그러한 위젯들이다.

먼저, AlertDialog를 살펴보자. 기본적인 코드는 다음과 같으며, 해당 코드를 작동시키면 버튼을 클릭할 때 다음과 같이 Dialog가 나타나게 된다.

```dart
import 'package:flutter/material.dart';

void main() => runApp(const MyApp());

class MyApp extends StatelessWidget {
  const MyApp({super.key});

  @override
  Widget build(BuildContext context) {
    return MaterialApp(
      home: Scaffold(
        appBar: AppBar(title: const Text('AlertDialog Sample')),
        body: const Center(
          child: DialogExample(),
        ),
      ),
    );
  }
}
```

```dart
class DialogExample extends StatelessWidget {
  const DialogExample({super.key});

  @override
  Widget build(BuildContext context) {
    return TextButton(
      onPressed: () => showDialog<String>(
        context: context,
        builder: (BuildContext context) => AlertDialog(
          title: const Text('AlertDialog Title'),
          content: const Text('AlertDialog description'),
          actions: <Widget>[
            TextButton(
              onPressed: () => Navigator.pop(context, 'Cancel'),
              child: const Text('Cancel'),
            ),
            TextButton(
              onPressed: () => Navigator.pop(context, 'OK'),
              child: const Text('OK'),
            ),

          ],
        ),
      ),
      child: const Text('Show Dialog'),
    );
  }
}
```

AlertDialog 실행 화면

작동 원리를 간략히 설명하면 다음과 같다. 사용자가 버튼을 클릭하게 되면, 위 코드처럼 showDialog 함수의 builder를 사용하여 AlertDialog 를 생성해 내게 된다. 원하는 제목과 내용, 그리고 버튼을 조정함으로 써 원하는 Alert으로 변경할 수 있다. 추가적으로 현재 사진에서 보이 는 디자인은 Material Design으로 Cupertino Design의 Alert UI는 다 음과 같다. 해당 Alert을 나타내기 위해서는 CupertinoAlertDialog를 이용해야 한다.[5]

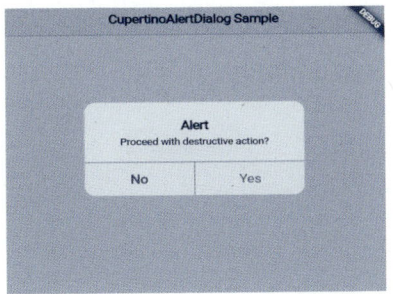

CupertinoAlertDialog 실행 화면

---

5 실무 환경에서는 Material Design이나 Cupertino Design 그대로의 AlertDialog를 사용하는 경 우가 드물다. 대부분 Alert을 원하는 UI로 커스터마이징하여 사용한다.

다음은 SnackBar이다. SnackBar도 AlertDialog처럼 특정 버튼을 클릭하는 등의 상호작용이 발생할 때 특정 시간 동안 나타나서 정보를 알려주는 Modal이다. 예제 코드는 다음과 같으며 버튼을 클릭하면 다음과 같은 SnackBar가 나타나게 된다.

```dart
import 'package:flutter/material.dart';

void main() => runApp(const MyApp());

class MyApp extends StatelessWidget {
  const MyApp({super.key});

  static const String _title = 'Flutter Code Sample';

  @override
  Widget build(BuildContext context) {
    return MaterialApp(
      title: _title,
      home: Scaffold(
        appBar: AppBar(title: const Text(_title)),
        body: const Center(
          child: MyStatelessWidget(),
        ),
      ),
    );
  }
}

class MyStatelessWidget extends StatelessWidget {
  const MyStatelessWidget({super.key});
```

```
@override
Widget build(BuildContext context) {
  return ElevatedButton(
    child: const Text('Show Snackbar'),
    onPressed: () {
      ScaffoldMessenger.of(context).showSnackBar(
        SnackBar(
          content: const Text('Awesome Snackbar!'),
          action: SnackBarAction(
            label: 'Action',
            onPressed: () {
              // Code to execute.
            },
          ),
        ),
      );
    },
  );
}
```

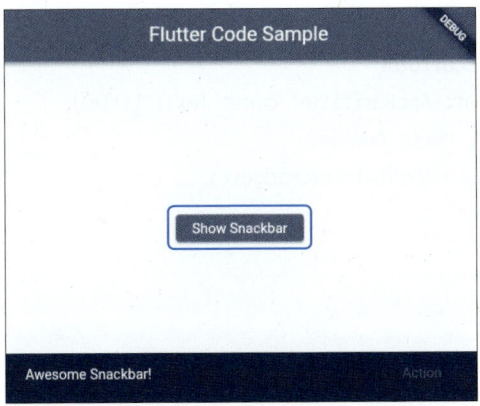

SnackBar 실행 화면

과거에는 SnackBar 사용이 다소 까다로웠지만, Flutter Version 2 업그레이드부터 ScaffoldMessenger.of(context).showSnackBar()와 같이 사용할 수 있게 변화되어 다소 사용성이 편리해졌다. 예시 코드에는 시간이 명시되어 있지 않다. **시간 기본값을 지정하지 않으면 SnackBar가 나타나는 시간은 4.0초이다.** 만약 시간 지정을 원하면 Duration을 사용할 수 있다. Duration을 포함한 SnackBar를 커스터마이징한 코드를 살펴보면 다음과 같다.

```
import 'package:flutter/material.dart';

void main() => runApp(const MyApp());

class MyApp extends StatelessWidget {
  const MyApp({super.key});

  static const String _title = 'Flutter Code Sample';

  @override
  Widget build(BuildContext context) {
    return MaterialApp(
      title: _title,
      home: Scaffold(
        appBar: AppBar(title: const Text(_title)),
        body: const Center(
          child: MyStatelessWidget(),
        ),
      ),
    );
  }
}
```

```dart
class MyStatelessWidget extends StatelessWidget {
  const MyStatelessWidget({super.key});
  @override
  Widget build(BuildContext context) {
    return ElevatedButton(
      child: const Text('Show Snackbar'),
      onPressed: () {
        ScaffoldMessenger.of(context).showSnackBar(
          SnackBar(
            action: SnackBarAction(
              label: 'Action',
              onPressed: () {
                // Code to execute.
              },
            ),
            content: const Text('Awesome SnackBar!'),
            duration: const Duration(milliseconds: 1500),
            width: 280.0, // Width of the SnackBar.

            padding: const EdgeInsets.symmetric(
              horizontal: 8.0, // Inner padding for SnackBar content.
            ),
            behavior: SnackBarBehavior.floating,
            shape: RoundedRectangleBorder(
              borderRadius: BorderRadius.circular(10.0),
            ),
          ),
        );
      },
    );
  }
}
```

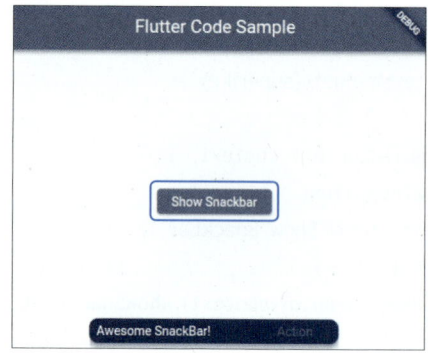

커스터마이징한 SnackBar 실행 화면

width와 height, 그리고 padding 등을 조정할 수 있으며, Rounded RectangleBorder 속성을 통해 라운드 값을 조절할 수 있다. 물론 위치나 색상도 모두 조절할 수 있다. SnackBar는 특정 시간이 지나면 사라지기에 유저에게 불필요한 상호작용 없이 정보를 알릴 때 사용할 수 있는 위젯이다.

마지막으로 살펴볼 위젯은 BottomSheet이다. BottomSheet는 하단에서 올라오는 modal로 "커뮤니티 글 신고하기", "장바구니 담기" 등의 선택 메뉴를 만드는 등에 사용된다. BottomSheet는 다음과 같이 scaffoldState.showBottomSheet를 사용할 수도 있고,

```
scaffoldKey.currentState!.showBottomSheet(...)
```

showModalBottomSheet를 통해 사용할 수 있다. 개인적으로는 showModalBottomSheet를 사용하는 것을 선호하기에 해당 위젯을 소개하고자 한다. 기본 코드는 다음과 같고, 해당 코드는 버튼을 클릭하면 BottomSheet가 나타나는 코드이다.

```dart
import 'package:flutter/material.dart';

void main() => runApp(const MyApp());

class MyApp extends StatelessWidget {
  const MyApp({super.key});

  static const String _title = 'Flutter Code Sample';

  @override
  Widget build(BuildContext context) {
    return MaterialApp(
      title: _title,
      home: Scaffold(
        appBar: AppBar(title: const Text(_title)),
        body: const MyStatelessWidget(),
      ),
    );
  }
}

class MyStatelessWidget extends StatelessWidget {
  const MyStatelessWidget({super.key});

  @override
  Widget build(BuildContext context) {
    return Center(
      child: ElevatedButton(
        child: const Text('showModalBottomSheet'),
        onPressed: () {
          showModalBottomSheet<void>(
            context: context,
            builder: (BuildContext context) {
              return Container(
                height: 200,
                color: Colors.amber,
```

```dart
            child: Center(
              child: Column(
                mainAxisAlignment: MainAxisAlignment.center,
                mainAxisSize: MainAxisSize.min,
                children: <Widget>[
                  const Text('Modal BottomSheet'),
                  ElevatedButton(
                    child: const Text('Close BottomSheet'),
                    onPressed: () => Navigator.pop(context),
                  ),
                ],
              ),
            );
          },
        );
      },
    ),
  );
  }
}
```

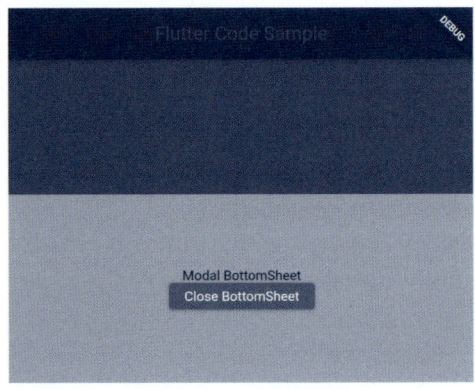

BottomSheet 실행 화면

앞선 modal과 마찬가지로 원하는 UI로 디자인할 수 있다. 예시 코드에서는 height와 color 등을 조절하였다. BottomSheet도 라운드나 버튼, 내용 등 다양하게 조정할 수 있다. UI가 개선된 BottomSheet를 modal_bottom_sheet(https://pub.dev/packages/modal_bottom_sheet)라는 Open Source Package로 제공하고 있는데 사용법이 간단하고, UI 커스터마이징이 편리하여 사용하는 것을 추천한다. 기본적인 코드는 다음과 같다.

```
showMaterialModalBottomSheet(
  context: context,
  builder: (context) => Container(),
)
```

우리는 5장을 통해 Flutter에 사용되는 기본적인 위젯들에 대해 알아보았다. 이번 장에서는 Flutter 프로그래밍을 위한 개념을 알아보았다면, 다음 장에서는 Flutter 프로젝트의 구성 방법과 자주 사용되는 내/외장 Package들을 알아 봄으로서 실무 환경에서 Flutter 프로젝트 구축에 대해 알아볼 예정이다.

CHAPTER

6

Flutter 프로젝트 구성하기

CONTENTS

6.1 프로젝트 설정하기

6.2 Flutter에 사용되는 디자인 패턴

6.3 MVVM 패턴 사용하기

6.4 자주 사용되는 14가지 Flutter Package

이번 장에서는 실무 환경에서 Flutter 프로젝트 구축을 위한 내용을 알아볼 것이다. 4장의 내용과 일정 부분 겹치긴 하지만 심화 내용을 다루기 위해 따로 장을 분리했음을 밝힌다.

우리는 이 장에서 **Flutter의 Config 설정**에 대해 상세히 알아볼 필요가 있다. 더불어, Flutter 프로젝트를 구축하는 데 사용되는 **디자인 패턴**에 대해 알아보고자 한다. Flutter는 Spring, Django, React와 같은 기존 프레임워크들처럼 지배적으로 사용되거나 추천되는 디자인 패턴이 없으므로 개인의 경험에 의한 추천임을 미리 밝힌다. 때문에 본 서적에서 소개하는 내용이 유일한 정답은 아니다. 때문에 본인들이 프로젝트 구성 시에 사용하던 익숙한 디자인 패턴을 사용하거나 응용하는 형태로 프로젝트를 구성해도 괜찮다. 마지막으로 Flutter에서 **자주 사용되는 내장 외장 Package**와 기본 사용법을 소개할 예정이다.

6.1 프로젝트 설정하기

먼저 pubspec.yaml에 대해 알아보자. 처음 프로젝트를 생성하면 다음과 같이 루트 디렉터리에 pubspec.yaml 파일이 생긴다.

프로젝트 생성 시 만들어지는 기본 프로젝트 구조

처음 프로젝트를 만들면 다음과 같이 기본 설정 코드가 pubspec.yaml
에 만들어진다.

```yaml
name: <Project Name>
description: A new Flutter project.

# The following line prevents the package from being accidentally
# published to pub.dev using `flutter pub publish`. This is
# preferred for private packages.
publish_to: 'none' # Remove this line if you wish to publish to pub.dev

# The following defines the version and build number for your
# application. A version number is three numbers separated by
# dots, like 1.2.43 followed by an optional build number separated
# by a +.
# Both the version and the builder number may be overridden in
# flutter build by specifying --build-name and --build-number, re
# spectively.
# In Android, build-name is used as versionName while build-
# number used as versionCode.
# Read more about Android versioning at https://developer.android.
# com/studio/publish/versioning
# In iOS, build-name is used as CFBundleShortVersionString while
# build-number used as CFBundleVersion.
# Read more about iOS versioning at
#
https://developer.apple.com/library/archive/documentation/General/
Reference/InfoPlistKeyReference/Articles/CoreFoundationKeys.html
version: 1.0.0+1
```

```yaml
environment:
  sdk: ">=2.17.1 <3.0.0"
# Dependencies specify other packages that your package needs in
# order to work.
# To automatically upgrade your package dependencies to the
# latest versions consider running `flutter pub upgrade
# --major-versions`. Alternatively, dependencies can be manually
# updated by changing the version numbers below to the latest
# version available on pub.dev. To see which dependencies
# have newer versions available, run `flutter pub outdated`.
dependencies:
  flutter:
    sdk: flutter

  # The following adds the Cupertino Icons font to your
  # application.
  # Use with the CupertinoIcons class for iOS style icons.
  cupertino_icons: ^1.0.2
  webview_flutter: ^3.0.4

dev_dependencies:
  flutter_test:
    sdk: flutter

  # The "flutter_lints" package below contains a set of
  # recommended lints to encourage good coding practices.
  # The lint set provided by the package is activated in the
  # `analysis_options.yaml` file located at the root of your
  # package. See that file for information about deactivating
  # specific lint rules and activating additional ones.
  flutter_lints: ^2.0.0

# For information on the generic Dart part of this file, see the
# following page: https://dart.dev/tools/pub/pubspec
```

```yaml
# The following section is specific to Flutter packages.
flutter:

  # The following line ensures that the Material Icons font is
  # included with your application, so that you can use the icons
  # in the material Icons class.
  uses-material-design: true

  # To add assets to your application, add an assets section,
  # like this:
  # assets:
  #   - images/a_dot_burr.jpeg
  #   - images/a_dot_ham.jpeg

  # An image asset can refer to one or more resolution-specific
  # "variants", see
  # https://flutter.dev/assets-and-images/#resolution-aware

  # For details regarding adding assets from package
  # dependencies, see
  # https://flutter.dev/assets-and-images/#from-packages

  # To add custom fonts to your application, add a fonts section
  # here, in this "flutter" section. Each entry in this list
  # should have a "family" key with the font family name, and a
  # "fonts" key with a list giving the asset and other descriptors
  # for the font. For
  # example:
  # fonts:
  #   - family: Schyler
  #     fonts:
  #       - asset: fonts/Schyler-Regular.ttf
  #       - asset: fonts/Schyler-Italic.ttf
  #         style: italic
```

```
#     - family: Trajan Pro
#       fonts:
#         - asset: fonts/TrajanPro.ttf
#         - asset: fonts/TrajanPro_Bold.ttf
#           weight: 700
#
# For details regarding fonts from package dependencies,
# see https://flutter.dev/custom-fonts/#from-packages
```

pubspec에서 지원되는 field는 name, version, description, homepage, repository, issue_tracker, documentation, dependencies, dev_dependencies, dependency_overrides, environment, executables, platforms, publish_to, funding, false_secrets이 있다. **각 field는 모두 프로젝트의 메타 데이터와 의존성에 대해 값을 설정하기 위한 목적의 속성이다.** 각 속성이 명확하게 이분화되지는 않지만 설명을 위해 큰 맥락에서 나누자면 패키지 관련 속성, 그리고 의존성 관련 속성으로 나눌 수 있다. platforms와 같이 두 속성을 모두 포함하는 필드도 있다는 점을 미리 밝힌다. 먼저 패키지 관련 속성을 살펴보면 다음과 같다.

- **name** : 패키지 이름으로 필수 필드이다.
- **version** : 패키지 버전을 의미하며, 생략할 경우 패키지 버전은 0.0.0으로 설정된다.
- **description** : 패키지 설명을 기재한다.
- **author(s)** : 해당 패키지를 만든 사람을 표시한다. "이름〈이메일〉"과 같은 형식으로 작성한다.
- **homepage** : 패키지의 홈페이지 데이터를 기재한다.
- **documentation** : 패키지를 설명하는 추가 문서가 있는 경우 해당 URL을 기재한다.

- **issue_tracker** : 버그 리포트를 제출할 수 있는 URL을 기재한다. issue_tracker가 미기재 상태이고, repository가 GitHub인 경우 기본 issue_tracker(https://GitHub.com/⟨user⟩/⟨repository⟩/issues)를 사용한다.
- **repository** : 패키지 소스 코드 저장소(URL)를 기재한다.(주로 GitHub입니다.)
- **funding** : 사용자가 패키지 개발을 후원할 수 있는 URL을 기재한다.
- **platforms** : 패키지가 지원되는 플랫폼을 명시적으로 선언하는 데 사용된다.
- **publish_to** : 기본값은 pub으로 배포하며, none으로 지정한 경우 나타나지 않는다. 해당 속성은 pub.dev에 패키지를 업데이트하는 경우 다음과 같이 패키지 정보를 나타내는 것에 표시된다.

의존성에 대한 필드는 다음과 같다.

- **executables** : 해당 필드에 스크립트를 기재하면 명령줄에서 직접 실행할 수 있게 된다. 즉, 스크립트를 공개적으로 사용하기 위함이다. ⟨커맨드 실행 명령어⟩: ⟨bin에 있는 dart파일⟩로 실행하게 되며 아래처럼 코드를 작성하면 패키지 활성화 후 slidy를 입력하면 bin/main.dart 스크립트가 실행되게 된다.

```
executables:
  slidy: main
fvm:
```

- **dependencies** : 패키지가 가지고 있는 개발 종속성에 대해 기재하며, 프로덕트를 개발하며 가장 많이 접하게 될 필드이다.
- **dev_dependencies** : 개발 단계에서만 필요한 종속성을 기재하며, 운영 환경에서는 사용하지 않는 경우 dependencies 필드가 아닌 해당 필드에 기재한다.
- **dependency_overrides** : 의존하고 있는 패키지 중 로컬에서 자체적으로 수정하여 사용하고자 하는 경우 해당 속성에 기재할 수 있다. 예를 들어 아래 코드와 같이 기재 함으로서 로컬에서 변경한 transmogrify 패키지를 사용하도록 종속성을 설정할 수 있다. 해당 기재 이후 pub get 혹은 pub upgrade를 입력하면 pubspec의 lock 파일이 업데이트되어 종속성에 대해 새 로컬 경로를 반영하여 로컬 버전을 사용한다. 그러나 pub.dev에 패키지를 게시하는 경우 해당 속성은 무시되고 dependencies에 기재된 사항이 적용된다.

```
name: my_app
dependencies:
  transmogrify: ^1.2.0
dependency_overrides:
  transmogrify:
    path: ../transmogrify_patch/
```

다음은 정적 분석을 수행하고 Linter 규칙을 설정하는 analysis_options.yaml 파일을 살펴보자. 이 책의 집필 시점의 Flutter 최신 버전인 Version 3.0의 경우, 프로젝트를 생성할 때 다음 코드와 같이 dev_dependencies에 flutter_lints가 적용되어 정적 분석이 자동으로 적용되게 된다. 정적 분석은 코드를 실행하기 전에 Linter 규칙에 따라 error와

warning을 알려주는 것으로 매우 유용하다. 다른 프레임워크들의 경우 Linter가 자동으로 적용되어 있지 않아 ESLint 등을 별도로 적용할 수 있도록 구성 파일을 만들거나 IDE 확장 프로그램을 설치해야 하는 반면, Flutter는 프로젝트 생성부터 적용되어 있어 개발 생산성을 매우 높여준다.

```
dev_dependencies:
  flutter_test:
    sdk: flutter

  flutter_lints: ^2.0.0
```

analysis_options.yaml을 생성했을 때 코드를 살펴보면 다음과 같다.[1] 해당 파일을 보면 flutter_lints의 Lint 설정 파일이 include되어 Flutter 프로젝트의 코딩을 진행할 때 정적 분석을 수행한다.

```
# This file configures the analyzer, which statically analyzes Dart
# code to check for errors, warnings, and lints.
#
# The issues identified by the analyzer are surfaced in the UI of
# Dart-enabled
# IDEs (https://dart.dev/tools#ides-and-editors). The analyzer can
# also be
# invoked from the command line by running `flutter analyze`.
# The following line activates a set of recommended lints for
```

---

1 해당 파일뿐만 아니라 Flutter는 초기에 생성되는 프로젝트 관련 파일에 주석을 매우 구체적으로 달아 놓은 것이 특이적이다.

```
# Flutter apps, packages, and plugins designed to encourage good
coding practices.
include: package:flutter_lints/flutter.yaml

linter:
# The lint rules applied to this project can be customized in the
# section below to disable rules from the `package:flutter_lints/
# flutter.yaml`
# included above or to enable additional rules. A list of all
# available lints and their documentation is published at
# https://dart-lang.GitHub.io/linter/lints/index.html.
#
# Instead of disabling a lint rule for the entire project in the
# section below, it can also be suppressed for a single line of
# code or a specific dart file by using the `// ignore: name_of_
# lint` and `// ignore_for_file: name_of_lint` syntax on the line
# or in the file producing the lint.
rules:
# avoid_print: false # Uncomment to disable the `avoid_print` rule
# prefer_single_quotes: true # Uncomment to enable the `prefer_
# single_quotes` rule

# Additional information about this file can be found at
# https://dart.dev/guides/language/analysis-options
```

linter와 rule속성에는 Linter를 적용할 설정 파일에서 개별 규칙을 활성화하거나 비활성화하고자 하는 규칙을 기재하면 된다. 다음 코드처럼 Linter 적용을 위한 구성 파일을 커스터마이징하여 include할 수 있으며, 원하는 규칙만 활성화하도록 설정할 수도 있다.

```yaml
include: package:lints/recommended.yaml

analyzer:
  exclude: [build/**]

  language:
    strict-casts: true
    strict-raw-types: true

linter:
  rules:
    - cancel_subscriptions
```

analysis_options.yaml 설정을 완료하면 다음처럼 정적 분석이 수행된다. 개발자가 해당 Error 혹은 Warning에 따라 코드를 수정하면 밑줄이 사라지게 된다.

```
Navigator.pushReplacementNamed(context, '/home');
```

정적 분석을 통해 표시된 Warning

Linter 규칙은 본인 혹은 조직의 스타일에 따라 커스터마이징 하면 된다. 예를 들어, 최근에 추가된 Linter 규칙 중 다음과 같이 context를 외부 함수에 저장하면 위젯이 dispose된 후 호출되어 에러가 발생할 수 있기 때문에 이를 막는 규칙이 있다. 해당 규칙을 준수하는 것이 바람직하지만 해당 규칙을 준수하기 위해서는 BuildContext에 의존하지 않는 Package를 사용하거나 반복되는 보일러 플레이트 코드를 사용해야 한다. 이처럼 Linter 규칙을 지키기 위해 프로덕션 코드에 너무 많은 변화가 필요하다면 규칙을 비활성화할 수 있다. **Linter는 절대적인 Rule이 아니다.** 때문에 Linter 규칙의 영향을 검토하고 해당 규칙을 활성화할

지 아닐지를 선택할 수 있다.

```
BuildContext context
Type: BuildContext
Do not use BuildContexts across async gaps. dart(use_build_context_synchronously)
View Problem   Quick Fix... (⌘.)
Navigator.pushReplacementNamed(context, '/home');
```

밑줄 위에 마우스 커서를 대면 Linter 관련 경고를 볼 수 있다.

6.2 Flutter에 사용되는 디자인 패턴

디자인 패턴에 대해 알아보기 전에 함께 혼용되는 개념인 소프트웨어 아키텍처와 디자인 패턴의 정의와 차이점을 이해할 필요가 있다. **소프트웨어 아키텍처는 말 그대로 소프트웨어의 구조를 의미한다. 즉, 쉽게 말해 소프트웨어의 설계도이다.** 이러한 설계도에는 소프트웨어를 구성하는 모듈과 컴포넌트 등의 요소들이 구성되고 조립되는 방식, 그리고 그렇게 구성된 소프트웨어가 어떻게 서로 의사소통하는지, 구성된 소프트웨어 제약 조건은 어떻게 되는지 등의 소프트웨어에 대해 정보가 포함되어 있다. 때문에 소프트웨어 아키텍처를 시각화한다면 이해관계자와 의사소통을 원활히 할 수 있게 해준다. 즉, 소프트웨어 아키텍처 시각화는 개발하고자 하는 소프트웨어가 요구사항을 충족하고 있는지 파악하는 데에 도움이 된다.

소프트웨어 아키텍처를 디자인할 때 "요소들을 구성하고 조립하는 과정"에서 반복적으로 나타나는 문제들이 있다. 예를 들면 구성요소들을 어떻게 모듈화하거나 추상화할 것인지, 그러한 모듈에 정보는 어떻게 은닉할 것인지 등이다. 이러한 **문제들을 해결할 수 있도록 구조화된 솔루션이 바로 소프트웨어 아키텍처의 디자인 패턴**이다.

디자인 패턴은 라이브러리와 비슷한 속성을 가지고 있다. 개발을 진행할 때 프로덕트에 사용하는 특정 기능이 구현되어 있는 오픈 소스 라이브러리들을 가져와 사용하는 것처럼 소프트웨어 아키텍처를 디자인할 때 내가 해결하고자 하는 문제에 적합한 디자인 패턴을 가져와 소프트웨어에 적용할 수 있다. 즉, 효율적인 소프트웨어 아키텍처를 구축하는 과정에서 반복적으로 발생하는 문제를 해결하는 솔루션이 바로 디자인 패턴이다.

자 그럼 Flutter에서 사용되는 디자인 패턴에 대해 알아보자. **Flutter에서 주로 사용되는 디자인 패턴은 MVC, MVP, MVVM, BLoC 등**이 있다. 모바일 애플리케이션을 개발 경험이 있는 독자라면 이러한 디자인 패턴에 익숙할 것이다.

어떤 디자인 패턴을 적용할지에 대한 정답은 없다. 각 소프트웨어의 요구사항과 규모마다 적합한 아키텍처가 있고 그를 효과적으로 구축하기 위한 수단으로 디자인 패턴을 선택할 수 있다. 때문에 소개하는 디자인 패턴의 특징과 장단점을 파악하고 본인의 소프트웨어 아키텍처에 적합한 구조로 디자인 패턴을 활용하길 바란다.

6.2.1 MVC 패턴

MVC 패턴은 Model-View-Controller를 나타낸다. **MVC 패턴에서는 인터랙션이 발생하면 Controller를 호출한다. Controller는 입력에 따라 Model에서 데이터를 처리하고 발생한 변경사항에 따라 View에서 UI를 보여준다.** 해당 패턴을 통한 아키텍처 구축은 단순하나 소프트웨어의 규모가 커질수록 유지보수가 복잡해져 낮은 확장성을 가진다는 문제가 있다.

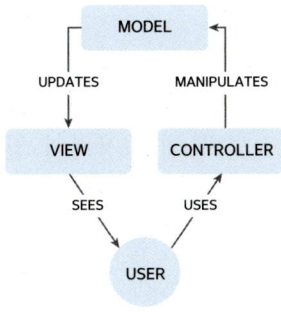

MVC 모델 모식도

6.2.2 MVP 패턴

MVP 패턴은 Model-View-Presenter를 나타낸다. MVP는 MVC와 달리 Controller가 아닌 View를 통해 사용자의 입력을 받는다. 해당 입력은 Presenter로 전달되어 Model에서 데이터를 업데이트하도록 요청된다. Model에서 데이터가 업데이트되면 다시 Presenter를 거쳐 View가 업데이트된다. 즉, MVC와 달리 MVP에서는 Model과 View의 의사소통을 Presenter가 중개한다. 이러한 계층의 분리는 의존성을 최소화하여 의존성을 통한 사이드 이펙트를 막을 수 있다. 그러나, View와 Presenter의 의존성이 높아지며 소프트웨어의 규모가 커질수록 View와 Presenter가 복잡해진다는 문제가 있다.

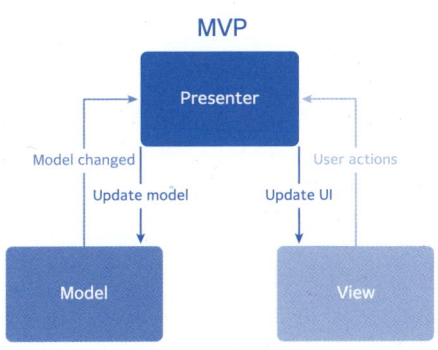

MVP 모델 모식도

6.2.3 MVVM 패턴

MVVM 패턴은 Model-View-ViewModel을 나타낸다. MVVM 패턴은 MVP와 마찬가지로 View를 통해 사용자의 입력을 받아 ViewModel로 보낸다. ViewModel은 Model에 데이터를 요청하여 저장한다. VIew는 ViewModel과의 데이터 바인딩을 통해 ViewModel에 저장된 데이터 값이 업데이트될 때 View가 업데이트된다. **데이터 바인딩의 특징은 ViewModel이 View에 데이터를 직접 전달하는 것이 아니라는 점**이다. 때문에 MVVM 패턴은 View와 Model를 분리하여 서로 의존하지 않을 뿐만 아니라 ViewModel과 View 간의 데이터 바인딩을 통해 의존도를 낮춘다. 이 때문에 앞서 소개한 두 가지 패턴 대비 확장성을 가지고 있으나 작은 규모의 경우 MVC나 MVP 패턴 대비 생산성이 떨어질 수 있다.

6.2.4 BLoC 패턴

BLoC(Business Logic Component)는 UI와 Business Logic을 분리하여 사용하는 패턴으로 Flutter의 상태 관리를 위해 사용되는 특이적인 패턴이다. 객체지향 프로그래밍에 익숙한 경우 BLoC 패턴은 좋은 선택이 될 수 있으며 대규모 트래픽이 발생하는 프로덕트의 경우 유지보수와 사이드 이펙트 최소화를 위해 BLoC 패턴을 적용해 볼 만하다. 그러나, Stream과 비동기 프로그래밍에 대해 온전한 이해가 필요하고 다수의 보일러 플레이트 코드가 발생한다는 점에서 높은 진입 장벽과 생산성 저하가 발생한다. BLoC 패턴을 활용하여 디렉터리를 구성하면 다음과 같이 구성할 수 있다.

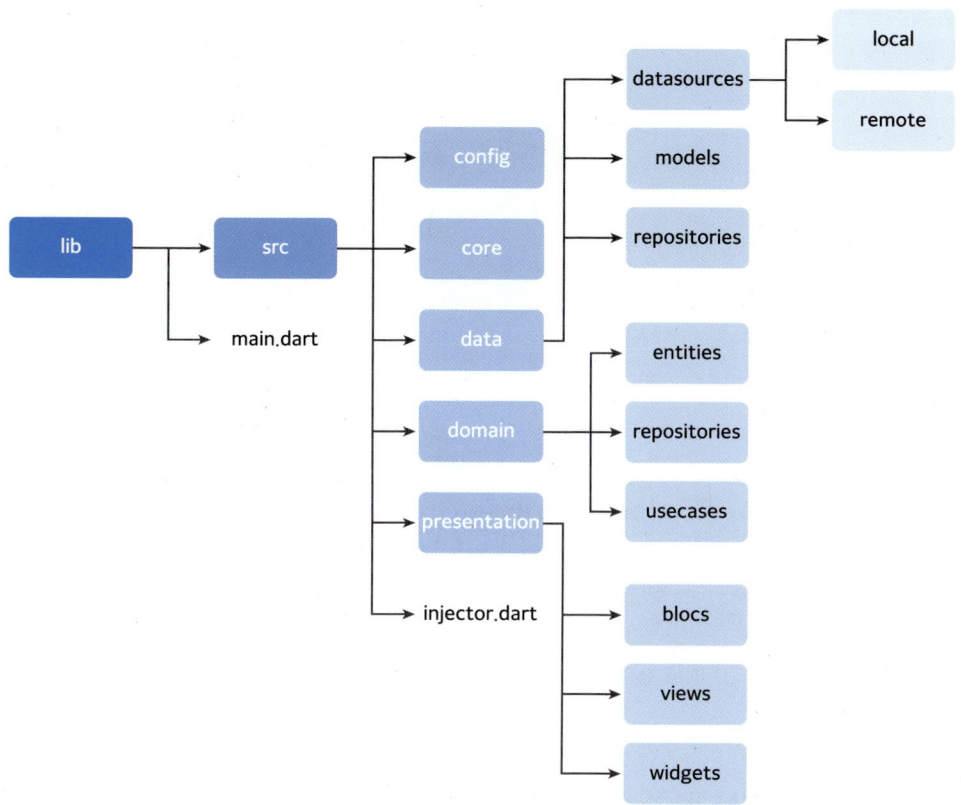

BLoC 패턴을 활용한 예시 프로젝트 구조

더불어 아키텍처 및 종속성 구성은 다음과 같이 구성할 수 있다.[2]

---

2   개인적으로는 처음 BLoC 패턴을 접할 때 Layer 간 결합을 분리하는 아키텍처들과 유사하다고 생각했다. 아마도 객체지향 프로그래밍에 익숙한 개발자의 경우 BLoC 패턴에 대한 진입 장벽이 높지 않을 것으로 생각한다.

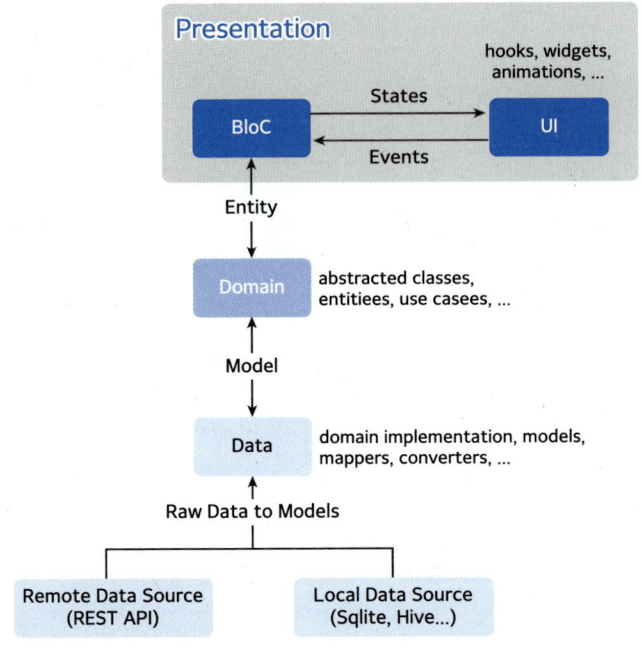

BLoC 패턴을 활용한 소프트웨어 아키텍처 및 종속성 구성

6.3 MVVM 패턴 사용하기

본 서적을 읽는 독자의 백그라운드가 다양하기 때문에 범용적으로 적용할 수 있는 MVVM 패턴을 선택하고자 했다. MVVM 패턴의 경우 소규모부터 중대규모의 소프트웨어에 적용할 수 있는 범용성을 가지고 있기 때문이다. 특히 **Flutter에서는 MVVM 패턴에 상태 관리와 의존성 주입 라이브러리인 Provider를 활용할 수 있어 해당 패턴의 활용도를 높여준다.** 다음 장에서 상세히 설명하겠지만 Provider는 UI로부터 상태를 분리하여 관리할 수 있게 해주며 필요한 위젯에 상태를 주입해 줄 수 있다. Front-end 개발에 익숙하다면 Redux, Mobx, Vuex 등의 상태 관리 라이브러리와 유사하기 때문에 Provider를 적용하는 것이 어렵지

않을 것이다. 단, Provider를 활용한 MVVM 패턴의 경우 프로덕트의 규모가 커질수록 유지보수를 위한 추가적인 작업들이 필요하다. 예를 들어 상태를 Provider의 Store에 전역적으로 관리하는 것과 각 컴포넌트에서 지역적으로 관리하는 방식을 규정하는 등의 상태 관리 전략을 수립할 필요가 있다. 해당 디자인 패턴을 통해 Flutter 프로젝트를 구축하면 일반적으로 다음과 같은 디렉터리 구조를 갖게 된다.

```
app
- android
- ios
- doc // 문서 주석을 통한 API 문서들이 모여 있는 폴더
- lib
- config // 설정 관련 코드가 모여 있는 폴더
- screen // 화면이 모여 있는 폴더
- model // 데이터베이스에서 호출한 Json 데이터를 직렬화해주는 DTO
- providers // 상태 관리를 위한 코드가 모여 있는 폴더(ViewModel)
- repository // 데이터 베이스 접근을 위한 DAO가 모여 있는 폴더
- components // container에 사용되는 Widget이 모여 있는 폴더
- containers // 화면에 사용되는 container가 모여 있는 폴더
- utils // 자주 활용되는 기능들을 위한 코드가 모여 있는 폴더
- styles // UI 관련 Widget이 모여 있는 폴더
- main.dart
- test // 테스트 관련 디렉터리.
    - unit
        - providers
        - model
        - repository
        - utils
    - widget
        - styles
        - components
        - containers
```

위와 같은 구조로 구성되며, 해당 아키텍처에서 MVVM(Model – View Model – View)의 구성요소는 다음과 같다.

- **Model** : repo, model
- **ViewModel** : providers
- **View** : screen과 components (widgets)

MVVM 패턴의 이해를 돕기 위해 Model과 ViewModel, View에 대한 예시 코드를 소개하고자 한다.[3]

먼저 View에 대해 살펴보자. View는 클라이언트에게 보이는 Screen과 그를 구성하는 모듈인 components로 구성된다.[4] 개인적으로는 다음 사진처럼 Screen과 Components의 디렉터리 구조를 맞추는 것을 선호한다.

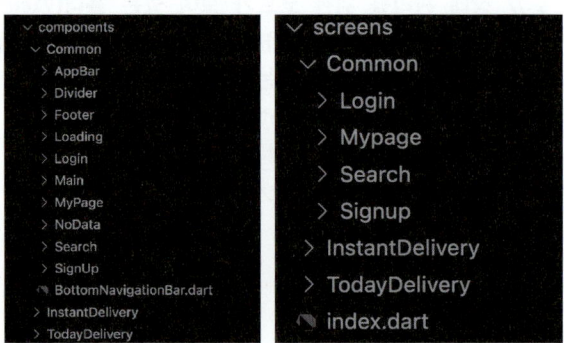

Screen와 Components 예시 디렉터리 구조

---

3 해당 코드들은 실 프로덕트 환경에서 지속해서 변경된 레거시이기 때문에 완벽하지 않다는 점에 대해 미리 밝힌다. 예를 들면 명명법 등에서 깔끔하지 않거나 객체의 명확한 의미를 내포하지 못하는 등의 이슈가 있다.

4 Styles는 이름 그대로 style과 관련된 Widget이 모여 있다. 본 서적에서는 별도의 설명은 하지 않을 예정이다.

Screen의 대분류는 각 서비스[5] 하고 공통으로 사용되는 기능(Common)인 3가지 영역으로 나누어져 있다. Screen의 구성이 완료되었다면 각 도메인에 사용되는 Screen을 정의하고 그에 따라 components 구조를 맞춘다. 단, Common Commponents의 경우 공통으로 사용하는 Component를 포함한다. 그 후 다음 코드와 같이 Screen에서 사용하는 단위 기능마다 모듈화하여 components를 구성한다.

```
return Scaffold(
    resizeToAvoidBottomInset: false,
    appBar: NoAppBar(context),
    floatingActionButton: CartFloatingActionButton(context),

    body: Stack(
      children: [
        ListView(children: [
          // 음식 메인이미지
          MainImage(context),
          // 음식 정보
          FoodInformation(context),
          // 경계선
          WhiteDivider(context),
          // 음식 가격
          FoodPrice(context),
          // 경계선
          WhiteDivider(context),
          // 옵션 정보
          if (selectedFood.option != null) ...[
            for (var optionName in selectedFood.option!.keys)
              FoodOption(context, optionName),
```

---

5   여기서는 InstatDelivery와 TodayDelivery가 상이한 서비스이다.

```
            ],
            // 다중 선택 옵션 정보
            if (selectedFood.multiOption != null) ...[
              for (var multiOptionName in selectedFood.multiOption!.keys)
                FoodMultiOption(context, multiOptionName),
            ],

            // 짤림 방지
            Container(
              color: Colors.white,
              height: MediaQuery.of(context).size.height * 0.15,
            ),
          ]),
          // 구매 버튼
          BuyButton(context),
        ],
      ),
    );
```

각 components를 살펴보면 Provider를 통해 상태를 주입하여 상태 변화에 따라 위젯이 재렌더링 될 수 있도록 한다.[6] 아래의 코드는 주입된 상태가 변경될 때 위젯이 리렌더링 되어 변화된 음식 가격을 보여줄 수 있는 코드이다.

```
final selectedFood = context.select(
    (InstantDeliveryFoodViewModel viewModel) => viewModel.selectedFood);

  return Container(
    height: screenHeight * 0.35,
```

---

[6] 참고로 Provider를 통한 상태 관리 전략과 방법에 관해서는 다음 하나의 장을 할애하여 설명할 예정이며, 이 장에서는 MVVM 패턴을 이해하는 관점에서만 접근하자.

```
    margin: const EdgeInsets.only(bottom: 10),
    child: Stack(children: [
      // 메인 이미지
      PageView.builder(
          controller: PageController(
            initialPage: 0,
            viewportFraction: 1, // 화면 전체를 가림
          ),
          itemCount: selectedFood.mainImage?.length,
          onPageChanged: (index) {},
          scrollDirection: Axis.horizontal,
          itemBuilder: (context, index) {
            return Container(
              width: MediaQuery.of(context).size.width,
              margin: EdgeInsets.only(
                  bottom: MediaQuery.of(context).size.height * 0.05),
              child: FadeInImage(
                imageErrorBuilder: (context, exception, stackTrace) {
                  return SizedBox(
                    width: 100.0,
                    height: 100.0,
                    child: Image.asset('assets/loading.gif'),
                  );
                },
                image: NetworkImage(selectedFood.mainImage?[index]),
                placeholder: const AssetImage("assets/loading.gif"),
                fit: BoxFit.fitWidth,
              ),
            );
          }),

      // 뒤로 가기
      PopNavigator(context),

      // 공유하기
    ]),
);
```

여기까지 이해했다면 상태 변화에 대한 비즈니스 로직은 Screen과 components에서 사용되지 않고 있다는 사실을 알 수 있을 것이다. 즉, **Screen과 components는 상태 변화에 대한 논리와는 분리되어 있으며 "주입된 상태" 의 변화에 따라 리렌더링하는 역할**을 한다.[7]

만약 각 위젯에서만 지역적으로 사용하는 상태와 비즈니스 로직이 모두 Store에 저장되어 있고, 그러한 Store를 구독하는 다수의 위젯들이 변경이 필요 없는 상태의 변화에 따라 모두 렌더링 된다면 이는 성능상으로도 비효율이고 불필요한 사이드 이펙트를 발생시킴과 동시에 코드의 복잡성을 증가시킬 것이다.

따라서 로그인 기능과 같이 특정 위젯에서만 사용하는 메서드나 변수들은 전역 Store가 아닌 해당 Screen이나 components에서 선언하는 방법을 활용할 수 있다. **이처럼 상태를 관리하는 의사 결정의 근거를 수립하는 것을 "상태 관리 전략"을 수립한다고 한다.**[8] 소프트웨어의 유지보수성을 위해서는 조직에 적합한 상태 관리 전략을 수립해야 하며, 이는 8장에서 설명할 계획이다.

이제 우리는 View가 어떻게 구성되는 이해했다. 앞서 설명한 MVVM 디자인 패턴의 작동 방식을 다시 살펴보자. 작동 방식은 다음과 같다.

---

[7] 다음 State 관리 전략에서도 다루겠지만 주의해야 할 점은 비즈니스 로직과 State를 전혀 다루지 않는 것이 아니라 "최소화"한다는 점이다. 상태 관리 전략에 대해 깊은 이해가 없다면 "Provider를 사용하면 State와 비즈니스 로직이 모두 분리되니 StatefulWidget은 사용할 필요가 없다" 혹은 "무조건 View에서 분리하는 것이 좋다"라는 등의 오해를 할 수 있다.

[8] 상태 관리 전략은 결국 높은 생산성으로 레거시를 유지보수하기 위한 소프트웨어 관리 전략 중 하나이다. 즉, 유지보수성과 가독성 등의 소프트웨어의 품질 속성을 개선하기 위한 방법이다.

1. View를 통해 사용자의 입력을 받아 ViewModel로 보낸다.
2. ViewModel은 Model에 데이터를 요청하여 저장한다.
3. VIew는 ViewModel과의 데이터 바인딩을 통해 ViewModel에 저장된 데이터 값이 업데이트될 때 View가 업데이트된다.

그렇다면 View에서는 어떻게 ViewModel에 사용자의 입력을 보낼까? 다양한 방법이 있지만 자주 쓰이는 방법 중 하나는 GestureDetector를 통한 방법이다. GestureDetector 위젯을 통해 사용자의 상호작용이 발생했을 때 다음 코드와 같이 viewModel의 메소드를 호출할 수 있다.

```
return GestureDetector(
        onTap: () async {
            // 공지데이터 선택
            await readMypage.selectNotice
            (readMypage.notice[index]);

            // 공지 페이지로 이동
            Navigator.pushNamed(context, '/mypage/notice/index');
        },
        child: // 하위 위젯
)
```

다음과 같이 ViewModel의 메소드를 호출하면 메소드의 비즈니스 로직에 따라 ViewModel에 저장된 상태를 업데이트하고 notifyListeners()를 통해 상태를 구독하고 있는(의존성을 주입받고 있는) 위젯에게 상태가 변경되었으니 다시 렌더링하도록 알리게 된다. 그럼 상태의 변경만 수행하는 것이 아니라 CRUD 등의 데이터 호출이 필요하다면 어떻게 될까?

다음 코드를 살펴보자. 다음 코드의 로직은 다음과 같다.

1. ViewModel의 메소드를 통해 Repo의 Read 메소드를 호출한다.
2. 호출한 데이터를 직렬화하여 Model Class에 저장하여 반환한다.
3. 반환된 데이터를 State로 저장하여 변화가 발생했음을 View에게 알린다.

❈ ViewModel

```
// user 호출
  List<User> users = [];
  Future<void> loadUser() async {
    if (auth.currentUser == null) {
      users = [];
      notifyListeners();
      return;
    }
    users =
        await _userRepo.getDataToObject
        (email: auth.currentUser?.email ?? "");

    notifyListeners();
  }
```

❈ Repo

```
getDataToObject({String phone = "", String email = ""}) async {
    firebaseQuery = firestore.collection("User");

    if (phone != "") {
      firebaseQuery = firebaseQuery.where('phone', isEqualTo: phone);
    }
```

```
    if (email != "") {
      firebaseQuery = firebaseQuery.where('email', isEqualTo: email);
    }

    final userRef = firebaseQuery.withConverter(
      fromFirestore: User.fromFirestore,
      toFirestore: (user, SetOptions? options) =>
          user.toFirestore() as Map<String, Object?>, // Convert to Object
    );

    final docSnaps = await userRef.get();
    List<User> result = [];

    for (var userData in docSnaps.docs) {
      result.add(userData.data());
    }

    return result;
}
```

❖ DTO

```
import 'package:cloud_firestore/cloud_firestore.dart';

class User {
  final bool? marketing;

  final String? address;
  final String? addressDetail;
  final String? apartmentPassword;
  final String? deviceToken;
  final String? email;
  final String? nickname;
```

```dart
  final String? password;
  final String? phone;
  final String? request;
  final String? driverRequest;
  final int? driverRequestIndex;
  final String? profileImage;
  final bool? authentication;
  final int? referralStamp;

  final Timestamp? createdAt;

  const User(
      {this.marketing,
      this.address,
      this.addressDetail,
      this.apartmentPassword,
      this.deviceToken,
      this.email,
      this.nickname,
      this.password,
      this.phone,
      this.request,
      this.driverRequest,
      this.driverRequestIndex,
      this.profileImage,
      this.authentication,
      this.referralStamp,
      this.createdAt});

  factory User.fromFirestore(
    DocumentSnapshot<Map<String, dynamic>> snapshot,
    SnapshotOptions? options,
  ) {
    final data = snapshot.data();
```

```
    return User(
      marketing: data?['marketing'],
      address: data?['address'],
      addressDetail: data?['address_detail'],
      apartmentPassword: data?['apartment_password'],
      deviceToken: data?['deviceToken'],
      email: data?['email'],
      nickname: data?['nickname'],
      password: data?['password'],
      phone: data?['phone'],
      request: data?['request'],
      driverRequest: data?['driverRequest'],
      driverRequestIndex: data?['driverRequestIndex'],
      profileImage: data?['profileImage'],
      authentication: data?['authentication'],
      referralStamp: data?['referralStamp'],
      createdAt: data?['createdAt'],
    );
  }
  toFirestore() {
    return {
      if (marketing != null) "marketing": marketing,
      if (address != null) "address": address,
      if (addressDetail != null) "addressDetail": addressDetail,
      if (apartmentPassword != null) "apartmentPassword": apartmentPassword,
      if (deviceToken != null) "deviceToken": deviceToken,
      if (email != null) "email": email,
      if (nickname != null) "nickname": nickname,
      if (password != null) "neighbor": password,
      if (phone != null) "phone": phone,
      if (request != null) "request": request,
      if (driverRequest != null) "driverRequest": driverRequest,
      if (driverRequestIndex != null) "driverRequestIndex":
```

```
      driverRequestIndex,
      if (profileImage != null) "profileImage": profileImage,
      if (authentication != null) "authentication": authentication,
      if (referralStamp != null) "referralStamp": referralStamp,
      if (createdAt != null) "createdAt": createdAt,
    };
  }
}
```

작동 방식에 대해 상세히 알아보기 위해 Repo에 대해 알아보자. 개인적으로 선호하는 Repo의 모듈화 방식은 Database Table(Collection)을 기준으로 나누는 것이다. 예를 들면 다음과 같다.

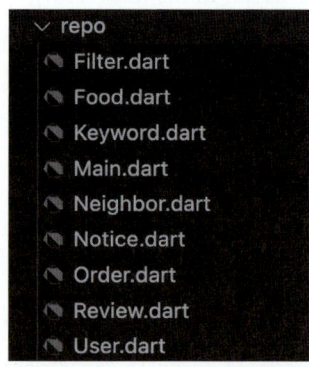

Database Table(Collection) 구조로 설계한 Repo 디렉터리

참고로 본 서적에서는 **Firebase의 Firestore를 기준으로 Model 구성을 설명**하고 있다. Firebase가 비약적으로 개선되고 있음에도 불구하고 대규모 프로덕트를 구축하기에 아직 몇 가지 문제를 가지고 있다. 때문에 대규모 프로덕트를 위한 목적이라면 Firebase가 아닌 일반적인 Back-end Framework와 Cloud Tool을 사용하는 것을 추천한다.

다만, Firebase를 사용하지 않더라도 소개한 Flutter 아키텍처를 그대로 사용할 수 있다. 단지, Repo와 Model의 연결 지점만 변경하면 된다.

그럼 다시 코드 설명으로 돌아가보자. repo에서는 Model에 접근할 수 있도록 CRUD 기능만 사용하고 있다.[9] 다시 한 번 작동 방법에 대해 설명하면 ViewModel에서 Repository를 통해 model의 데이터에 접근하고 그에 따라 호출된 데이터를 다시 반환받아 상태 변화를 구독하고 있는 위젯을 업데이트하는 것이다. Repo 코드를 예를 들면 다음과 같이 사용할 수 있다.

```
FirebaseFirestore Firestore = FirebaseFirestore.instance;

class InstantDeliveryFoodRepo {
  dynamic firebaseQuery =
      Firestore.collection("InstantDeliveryFood");

  getDataToObject({String? name, String? neighbor, int limit = 10})
  async {
    firebaseQuery = Firestore.collection("InstantDeliveryFood");
    if (name != null) {
      firebaseQuery = firebaseQuery.where('name', isEqualTo: name);
    }
    if (neighbor != null) {
      firebaseQuery = firebaseQuery.where('neighbor',
        isEqualTo: neighbor);
    }
    if (limit != 10) {
      firebaseQuery = firebaseQuery.limit(limit);
    }
```

해당 부분은 조건 부분이다. 만약 단일 기능 메소드로 만들고 싶다면 Filter마다 메소드를 분화하여 사용해도 무방하다.

---

[9] 만약, Firebase가 아니라면 REST 형태나 GraphQL 등을 사용하여 유사한 방식으로 호출할 수 있다.

```dart
    final ref = firebaseQuery.withConverter(
      fromFirestore: InstantDeliveryFood.fromFirestore,
      toFirestore: (food, SetOptions? options) =>
          food.toFirestore() as Map<String, Object?>,
    );

    final docSnaps = await ref.get();
    List<InstantDeliveryFood> result = [];

    for (var food in docSnaps.docs) {
      result.add(food.data());
    }
    return result;
  }

  Future<void> createData(String docId,
      {Map<String, dynamic>? parameter}) async {
    await Firestore
        .collection("InstantDeliveryFood")
        .doc(docId)
        .set(parameter!);
  }

  Future<void> updateData(String docId, String field, dynamic value,
      {Map<String, dynamic>? parameter}) async {
    await Firestore
        .collection("InstantDeliveryFood")
        .doc(docId)
        .update({field: value});
  }
}
```

우리는 Provider 활용하여 MVVM 패턴을 적용한 작동 방식을 간략히 살펴보았다. 해당 패턴을 응용하여 계층을 분리하는 등의 각자의 선호와 상황에 따라 변형을 하는 것도 충분히 가능하다. 앞서 밝혔듯이 결국 디자인 패턴은 목표하는 소프트웨어의 요구사항을 충족하기 위한 디자인 방법론이기 때문에 절대적 정답이 있는 것이 아니라는 점을 상기하도록 하자.

6.4 자주 사용되는 14가지 Flutter Package

우리는 이 절에서 Flutter에서 자주 사용되며 서비스를 구성하는 데에 기본적인 Package에 대해 살펴볼 것이다. Flutter 생태계가 발전한 만큼 활용할 만한 Package도 매우 많다. 그러나, 지면의 한계로 모든 Package를 다룰 수는 없다. 독자에게 최대한 도움이 될 수 있도록 우선순위에 따라 설명하고자 한다. 설명할 Package의 우선순위는 다음 4가지 기준으로 선택했다.[10]

1. Flutter에서 공식적으로 지정하는 "Flutter-favorite" Package. 해당 Package의 경우 소개 페이지에서 다음과 같은 로고를 확인할 수 있다.

---

10 참고로 Provider는 내용의 방대함과 중요성 때문에 8장 "상태 관리 전략과 Provider"에서 다룰 예정이다.

2. 가장 많은 Like를 받은 Package. Like는 pub.dev에서 확인할 수 있다.
3. 프로덕트의 업종 및 분야와 관계 없이 범용적으로 사용할 수 있는 기능을 포함한 Package. 예를 들어 SNS 로그인이나 결제 등의 Package를 선택했다.
4. 다중 플랫폼을 호환하는 기능을 가진 Package. 예를 들어 Android 와 iOS 모바일 애플리케이션을 개발할 때 두 플랫폼 간의 호환성을 개선해 주는 기능을 가진 Package를 선택했다.

Package에 대한 상세한 소개에 앞서 Flutter의 Package의 종류에 대해 먼저 알아보자. Flutter의 경우 Open Source Library를 Package라는 용어로 정의하며 큰 틀에서 "Dart 패키지", "플러그인 패키지" 로 나눈다. Dart 패키지는 문자 그대로 Dart 언어로 만들어진 일반적인 패키지를 말하는 것이고, 플러그인 패키지는 Android, iOS, Web, macOS 등 특정 플랫폼을 타겟으로 만들어진 API를 포함하는 패키지를 의미한다. 본 서적에서 살펴볼 Package는 Dart 패키지와 Mobile(Android, iOS) 플러그인 패키지이다. 만약 이외의 플랫폼에서 프로덕트를 만들고 있다면 pub.dev에서 원하는 기능을 가진 패키지를 검색해 보는 것을 추천한다.

6.4.1 url launcher

가장 처음 소개할 패키지는 url launcher이다. 이 패키지는 기본적이면서도 자주 쓰이는 기능인 url 실행이 가능하도록 하는 패키지이다. 해당 패키지는 과거에는 다음 코드와 같이 "launch(url)" 만 선언하면 사용할 수 있었다. 그러나 버전 업데이트를 진행하며 사용 메소드가 launch에서 launchUrl로 바뀌게 되었다. 때문에 다음과 같이 launch를 사용하면 사용하지 않는 키워드임을 알려주는 Warning이 나타난다.

CHAPTER 6 Flutter 프로젝트 구성하기   **275**

```
URL is launched in a WebView. Unlike iOS, browser context is shared across WebViews. [enableJavaScript] is an Android only setting; if true,
WebView enable javascript. [enableDomStorage] is an Android only setting. If true, WebView enable DOM storage. [headers] is an Android
only setting that adds headers to the WebView. When not using a WebView, the header information is passed to the browser, some Android
browsers do not support the Browser.EXTRA_HEADERS intent extra and the header information will be lost. [webOnlyWindowName] is an Web
only setting. _blank opens the new url in new tab. _self opens the new url in current tab. Default behaviour is to open the url in new tab.

Note that if any of the above are set to true but the URL is not a web URL, this will throw a [PlatformException].

[statusBarBrightness] Sets the status bar brightness of the application after opening a link on iOS. Does nothing if no value is passed. This
does not handle resetting the previous status bar style.

Returns true if launch url is successful; false is only returned when [universalLinksOnly] is set to true and the universal link failed to launch.

'launch' is deprecated and shouldn't be used. Use launchUrl instead.
Try replacing the use of the deprecated member with the replacement. dart(deprecated_member_use)
View Problem   Quick Fix... (⌘.)
launch('https://pf.kakao.com/_kKTkb');
```

launch 사용 시 발생하는 Warning

url launcher의 pub.dev 페이지에서는 해당 Package를 다음과 같이 사용하도록 제안하고 있다. 다음 코드의 로직은 다음과 같다.

1. Uri.parse를 통해 Uri 인스턴스로 파싱한다.
2. Future 함수를 사용하여 Url을 반환한다.
3. Url이 잘못된 Url이라면 예외를 반환한다.

```dart
import 'package:flutter/material.dart';
import 'package:url_launcher/url_launcher.dart';

final Uri _url = Uri.parse('https://flutter.dev');

void main() => runApp(
    const MaterialApp(
      home: Material(
        child: Center(
          child: ElevatedButton(
            onPressed: _launchUrl,
            child: Text('Show Flutter homepage'),
          ),
        ),
```

```
      ),
    ),
  );

Future<void> _launchUrl() async {
  if (!await launchUrl(_url)) {
    throw 'Could not launch $_url';
  }
}
```

해당 Package에서는 Url로 연결된 페이지를 여는 방식을 launch Mode enum를 통해 설정할 수 있는 기능을 제공한다. 예를 들어, LaunchMode.externalApplication는 해당 애플리케이션 외부에서 url을 여는 것으로 모든 플랫폼에서 사용할 수 있다. 또한 LaunchMode.inAppWebView의 경우 해당 애플리케이션 내부에서 webview 형태로 url을 보여주는 것으로 iOS와 Android 플랫폼에서만 지원된다.

공식 문서에서는 지역적으로 lanuchUrl을 관리하는 예시를 보여주었지만 개인적으로는 utils 디렉터리에 관리하는 것을 선호한다. urlLanuch 기능의 경우 다수의 컴포넌트에서 사용하게 되며, 예외 처리 혹은 url launch의 method 설정 등 추가적인 코드들이 발생하기 때문에 지역적으로 관리하게 되었을 때 불필요한 보일러 플레이트 코드가 양산될 수 있다.

url launcher에 대해 추가적으로 자세한 내용을 알고 싶다면 공식 pub.dev 페이지인 다음 링크(https://pub.dev/packages/url_launcher)에서 확인해 보길 추천한다.

6.4.2 path provider

path provider는 지원하는 플랫폼 환경과 독립적으로 파일 시스템에 접근할 수 있도록 돕는 Package이다. 해당 패키지는 다음과 같은 명령어를 통해 설치할 수 있다.

```
$ flutter pub add path_provider
```

path provider 패키지는 다양한 파일 시스템 경로를 반환하는 기능을 가지고 있으며 그러한 기능은 다음 두 가지 속성으로 나뉜다.

1. **Temporary directory** : 캐시처럼 임시로 데이터를 저장하는 공간이며, 언제든지 삭제될 수 있다. 만약 모바일 네이티브에 익숙한 개발자라면 iOS의 NSCachesDirectory와 Android의 getCacheDir()와 동일하다고 생각하면 된다.
2. 문서 디렉터리 : 파일을 영구적으로 저장하는 디렉터리를 반환한다. 해당 디렉터리는 앱이 삭제될 때에만 지워진다. iOS에서는 NSDocumentDirectory, Android에서는 AppData 디렉터리가 해당된다.

설명한 두 가지 경로를 가져오는 가장 기본적인 기능은 다음 코드와 같이 사용할 수 있다.

```
Directory tempDir = await getTemporaryDirectory();
String tempPath = tempDir.path;

Directory appDocDir = await getApplicationDocumentsDirectory();
String appDocPath = appDocDir.path;
```

파일을 읽고 쓰기 위해서는 해당 패키지와 함께 파일 입출력 기능을 포함하여 I/O 기능을 제공하는 dart:io, 파일 시스템 상의 파일을 참조하는 File 클래스, 파일 시스템 상의 디렉터리(폴더)를 참조하는 Directory 클래스를 함께 사용해야 한다. 사용 방법을 살펴보면 다음과 같다. 먼저 다음 코드처럼 파일 시스템 경로를 반환받는다.

```dart
Future<String> get _localPath async {
  final directory = await getApplicationDocumentsDirectory();

  return directory.path;
}
```

그다음 해당 경로에 파일 이름을 추가하여 파일 클래스를 반환받는다.

```dart
Future<File> get _localFile async {
  final path = await _localPath;
  return File('$path/counter.txt');
}
```

그렇게 반환받은 파일 클래스에 작성하고자 하는 text를 추가한다.

```dart
Future<File> writeCounter(int counter) async {
  final file = await _localFile;

  return file.writeAsString('$counter');
}
```

이렇게 저장한 file의 contents는 다음과 같이 같은 경로를 통해 반환받을 수 있으며 이러한 파일 시스템을 활용하여 사용자의 앱에 정보를 일시적/영구적으로 저장할 수 있다.

```
Future<int> readCounter() async {
  try {
    final file = await _localFile;

    final contents = await file.readAsString();

    return int.parse(contents);
  } catch (e) {
    return 0;
  }
}
```

6.4.3 font awesome flutter

font awesome flutter는 아이콘 사용을 지원해주는 패키지이다. font awesome은 Flutter 뿐만 아니라 Vue, React, Django 등의 타 프레임워크에서도 아이콘을 사용할 수 있도록 제공해주는 플랫폼이다.

앞서 소개했듯이 Flutter에 내장된 material와 cupertino Design도 자체적으로 아이콘을 제공하고 있으며, 제공되는 아이콘들의 양과 질이 개선되고 있기 때문에 추가적인 아이콘이 필요하지 않다면 해당 패키지를 굳이 설치할 필요는 없다.[11]

사용 방법은 간단하다. 우선, 다음 명령어를 입력하여 설치한다.

---

11 참고로 font awesome은 무료 아이콘과 유료 아이콘이 나누어져 있다. 그러나, 제공해 주는 무료 아이콘만 사용하더라도 앱을 구성하는데 큰 도움이 되어 소개한다.

```
$ flutter pub add font_awesome_flutter
```

그리고, 원하는 위젯에 다음과 같이 import한 후 FaIcon을 선언하여 원하는 아이콘을 선택하면 된다.

```
import 'package:font_awesome_flutter/font_awesome_flutter.dart';
FaIcon( FontAwesomeIcons.<아이콘 이름>, color : <원하는 색상>);
```

6.4.4 flutter native splash

flutter native splash는 이름 그대로 Splash 화면을 만들어주는 패키지이다. StatefulWidget의 생애주기에 따라 "정확한" Splash 화면을 만드는 것은 조금 귀찮은 일이기 때문에 사용한다. 만약, 패키지를 사용하지 않고 Splash 화면을 만든다면 어떻게 코드를 작성할 수 있을까? 다양한 방법이 있지만 가장 간단한 방법은 다음 코드처럼 initState Timer를 통해 Splash 화면을 만드는 것이다.

```
class MyApp extends StatelessWidget {
  @override
  Widget build(BuildContext context) {
    return MaterialApp(
      home: MyHomePage(),
      debugShowCheckedModeBanner: false,
    );
  }
}

class MyHomePage extends StatefulWidget {
```

```
  @override
  SplashScreenState createState() => SplashScreenState();
}
class SplashScreenState extends State<MyHomePage> {
  @override
  void initState() {
    super.initState();
    Timer(Duration(seconds: 5),
          ()=>Navigator.pushReplacement(context,
          MaterialPageRoute(builder:
              (context) => HomeScreen()
          )
        )
    );
  }
  @override
  Widget build(BuildContext context) {
    return Container(
        color: Colors.yellow,
        child:FlutterLogo(size:MediaQuery.of(context).size.height)
    );
  }
}

class HomeScreen extends StatelessWidget {
  @override
  Widget build(BuildContext context) {
    return Scaffold(
      appBar: AppBar(title:Text("Splash Screen Example")),
      body: Center(
          child: Text("Welcome to Home Page",
              style: TextStyle( color: Colors.black, fontSize: 30)
          ),
        ),
```

```
    );
  }
}
```

그러나, Timer를 통한 Splash 화면의 경우 코드의 품질과 사용자의 디바이스에 따라 화면의 로딩이 완성되는 시간이 상이하기 때문에 일부 사용자는 로딩이 되지 않은 화면을 보게 되거나 사용을 위해 지나치게 오래 기다려야 하는 등 완성도 있는 서비스를 제공하기 어렵다.

때문에 해당 패키지를 이용하여 Splash 화면을 만드는 방법이 단순하면서도 효율적이다. 다음 명령어를 통해 설치해 보자.

```
$ flutter pub add flutter_native_splash
```

그 후 루트 디렉터리에 flutter_native_splash.yaml 파일을 만들고 다음과 같이 코드를 작성한다. 만약 android와 iOS 플랫폼을 타깃으로 하고 있다면 다음과 같이 true 값을 넣어주면 된다.

```
flutter_native_splash:
color: "5962d8"
fullscreen: true
image: assets/<원하는 이미지 파일 경로 및 이름>
android: true
ios: true
```

상세한 속성값들을 설정할 수 있는데 간략히 몇 가지 속성만 설명하면 다음과 같다.

- color : 배경 화면 색상을 의미한다. background image와 color는 둘 중 하나만 사용할 수 있다.
- background_image : 배경 이미지를 설정한다.
- branding : 브랜드 이미지를 넣을 수 있다.
- branding_mode : 브랜드 이미지의 위치를 조정할 수 있다. bottom이나 bottomRight를 지정할 수 있다.

이외에도 다크모드와 플랫폼별로 이미지를 설정할 수 있으며 상세한 내용은 flutter native splash의 pub.dev를 참고하길 추천한다.

해당 파일을 설정한 후에 다음 명령어를 입력하면 각 플랫폼에 파일을 추가해 준다.

```
$ flutter pub run flutter_native_splash:create
```

명령어 실행 화면

만약 변경사항이 있는 경우 다음과 같이 remove 명령어 입력 후에 create를 다시 실행해 줘야 한다. Splash 화면을 삭제하고 싶은 경우에도 해당 명령어를 입력하면 된다.

```
$ flutter pub run flutter_native_splash:remove
```

한 가지 주의할 점은 해당 패키지가 png 확장자만 지원한다는 것이다. 만약 다른 확장자를 입력한다면 다음과 같은 에러가 발생하게 된다. 때문에 등록할 로고나 이미지를 png로 준비하도록 하자.

```
// png 확장자가 아닌 경우 에러가 발생한다
Unsupported file format: assets/loading.gif   Your image must be a PNG file.
```

6.4.5 flutter launcher icons

flutter launcher icons는 하나의 이미지 파일만 준비하면 App Icon을 만들어주는 단순하지만 유용한 패키지이다. 모바일 애플리케이션 개발을 접하지 않은 독자의 경우 App Icon을 만드는 것에 패키지를 사용해야 하는지 되물을 수 있지만, 아래 이미지처럼 디바이스 사이즈마다 이미지 사이즈를 맞춰서 생성해 줘야 하기 때문에 상당히 귀찮은 일이다. 더불어 해당 사이즈에 맞게 준비되지 않으면 업로드가 안되고, 애플리케이션을 스토어에 배포할 수가 없어 필수적인 일이기도 하다.

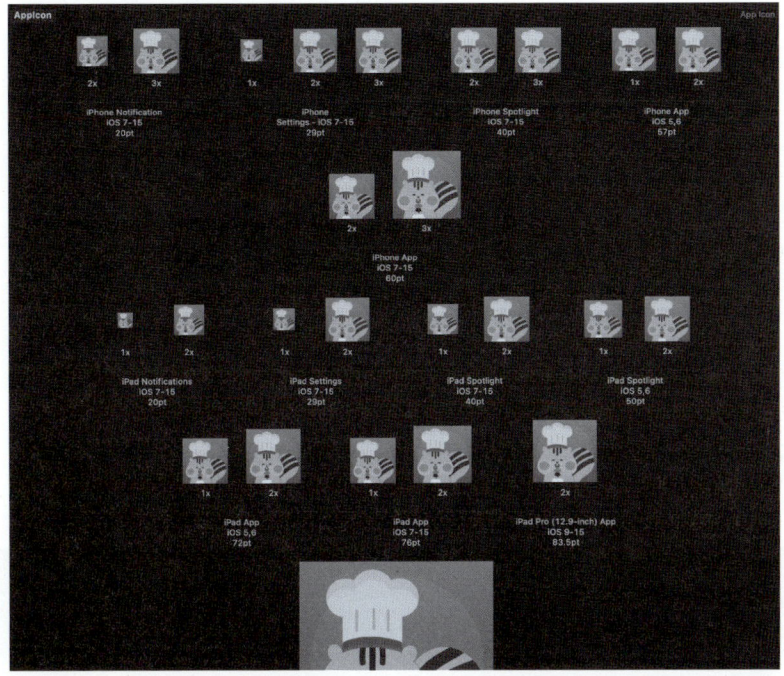

iOS 개발 시 App Icon 설정 화면

해당 패키지의 사용 방식은 앞서 설명한 flutter native splash와 크게 다르지 않다. 우선 다음 명령어를 통해 패키지를 설치해 보자.

```
$ flutter pub add flutter_launcher_icons
```

그다음 루트 디렉터리에 다음과 같이 flutter_launcher_icons.yaml을 만들어준다. 모바일 애플리케이션을 만드는 경우 목표하는 플랫폼을 모두 설정해 준다. 코드에는 ios와 android를 설정해 주었으며, web와 window 설정도 지원한다. 그 외 속성들을 알고 싶다면 flutter_launcher_icons pub.dev 페이지를 방문하길 추천한다.

```
flutter_icons:
  android: "launcher_icon"
  ios: true
  image_path: "assets/<원하는 이미지 디렉터리 및 파일명>"
```

마찬가지로 다음 명령어를 통해 이미지를 만들 수 있다.

```
$ flutter pub run flutter_launcher_icons:main
```

이미지가 성공적으로 생성될 때 다음과 같은 내용을 확인할 수 있다.

```
================================
    FLUTTER LAUNCHER ICONS (v0.10.0)
================================

• Creating default icons Android
• Adding a new Android launcher icon

WARNING: Icons with alpha channel are not allowed in the Apple App Store.
Set "remove_alpha_ios: true" to remove it.

• Overwriting default iOS launcher icon with new icon
Creating Icons for Web...
⚠Requirements failed for platform Web. Skipped
Creating Icons for Windows...
⚠Windows config is not provided or windows.generate is false. Skipped...
⚠Requirements failed for platform Windows. Skipped

✓ Successfully generated launcher icons
```

명령어 실행 화면

6.4.6 cached network image

cached network image는 이름 그대로 network에서 불러온 이미지를 저장하여 반복적으로 사용할 수 있도록 하는 패키지이다. 이를 통해 이미 다운로드한 이미지를 반복적으로 호출하지 않는다. 또한, 오프라인 상태여도 네트워크 이미지를 출력할 수 있는 장점이 있다.[12] 설치와 사용 방법은 간단하다. 다음 명령어를 통해 패키지를 설치해 보자.

```
$ flutter pub add cached_network_image
```

그 후 원하는 위젯에 해당 패키지를 import한다.

```
import 'package:cached_network_image/cached_network_image.dart';
```

import가 완료되었다면 다음 코드와 같이 사용하면 된다.

```
CachedNetworkImage(
  placeholder: (context, url) =>
      const CircularProgressIndicator(),
  imageUrl: <이미지 URL>,
)
```

6.4.7 flutter screenutil

웹 서비스나 모바일 애플리케이션에 익숙한 개발자라면 반응형 사이즈 최적화의 까다로움을 알고 있을 것이다. 특히 모바일 환경은 디바이스마다 사이즈가 상이하기 때문에 반응형 최적화를 하는 것이 여간 쉬운 일이 아니다. 이상적으로만 본다면 서비스를 사용하는 모든 디바이스 사이즈 별로 시안을 만들어 반응형 최적화를 할 수 있지만 이는 현실

---

[12] 불필요한 API 호출은 모바일 애플리케이션의 성능을 저하시키는 주요 요인 중 하나로 cached network image뿐만 아니라 이러한 자원의 낭비를 방지하는 다수의 패키지가 존재한다.

적으로 불가능하다.

때문에 일반적으로는 대표적인 디바이스 사이즈 혹은 서비스가 목표하는 디바이스 사이즈를 정해 각 사이즈별로 디자인 시안을 받아 적용시키게 되며 그 이외의 디바이스의 경우 Screen 크기에 비례하는 width와 height 값을 설정하여 호환되도록 한다.

해당 반응형 최적화 과정을 수월하게 도와주는 패키지가 바로 flutter screenutil이다. flutter screenutil은 기준이 되는 스크린 사이즈를 설정해놓고 그 기준으로 각 위젯의 사이즈를 결정하면 사용하는 디바이스 사이즈에 따라 비율에 맞게 위젯 사이즈를 재조정하여 반응형 최적화를 지원할 수 있도록 해준다. 더불어 시스템에서 설정한 글자 크기 변경 기능을 무시하는 기능을 통해 개인 디바이스 설정과 무관하게 반응형이 적용된 서비스를 제공할 수 있게 해준다.

사용 및 설치 방법을 살펴보자. 우선 다음 명령어를 통해 설치한다.

```
$ flutter pub add flutter_screenutil
```

그 후 사용하고자 하는 위젯[13]에 import한다.

```
import 'package:flutter_screenutil/flutter_screenutil.dart';
```

---

13 일반적으로 main.dart이다.

그 후 앱의 최상위 위젯14을 Screen UtilInit로 감싸주고 designSize를 설정해 준다. 예를 들어 디자이너가 360, 960의 사이즈로 시안을 주었다면 designSize을 Size(360,960)으로 설정하면 된다. 만약 시스템 폰트 크기 조정을 무시하고 싶다면 allowFontScaling:false 속성 값을 설정하면 된다.

```
@override
 Widget build(BuildContext context) {
   return ScreenUtilInit(
     designSize: Size(<장치 widget>, <장치 height>),
     builder: () => MaterialApp(
       title: 'Flutter Demo',
       home: HomePage(),

     ),
   );
 }
```

그 후 각 위젯마다 다음과 같이 .w, .h, .sp를 사용하면 디바이스의 사이즈에 따라 위젯의 크기가 재조정되어 반응형 최적화가 수행되게 된다.

```
double width = 180.w; // designSize의 width 기준, 만약 360이라면
                        위젯 width는 50%이다
double height = 500.h; // designSize의 heigth 기준,
double textSize = 30.sp; // designSize 기준 폰트 크기 설정
```

---

14 일반적으로 MaterialApp이다.

6.4.8 shimmer

shimmer는 로딩 시 물결 효과가 나오도록 하는 패키지이다. 주로 API를 호출하여 ListView 등에서 데이터를 보여줄 때 로딩 시점에 물결 효과가 나타내기 위해 사용한다. Flutter에는 ShaderMask라는 애니메이션 클래스가 있으며 이를 활용하여 shimmer를 만들 수 있다. 그러나, shimmer를 만드는 과정에 다수의 코드를 작성해야 하고 ShaderMask의 애니메이션 속성들을 이해해야 한다는 어려움이 있다. 반면 Shimmer 패키지는 사용법이 단순하여 쉽게 적용할 수 있다.

다음과 같은 명령어를 통해 설치할 수 있다

```
$ flutter pub add shimmer
```

아래와 같은 단순한 메서드로 로딩 시 물결 효과를 표현할 수 있다.

```
import 'package:shimmer/shimmer.dart';

Shimmer.fromColors(
    baseColor: Colors.red,
    highlightColor: Colors.yellow,
    child: <목표하는 위젯>)
```

그러나, Shimmer만 사용하면 로딩 완료 시 다소 부자연스럽게 화면이 전환된다. 때문에 AnimatedSwitcher 위젯을 Shimmer의 부모 위젯으로 설정하여 자연스럽게 전환시킬 수 있다.

```
AnimatedSwitcher(
        duration: const Duration(milliseconds: <원하는 millisecond>)
        child: Shimmer.forColors(
        // Shimmer 내용
    )
)
```

6.4.9 device preview

이번에 소개할 device preview 패키지는 단순하다. 문자 그대로 해당 패키지는 하나의 시뮬레이터에서 여러 개의 화면을 선택하여 살펴볼 수 있도록 해준다. 때문에 개발 시에 여러 개의 시뮬레이터를 켜지 않고 다수의 화면에서의 UI 이슈 등을 살펴볼 수 있다. 특히나 모바일 애플리케이션을 사용하는 경우 종종 iOS와 Android의 UI가 일치하지 않는 경우가 발생한다. 생태계가 발전하며 이러한 문제는 상당히 많이 사라졌지만 아직 몇 가지 이슈가 남아있다.

사용법은 간단하다. 다음과 같이 명령어를 통해 설치한다.

```
$ flutter pub add device_preview
```

그 후 MyApp의 부모 위젯으로 DevicePreview를 지정해 주면 작동하게 된다.

```
void main() {
  runApp(DevicePreview(
    enabled: true,
```

```
    builder: (context) => const MyApp(),
  ));
}
```

만약 모바일 시뮬레이터에서 사용하면 다음과 같이 디바이스를 선택할 수 있는 창이 생기게 된다. 원하는 디바이스를 선택하여 실행할 수 있으며 시뮬레이션 하단에 표시되는 토글을 통해 쉽게 전환할 수 있다.

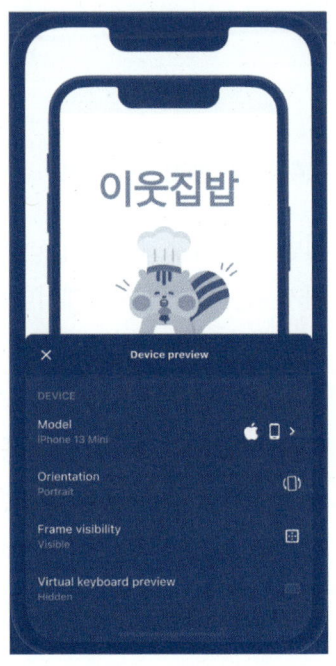

6.4.10 Equatable

Equatable은 OOP의 개념을 활용하기 위해 만들어진 패키지이다. Equatable의 개념은 Flutter뿐만 아니라 JAVA 등의 OOP에 익숙한 개발자라면 익히 알고 있을 것이다. Equatable을 설명하기 위해 간단하게 객체와 OOP에 대해 설명하도록 하겠다.

객체를 쉽게 설명하기 위해 객체의 예시로 자동차를 들어보겠다. 해당 객체의 인스턴스인 "나의 차"가 있다고 생각해 보자. "나의 차"는 특정 브랜드와 특정 색상, 특정 연도, 특정 차종을 가질 것이다. 해당 4가지 속성으로 우리는 "나의 차"를 어느 정도 특정할 수 있다. 이렇게 개체를 식별하는 객체의 속성값들을 "식별자" 혹은 "상태"라고 한다.

이러한 예시에서 알 수 있는 것은 **같은 식별자를 가진 객체의 인스턴스는 같은 것으로 인식되어야 한다**"라는 점이다. 이러한 점이 객체를 코드 덩어리가 아니라 하나의 "객체"로서 인식하는 프로그래밍 방법이다.

그러나, Java와 같은 언어들은 "==" 연산자는 같은 상태를 가진 객체의 인스턴스를 "다른 메모리 주소"를 가진 "다른 것"으로 인식하므로 객체 지향에 부합하지 않게 설계되어 있다. 때문에 객체 지향적 관점에서 프로그래밍을 하기 위해 equals() 메서드를 오버라이드하여 사용한다.

Dart는 모든 것이 객체라는 점에서 Java보다 객체 지향적이긴 하지만 "=="연산자의 관점에서는 Java와 같은 방식을 취하고 있다. 때문에 "==" 연산자를 객체 지향 관점에서 살펴보기 위해서는 다음과 같이 "==" 연산자를 오버라이딩해야 하며, 객체의 상태 값이 늘어날 때마다 "==" 연산자의 오버라이딩 메서드는 복잡해지게 된다.

```
class Phone {
  final int id;
  final String phoneNumber;
  final String name;

  Phone({
    required this.id,
    required this.phoneNumber,
    required this.name,
  });
```

```
@override
bool operator ==(Object other) {
  return other is Person && other.id == this.id
    && other.phoneNumber == this.phoneNumber
    && other.name == this.name;
}

@override
int get hashCode {
  return this.id;
}
}
```

Equatable 패키지를 사용하면 다음과 같이 Equatable 클래스를 상속을 받고 props 메소드를 오버라이드함으로서 단순화할 수 있다.[15]

```
import 'package:equatable/equatable.dart';

class Phone extends Equatable {
    final String phoneName;
    final String phoneImage;

    const Phone({
        required this.phoneName,
        required this.phoneImage,
    });
```

---

15 Equatable은 변경할 수 없는 개체에서만 작동하도록 설계되어 모든 멤버 변수가 final 상태이어야 한다.

```
  @override
  List<Object?> get props => [phoneName, phoneImage];
}
```

6.4.11 badges

bandges는 다음과 같이 위젯 상단에 표시를 해줄 수 있도록 도와주는 패키지이다. badges 패키지는 고객의 상호작용을 높이기 때문에 B2C 서비스에서 자주 사용되며, 사용법도 간단하여 매우 유용하다.

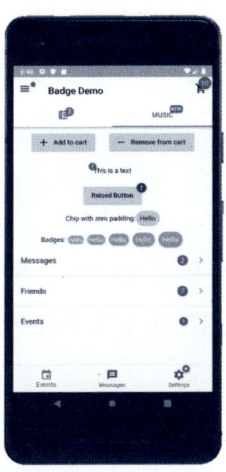

다음과 같은 명령어로 설치할 수 있다.

```
$ flutter pub add badges
```

그 후 다음과 같이 Badge 위젯으로 목표하는 위젯을 감싸는 것만으로 표시를 나타낼 수 있다. 단순한 표시뿐만 아니라 애니메이션 효과도 사용할 수 있으며, 상세한 내용은 badges pub.dev(https://pub.dev/packages/badges)를 참고하길 추천한다.

```
Badge(
  badgeContent: Text('3'),
  child: Icon(Icons.settings),
)
```

6.4.12 Share plus

Share plus는 앱 외부로 앱의 콘텐츠를 공유하기 위해 사용되는 패키지이다. 다음과 같은 명령어로 설치할 수 있으며 사용법도 간단하다.

```
$ flutter pub add share_plus
```

가장 단순하게는 "Share.share(url)"을 사용할 수 있다. 해당 위젯을 Button의 상호작용에 연결하면 버튼을 누를 때 공유하기 기능이 작동하게 된다.

```
Share.share('check out my website https://example.com');
```

파일을 공유할 수도 있다. 파일을 공유할 때는 Share.shareFiles()를 사용하면 된다.

```
Share.shareFiles(['${directory.path}/image.jpg'], text: 'Great picture');
```

상세한 내용에 관해서는 share_plus pub.dev 페이지(https://pub.dev/packages/share_plus)를 살펴보길 추천한다.

6.4.13 toggle switch

toggle switch 패키지는 문자 그대로 toggle 스위치를 만드는 패키지로 사용법도 간단하고 효율적이다. 다음 명령어를 입력하여 설치할 수 있다.

```
$ flutter pub add toggle_switch
```

그 후 ToggleSwitch 위젯을 사용하면 다음 사진과 같이 화면에 toggle Switch를 표현할 수 있다. 글자 대신에 아이콘을 넣을 수 있으며 toggle 의 모양도 값을 조절하여 수정할 수 있다. 상세한 내용에 관해서는 toogle_switch pub.dev 페이지(https://pub.dev/packages/toggle_switch)를 살펴보길 추천한다.

```
ToggleSwitch(
  initialLabelIndex: 0,
  totalSwitches: 3,
  labels: ['America', 'Canada', 'Mexico'],
  onToggle: (index) {
    print('switched to: $index');
  },
)
```

ToggleSwitch 실행 화면

6.4.14 flutter secure storage

flutter secure storage는 사용자의 단말기에 data를 쉽게 읽고 씀으로써 쿠키 데이터를 사용할 수 있게 해주는 패키지이다. 다음 명령어로 설치할 수 있다.

```
$ flutter pub add flutter_secure_storage
```

예제 코드만 봐도 단순하게 이해할 수 있다. 다음과 같은 코드로 읽고 쓰기를 쉽게 사용할 수 있다.

```dart
import 'package:flutter_secure_storage/flutter_secure_storage.dart';

// Create storage
final storage = new FlutterSecureStorage();

// Read value
String value = await storage.read(key: key);
// Read all values
Map<String, String> allValues = await storage.readAll();

// Delete value
await storage.delete(key: key);

// Delete all
await storage.deleteAll();

// Write value
await storage.write(key: key, value: value);
```

주의할 점은 String 형태로 저장되기 때문에 Map이나 List 등을 저장한 경우에는 다음 코드와 같이 쿠키 데이터를 디코딩하여 사용해야 한다.

```
Cart = jsonDecode(cartCookieData);
```

우리는 Flutter 프로젝트를 구성하는 방법과 디자인 패턴, 그리고 총 14개의 기본적이지만 활용도 높은 Flutter 패키지를 알아보았다. 여기까지 소개한 내용만으로도 간단한 데모를 만들어 볼 수 있다. 만약, 이 장까지 내용 이해가 어려운 부분이 있다면 해당 장까지 복습하며 간단한 데모를 만들어 보길 추천한다. 우리는 다음 장부터 프로덕트를 만들기 위해 필수적인 내용인 Firebase 활용 방법, Provider를 활용한 상태 관리 전략, 테스트 코드 작성법, 모바일 애플리케이션 빌드 및 배포 방법 등을 다룰 것이다. 준비가 되었다면 다음 장으로 넘어가도록 하자.

CHAPTER

7

Firebase 시작하기

CONTENTS

7.1　Firebase의 역사

7.2　Flutter와 Firebase 연동하기

7.3　Authentication

7.4　Realtime Database

7.5　Firebase Hosting

7.6　Cloud Firestore

7.7　Cloud Storage

7.8　Cloud Function

Firebase는 개발자가 UX에 집중할 수 있도록 "그 외의 개발 요소들"을 툴로서 제공하는 "모바일 개발 플랫폼"이다. "그 외의 개발요소"에 해당하는 것들은 분석, 인증, 데이터베이스, 구성 설정, 파일 저장, 푸시 메시지 등 매우 다양하다. Firebase를 활용하면 클라이언트 서비스 개발만으로도 고객에게 서비스를 제공할 수 있다.

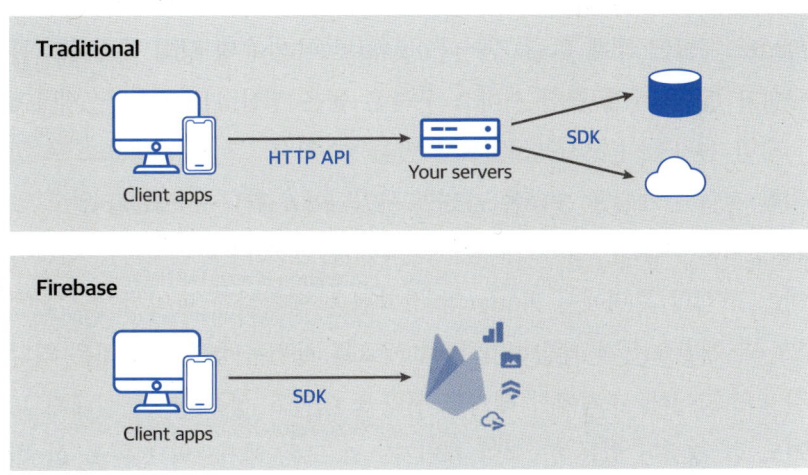

기존 서비스 운영 구조와 Firebase를 활용한 운영 구조의 차이

그러나, 이러한 편리함 이면에는 불편함이 존재한다. Firebase가 제공하는 툴들은 개인 혹은 조직의 프로덕트에 맞춤화되지 않아 요구사항에 따라 원하는 기능을 구현하지 못할 수 있다. 더불어, 일부 성능 상의 이슈도 존재한다.

예를 들어 Firebase에서 제공하는 NoSQL기반 데이터베이스인 Firestore의 경우 데이터베이스 크기와 무관한 쿼리 성능 보장을 위해 모든 쿼리에 index를 사용한다. 그 때문에 결과적으로 쿼리 성능은 데이터베이스의 항목 수가 아니라 결과 데이터 집합 크기에 따라 달라지는 장점이 있다. 그러나, 쿼리마다 index를 만들어야 하며, index를 생성하는 시간이 매우 오래 걸려 생산성에 병목으로 작용할 수 있다. 또한 Firebase Cloud Function의 경우 하나의 Function에서 Firestore 초당 500회의 쓰기 제한이 있어 다수의 트래픽이 발생하는 서비스의 경우 "샤딩"을 사용해야 하는 등 여러 번거로움이 있다.

그럼에도 불구하고, 우리는 두 가지 이유를 근거로 Firebase를 통한 Flutter 개발에 대해 다룰 것이다. 첫째로, **여러 운영 상의 이슈에도 불구하고 Firebase를 통한 서비스 구축은 높은 생산성**을 가진다. 개발에 익숙한 독자들이라면 프로덕트를 만들 때 앞서 "그 외 개발요소"로 정의한 것들의 개발은 수많은 자원이 투입되어야 한다는 사실을 알고 있을 것이다. 새로운 서비스를 만드는 개인뿐만 아니라 레거시를 전환하려는 조직의 측면에서 Flutter의 장단점을 명확하게 파악하기도 전에 "그 외 개발요소"를 개발하기 위해 새로운 자원을 투입하는 것은 커다란 리스크이다. 조직에서 레거시 전환을 이끌고 성공하기도 실패해 보기도 한 경험이 있는 한 명의 개발자로서 모든 레거시의 전환을 한 번에 하는 것은 현실적으로 어렵다고 생각한다.

때문에 Flutter와 함께 Firebase를 활용하여 적은 리소스로 일부분 레거시 전환을 시도하여 적합성 여부를 점검해 보는 방법을 추천한다. 레거시와 하이브리드 형태로 서비스를 운영함으로 레거시 코드와 Flutter, 그리고 Firebase의 장단점을 명확히 비교할 수 있다. 그 후 필요에 따라 Firebase에서 제공되지 않거나 부족한 "그 외 개발요소"를 개발하여 완전한 전환으로 넘어갈지를 선택하는 것이 합리적인 방법이라고 생각된다.

두 번째 이유는 **Firebase는 독자의 백그라운드와 관계없이 입문부터 응용까지 수월하다는 점**이다. 이 책을 읽게 될 독자들의 다양한 백그라운드를 고려한다면 특정 백엔드 프레임워크와 클라우드 서비스를 구축하는 방법을 설명하는 것은 이 책의 목적을 비춰볼 때 바람직하지 않다.[1]

Firebase에서 제공하는 다양한 제품들

우리는 이 장에서 Firebase가 가진 기능과 그를 구현하는 방식에 대해 알아볼 것이다. Firebase의 도구들은 "build", "grow", "improve"로 나뉘며 각 도구들은 목적에 따라 사용된다. Firebase는 매우 방대한 내용을 담고 있기 때문에 모든 것을 소개한다면 책 한 권 이상의 내용을 포함하게 될 것이다. 때문에 자주 사용되는 도구를 중심으로 일반적으로 사용되는 기능과 실무 경험에 대해 공유할 것이다. 그렇지 않은 도구의 경우 목적과 기능에 대해 간략히 서술하고자 한다. 해당 내용을 알아보기 전에 Firebase의 역사에 대해 간략히 알아보자.

---

[1] 만약 Firebase 이외의 특정한 백엔드 프레임워크를 추천한다면 Spring을 추천할 것 같다. Flutter에 가장 어울리는 백엔드 프레임워크는 Spring이라고 생각한다. Spring과 Flutter를 함께 사용하면 Server-Side부터 Client-Side까지 OOP를 적극적으로 활용할 수 있으며, 계층 관점에서 일관된 소프트웨어 아키텍처를 구성할 수 있기 때문에 유지보수와 확장성에 유리하다고 생각한다.

7.1 Firebase의 역사

Firebase는 2011년 James Tamplin과 Andrew Lee가 설립한 스타트업 Envolve의 유저 분석 과정에서 탄생한 제품이다. Envolve는 개발자에게 웹사이트에 온라인 채팅 기능을 통합할 수 있는 API를 제공했었다. Firebase의 창업가들은 해당 API가 본래 목적인 채팅이 아닌 애플리케이션 데이터를 전달하는 데 주로 사용됨을 발견했다. 때문에 Tamplin과 Lee는 채팅 시스템과 별개로 애플리케이션 데이터를 관리하는 서비스를 출시하고 회사를 창업했다. 그 회사가 바로 2011년 설립된 Firebase이다. Firebase의 첫 번째 제품은 Firebase realtime Database였다. 현재는 Firestore의 존재로 잘 사용되지는 않지만 출시 당시에는 NoSQL 형태의 단순한 DB를 쉽게 만들 수 있고, 기기 간 애플리케이션 데이터를 동기화할 수 있어 많은 개발자들에게 인기를 끌었다.

Firebase의 두 창업자

Firebase의 realtime Database의 인기 덕분에 베타 출시 1년 만에 Firebase는 670만 달러의 자금을 유치할 정도로 급성장했다.

Firebase는 realtime Database 서비스의 성공 이후 다양한 서비스를 제공하기 시작했다. 2014년에는 Firebase 호스팅과 Firebase 인증 제품을 출시하여 Firebase를 "MBaaS(Mobile Backend as a Service)" 포지셔닝 하였으며 그 해 10월에는 구글에 인수되었다.

구글은 인수한 Firebase를 미래 플랫폼 전략의 핵심 서비스로 간주하여 Firebase로의 서비스 통합을 지속해서 진행했다. 2016년 5월, Google I/O에서 Firebase는 Firebase Analytics를 소개했다. 이와 함께 AdMob, Google Ads 등의 구글 서비스와 통합하며 모바일 개발자를 위한 통합 BaaS(backend-as-a-service) 플랫폼으로 서비스를 확장한다고 발표했다. 더불어 푸시 알림을 보내는 Google Cloud Messaging는 Firebase Cloud Messaging으로 대체되었으며, Fabric 및 Crashlytics 서비스도 인수하여 Firebase 서비스에 통합했다. 또한 2017년에는 Firebase의 효용을 대폭 개선한 Cloud Firestore를 Firebase와 통합함으로써 목표하는 BaaS 서비스로 한 단계 더 도약했다.

7.2 Flutter와 Firebase 연동하기

Firebase를 사용하기 위해서는 먼저 Flutter와 FIrebase를 연동해야 한다. 과거에는 Flutter를 사용하더라도 Android와 iOS 네이티브 설정을 통해 Firebase에 각각 서비스를 연결했어야 했다. 그러나, Flutter Version 3가 release되며 Firebase와의 호환성이 개선되었다. 그 덕분에 현재는 Flutter 프로젝트를 Firebase에 연결하면 자동으로 목표하는 플랫폼의 서비스가 바로 연결되게 된다. 연동 방법도 정말 쉽게 바뀌어서 그대로 따라 하기만 하면 된다.

우선 Firebase에 접속하여 "프로젝트 만들기"를 클릭하자. "프로젝트 만들기"를 클릭하면 다음과 같은 과정이 나오는데 개인에게 알맞는 이름을 지으면 된다. 과거에는 bundle ID와 프로젝트 이름이 일치하지 않았을 때 설정상의 에러가 발생할 수 있어 주의를 요했지만, 호환성이 개선된 이후로는 프로젝트 이름과는 큰 영향이 없는 것 같다. 때문에 원하는 프로젝트 이름으로 만들어주면 된다.

Firebase 프로젝트 만들기

프로젝트 만드는 과정에서 주의할 점은 Google 애널리틱스 사용 설정을 해 두어야 한다는 것이다. Firebase에서는 Google 애널리틱스를 연결하여 사용하는 기능이 많아 나중에라도 사용할 일이 생긴다. 다음에 Google 애널리틱스를 프로젝트에 연결하려면 번거로운 과정을 거쳐야 하므로 처음부터 사용하도록 설정하자.

CHAPTER 7 Firebase 시작하기

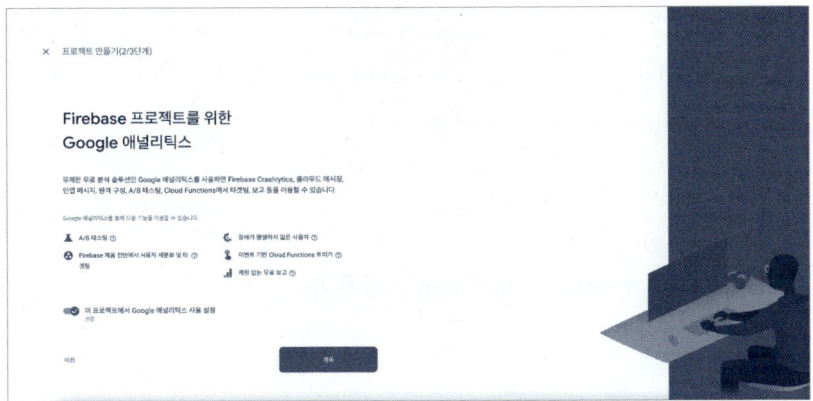

Firebase 프로젝트 생성 시 나타나는 Google 애널리틱스 설정 화면

해당 과정을 통해 프로젝트를 만들게 되면 다음과 같은 창이 뜨게 된다. 중앙에 위치한 Flutter 버튼을 클릭하면 Flutter 프로젝트를 연동할 수 있다.

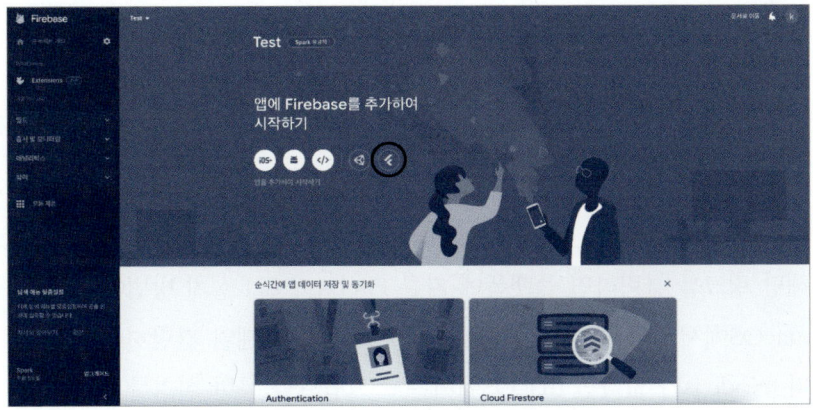

Flutter 앱 추가 버튼이 있는 Firebase 프로젝트 메인 화면

Flutter 프로젝트 연동하기 버튼을 클릭하면 3단계를 안내해 준다. 연동 작업에 앞서 Firebase CLI 설치와 Flutter 프로젝트 생성을 마무리해 주어야 한다. Firebase CLI를 선택해 보자.

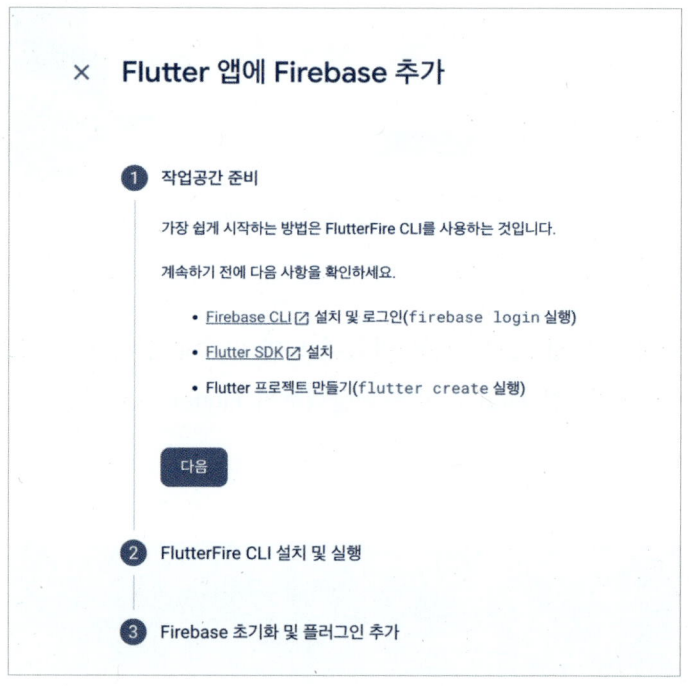

Firebase와 Flutter 연동 과정

해당 링크를 클릭하면 플랫폼에 따른 Firebase CLI 설치 방법이 나온다. macOS에서 npm을 사용하여 설치하는 방법이 제일 간단하여 소개한다. Node.js가 없다면 macOS에서는 스크립트를 통한 설치를 추천한다. window의 경우에도 독립 실행형 바이너리 파일을 통한 설치와 npm을 통한 설치를 할 수 있다.

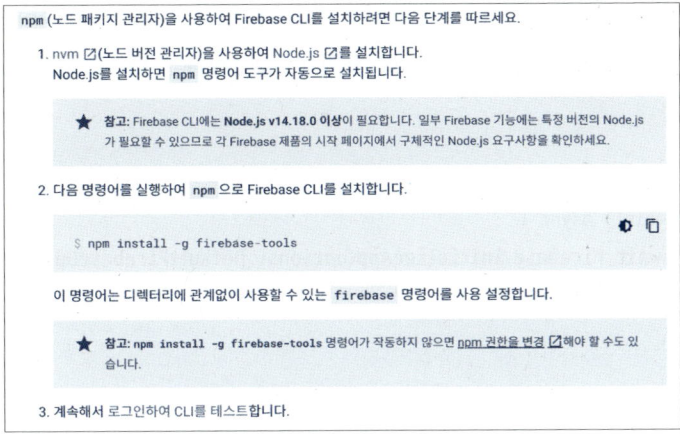

Firebase CLI 설치 절차

해당 설치를 진행했다면 다음 단계인 FlutterFire CLI를 다음 명령어를 통해 설치하고 실행한다. 주의할 점은 기재된 대로 **Fluutter 프로젝트 디렉터리의 루트에서 다음 명령어를 입력해야 한다는 점**이다.

FlutterFire CLI 설치 방법

해당 명령어를 실행하여 FlutterFire CLI가 정상적으로 설치하고 되고 나면 다음과 같이 main()에 선언하면 마무리된다. 코드로 살펴보면 다음과 같다.

```
void main() async {
    await Firebase.initializeApp(options: DefaultFirebaseOptions.currentPlatform);
}
```

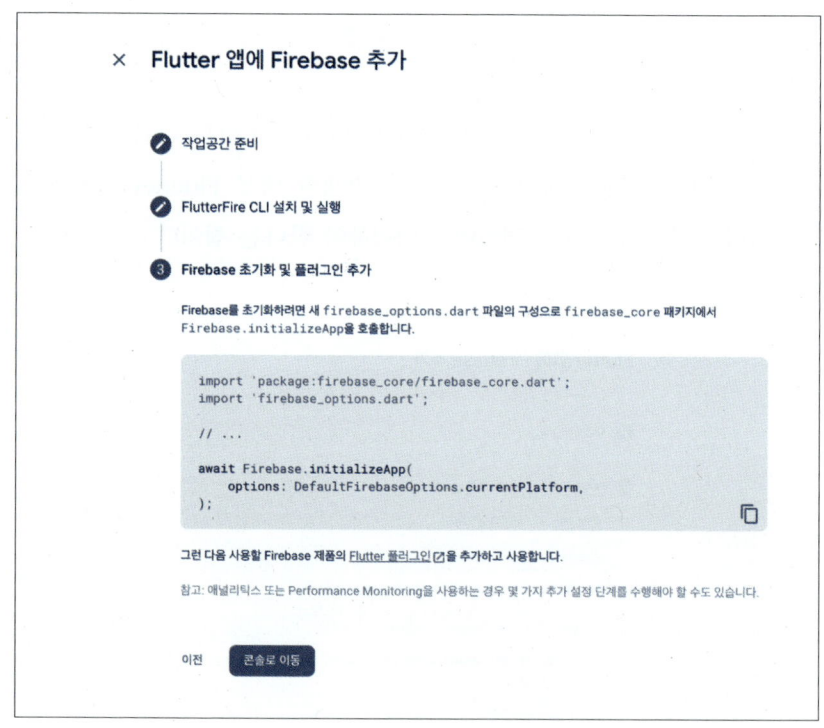

Firebase 초기화 및 플러그인 추가

해당 과정을 정상적으로 수행하고 나면 연동이 완료된다. 정말 간단하다! 해당 과정을 수행하면 다음과 같이 firebase에 android, iOS, web 플랫폼의 서비스들이 연결된다.

firebase에 연동된 Flutter Application

7.3 Authentication

Authentication은 회원가입, 로그인, 계정 인증, 메시지 및 이메일 발송 등의 계정 관련 기능을 제공하는 도구이다. 만약 이러한 도구를 사용하지 않고 "순수하게" 개발된 코드라면 이러한 기능들을 모두 만들었을 것이고, 해당 기능을 만들고 유지보수하는데 꽤나 많은 리소스를 소모했을 것이다. 그러나, Firebase Authentication을 사용하면 몇 줄의 코드를 추가 함으로서 이러한 기능을 모두 사용할 수 있다.

다음과 같이 Firebase Authencication 콘솔을 살펴보면 Users, Sign-in method, Templates, Usage, Settings가 있다. 해당 내용을 모두 알아야 할 필요는 없으니 간단하게 설명하고자 한다.

Users에서는 가입한 회원들의 정보와 회원 가입 방식을 보여주며 이메일과 전화번호 등의 정보를 호출할 수 있다.

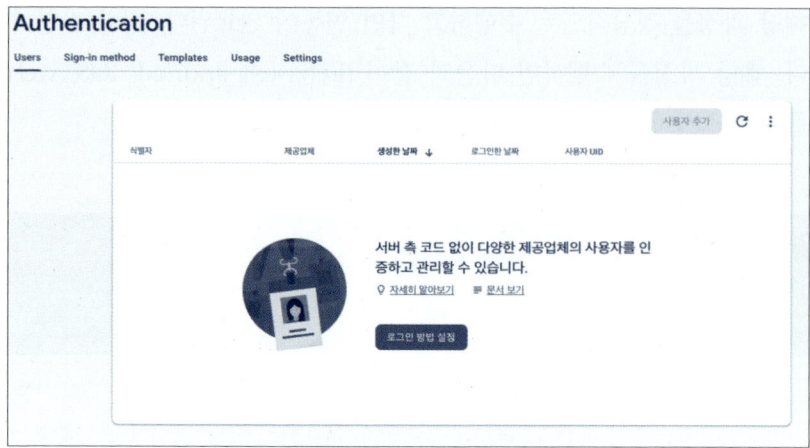

Authentication 관리 화면

Sign-in method에서는 SNS 로그인 등 특정 로그인 방식에 대해 코드 스니펫과 적용 방법을 설명하고 있다. 만약 Google 로그인 기능을 구현하고 싶다면 다음 사진의 Google Button을 클릭하여 요구하는 정보를 입력하여 사용 설정한 후 코드를 추가하여 사용할 수 있다.

Authentication 인증 설정 화면

사용 설정을 추가하면 다음과 같이 각 로그인 방식의 사용 설정이 완료된 상태를 확인할 수 있다.

로그인 제공업체	
제공업체	상태
이메일/비밀번호	사용 설정됨
전화	사용 설정됨
Google	사용 설정됨
Facebook	사용 설정됨
Apple	사용 설정됨

다양한 로그인 방법을 설정할 수 있다.

Templates의 경우 이메일 주소 인증, 비밀번호 재설정, 이메일 주소 변경 등의 기능을 사용하였을 때 발송되는 이메일 템플릿을 수정할 수 있다. 이메일 템플릿을 수정하지 않는 경우 기본 템플릿으로 발송된다. **해당 이메일을 처음 받는 유저의 경우 형식이 생소하여 스팸 이메일이나 해킹으로 인식할 수 있다.** 때문에 글로벌 서비스가 아닌 경우 해당 템플릿을 한국어로 변환하는 것을 추천한다. 이메일 발송 기능을 사용하면 SMTP 서버 구축과 스팸 차단을 방지하기 위한 White IP 등록을 하지 않더라도 이메일 인증을 구현할 수 있어 편리하다.

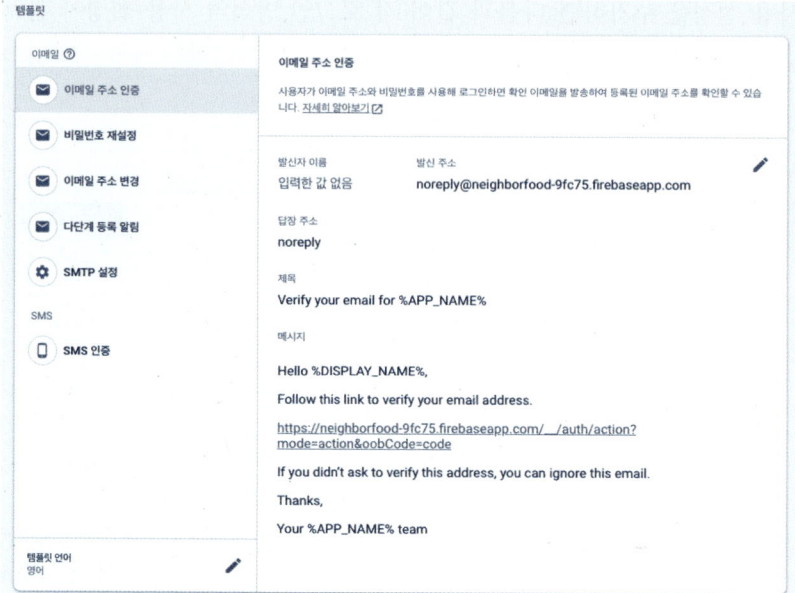

Authentication 템플릿 설정 화면

Usage의 경우 단어 그대로 DAU, MAU를 파악할 수 있으며, Settings의 경우 "여러 SNS로 같은 이메일 가입 시 아이디 생성 방식"을 설정하거나 계정 보안 관련 기능을 설정할 수 있다. 참고로 계정 보안 기능을 강화하고 사용자 활동을 로깅하는 등의 추가 기능을 사용하기 위해서는 추가 요금제를 사용해야 한다.

그럼 간단하게 기능을 구현해 보자. Authentication 기능은 Firebase-Auth 객체를 통해 사용할 수 있으며 다음과 같이 선언하여 사용하는 방식이 일반적이다.

```
FirebaseAuth auth = FirebaseAuth.instance;
```

회원가입의 경우 createdUserWithEmailAndPassword 메소드를 사용하면 된다. email과 password 속성에 가입할 정보를 입력하면 자동으로 Authentication에 User 데이터가 생성되게 된다.

```
try {
  UserCredential userCredential = await FirebaseAuth.instance.
  createUserWithEmailAndPassword(
    email: <가입할 이메일>,
    password: <가입할 패스워드>"
  );
} on FirebaseAuthException catch (e) {
  if (e.code == 'weak-password') {
    print('The password provided is too weak.');
  } else if (e.code == 'email-already-in-use') {
    print('The account already exists for that email.');
  }
} catch (e) {
  print(e);
}
```

로그인의 경우 signInWithEmailAndPassword를 사용하며 회원가입이 완료된 경우 정상적 응답을, 그렇지 않은 경우 error를 반환한다. 다음 코드와 같이 error code를 확인하여 로그인 실패 처리를 구현할 수 있다.

```
try {
    await FirebaseAuth.instance.signInWithEmailAndPassword(
        email: data.email,
        password: randpassword.toString(),
    );
```

```
} on FirebaseAuthException catch (e) {
    if (e.code == 'user-not-found') {
        AlertTitle = "로그인 에러";
        AlertContent = "없는 계정입니다.";
        Alert(context, AlertTitle, content1: AlertContent);

} if (e.code == 'wrong-password') {
        AlertTitle = "로그인 에러";
        AlertContent = "비밀번호가 틀렸습니다.";
        Alert(context, AlertTitle, content1: AlertContent);
}
```

유저의 로그인/로그아웃 상태를 확인하기 위해서는 authStateChanges 메소드를 사용할 수 있다. 코드는 다음과 같다.

```
FirebaseAuth.instance
.authStateChanges()
  .listen((User user) {
    if (user == null) {
      print('User is currently signed out!');
    } else {
      print('User is signed in!');
    }
  });
```

현재 유저의 정보를 확인하기 위해서는 currentUser를 사용할 수 있다. 다만 currentUser가 null일 수 있어 사용 시에는 nullCheck가 필요하다.

```
FirebaseAuth auth = FirebaseAuth.instance;

if (auth.currentUser != null) {
  print(auth.currentUser.uid);
  print(auth.currentUser.email);
}
```

앱을 로그인 없이 사용하게 하려면 다음과 같이 익명 로그인을 기능을 활용할 수 있다. 이를 통해 로그인하지 않은 고객도 Firebase 분석에서 활동을 추적할 수 있다. 그러나, 리뷰 등의 유저 생산 콘텐츠에 회원가입 없이 접근이 가능한 경우 모바일 스토어들의 배포 정책에 위반되어 배포가 반려될 수 있다. 때문에 만약 앱 스토어에 배포할 서비스에서 익명 로그인을 운영 환경에서도 사용하고자 하는 경우 접근 설정을 추가적으로 개발할 필요가 있다.

```
UserCredential userCredential = await FirebaseAuth.instance.sign-
InAnonymously();
```

이메일 인증의 경우도 간단하게 사용할 수 있다. 다음과 같이 currentUser의 데이터를 호출하여 sendEmailVerification()을 사용하면 사용자가 등록된 메일로 인증 메일을 전송할 수 있다. 발송되는 이메일의 내용은 우리가 앞서 보았던 Templates에서 설정할 수 있다.

```
User user = FirebaseAuth.instance.currentUser;

if (!user.emailVerified) {
  await user.sendEmailVerification();
}
```

유저 삭제의 경우 currentUser.delete()를 통해 쉽게 구현할 수 있다. 더불어 다음 코드와 같이 error code를 통한 예외 처리도 수행할 수 있다.

```
try {
  await FirebaseAuth.instance.currentUser.delete();
} catch on FirebaseAuthException (e) {
  if (e.code == 'requires-recent-login') {
    print(재로그인이 필요합니다.);
  }
}
```

SNS 로그인은 다음과 같이 할 수 있다. 먼저 구글 로그인을 살펴보면 다음과 같다. 해당 코드의 경우 가장 기본적인 로그인만 진행하는 코드이다. 주의할 점은 **Authentication을 사용한다고 해서 데이터베이스에 유저 데이터가 자동으로 생성되는 것은 아니라는 것**이다. 만약 회원가입과 로그인 시에 유저 데이터를 저장하고 그를 활용하여 서비스 기능을 구현하고 싶다면 회원가입 때 데이터베이스인 Firestore의 기능을 추가적으로 연동해야 한다.

```
import 'package:google_sign_in/google_sign_in.dart';

Future<UserCredential> signInWithGoogle() async {
  final GoogleSignInAccount googleUser = await GoogleSignIn().signIn();
  final GoogleSignInAuthentication googleAuth =
  await googleUser.authentication;

  final GoogleAuthCredential credential = GoogleAuthProvider.credential(
```

```
    accessToken: googleAuth.accessToken,
    idToken: googleAuth.idToken,
  );
  return await FirebaseAuth.instance.signInWithCredential
  (credential);
}
```

네이버 회원가입과 로그인을 살펴보며 Firestore에 데이터를 저장하는 예시 사례를 소개해 보고자 한다. 다음 코드를 살펴보자. 다음 코드를 살펴보면 회원가입 과정이 끝난 후에 Firestore에 원하는 데이터를 저장한다. 주의할 점은 로그인할 SNS에 따라 제공되는 정보가 다르다는 점이다. 예를 들어 네이버의 경우 이메일과 이름을 제공받을 수 있지만, 카카오는 프로필 닉네임을 제공받을 수 있다. 제공받을 수 있는 정보가 다름에 따라 User Data의 속성값을 조정할 필요가 있다.

```
// 네이버 로그인
_naverloginButtonPressed(BuildContext context) async {
  final readLogin = context.read<LoginViewModel>();

  NaverLoginResult res = await FlutterNaverLogin.logIn();

  // 1. 데이터 호출
  await readLogin.loadUser(email: res.account.email);

  // 2. 데이터가 없다면 회원가입
  if (readLogin.users.isEmpty) {
    // 회원가입 후 페이지 이동
    context.read<SignupViewModel>().naverSignupComplete(context,
    res.account);
```

```
    // 페이지 이동
    Navigator.pushReplacementNamed(context, '/instatDelivery
    /home/index');
  } else {
    // 3. 데이터가 있다면 로그인

    // email 설정
    readLogin.setEmail(res.account.email);

    // password 설정
    readLogin.setPassword(readLogin.users[0].password);

    // 로그인
    readLogin.login(context);
  }
}
```

다른 SNS 로그인도 이와 유사한 방식으로 작동한다. 즉, 회원가입과 로그인 방식은 다음과 같이 구성된다.

1. 각 회원가입 및 로그인 기능 제공 업체에서 정보 호출
2. FirebaseAuth Authentication

상세한 기능 구현 방식은 각각 다음 링크에서 확인할 수 있다.

- Naver 로그인 : https://pub.dev/packages/flutter_naver_login
- Kakao 로그인 : https://pub.dev/packages/kakao_flutter_sdk
- Google 로그인 : https://pub.dev/packages/google_sign_in
- Apple 로그인 : https://pub.dev/packages/sign_in_with_apple
- Facebook 로그인 : https://pub.dev/packages/flutter_facebook_auth

7.4 Realtime Database

Realtime Database는 Firebase의 탄생을 알린 기능이다. NoSQL 기능이며 간단한 데이터를 기록하고 서비스와 동기화하는 목적으로 출시되었다. 다만, Firestore Database가 출시된 이후에는 기능의 유용성과 비용 이슈로 Realtime Database를 많이 사용하지 않고 있다. 간단하게만 Realtime Database를 살펴보자. 개념은 정말 단순하다. 다음 그림처럼 자신이 원하는 데이터를 자유롭게 만들고, 그를 호출하거나 저장하여 사용하면 된다.

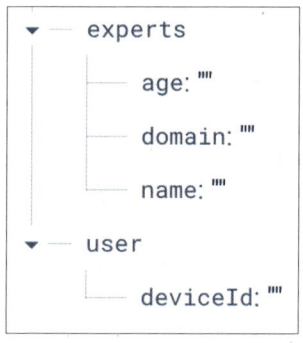

임의로 만들어본 Realtime Database

우리의 주된 관심사는 Realtime Database가 아닌 Firestore Database이므로 realtime Database에 대해 소스 코드는 생략하도록 하겠다. 만약, 해당 내용을 더욱 자세히 알고 싶다면 Firebase Realtime Database에 대해 document(https://firebase.google.com/docs/Database?hl=ko)를 참고하길 추천한다. 더불어 Firestore Database와 Realtime Database의 특성 비교에 관해서는 다음 document (https://firebase.google.com/docs/Database/rtdb-vs-Firestore)에서 상세히 기술하고 있으니 이에 대해 내용도 참고하길 추천한다.

7.5 Firebase Hosting

Firebase Hosting은 간단하게 호스팅을 함으로써 서비스를 쉽게 배포할 수 있도록 돕는 기능으로 주로 웹서비스를 배포할 때 사용된다. **Firebase Hosting은 호스팅뿐만 아니라 배포 히스토리 기록, 배포 변경 사항 파악 및 테스트 기능 등도 제공**하여 편리하다.

본 서적의 주된 관심사는 모바일 애플리케이션이지만 Flutter를 통한 Web 서비스 개발 지원이 시작된 이후로 Flutter를 통한 Web 개발 생산성은 지속해서 향상되어 왔다. 개인적인 경험에 비춰볼 때 DAU 5만 이하의 소규모 서비스를 개발하는 데에는 React.js나 Vue를 통해 개발하는 것보다 Flutter를 통해 개발하는 것이 생산성 측면에서 효율적이었다.[2]

때문에 소규모 웹 서비스 개발에서는 Flutter를 통한 개발도 좋은 선택이라 생각한다.[3] 그 과정에서 Firebase Hosting을 사용하면 더욱 효율적으로 서비스를 배포할 수 있다. 만약 그 이상의 규모 서비스를 개발 및 운영하는 경우 비용, 생산성, 운영 안정성 측면에서 추가적인 검토를 통해 독자가 선택하길 바란다.

해당 서비스 사용을 위해서는 Firebase CLI(명령줄 도구)를 설치해야 하며, 다음 명령어를 통해 배포할 수 있다.

```
$ firebase deploy --only hosting
```

---

[2] 다만, 생태계의 부족으로 목표 기능을 직접 만들어야 하는 경우가 종종 있었다. DAU 5만 이상의 중규모 혹은 그 이상의 대규모의 Web 서비스 개발에 관해서는 필자의 경험이 부족하여 평가하기 어렵다.

[3] 단, Flutter Web 개발을 위해서는 초기 실행 시 직렬 로딩으로 발생하는 지연을 병렬적으로 처리할 수 있도록 변경해야 한다. 그렇지 않는다면 초기 로딩이 매우 느려 사용 경험이 좋지 않다. 더불어 IE 호환성이 매우 좋지 않다.

그 후 다음 표에 표시된 것과 같은 순서에 따라 배포가 가능하다. Firebase Hosting은 우리의 주된 관심 기능이 아닐뿐더러 Firebase CLI의 경우 firebase Function을 소개할 때 다시 다룰 예정이기 때문에 자세한 내용은 생략하고자 한다.

Firebase Hosting 설정 및 배포 방법

구현경로	설명
❶ Firebase CLI 설치	Firebase CLI로 손쉽게 새 Firebase 호스팅 프로젝트를 설정하고, 로컬 개발 서버를 실행하고, 콘텐츠를 배포할 수 있습니다.
❷ 프로젝트 디렉터리 설정	정적 에셋을 로컬 프로젝트 디렉터리에 추가한 후 `firebase inint`을 실행하여 Firebase 프로젝트에 디렉터리를 연결합니다. 또한 로컬 프로젝트 디렉터리에서 동적 콘텐츠 및 마이크로서비스에 대한 Cloud Functions 또는 Cloud Run을 설정할 수도 있습니다.
❸ 라이브로 전환 전 변경사항 확인, 테스트, 공유 (선택사항)	`firebase emulators:start`를 실행하여 로컬로 호스팅 된 URL에서 Firebase 호스팅 및 백엔드 프로젝트 리소스를 에뮬레이션 합니다. 임시 미리 보기 URL로 변경사항을 확인하고 공유하려면 `firebase hosting:channel:deploy`를 실행하여 만들고 미리 보기 채널에 배포합니다. 미리 보기 된 콘텐츠를 쉽게 반복할 수 있도록 GitHub 통합을 설정합니다.
❹ 사이트 배포	준비가 끝났으면 `firebase depoly`를 실행하여 최신 스탭샷을 서버에 업로드합니다. 배포를 취소해야 하는 경우 `firebase Console`에서 클릭 한 번으로 롤백 할 수 있습니다.
❺ Firebase 웹 앱에 연결(선택사항)	사이트를 Firebase 웹 앱에 연결하면 Google 애널리틱스를 사용하여 앱의 사용 및 동작 데이터를 수집하고 Firebase Performance Monitoring을 사용하여 앱의 성능 특성에 대한 통계를 얻을 수 있습니다.

7.6 Cloud Firestore

간편하게 데이터를 만들어 JSON 트리로 제공하는 실시간 데이터베이스와 달리 Firestore는 문서 컬렉션으로 저장되고 그를 제공한다. 앞서 밝힌 바와 같이 Firestore가 실시간 데이터베이스 대비 비용과 성능 면에서 유용하기 때문에 대부분의 개발자는 Firestore를 사용한다. 해당 기능은 본래 Google Cloud에서 제공하는 기능이지만 Firebase에 통합되어 제공되는 것이다. 때문에 다음과 같이 같은 기능을 Google Cloud에서도 확인할 수 있다.

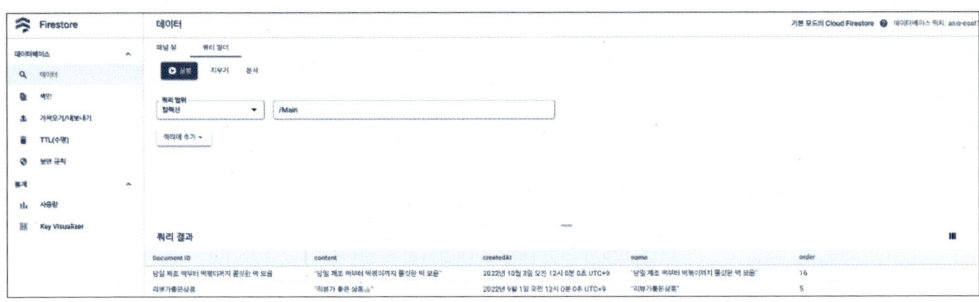

Google Cloud에서 확인할 수 있는 Firestore

우선 Firestore를 시작하게 되면 다음과 같이 규칙에 대해 기본 설정 선택 창이 나타나게 된다. "프로덕션 모드"에서는 read만 허용하고 write는 거부하는 규칙을 설정하여 시작하게 되고, "테스트 모드"에서는 프로젝트가 생성된 지 1달 이후 시점까지 누구나 CRUD에 대해 접근이 가능하도록 설정된다. 간혹 Firestore를 사용할 때 규칙에 대해 깊게 살펴보지 않고 넘어가는 경우가 있는데 규칙을 설정하는 것이 가장 기본적인 보안이기 때문에 주의할 필요가 있다.

CHAPTER 7 Firebase 시작하기

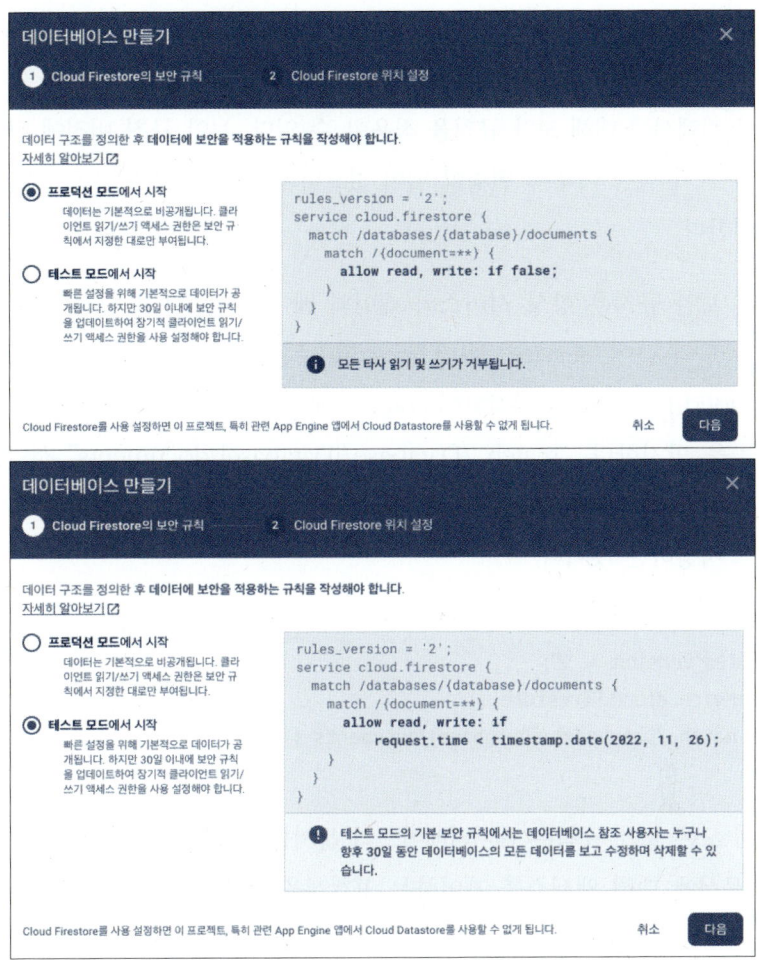

Cloud Firestore 생성 시 나타나는 프로덕션 모드와 테스트 모드 설정

먼저 규칙에 대해 살펴보자. CloudFirestore의 보안 규칙 버전은 2버전이며 이를 다음과 같은 코드로 표시한다.

```
rules_version = '2'
```

규칙 버전 2는 와일드카드 동작과 컬렉션 그룹 쿼리를 사용할 수 있도록 해준다. 때문에 {document=**}와 같이 와일드카드 사용을 통해 하위 문서와 컬렉션에 대해 보안 규칙을 적용할 수 있다. 보안 규칙 버전에 관해서는 초기 설정 이후에 변경할 일이 없으니 해당 내용 정도로만 간략히 소개한다.

모든 보안 규칙은 항상 서비스와 데이터 베이스 선언에서 시작된다. 다음 코드와 같이 "service cloud.Firestore"로 선언하는 것은 규칙의 범위를 cloud Firestore를 지정하여 colud storage 등의 다른 제품과의 규칙 충돌을 방지한다. "match /Database/{Database}/documents" 선언은 규칙이 프로젝트의 모든 Cloud Firestore 데이터베이스와 일치해야 한다고 지정하는 것이다.

```
rules_version = '2';
service cloud.Firestore {
  match /Databases/{Database}/documents {
```

이때 모든 보안 규칙은 데이터베이스의 문서를 식별하는 match 문과 해당 문서에 대해 액세스를 제어하는 표현식을 allow하는 것으로 구성되며, 만약 요청하는 데이터 접근이 거부되는 규칙이 일부라도 존재한다면 전체 쿼리 요청이 실패하게 설계되어 있다.

데이터베이스 접근 방식은 read와 write로 나뉘어 있다. read는 단일 문서에 대해 요청이 적용되는 get과 컬렉션에 대해 쿼리 및 요청이 적용되는 list로 나뉘며, write는 create, update, delete로 나뉘게 된다. 보안 규칙을 설정하지 않은 경우 Firebase 서비스의 특성상 프로젝트 ID만 알아도 외부에서 Firestore에 쉽게 접근하기 쉽기 때문에 보안 위험성이 존재한다. 때문에 서비스에 맞게 권한을 세분화하는 것은 필수적이다.

```
service cloud.Firestore {
  match /Databases/{Database}/documents {
    match /<some_path>/ {
      allow read, write: if <some_condition>;
    }
  }
}
```

가장 일반적으로 적용할 수 있는 보안 규칙 중 하나는 사용자 인증 상태를 기반으로 접근을 제어하는 것이다. 다음 코드는 로그인한 사용자만 데이터베이스에 접근할 수 있도록 허용하는 코드이다.

```
service cloud.Firestore {
  match /Databases/{Database}/documents {
    match /cities/{city} {
      allow read, write: if request.auth != null;
    }
  }
}
```

또 다른 일반적인 방식은 다음 코드처럼 사용자가 자신의 데이터만 접근할 수 있도록 허용하는 것이다.

```
service cloud.Firestore {
  match /Databases/{Database}/documents {
    match /users/{userId} {
      allow read, update, delete: if request.auth != null &&
        request.auth.uid == userId;
      allow create: if request.auth != null;
    }
  }
}
```

더불어 보안 규칙은 문서뿐만 아니라 다음 코드와 같이 필드 수준에서도 액세스 제어가 가능하다.

```
service cloud.Firestore {
  match /Databases/{Database}/documents {
    match /cities/{city} {
      allow read: if resource.data.visibility == 'public';
    }
  }
}
```

이러한 보안 규칙이 많아지게 되면 코드가 복잡해지기 때문에 공통으로 사용하는 메소드를 추출하여 다음 코드와 같이 보안 규칙을 기술할 수도 있다.

```
service cloud.Firestore {
  match /Databases/{Database}/documents {
    function signedInOrPublic() {
      return request.auth.uid != null || resource.data.visibility
        == 'public';
    }
    match /cities/{city} {
      allow read, write: if signedInOrPublic();
    }

    match /users/{user} {
      allow read, write: if signedInOrPublic();
    }
  }
}
```

이처럼 보안 규칙을 관리하는 방법은 다양하고 상세하게 적용할 수 있다. 다만, 보안 규칙은 쿼리가 액세스하는 일부 데이터에 거부되는 규칙이 있다면 모든 쿼리가 거부되기 때문에 조건을 추가할수록 side-effect에 대해 주의할 필요가 있다.

만약 **보안 규칙을 단순하게 적용하고 싶다면 Collection별로 와일드카드를 활용하여 create, read, update, delete 권한을 설정해 주는 것을 추가**해보자. 기본적으로는 액세스를 false로 만들어 최대한 보안 규칙을 보수적으로 만들고, 추가되는 기능에 따라 수정하는 것을 추천한다. 특히나 특정 기능이 추가될 때 해당 기능이 특정 권한의 아이디를 가져야 하는 기능인지, 아니면 광범위하게 적용되는 기능인지에 따라 true 조건을 조절하는 것이 필요하다. 다음 코드는 단순하게 보안 규칙을 설정한 예시이다.

```
rules_version = '2';
service cloud.firestore {
  match /databases/{database}/documents {
    match /ApartmentPassword/{document=**} {
      allow create: if false;
      allow read: if true;
      allow update: if false;
      allow delete: if false;
    }
    match /DeliveryUser/{document=**} {
      allow create: if false;
      allow read: if true;
      allow update: if false;
      allow delete: if false;
    }
    match /Filter/{document=**} {
      allow create: if false;
      allow read: if true;
      allow update: if false;
      allow delete: if false;
    }
    match /Food/{document=**} {
      allow create: if false;
      allow read: if true;
      allow update: if true;
      allow delete: if false;
    }
    match /Main/{document=**} {
      allow create: if false;
      allow read: if true;
      allow update: if false;
      allow delete: if false;
    }
}
```

Cloud Firestore 예시 보안 규칙

이렇게 설정된 규칙은 "규칙 모니터링"에서 허용/거부/오류를 모니터링할 수 있어 운영을 돕는 기능을 제공한다.

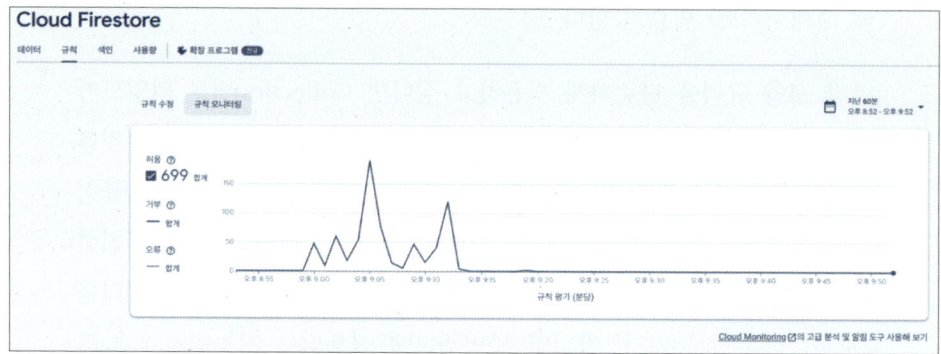

Cloud Firestore 규칙 모니터링 화면

이제 Firestore의 데이터에 관해서 살펴보도록 하자. Firebase 콘솔에서는 데이터, 규칙, 색인, 사용량, 확장 프로그램 메뉴를 확인할 수 있다. 먼저 데이터를 살펴보자. 데이터는 말 그대로 데이터베이스를 관리하는 기능이다. Firestore의 경우 NoSQL 기반이기 때문에 컬렉션을 쉽게 만들고, 그 안에 문서를 만들어서 데이터를 관리할 수 있다. 관계형 데이터베이스 모델에서 테이블과 해당 테이블 안에 있는 데이터 row를 각각 collection과 document로 생각하면 이해하기 쉽다.

다음 사진처럼 collection과 document를 만들 수 있다. 여기서 참고할 사항은 문서 ID를 지정하지 않으면 랜덤으로 ID가 생성된다는 것이다. 또한, 문서 ID는 랜덤으로 생성되기 때문에 문서를 생성 날짜별로 정렬하려면 문서에 timestamp field를 별도로 저장해야 하는 불편함이 존재한다.

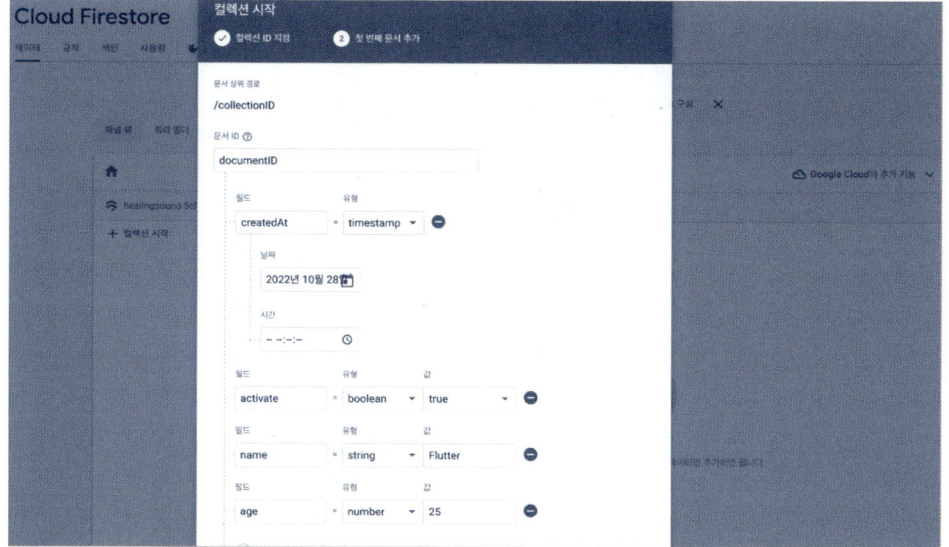

Cloud Firestore Collection 생성 화면

NoSQL 기반이기 때문에 이를 처음 접하는 개발자들의 경우 Collection 설정 방식에 대해 혼란이 올 수 있다. 예를 들어, NoSQL은 하나의 Collection 안에 새로운 Collection을 만들 수 있다. 즉, **하나의 collection이 무제한의 depth를 가질 수 있다.**[4]

---

[4] 객체 지향의 관점에서 NoSQL의 Collection depth는 장점이 있다고 생각한다. 객체 지향의 관점에서 하나의 객체의 4개를 초과하는 상태 값을 설정하는 건 지나치게 구체적이고, 유지보수와 관리를 어렵게 한다. 때문에 객체를 다룰 때도 4개 이상의 상태를 가지지 않도록 객체를 계층화하여 상위 객체의 '상태'로서의 하위 객체를 설정하는 편이다. 이러한 관점은 Firestore의 Collection 설계할 때도 충분히 적용될 수 있을 것이다.

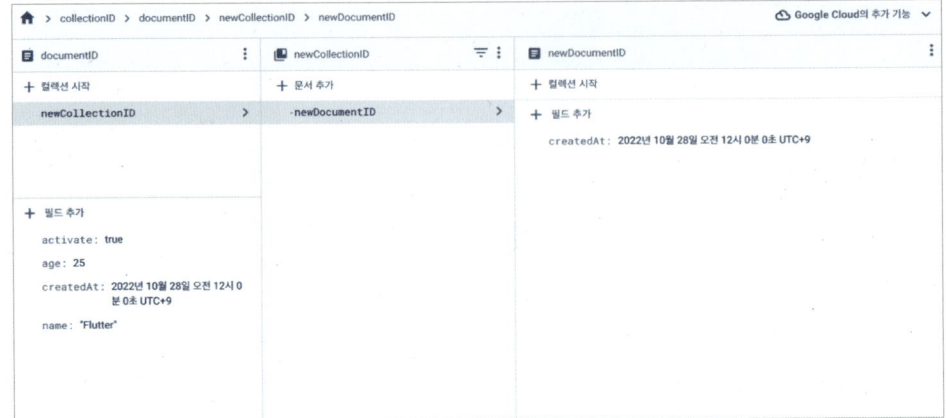

다중 depth이 가능한 Cloud Firestore의 Collection

그러나, 필자는 다음 이유에서 **중소규모의 프로젝트에서는 1-depth 이상의 Collection을 만들지 않고, Collection이 복잡해지는 방식을 선택**한다. 바로, Firestore에서는 하위 Collection이 상위 Collection과 동시에 호출되지 않는다는 점이다. 위 이미지를 살펴보자. 우리는 Url을 통해 데이터베이스에 접근하게 된다. 이때 좌측 상단에 표시된 CollectionId와 DocumentID들이 데이터베이스에 접근하는 url를 구성하게 된다. 즉, 상위 Collection과 하위 Collection을 호출하는 url이 다르다. 때문의 두 Collection을 호출하기 위해서는 상위 객체와 하위 객체를 분리하여 호출한 후 매칭해줘야 한다. 때문에 **1-depth 이상의 Collection을 사용하게 되면 DataBase와 소통하는 repository 코드가 복잡해진다**. 이는 개발 생산성을 매우 떨어트리며, 불필요한 호출로 인한 성능 저하 이슈도 파생된다. 이러한 기능을 보조하는 수단으로 CollectionGroup과 listCollections 메소드가 추가되었지만, 모바일 환경이 지원되지 않거나, 하위 컬렉션을 다시 처리해 줘야 하는 등의 여러 가지 한계점과 불편함을 가지고 있다. 개인적으로는 상위 Collection과 하위 Collection

을 한 번의 쿼리로 모두 가져오는 메소드가 있어야 한다고 생각한다. 아직도 Firebase는 발전하고 있기 때문에 이러한 기능이 차차 제공될 것으로 생각한다.

때문에 필자는 본 서적에서도 1-depth Collection과 그에 기반한 코드 스타일을 제안한다. Firestore는 관계형 데이터베이스가 아니기 때문에 join 등의 다중 컬렉션 쿼리가 준비되어 있지 않으며, 하위 컬렉션이나 타 컬렉션으로 데이터를 매칭하여 가져오는 과정이 서비스 성능과 코드 가독성을 해친다.[5]

데이터베이스와 규칙을 살펴보았으니 나머지 기능도 간략하게 살펴보도록 하자. 다음으로 살펴볼 내용은 색인(index)이다. 앞서 소개했듯이 **Firestore는 데이터베이스가 커져도 쿼리의 성능을 보장하기 위해 모든 쿼리에 색인을 사용**한다. 때문에 데이터베이스의 크기가 커지더라도 성능과는 무관하다. 성능은 쿼리 결과의 집합 크기에 관련되어 있다.

Firestore는 단일 필드 인덱스와 복합 필드 인덱스가 존재한다. **단일 필드 인덱스는 특정 필드를 포함하는 컬렉션의 모든 문서에 대해 정렬된 매핑을 "자동"으로 저장**한다. 즉, 데이터를 만들면 단일 필드는 자동으로 인덱스에 추가되어 관리된다는 것이다. 예를 들어 다음 코드와 같이 문서를 저장한다고 가정해 보자.

---

5 이를 포함한 Firebase의 몇 가지 한계점들 때문에 초기 구축 이후에 점진적으로 자체적인 Server-Side 구축의 방향으로 이동하는 사례를 종종 보았다. 때문에 Firestore 선택을 고려한다면 지금 소개한 단점이 소프트웨어 개발 및 운영에 영향을 끼치는지 미리 고민하길 바란다. 장단점을 이해하고 본인이 구축해야 하는 소프트웨어의 요구사항에 따라 적절히 도구를 선택하는 것은 본인의 몫이다.

```
var citiesRef = db.collection("cities");

citiesRef.doc("SF").set({
    name: "San Francisco", state: "CA", country: "USA",
    capital: false, population: 860000,
    regions: ["west_coast", "norcal"] });
citiesRef.doc("LA").set({
    name: "Los Angeles", state: "CA", country: "USA",
    capital: false, population: 3900000,
    regions: ["west_coast", "socal"] });
citiesRef.doc("DC").set({
    name: "Washington, D.C.", state: null, country: "USA",
    capital: true, population: 680000,
    regions: ["east_coast"] });
citiesRef.doc("TOK").set({
    name: "Tokyo", state: null, country: "Japan",
    capital: true, population: 9000000,
    regions: ["kanto", "honshu"] });
citiesRef.doc("BJ").set({
    name: "Beijing", state: null, country: "China",
    capital: true, population: 21500000,
    regions: ["jingjinji", "hebei"] });
```

위 코드처럼 문서를 저장하게 되면 다음 단일 필드 인덱스가 자동으로 생성된다. 상세하게는 배열이 아닌 필드당 하나의 오름차순 단일 필드 인덱스, 배열이 아닌 필드당 하나의 내림차순 단일 필드 인덱스, 배열 필드에 대해 하나의 array-contains 단일 필드 인덱스를 생성한다.

단일 필드 인덱스 예시

Collection	인덱싱된 필드	쿼리 범위
Cities	↑ Name	Collection
Cities	↑ Status	Collection
Cities	↑ Country	Collection
Cities	↑ Capital	Collection
Cities	↑ Population	Collection
Cities	↓ Name	Collection
Cities	↓ Status	Collection
Cities	↓ Country	Collection
Cities	↓ Capital	Collection
Cities	↓ Population	Collection
Cities	array-contains 영역	Collection

이렇게 생성된 인덱스는 다음과 같은 쿼리를 지원하게 된다.

필드 인덱스에서 사용할 수 있는 쿼리

인덱스 모드	설명
↑ 오름차순	필드에서 <, <=, ==, >=, >, !=, in 및 not-in, 쿼리 절을 지원하고 이 필드 값을 기반으로 오름차순으로 결과 정렬을 지원합니다.
↓ 내림차순	필드에서 <, <=, ==, >=, >, !=, in 및 not-in, 쿼리 절을 지원하고 이 필드 값을 기반으로 내림차순으로 결과 정렬을 지원합니다.
배열 포함	필드에서 array-contains 및 array-contains-any 쿼리 절을 지원합니다.

즉 다음 코드와 같은 쿼리를 지원하게 된다는 말이다.

```
const stateQuery = citiesRef.where("state", "==", "CA");
const populationQuery = citiesRef.where("population", "<", 100000);
const nameQuery = citiesRef.where("name", ">=", "San Francisco");
```

그러나, 실제 환경에서는 복수의 필드의 조건을 걸어 쿼리를 사용하는 것이 일반적이다. Firestore는 모든 쿼리의 인덱스를 만들기 때문에 복수의 필드가 포함된 where절 쿼리를 사용하고자 한다면 복합 인덱스를 사용해야 한다.

그럼 복합 인덱스 설정에 대해 알아보자. 예를 들어 다음과 같이 복수의 조건이 필요한 쿼리를 사용하기 위해서는 복합 인덱스가 필요하다.[6]

```
citiesRef.where("country", "==", "USA").orderBy("population", "asc");
citiesRef.where("country", "==", "USA").where("population", "<", 3800000);
citiesRef.where("country", "==", "USA").where("population", ">", 690000);
citiesRef.where("country", "in", ["USA", "Japan", "China"]).where
("population", ">", 690000);
```

복합 필드 인덱스 예시

Collection	인덱싱된 필드	쿼리 범위
Cities	↑ (또는 ↓) country, ↑ population	Collection

Firestore의 복합 인덱스에는 매우 불편한 요소가 한 가지 있는데 바로 array-contains는 복합 필드당 하나만 설정해야 한다는 점이다. Firestore의 설계 의도를 감안하면 컬렉션이 계층화되어 복수의 array를 사용하지 않아도 되기 때문에 큰 문제가 아니지만, 중소규모 서비스 구축 용이성을 위해 1-depth Collection 설계를 선택했을 때는 복수의 array를 사용해야 하는 상황이 발생하기 때문에 목표하는 기능의 쿼리

---

[6] 참고로 부등식 절은 부등식 절을 수행한 필드를 기반으로 쿼리 결과를 오름차순 정렬 순서로 호출하는 것이 기본 설정값이다.

를 구현할 수 없는 심각한 결함이 발생하게 된다. 필자는 이러한 경우에는 어쩔 수 없이 하위 컬렉션이나 타 컬렉션으로 관리하며, 만약 소프트웨어 설계 단계에서 join 쿼리가 전방위적으로 필요하다면 생산성 측면을 고려하여 Firestore를 선택할지, 관계형 데이터베이스와 백엔드 프레임워크의 개발을 선택할지 결정하게 된다.

Cloud Firestore 인덱스 관리 화면

이제 Firestore를 Flutter 코드 환경에서 어떻게 사용하는지에 대해 알아보자. 일반적으로는 다음과 같이 선언하고 사용하게 된다.

```
import 'package:firebase_core/firebase_core.dart';
FirebaseFirestore Firestore = FirebaseFirestore.instance;
```

데이터를 액세스하는 방식은 One-time 액세스와 Real-time 액세스, Offline 액세스가 존재한다. 문자 그대로 One-time read는 한 번만 호출하는 것이고, Real-time read는 Stream을 활용하여 구독 형태를 유지하여 변경사항을 감지하는 방식이다. Offline 액세스의 경우 데이터 번들을 미리 캐싱 해놓고 온라인 연결이 되지 않는 상황에서도 사용할 수 있게 하는 방식이다. Real-time read의 경우 대시보드 형태의 기능을 제공하는 경우 매우 유용하게 사용할 수 있다. 마지막으로 Offline 액세스의 경우 인터넷 연결이 원활하지 않거나 오프라인 상황에서 작업이 많은 IoT 기기에서 안정적 액세스 혹은 사용자의 서비스 첫 진입점을 빨리 로딩하기 위해 캐싱 해놓는 형태로 활용할 수 있다.

우선 One-time read에 대해 먼저 알아보자. 우리는 다음 코드와 같이 get() 메소드를 통해 데이터에 접근할 수 있다.

```
final docRef = db.collection("cities").doc("SF");
docRef.get().then(
  (DocumentSnapshot doc) {
    final data = doc.data() as Map<String, dynamic>;
    // ...
  },
  onError: (e) => print("Error getting document: $e"),
);
```

우리는 source 옵션을 설정하여 get 호출이 오프라인 캐시를 사용하도록 할 수 있다. 기본적으로 get 호출은 데이터베이스에서 최신 문서 스냅샷을 가져오려고 시도한다. 그러나, Source 옵션 설정을 통해 네트워크를 사용할 수 없거나 요청 시간이 초과되면 클라이언트는 오프라인 캐시를 사용하게 할 수 있다. 더불어, 오프라인 캐시를 사용하지 못하게 하거나 오프라인 캐시만 사용하도록 설정할 수 있다. 다음 스니펫은 캐시 데이터만 사용하도록 설정한 코드이다.

```
final docRef = db.collection("cities").doc("SF");

// Source can be CACHE, SERVER, or DEFAULT.
const source = Source.cache;
```

```
docRef.get(const GetOptions(source: source)).then(
    (res) => print("Successfully completed"),
    onError: (e) => print("Error completing: $e"),
);
```

다음으로 다룰 내용은 매우 중요하다. 바로 가져온 데이터를 개발자가 정의한 객체에 매핑하는 방법이다. Firestore에서 받아온 데이터는 Map 형태의 구조로 되어 있다. 그러나, **Flutter는 OOP를 따르는 Dart로 구성된 프레임워크이므로 객체 지향적으로 사용하는 것이 적절하며, 개인적으로 코드 생산성과 유지보수성도 이러한 접근이 유리하다고 판단**된다. 다음 코드는 City 객체를 만든 후 해당 Firestore에서 호출한 데이터를 객체의 상태에 맞게 값을 매핑하는 코드이다. 즉, 각 Collection마다 데이터를 담는 객체를 만들어 사용하는 것을 추천한다.

```
class City {
  final String? name;
  final String? state;
  final String? country;
  final bool? capital;
  final int? population;
  final List<String>? regions;

  City({
    this.name,
    this.state,
    this.country,
    this.capital,
    this.population,
    this.regions,
  });
}
```

```dart
factory City.fromFirestore(
  DocumentSnapshot<Map<String, dynamic>> snapshot,
  SnapshotOptions? options,
) {
  final data = snapshot.data();
  return City(
    name: data?['name'],
    state: data?['state'],
    country: data?['country'],
    capital: data?['capital'],
    population: data?['population'],
    regions:
        data?['regions'] is Iterable ? List.from(data?['regions']) :
        null,
  );
}

Map<String, dynamic> toFirestore() {
  return {
    if (name != null) "name": name,
    if (state != null) "state": state,
    if (country != null) "country": country,
    if (capital != null) "capital": capital,
    if (population != null) "population": population,
    if (regions != null) "regions": regions,
  };
 }
}

final ref = db.collection("cities").doc("LA").withConverter(
    fromFirestore: City.fromFirestore,
    toFirestore: (City city, _) => city.toFirestore(),
  );
final docSnap = await ref.get();
```

```
final city = docSnap.data(); // Convert to City object
if (city != null) {
  print(city);
} else {
  print("No such document.");
}
```

다음은 Real-time 액세스에 대해 살펴보자. Real-time 액세스의 경우 onSnapshot() 메서드를 사용하여 문서를 수신한다. onSnapshot()을 사용하면 초기 호출은 데이터베이스에서 호출하고, 내용이 변경될 때마다 다른 호출이 스냅샷을 업데이트한다.

```
final docRef = db.collection("cities").doc("SF");
docRef.snapshots().listen(
    (event) => print("current data: ${event.data()}"),
    onError: (error) => print("Listen failed: $error"),
  );
```

이러한 업데이트 사항을 UI에 반영하기 위해서 다음과 같이 Stream Builder 위젯을 사용할 수 있다.

```
class UserInformation extends StatefulWidget {
  @override
  _UserInformationState createState() => _UserInformationState();
}

class _UserInformationState extends State<UserInformation> {
  final Stream<QuerySnapshot> _usersStream =
      FirebaseFirestore.instance.collection('users').snapshots();
```

```dart
@override
Widget build(BuildContext context) {
  return StreamBuilder<QuerySnapshot>(
    stream: _usersStream,
    builder: (BuildContext context, AsyncSnapshot<Query
Snapshot> snapshot) {
      if (snapshot.hasError) {
        return const Text('Something went wrong');
      }

      if (snapshot.connectionState == ConnectionState.waiting) {
        return const Text("Loading");
      }

      return ListView(
        children: snapshot.data!.docs
            .map((DocumentSnapshot document) {
              Map<String, dynamic> data =
                  document.data()! as Map<String, dynamic>;
              return ListTile(
                title: Text(data['full_name']),
                subtitle: Text(data['company']),
              );
            })
            .toList()
            .cast(),
      );
    },
  );
}
```

우리는 Real-time 액세스의 특징에 대해 좀 더 자세히 알아볼 필요가 있다. 만약 특정 데이터베이스를 구독하고 있는 Consumer가 있고 해당 로컬 환경에서 같은 데이터베이스에 쓰기 작업을 수행한다고 가정하자. Snapshot은 데이터를 보내기 전에 Consumer에게 로컬 데이터를 전송한다. 때문에 Consumer는 Snapshot으로부터 로컬에서 온 데이터를 받을 수도 있고 서버에서 온 데이터를 받을 수도 있다.

수신 받은 데이터가 로컬에서 온 것인지 서버에서 온 것인지에 관해서는 hasPendingWrites 값을 통해 알 수 있다. metadata.hasPendingWrites 속성은 문서에 아직 데이터베이스에 기록되지 않은 로컬 변경 사항이 있는지 여부를 나타낸다. 만약 해당 값이 true라면 문서에 아직 기록되지 않은 로컬 변경 사항이 있는 것으로 로컬에서 수신된 것이며, false라면 서버에서 온 것이다. 이 속성을 활용하면 서버에서 수신된 데이터만 수신하거나 로컬에서 온 데이터만 수신하도록 리스너 설정을 세분화할 수 있다.

```
final docRef = db.collection("cities").doc("SF");
docRef.snapshots().listen(
  (event) {
    final source = (event.metadata.hasPendingWrites) ? "Local" :
    "Server";
    print("$source data: ${event.data()}");
  },
  onError: (error) => print("Listen failed: $error"),
);
```

더불어 includeMetadataChanges 속성을 활용하면 메타데이터가 변경된 경우에만 이벤트를 수신할 수 있도록 설정할 수 있다. 그를 구현한 코드는 다음과 같다.

```
final docRef = db.collection("cities").doc("SF");
docRef.snapshots(includeMetadataChanges: true).listen((event) {
  // ...
});
```

또한, 데이터를 더 이상 수신하지 않는 경우 리스너가 리소스를 사용하지 않도록 해제해야 한다. 구독 해제는 cancel() 메소드를 사용하면 된다.

```
final collection = db.collection("cities");
final listener = collection.snapshots().listen((event) {
  // ...
});
listener.cancel();
```

보안 규칙 혹은 잘못된 쿼리 등으로 에러가 발생할 때 이를 처리해 주어야 한다. 다음 코드와 같이 onError 속성을 통해 error를 처리할 수 있다.

```
final docRef = db.collection("cities");
docRef.snapshots().listen(
    (event) => print("listener attached"),
    onError: (error) => print("Listen failed: $error"),
  );
```

오프라인 처리 방식에 대해 살펴보자. PersistenceEnabled 설정을 true로 하면 오프라인 상태에서 데이터를 호출할 때, 네트워크 접근이 어렵다면 캐시에서 데이터를 반환하게 된다. iOS와 Android 플랫폼에서 운영되는 Flutter 소프트웨어에서는 기본적으로 PersistenceEnabled가 true

값으로 설정되어 있어 별도의 추가 설정은 필요 없다. 해당 설정이 작동되는지 확인하기 위해 데이터의 소스가 캐시인 지 서버인 지를 확인해보자. **데이터의 소스는 isFromCache 메소드를 통해 확인할 수 있다.** 해당 내용을 확인하는 코드는 다음과 같다.

```
db.collection("cities")
    .where("state", isEqualTo: "CA")
    .snapshots(includeMetadataChanges: true)
    .listen((querySnapshot) {
      for (var change in querySnapshot.docChanges) {
        if (change.type == DocumentChangeType.added) {
          final source = (querySnapshot.metadata.isFromCache) ?
          "local cache" : "server";
          print("Data fetched from $source}");
        }
      }
});
```

마지막으로 네트워크 액세스를 차단하여 캐시에서만 데이터를 호출하게 만들 수도 있다. disableNetwork 메소드를 통해 네트워크 액세스를 **차단할 수 있고, enableNetwork 메소드를 통해 다시 접근을 허용**할 수 있다.

```
db.disableNetwork().then((_) {
  // 네트워크 차단
});
db.enableNetwork().then((_) {
  // 네트워크 연결
});
```

본 서적에서 소개한 Firestore의 내용은 Firestore에서 제공하는 기능의 일부이다. 트랜잭션의 사용, 분산 카운터를 통한 연산 최적화, TTL(time to Live)를 활용한 만료 데이터 삭제 배치 처리, Cloud Store와 Cloud Functions을 활용한 데이터베이스 자동 백업, 데이터 번들을 통한 오프라인 액세스 설정, 사용자 권한 별 상세 보안 규칙 설정, 샤드 설정을 통한 대용량 트래픽 및 액세스 설정, index 예외 전략 등 다양한 기능을 제공하고 있다. 이러한 기능들을 통해 기존 레거시를 통해 구현하고 있는 대다수의 운영 기능을 구현할 수 있다.

그러나, Flutter의 도입과 소개를 골자로 하고 있는 본 서적에서 해당 내용을 모두 다루는 것은 부적절하다 판단하여 생략하게 되었다. 상세한 내용을 알고 싶은 독자들은 Firestore 공식 문서를 읽어 보길 추천한다.

7.7 Cloud Storage

Cloud Storage는 단어 그대로 클라우드 저장소이다. Storage는 Firestore와 비교하면 상대적으로 기능이 적지만, 그럼에도 불구하고 버킷 상태 구독, 다중 버킷 활용 등의 다수의 기능들을 가지고 있다. 해당 기능을 모두 소개하고자 한다면 내용이 매우 방대해지기 때문에 실무적으로 사용되는 수준에 내용만 소개하고자 한다.

다음 명령어를 통해 firebase Storage를 설치할 수 있다.

```
$ flutter pub add firebase_storage
```

일반적으로는 storage로 인스턴스를 명명하여 사용한다.

```
import 'package:firebase_storage/firebase_storage.dart';
final storage = FirebaseStorage.instance;
```

버킷에 접근하기 위해서는 FirebaseStorage를 참조하여 사용해야 한다.

```
final storageRef = FirebaseStorage.instance.ref();
```

child 메소드를 통해 하위 디렉터리의 파일 경로를 참조하거나, parent 메소드를 통해 상위 디렉터리의 파일 경로를 참조할 수 있다. 또한 root 메소드를 통해서는 디렉터리 홈의 파일 경로를 참조할 수 있다. 이러한 경로 탐색 메소드는 중복하여 사용할 수 있다. 한 가지 주의할 사항은 Ref.root.parent를 사용하면 null 값이 반환된다는 점이다.

```
final imagesRef2 = spaceRef.parent;
final rootRef = spaceRef.root;
final imagesRef = storageRef.child("images");
final spaceRef = storageRef.child("images/space.jpg");
```

Storage 참조 내용에 대해 속성을 반환받을 수도 있다. 다음 코드와 같이 fullPath 메소드를 사용하면 해당 참조의 전체 path 경로를 반환하고, name은 파일의 이름을 반환한다. 또한, bucket은 storage의 bucket 명을 반환하게 된다.

```
spaceRef.fullPath;
spaceRef.name;
spaceRef.bucket;
```

우리는 이렇게 참조한 경로를 통해 storage에 액세스할 수 있다. 파일을 업로드하는 예를 먼저 알아보자. 앞서 공부한 대로 파일을 업로드하기 전에는 다음 코드처럼 참조를 선언해야 한다.

```
final storageRef = FirebaseStorage.instance.ref();
final mountainsRef = storageRef.child("mountains.jpg");
final mountainImagesRef = storageRef.child("images/mountains.jpg");

assert(mountainsRef.name == mountainImagesRef.name);
assert(mountainsRef.fullPath != mountainImagesRef.fullPath);
```

참조를 선언하고 나면 먼저 장치 상의 절대 경로를 가져와야 한다. 예를 들어, 파일이 애플리케이션의 문서 디렉터리 내부에 존재하는 경우 다음 코드처럼 path_provider 패키지를 사용하여 getApplicationDocumentsDirectory() 메소드를 통해 파일 경로를 반환받을 수 있다. 이러한 경로를 설정하고 이를 putFile() 메소드를 실행하면 앞서 설정한 참조에 파일이 업로드 되게 된다.

```
Directory appDocDir = await getApplicationDocumentsDirectory();
String filePath = '${appDocDir.absolute}/file-to-upload.png';
File file = File(filePath);

try {
  await mountainsRef.putFile(file);
} on firebase_core.FirebaseException catch (e) {
  // ...
}
```

업로드한 파일은 getDownloadUrl 메소드를 통해 다운로드할 참조를 반환받을 수 있다.

```
await mountainsRef.getDownloadURL();
```

파일을 업로드할 때 파일의 SettableMetadata 속성값을 통해 contentType과 같은 파일의 메타데이터를 함께 업로드할 수 있다. putFile() 메서드는 File 확장자에서 MIME 유형을 자동으로 추론하지만 메타데이터에 contentType 을 지정하여 유형을 재정의할 수 있다.

```
try {
  await mountainsRef.putFile(file, SettableMetadata(
    contentType: "image/jpeg",
  ));
} on firebase_core.FirebaseException catch (e) {
  // ...
}
```

흥미로운 점은 파일을 업로드할 때 상태를 조정할 수 있다는 것이다. pause, resume, cancel 메소드를 통해 각각 업로드의 일시정지, 재개, 취소 등의 업로드 상태를 조정할 수 있다. cancel 시에는 에러 메시지를 반환하며 업로드를 취소한다.

```
final task = mountainsRef.putFile(largeFile);

bool paused = await task.pause();
print('paused, $paused');
```

```
bool resumed = await task.resume();
print('resumed, $resumed');

bool canceled = await task.cancel();
print('canceled, $canceled');
```

업로드 단계에 따른 상태는 다음 표와 같다.

Cloud Storage 파일 TaskState

TaskState.running	데이터가 전송될 때 주기적으로 발생하며 업로드/다운로드 표시기를 채우는 데 사용할 수 있습니다.
TaskState.paused	작업이 일시 중지될 때마다 발생합니다.
TaskState.success	작업이 성공적으로 완료되면 발생합니다.
TaskState.canceled	작업이 취소될 때마다 발생합니다.
TaskState.error	업로드에 실패했을 때 발생합니다. 이는 네트워크 시간 초과, 인증 실패 또는 작업 취소로 인해 발생할 수 있습니다.

우리는 다음 코드와 같이 업로드 상태에 대한 이벤트를 구독함으로 기능을 만들 수 있다.

```
mountainsRef.putFile(file).snapshotEvents.listen((taskSnapshot) {
  switch (taskSnapshot.state) {
    case TaskState.running:
      // ...
      break;
    case TaskState.paused:
      // ...
      break;
```

```
    case TaskState.success:
      // ...
      break;
    case TaskState.canceled:
      // ...
      break;
    case TaskState.error:
      // ...
      break;
  }
});
```

파일을 다운로드하기 위한 참조를 반환받는 방법은 다음과 같다. 우리는 child 등의 경로 탐색을 통하거나 Cloud Storage의 객체를 참조하는 기존 gs:// 또는 https:// URL에서 참조를 생성할 수 있다. 다음 코드 예시를 살펴보자.

```
final storageRef = FirebaseStorage.instance.ref();
final pathReference = storageRef.child("images/stars.jpg");
final gsReference = FirebaseStorage.instance.refFromURL
                    ("gs://YOUR_BUCKET/images/stars.jpg");
final httpsReference = FirebaseStorage.instance.refFromURL
                       ("https://firebasestorage.googleapis.com/b/
                       YOUR_BUCKET/o/images%20stars.jpg");
```

반환받은 참조를 통해 파일을 다운로드하는 방식은 메모리, 로컬 파일, URL, 디렉터리에 파일 리스트 가져오기 4가지가 존재한다. 먼저 메모리를 통한 다운로드를 살펴보자.

메모리의 경우 getData 메소드를 통해 파일을 UInt8List에 다운로드할 수 있다. 주의해야 하는 점은 해당 방법은 파일의 전체 내용을 메모리에 로드 한다는 점이다. 이 때문에 **앱의 사용 가능한 메모리보다 큰 파일을 요청하면 앱이 충돌**한다. 이러한 이유로 getData()는 메모리 문제를 피하기 위해 다운로드하는 데 최대 바이트 수를 사용하며, 그 이상의 파일을 다운로드하고자 할 경우 에러가 발생한다.

```
final islandRef = storageRef.child("images/island.jpg");

try {
  const oneMegabyte = 1024 * 1024;
  final Uint8List? data = await islandRef.getData(oneMegabyte);
} on FirebaseException catch (e) {
  // 에러처리
}
```

다음은 writeToFile 메서드를 통해 로컬 파일로 다운로드하는 방식이다. **writeToFile() 메서드는 파일을 로컬 장치에 직접 다운로드한다.** 일반적으로 사용자가 오프라인 상태에서 파일에 액세스하거나 다른 앱에서 파일을 공유하려는 경우에 사용된다. 더불어, writeToFile 메서드는 다운로드를 관리하고 다운로드 상태를 모니터링하는 데 사용할 수 있는 DownloadTask 를 반환하기 때문에 다운로드 상태에 따른 상세한 기능 구현이 가능하다.

```
final islandRef = storageRef.child("images/island.jpg");

final appDocDir = await getApplicationDocumentsDirectory();
final filePath = "${appDocDir.absolute}/images/island.jpg";
final file = File(filePath);
```

```
final downloadTask = islandRef.writeToFile(file);
downloadTask.snapshotEvents.listen((taskSnapshot) {
  switch (taskSnapshot.state) {
    case TaskState.running:
      // TODO: Handle this case.
      break;
    case TaskState.paused:
      // TODO: Handle this case.
      break;
    case TaskState.success:
      // TODO: Handle this case.
      break;
    case TaskState.canceled:
      // TODO: Handle this case.
      break;
    case TaskState.error:
      // TODO: Handle this case.
      break;
  }
});
```

Network Image 등의 Url을 사용하여 데이터를 활용하고자 하는 경우 getDownloadURL 메서드를 통해 파일의 다운로드 Url 링크를 받아와 사용할 수 있다.

```
final imageUrl =
    await storageRef.child("users/me/profile.png").getDownloadURL()
```

또한, listAll 메소드를 통해서는 참조한 디렉터리에 존재하는 모든 파일의 리스트를 가져올 수 있다.

```
final storageRef = FirebaseStorage.instance.ref().child("files/uid");
final listResult = await storageRef.listAll();
for (var prefix in listResult.prefixes) {
  // 로직
}
for (var item in listResult.items) {
}
```

우리는 파일의 다운로드 뿐만 아니라 메타데이터도 가져올 수 있다. 파일에 대해 가져올 수 있는 메타데이터 특성들은 다음과 같다.

파일의 메타데이터 특성들

특성	유형	설정 가능?
bucket	String	아니요
generation	String	아니요
metageneration	String	아니요
metadataGeneration	String	아니요
fullPath	String	아니요
name	String	아니요
size	int	아니요
timeCreated	DateTime	아니요
updated	DateTime	아니요
md5Hash	String	아니요
cacheControl	String	예
contentDisposition	String	예
contentEncoding	String	예
contentLanguage	String	예

특성	유형	설정 가능?
contentType	String	예
customMetadata	Map<String, String>	예

getMetaData 메소드를 통해 목표하는 메타데이터 특성을 가져올 수 있으며 updateMetaData 메소드를 통해 업로드된 파일의 메타데이터를 수정할 수 있다.

```
final forestRef = storageRef.child("images/forest.jpg");

final metadata = await forestRef.getMetadata();

final forestRef = storageRef.child("images/forest.jpg");

final newMetadata = SettableMetadata(
  cacheControl: "public,max-age=300",
  contentType: "image/jpeg",
);

final metadata = await forestRef.updateMetadata(newMetadata);
```

마지막으로 delete 메소드를 통해 업로드한 파일을 삭제할 수 있다.

```
// Create a reference to the file to delete
final desertRef = storageRef.child("images/desert.jpg");

// Delete the file
await desertRef.delete();
```

7.8 Cloud Function

Cloud Functions는 Firebase 기능 및 HTTPS 요청에 의해 트리거 된 이벤트에 대한 응답으로 백엔드 코드를 자동으로 실행할 수 있는 서버리스 프레임워크이다. Cloud Functions의 경우 JavaScript 또는 TypeScript 코드로 작성되고, Google 클라우드에 배포되어 자체 서버가 없더라도 함수를 실행할 수 있다. AWS 개발에 익숙한 독자라면 AWS 람다와 유사한 기능을 한다고 생각하면 이해하기 쉽다. Flutter를 배우는데 JavaScript까지 배워야 하나 생각할 수도 있지만 Cloud Functions의 높은 활용성과 백 앤드 없이 전체 소프트웨어를 구성할 수 있다는 장점을 감안할 때는 활용하는 것을 추천한다.

Cloud Functions 공식 문서에서는 Cloud Functions에 대해 다양한 사용법을 제공하고 있다. 해당 내용이 Cloud Functions의 이해도를 높여줄 수 있어 소개하고자 한다. 문서에서 소개하는 Cloud Functions의 대표적인 사용 사례 4 가지는 다음과 같다.

1. 이벤트 발생 시 사용자에게 알리는 기능
2. 데이터베이스의 삭제 및 유지 관리 기능
3. CPU나 메모리를 과다하게 사용하는 작업을 클라이언트 앱이 아닌 클라우드에서 연산하는 기능
4. 타사 서비스나 API와 통일하는 기능

1. 이벤트 발생 시 사용자에게 알리는 기능

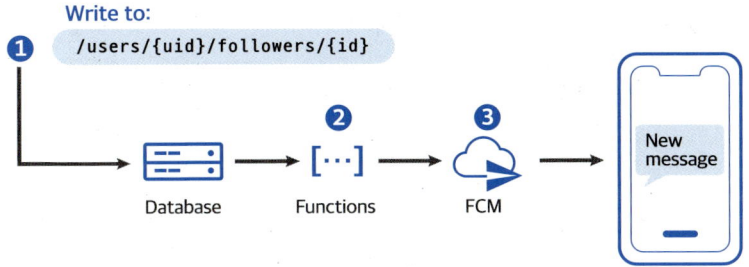

일반적인 SNS 서비스를 가정해 보자. 사용자가 자신을 다른 사용자의 팔로어로 추가할 때마다 데이터베이스에 쓰기가 발생한다. Functions에서는 쓰기 이벤트를 인지한 후 FCM(Firebase Cloud Messaging) 알림을 생성하는 기능을 트리거 하여 적절한 사용자에게 새로운 팔로어가 생겼다는 것을 알릴 수 있다.

이처럼 Functions를 통해 뉴스레터를 구독/구독 취소하는 사용자에게 확인 이메일을 보내거나, 회원가입 시에 SNS 인증을 하거나 Welcome 이메일을 보내는 등 이벤트에 따른 알림 기능을 구현할 수 있다.

2. 데이터베이스의 삭제 및 유지 관리 기능

Cloud Functions 데이터베이스 이벤트 처리를 사용하면 사용자 행동에 대한 응답으로 실시간 데이터베이스 또는 Cloud Firestore를 수정할 수 있다. 예를 들어 채팅방 앱에서 쓰기 이벤트를 모니터링하고 사용자 메시지에서 부적절하거나 모독적인 텍스트를 삭제할 수 있다.

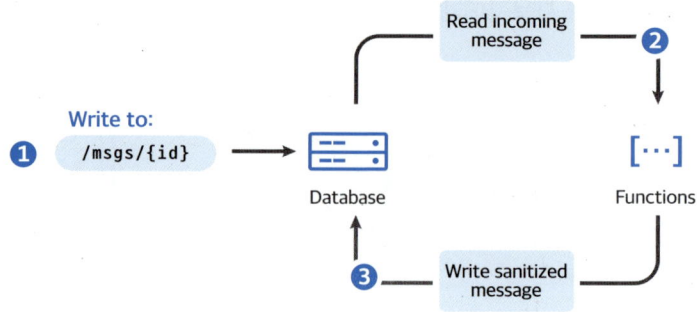

이러한 예 뿐만 아니라 배치 프로그램을 작성하여 매일 지정된 시간에 만료 데이터를 삭제하는 등의 데이터베이스 관리를 수행할 수 있다.

3. CPU나 메모리를 과다하게 사용하는 작업을 클라이언트 앱이 아닌 클라우드에서 연산하는 기능

 Cloud Functions을 활용하면 클라이언트 서비스에서 CPU나 메모리를 과다하게 사용하는 작업을 클라이언트 앱이 아닌 클라우드에서 연산함으로써 서비스 안정성을 확보할 수 있다. 예를 들어, 클라이언트 측에서 Storage에 이미지를 업로드하는 로직을 만든다고 가정해 보자. 우리는 Cloud Storage에 이미지 업로드 이벤트가 발생하였을 때 수신하는 메소드를 Cloud Function에서 사용할 수 있다. 만약, Functions에서 Storage에 이미지가 업로드되면 해당 이미지를 변환한 후 다시 클라이언트 측으로 변경된 이미지를 반환하는 메소드를 만든다면 클라이언트 측 리소스를 사용하지 않아 서비스 안정성을 확보할 수 있다.

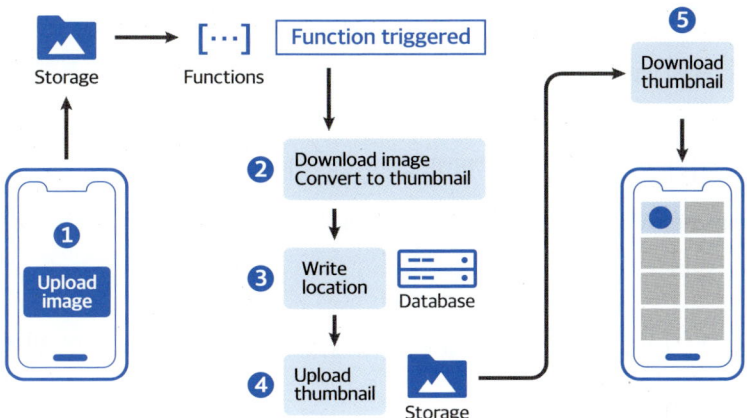

이러한 예시뿐만 아니라 데이터를 주기적으로 계산하거나, 대량 이메일을 보내는 것, 작업 대기열을 분산 처리하는 등의 기능을 수행할 수 있다.

4. 타사 서비스나 API와 통일하는 기능

Cloud Functions는 API나 서비스를 연결하는 서버로 사용할 수 있다. 예를 들어, 가장 대표적인 예가 GitHub PR/Merge 등의 이벤트를 Slack 등의 메신저와 연결하는 것이다.

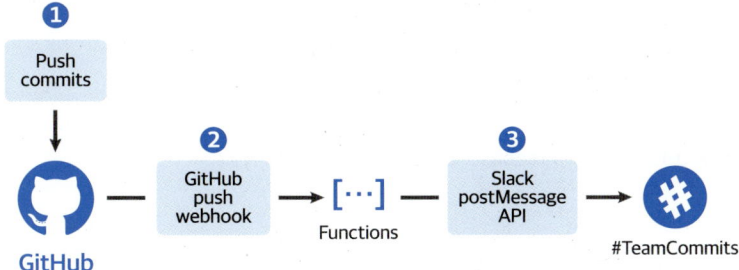

해당 예시뿐만 아니라 "중개" 하는 기능은 다양하게 사용될 수 있다. 예를 들어 Firebase Authentication에서는 MetaMask 등의 블록체인 지갑의 인증 서비스를 제공하고 있지 않지만 Functions를 활용하면 블록체인 지갑 인증 기능을 구현할 수 있다. 더불어 Google에서 제공하는 Computer Vision 등의 다양한 AI API를 연결하여 AI 서비스를 제공할 수도 있다.

다양한 사용 용도를 알아보았으니 이제 설치 방법과 기능 구현 방법에 대해 알아보자.

먼저 **Cloud Functions을 사용하기 위해서는 Node.js 환경이 필요하며, Cloud Functions 런타임에 함수를 배포하려면 Firebase CLI가 필요**하다. Node.js 및 npm을 먼저 설치해 보자. 다양한 버전의 node를 설치하고 버전을 전환할 수 있는 nvm을 설치해도 되지만, 이는 운영체제에 따라 설치 방법이 상이하고 일부 독자에게는 어려울 수도 있다. 구글 등의 검색 엔진에 nodeJS라고 검색하여 각 운영체제에 맞는 설치 파일을 다운로드하도록 하자.(https://nodejs.org/ko/download/) 설치가 완료되었다면 Firebase CLI을 설치하면 된다. 앞선 예시에서 이미 설치했을 수도 있지만 다시 한번 안내하면 다음과 같은 명령어로 설치할 수 있다. 다음 명령어를 입력하면 전역적으로 사용 가능한 Firebase CLI를 설치할 수 있다.

```
$ npm install -g firebase-tools
```

Firebase CLI까지 설치했다면, 프로젝트 경로에서 다음 명령어를 입력하여 Firebase Functions 설정을 마무리할 수 있다. 언어의 경우 JavaScript와 TypeScript 둘 중 하나를 선택할 수 있다. 만약 본인이 TypeScript

가 편하다면 해당 언어를 선택해도 된다. 그러나, JavaScript 예제나 자료가 더욱 다양하기 때문에 본 서적에서는 JavaScript를 기반으로 설명하고자 한다.

```
firebase login // login 관련 설정을 진행해준다.
// 명령어 입력 시 Firebase 인증 확인용 웹사이트가 열린다.

firebase init functions // functions 설정을 진행해준다.
                          언어 선택 시 JavaScript를 선택하자.
```

설정을 마무리하고 나면 기존 프로젝트 디렉터리에 functions 폴더가 생성된다. 기본 생성되는 디렉터리 구조는 다음과 같다. 디렉터리 이내에 있는 상세한 파일의 목적은 코드 주석을 참조하길 바란다.

```
myproject
   +- .firebaserc      # 프로젝트 구성을 나타내며, [Stg, Dev, Op] 등의
                       # 환경을 분리할 때 활용할 수 있다.
   |
   +- firebase.json    # Functions을 포함해 사용하는 firebase의
                       # 제품에 대해 설정 값이 기록
                       # 예를 들어, Linter 규칙은 어떤 Json 파일을
                       # 활용할 것인지 등을 기록
   |
   +- functions/
       |
       +- .eslintrc.json   # Lint 규칙에 대해 기재되어 있는 Json 파일이다.
       |
       +- package.json     # npm Package들의 종속성을 기록해 놓은 파일.
       |
       +- index.js         # 함수 코드가 시작되는 main 함수를 포함한 진입점
```

```
|
+- node_modules/   # package.json에 선언된 Package들을
                   # npm intall 명령어를 입력하면
                   # 해당 디렉터리로 설치할 수 있다.
```

설정 작업을 완료했다면 main 함수를 포함한 진입 파일인 index.js부터 코드를 작성하면 된다. 다음 코드는 Cloud Functions 및 Admin SDK 모듈을 가져오는 코드로 Cloud Functions를 사용하기 위해 기본적으로 선언되어야 하는 코드다. **Admin SDK는 프로젝트 관리자의 권한으로 FCM, Authentication, Firestore 등의 Firebase의 다른 제품들을 사용할 수 있도록 해주는 모듈**이다. 이를 통해 Cloud Functions은 Firebase에 다른 제품들을 활용하여 다양한 기능을 만들 수 있다.[7]

```
const functions = require('firebase-functions');
const admin = require('firebase-admin');
admin.initializeApp();
```

Admin SDK를 선언했다면 함수를 작성해 보자. 다음 코드는 HTTP EndPoint를 만드는 함수이다. 해당 함수에는 Request 및 Response 객체가 onRequest() 콜백으로 전달된다. addMessage() HTTP 함수는 텍스트 값을 전달하여 이를 /messages/:documentId/original 경로 아래의 Firestore 데이터 베이스에 저장하는 기능을 가진다.

---

[7] Firebase CLI는 프로젝트를 초기화할 때 Cloud Functions 노드 모듈용 Firebase 및 Firebase SDK를 자동으로 설치하기 때문에 별도 설정은 필요 없다. 그러나, 작업을 진행하며 프로젝트에 오픈 소스 라이브러리를 추가하려면 package.json 을 수정하고 npm install 명령어를 실행하여 설치해야 한다.

```
exports.addMessage = functions.https.onRequest(async (req, res) =>
{
  const original = req.query.text;
  const writeResult = await admin.Firestore().collection('messages').
  add({original: original});
  res.json({result: `Message with ID: ${writeResult.id} added.`});
});
```

이처럼 함수를 작성했다면 테스트 환경과 실제 운영 환경에 배포하여 확인할 수 있다. 테스트 환경은 뒤에서 자세히 다룰 예정이니 운영 환경에 배포하는 과정만 간략히 살펴보자. 다음 명령어를 입력하면 작성한 Cloud Functions 함수를 배포할 수 있다.

```
$ firebase deploy --only functions // 함수 전체 배포
$ firebase deploy --only functions:addMessage // 함수 부분 배포
```

함수를 배포하고 나면 해당 함수의 HTTP endpoint에 대해 URL이 출력되어 배포가 완료된 것을 확인할 수 있다.

```
Function URL (addMessage): https://us-central1-MY_PROJECT.cloud-
functions.net/addMessage
```

앞서 살펴본 간단한 과정으로 우리는 백엔드 없이 함수를 만들어 볼 수 있었다. 이러한 단순함 덕분에 Firebase을 사용한 개발은 높은 생산성을 가진다. 자 그럼, Cloud Functions을 좀 더 자세히 알아보자.

먼저 살펴볼 것은 앱에서 함수를 호출할 수 있도록 **functions.https.on-Call**을 사용하여 HTTPS 호출 가능 함수를 만드는 방법이다. 앞서 살펴

본 HTTP 요청을 통한 함수와 대조적인 건 parameter가 req, res 객체가 아닌 data, context라는 것이다.

```
exports.addMessage = functions.https.onCall((data, context) => {
  // Data: 클라이언트가 송신한 데이터이다.
  // 다음 코드는 text를 받고 있다.
  const text = data.text;
  // Context: Context는 Web 통신에서 Header와 유사하다.
  // HTTPS 호출에서는 HTTP와 달리 자동으로 인증 토큰 등이 포함된다.
  const uid = context.auth.uid;
  const name = context.auth.token.name || null;
  const picture = context.auth.token.picture || null;
  const email = context.auth.token.email || null;
});
```

만약 결과 데이터를 다시 클라이언트에게 보내려면 다음 코드처럼 Json 형태로 return해주면 된다.

```
return {
  firstNumber: firstNumber,
  secondNumber: secondNumber,
  operator: '+',
  operationResult: firstNumber + secondNumber,
};
```

또한, HttpError를 통한 오류 처리로 클라이언트에게 오류가 발생했음을 안내할 수 있다. 다음 코드는 보내온 text가 없거나 권한이 없는 사용자가 접근하였을 때 오류를 발생시키는 예시 코드이다.

```
if (!(typeof text === 'string') || text.length === 0) {
  throw new functions.https.HttpsError('invalid-argument',
      'The function must be called with ' +
      'one arguments "text" containing the message text to add.');
}
if (!context.auth) {
  throw new functions.https.HttpsError('failed-precondition',
      'The function must be called ' + 'while authenticated.');
}
```

이렇게 functions을 작성한 후 사용하려면 클라이언트 측(Flutter)에서도 functions 관련 기능을 구현해 주어야 한다. Cloud functions은 다음 명령어로 설치할 수 있다.

```
$ flutter pub add cloud_functions
```

그 후 다음과 같이 클라이언트 사이드의 코드를 작성할 수 있다.

```
import 'package:cloud_functions/cloud_functions.dart'; // import
final functions = FirebaseFunctions.instance; // functions
                                              // 인스턴스 초기화

try {
  final result = await FirebaseFunctions.instance.httpsCallable(
            'addMessage').call();
} on FirebaseFunctionsException catch (error) {
  print(error.code);
  print(error.details);
  print(error.message);
} // 예외 처리
```

다음으로 작업 대기열 기능을 살펴보도록 하자. 작업 대기열 기능은 Google Cloud Tasks를 활용하여 앱이 기본 애플리케이션 흐름 외부에서 시간이 많이 걸리거나, 리소스를 많이 사용하거나, 대역폭이 제한된 작업을 비동기식으로 실행할 수 있도록 한다. 그를 통해 작업 단위를 세분화하고 작업 실패 가능성을 낮출 수 있다.

작업 대기열의 경우 다음 코드와 같이 작업 Queue를 사용하며 on Dispatch 메소드를 사용할 수 있다. 이때 코드에 사용된 속성과 그 값은 다음 의미를 가진다.

1. **retryConfig.maxAttempts=5** : 작업 대기열의 각 작업은 자동으로 최대 5회까지 재시도된다. 이는 네트워크 오류 또는 종속 외부 서비스의 일시적인 서비스 중단과 같은 일시적인 오류가 발생하더라도 작업을 수행할 수 있도록 설정하기 위함이다.
2. **retryConfig.minBackoffSeconds=60** : 각 작업은 최소 60초 간격으로 재시도한다. 최소 작업 간격을 확보함으로써 같은 오류에서 작업 실패가 발생하지 않도록 조정한다.
3. **rateLimits.maxConcurrentDispatch=6** : 주어진 시간에 최대 6개의 작업이 dispatch된다. 즉, 6개의 작업이 비동기 처리될 수 있도록 준비한다. 이러한 설정은 활성 인스턴스 및 콜드 스타트 수를 줄여 리소스 낭비를 방지하도록 한다.

```
exports.backupApod = functions
    .runWith( {secrets: ["MY_API_KEY"]})
    .tasks.taskQueue({
      retryConfig: {
        maxAttempts: 5,
```

```
      minBackoffSeconds: 60,
    },
    rateLimits: {
      maxConcurrentDispatches: 6,
    },
  }).onDispatch(async (data) => {
```

작업 대기열 함수를 만들고 난 후에는 대기열에 작업을 추가하는 함수를 만들어야 한다. 예시 코드는 다음과 같다. HTTP 통신을 통해 작업 대기열에 작업을 push할 수 있다.

```
exports.enqueueBackupTasks = functions.https.onRequest(
async (_request, response) => {
  const queue = getFunctions().taskQueue("backupApod");
  const enqueues = [];
  for (let i = 0; i <= 10; i += 1) {
    const scheduleDelaySeconds = i * 60
    enqueues.push(
      queue.enqueue(
        { id: `task-${i}` },
        {
          scheduleDelaySeconds,
          dispatchDeadlineSeconds: 60 * 5 // 5 minutes
        },
      ),
    );
  }
  await Promise.all(enqueues);
  response.sendStatus(200); // 응답을 전송 함으로서 HTTP 함수 종료

});
```

더불어 Cloud Functions을 이용해 예약된 일정에 함수를 실행시킬 수 있다. 다음 두 개의 예시 코드는 각각 "5분마다", "뉴욕 시간 기준 오전 11시 5분"에 함수를 실행한다.

```
exports.scheduledFunction = functions.pubsub.schedule
('every 5 minutes').onRun((context) => {
  console.log('This will be run every 5 minutes!');
  return null;
});
exports.scheduledFunctionCrontab = functions.pubsub.schedule
('5 11 * * *')
  .timeZone('America/New_York')
  .onRun((context) => {
  console.log('This will be run every day at 11:05 AM Eastern!');
  return null;
});
```

다음으로는 Firebase 제품들의 Trigger로 작동하는 함수들을 살펴보도록 하겠다. 우리가 관심이 있는 사항은 Firestore, Authentication, Storage이므로 3가지 제품을 중심으로 살펴보도록 하겠다. 참고로 Cloud Functions은 이외에 실시간 데이터베이스, Test Lab, Analytics 등 다양한 제품의 Trigger를 다룰 수 있다.

그럼 먼저 Firestore의 Trigger로 작동하는 함수에 대해 살펴보도록 하자. Cloud Functions에서 처리할 수 있는 이벤트 트리거는 다음 4가지이며, 각 이벤트 트리거 발생 상황은 다음 설명과 같다.

Cloud Functions에서 사용할 수 있는 Firstore Trigger

onCreate	문서를 처음 쓸 때 트리거 된다.
onUpdate	문서가 이미 존재하고 값이 변경된 경우 트리거 된다.
onDelete	데이터가 있는 문서가 삭제될 때 트리거 된다.
onWrite	onCreate , onUpdate 또는 onDelete 가 트리거 될 때 트리거 된다.

이를 활용하여 함수를 만들면 다음과 같다. 다음 코드는 "**user 컬렉션에 문서가 생성 혹은 업데이트 및 삭제되는 경우**" 작동하게 된다. 이때 "{docId}"라는 와일드카드로 지정하여 컬렉션 전체의 이벤트를 바라보고 있는 것에 주목하자.

```
const functions = require('firebase-functions');

exports.myFunction = functions.Firestore
  .document('user/{docId}')
  .onWrite((change, context) => { /* ... */ });
```

만약, 특정 문서의 변경사항에만 따라 함수를 실행하고 싶다면 다음과 같이 함수를 작성할 수 있다. 다음 코드는 users Collection에 marie 문서가 변하는 경우에만 함수가 호출된다.

```
exports.myFunctionName = functions.Firestore
    .document('users/marie').onWrite((change, context) => {
      // 로직 작성
    });
```

만약 onWrite가 아니라 onCreate, onUpdate, onDelete 각각의 이벤트마다 함수를 호출하고 싶다면 다음과 같이 해당 메소드로 함수를 작성하면 된다. 다음 코드는 onCreate를 사용하였다.

```
exports.createUser = functions.Firestore
    .document('users/{userId}')
    .onCreate((snap, context) => {
      const newValue = snap.data();
      const name = newValue.name;
    });
```

이벤트에 대해 살펴보았으니 parameter에 관해서도 알아보자. data를 update한 경우 snapshot에서 변경 이전과 변화 이후 데이터를 함께 확인할 수 있다. 다음 코드와 같이 "snapshot.before", "snapshot.after"는 각각 변경 이전과 변경 이후 데이터를 나타낸다.

```
exports.updateUser = functions.Firestore
    .document('users/{userId}')
    .onUpdate((change, context) => {
      const newValue = change.after.data();
      const previousValue = change.before.data();
    });
```

데이터 접근은 3가지 방식으로 할 수 있다. 다음 코드와 같이 data와 get 메소드를 사용하여 원하는 데이터를 추출할 수 있다.

```
const age = snap.data().age;
const name = snap.data()['name'];
const experience = snap.get('experience');
```

함수 호출 시에 데이터를 저장하고 싶다면 ref 메소드를 통해 저장 주소를 참조한 후 set 메소드를 사용하여 저장할 수 있다. 만약 지우고 싶다면 remove, 업데이트하고 싶다면 update를 사용할 수 있다. 참고로 set 메소드에 "{merge: true}" 설정을 하면 update와 유사하게 전체 문서를 덮어쓰지 않고 문서의 일부 필드만을 업데이트한다. set 메소드는 "{merge: true}" 설정이 없다면 문서를 덮어쓰기 때문에 이미 존재하는 데이터를 유실할 수 있다는 점을 주의하자.

```
exports.countNameChanges = functions.Firestore
    .document('users/{userId}')
    .onUpdate((change, context) => {
      const data = change.after.data();
      const previousData = change.before.data();
      if (data.name == previousData.name) {
        return null;
      }

      let count = data.name_change_count;
      if (!count) {
        count = 0;
      }
      return change.after.ref.set({
        name_change_count: count + 1
      }, {merge: true});
    });
```

다음으로 Authentication Trigger에 대해 알아보자. 우리는 "functions.auth.user().onCreate()" 이벤트 핸들러를 사용하여 Firebase 사용자가 생성될 때 트리거되는 함수를 만들 수 있다. 예를 들어, 회원가입 시에 환영 이메일을 보내고 싶다면 다음과 같이 호출되는 함수를 만들 수 있다.

```
exports.sendWelcomeEmail = functions.auth.user().onCreate((user) => {
    const email = user.email;
    const displayName = user.displayName;
});
```

사용자 삭제 시에는 "functions.auth.user().onDelete()" 이벤트 핸들러를 통해 함수를 호출할 수 있다.

```
exports.sendByeEmail = functions.auth.user().onDelete((user) => {
    // 로직 작성
});
```

마지막으로 Cloud Storage를 살펴보자. 우리는 **functions.storage**를 사용하여 Cloud Storage 이벤트를 처리하는 함수를 만들 수 있다. 함수 범위를 특정 Cloud Storage 버킷으로 지정할지 또는 기본 버킷을 사용할지 여부에 따라 다음 중 하나를 사용할 수 있다.

1. functions.storage.object()를 사용하는 경우 기본 Cloud Storage 버킷에서 객체 변경 사항을 수신한다.
2. functions.storage.bucket('bucketName').object()를 사용하는 경우 특정 버킷(bucketName)의 객체 변경 사항을 수신한다.

기본 Cloud Storage 버킷과 특정 버킷을 사용하는 경우 모두 메소드들의 차이가 없으므로 기본 Cloud Storage 버킷을 기반으로 설명하고자 한다. Cloud Storage의 함수 호출을 위해 사용되는 이벤트는 4가지이며 다음과 같다.

1. **onArchive** : 버킷이 객체 버전 관리를 활성화한 경우에만 전송된다. 객체 버전 관리를 활성화한 경우 저장된 파일이 삭제되지 않고 버전별로 보관된다. 우리는 해당 메소드보다는 onDelete를 주로 사용할 것이다.
2. **onDelete** : 객체가 영구적으로 삭제되었을 때 전송된다. 즉, 객체 버전 관리가 활성화되었다면 onDelete가 호출되지 않고 onArchive가 호출되게 된다.
3. **onFinalize** : 새로운 객체 혹은 기존 객체의 새로운 버전이 버킷에서 성공적으로 생성될 때 전송된다. 업로드에 실패하면 해당 이벤트는 트리거 되지 않으며 Cloud functions에서 가장 자주 쓰이는 이벤트이다.
4. **onMetadataUpdate** : 기존 객체의 메타데이터가 변경될 때 사용되는 이벤트 트리거이다.

다음은 Cloud Storage 버킷에 변경사항이 발생했을 때 호출되는 함수이다.

```
exports.generateThumbnail = functions.storage.object().onFinalize(async (object) => {
  const fileBucket = object.bucket; // 해당 파일을 보관하고 있는 버킷
  const filePath = object.name;     // 해당 파일 경로
  const contentType = object.contentType; // 해당 파일의 메타데이터
                    // 메타데이터가 몇 번이나 생성되었는지 표시
                    // 새로운 객체의 경우 1을 반환한다.
  const metageneration = object.metageneration;

  // 값들을 통해 예외처리를 할 수 있다.
  if (!contentType.startsWith('image/')) {
```

```
      return functions.logger.log('This is not an image.');
    }

    const fileName = path.basename(filePath);
    if (fileName.startsWith('thumb_')) {
      return functions.logger.log('Already a Thumbnail.');
    }
});
```

Cloud Storage에 객체를 쉽게 다운로드하고 업로드하려면 Cloud Storage Package를 설치하는 것이 편하다. 패키지 설치는 다음과 같은 명령어로 수행할 수 있다.

```
$ npm install --save @google-cloud/storage
```

예를 들어, 임의의 csv 파일을 다운로드한 후 목적에 따라 전처리해 주는 코드는 다음과 같이 사용할 수 있다.

```
const bucketName = 'my-bucket-name';
const filePath = 'my-file-name.csv';
const file = gcs.bucket(bucketName).file(filePath);

csvData = await file.download().then(function(contents) {
        data = contents.toString('ascii');
        data = data.split('\r\n');
        for ( var index=0; index < data.length; index++) {
                data[index] = data[index].replace("\"","").split(',')
        }
}
```

우리는 활용도가 높은 Firebase의 제품 4 가지의 Cloud functions 사용법을 간략히 알아보았다. 이러한 공부를 바탕으로 원하는 함수를 클라우드 상에 배포하고 나서는 어떠한 이슈가 있을지 알아보자.

공식 문서에서는 함수명, 함수의 지역, 함수의 트리거를 변경하거나 새로운 함수를 배포한 후에는 기존 함수를 삭제하길 권장하고 있다. 개인적인 경험으로는 일반적인 함수는 그대로 덮어써도 큰 이슈는 없었다. 그러나, 실시간으로 작동되고 있는 함수를 덮어쓰는 경우 이벤트 손실이나 이슈가 발생한 경험이 있어 번거롭더라도 문서의 가이드라인에 따라 배포를 진행하는 것을 추천한다.[8] 다음 코드는 함수의 이름이 바뀌었을 때 처리하는 방식에 대한 예시 코드이다.

```
// 함수명 변경 전 배포한 함수
const functions = require('firebase-functions');

exports.webhook = functions.https.onRequest((req, res) => {
    res.send("Hello");
});

// 함수명 변경
const functions = require('firebase-functions');

exports.webhookNew = functions.https.onRequest((req, res) => {
    res.send("Hello");
});

// 명령어
$ firebase deploy --only functions:webhookNew
$ firebase functions:delete webhook
```

---

[8] 단, 원래 있던 함수명을 변경하는 경우 기존 이름의 함수가 남아있는 경우가 있다. 명령어에서 삭제를 추천하는 경우도 있지만 인식하지 못하는 경우도 있다. 이러한 경우에는 함수 충돌이나 오작동을 발생시킬 수 있다. 때문에 함수명을 변경했을 때는 기존 함수를 지워주는 것을 추천한다.

더불어 runWith 메소드를 통해 함수의 최소 인스턴스 수, 최대 인스턴스 수, 가용 메모리, 가용 시간, 실패 시 재시도 정책 등을 설정할 수 있다. 인스턴스의 경우 비용과 함수 효율성에 영향을 미친다. 최소 인스턴스를 설정하지 않으면 함수가 동작할 때마다 인스턴스가 시작되는 비용이 함수의 실행 시간에 포함된다. 이를 "콜드 스타트"라고 부른다. 콜드 스타트는 트래픽이 일정한 서비스에서는 큰 영향을 끼치지 않지만 트래픽이 급증하는 서비스의 경우에 성능에 큰 영향을 미친다.[9] 예시 코드는 다음과 같다.

```
exports.mirrorOrdersToLegacyDatabase = functions
  .runWith({
    failurePolicy: true
    timeoutSeconds: 300,
    memory: "1GB",
    minInstances: 5,
    maxInstances: 100,
  })
  .Firestore.document("orders/{orderId}")
  .onWrite((change, context) => {
    // Connect to legacy Database
  });
```

한 가지 주의할 점은 **재시도 정책을 설정한 경우 함수가 불필요하게 계속 반복되지 않도록 설정해 줘야 한다는 것**이다. 가장 간단한 방법은 다음과 같이 함수의 실행 시간이 특정 시간을 지난 후에는 함수의 작동을 중지하도록 반환해 주는 것이다. 해당 예시는 10초가 지나면 반복을 중지하는 코드이다.

---

9 당연하게도 최소 인스턴스 수를 설정한만큼 비용은 추가된다.

```
const eventAgeMs = Date.now() - Date.parse(event.timestamp);
const eventMaxAgeMs = 10000;
if (eventAgeMs > eventMaxAgeMs) {
  console.log(`Dropping event ${event} with age[ms]: ${eventAgeMs}`);
  callback();
  return;
}
```

함께 살펴볼 흥미로운 점은 Firebase가 monorepo 형태의 관리를 지원해 준다는 것이다. firebase.json 파일에서 codebase 속성을 사용하면 monorepo 관리를 할 수 있다. 다음과 같은 두 개의 repo가 있다고 가정할 때 monorepo 관리가 되지 않으면 각각의 repo에서 같은 함수명을 작성했을 때 배포 시 충돌이 발생한다.

```
$ tree .
├── repoA
│   ├── firebase.json
│   └── functions
│       ├── index.js
│       └── package.json
└── repoB
    ├── firebase.json
    └── functions
        ├── index.js
        └── package.json
```

이를 방지하기 위해 firebase.json에 codebase 속성을 사용할 수 있다. codebase 속성을 사용하면 함수명이 동일하더라도 다른 repo로 관리가 되어 배포 시 충돌이 발생하지 않게 된다.

```
# repoA/firebase.json
"functions": {
  "codebase": "repo-a"
}

# repoB/firebase.json
"functions": {
  "codebase": "repo-b"
}
```

monorepo 형태의 관리의 주된 목적 중 하나는 dependency 환경을 독립적으로 관리함에 있다. Firebase Function은 dependency 환경의 독립 관리 기능도 함께 지원한다. 다음과 같이 source 설정을 통해 각 repo마다 dependency 환경을 별도로 분리하여 사용할 수 있다.

```
"functions": [
  {
    "source": "teamA",
    "codebase": "team-a"
  },
  {
    "source": "teamB",
    "codebase": "team-b"
  },
]
```

더불어 repo 단위의 관리가 아닌 파일 단위의 함수 관리에 관해서도 알아볼 필요가 있다. 내용은 간단하다. 초기에 주어진 index.js에 모든 함수를 작성하면 스파게티 코드처럼 길어져 가독성이 떨어지고 유지보수성이 저하된다. 그 때문에 목적에 따라 함수들을 분리해 관리해야 한다. 예를 들어 다음 코드를 보자. foo.js와 bar.js를 require를 통해 import 하여 메소드에 접근할 수 있음을 알 수 있다.[10]

```
// foo.js
const functions = require('firebase-functions');
exports.foo = functions.https.onRequest((request, response) => {
  // ...
});
```

```
// bar.js
const functions = require('firebase-functions');
exports.bar = functions.https.onRequest((request, response) => {
  // ...
});
const foo = require('./foo');
const bar = require('./bar');
exports.foo = foo.foo;
exports.bar = bar.bar;
```

마지막으로 살펴볼 기능은 로그 기능이다. Cloud functions에서는 SDK 에서 제공하는 Logger 기능을 추천하지만 기존 JavaScript에서 자주 사용되는 console.log() 메소드도 함께 사용할 수 있다. 다만, Logger 대시보드에서 확인할 때에는 Logger 기능을 사용하는 것이 디버깅에 더욱 유리하기 때문에 익숙하지 않더라도 Logger 기능을 살펴보길 추천한다.

---

[10] 개인적으로는 Flutter 소프트웨어 아키텍처를 구성할 때 "Model-ViewModel-View"의 흐름을 Screen 기준으로 분화하기 때문에 Function의 모듈화도 이와 유사하게 Screen 단위로 수행한다. 아키텍처와 상태 관리에 관해서는 8장에서 상세히 소개할 예정이다.

사용되는 Logger의 종류는 4가지로 다음과 같다.

1. logger.log()
2. logger.info()
3. logger.warn()
4. logger.error()

이름에서 알 수 있듯이 log와 info는 info 수준의 로그이고, warn과 error는 error 수준의 로그로 사용된다. 예를 들어 다음 코드와 같이 Logger를 사용할 수 있다.

```
const functions = require("firebase-functions");

functions.logger.log("Hello from info. Here's an object:", someObj);
```

원하는 목적에 따라 커스터마이징된 Logger를 사용할 수도 있다. 다만 Logger의 설정이 다소 복잡하다. 다음 코드와 같이 Logger의 Meta-Data와 data를 설정하여 로그를 기록할 수 있다.

```
Const { Logging } = require('@google-cloud/logging');

const logging = new Logging();
const log = logging.log('my-custom-log-name');
const METADATA = {
  resource: {
    type: 'cloud_function',
    labels: {
      function_name: 'CustomMetrics',
```

```
      region: 'us-central1'
    }
  }
};

const data = {
  event: 'my-event',
  value: 'foo-bar-baz',
  message: 'my-event: foo-bar-baz'
};

const entry = log.entry(METADATA, data);
log.write(entry);
```

앞서 밝힌 듯이 console.log를 사용할 수 있으며, Javascript 환경과 동일하게 info, warn, error 로그를 사용할 수 있다.

```
exports.helloError = functions.https.onRequest((request, response) => {
  console.log('I am a log entry!');
  response.send('Hello World...');
});
```

Cloud functions에 대해 다소 장황하게 설명했지만 사실 사용법과 활용도는 이보다 넓다. **본 서적에서 다루지 않은 내용은 로컬 환경에서의 개발 방법, 테스트 방법, 네트워크 최적화, 오류 방법 등으로 다양하다.** 그러나, 해당 내용까지 다루게 된다면 Cloud Functions에 대해 내용으로만 2~3장을 모두 다뤄야 한다. 더불어, 반복적으로 안내하듯이 책의 목적에도 부합하지 않는다. 때문에 실무적으로 필수적인 내용만 다뤘음을 알린다. 만약, Cloud functions에 대해 심도 있게 공부하고 싶다면 Cloud Functions 공식 문서를 살펴보길 추천한다. (https://firebase.google.com/docs/functions/reporting-errors)

우리는 이 장에서 Firebase의 제품들에 대해 살펴보았다. 이 장까지 읽은 독자라면 Flutter와 Firebase를 활용하여 서비스를 만드는 것에 큰 지장이 없을 것이다. 지면의 한계로 다루지 못한 기능이 몇 가지 더 있다. 예를 들어, Firebase의 분석 및 모니터링 툴들은 서비스를 운영하는데 분명히 유용하다. 또한, Crashlytics를 통해 비정상 종료를 확인하는 것과 Test Lab을 통한 테스트 자동화를 수행하는 것도 유용하다.

그러나, 이러한 제품의 사용법은 앞서 소개한 제품들에 비해 상대적으로 까다롭다. 또한, 만약 초기 서비스 구축 후 새로운 Server-Side를 개발하고자 한다면 반드시 사용할 필요는 없다. 독자 개개인의 상황에 따라 서비스의 생산성과 유지보수성 측면에서 필요하다 판단되는 경우 Firebase의 다른 제품들을 살펴보고 선택하길 바란다.

우리는 다음 장에서 상태 관리 전략에 대해 공부해볼 것이다. 아마도 이 책을 읽는 많은 독자들은 상태 관리 전략 수립 없이 개발된 레거시의 문제점을 겪은 경험이 있을 것이라 예상한다. **상태 관리 전략은 유지보수성과 소프트웨어의 품질에 큰 영향을 미치기 때문에 신규 서비스 개발 시 반드시 선행되어야 하는 업무**이다. 만약 본인이 주니어 개발자라면 상태 관리 전략에 대해 생소할 수도 있다. 내용이 조금 어려울 지라도 온전히 본인의 것으로 이해하길 추천한다. 분명히 다음 장은 좋은 소프트웨어를 설계하고 개발하는 데 도움이 될 것으로 생각한다. 그럼 다음 장으로 넘어가보자.

CHAPTER

8

상태 관리 전략과 Provider, 그리고 Riverpod

CONTENTS

8.1 Front-end의 발전 역사

8.2 React의 상태 관리 전략과 라이브러리

8.3 Flutter의 상태 관리 전략과 Provider

8.4 Provider 시작하기

8.5 Provider와 MVVM 패턴 활용

8.6 Riverpod 알아보기

상태 관리라는 개념만 서술한다면 추상적이고 어렵기 때문에 Front-end 개발에 익숙한 일부 독자를 제외하고는 설명한 내용을 온전히 이해하기 어려울 수도 있다. 때문에 우리는 이 장에서 Front-end의 발전 역사를 살펴보며 어떠한 필요성에서 "상태 관리"라는 개념이 생겨났는지에 대해 먼저 알아볼 것이다. 더불어 최근 대중적인 Front-end 개발 프레임워크로서 인식되고 사용되는 React의 상태 관리 라이브러리들을 살펴볼 것이다. 우리는 이러한 내용을 살펴보며 상태 관리의 필요성과 상태 관리를 위한 전략들에 대해 이해하게 될 것이다. 마지막으로 우리는 상태 관리에 대해 배경 지식을 기반으로 Flutter에서의 상태 관리 전략에 대해 살펴볼 예정이다.

8.1 Front-end의 발전 역사

Front-end 개발은 지난 30년 간 많은 변화를 겪었다. 때문에 Front-end 전반의 변천사를 모두 다루는 것은 지나치게 방대하다. 우리는 "상태 관리"의 개념이 생겨난 이유에 집중하여 30년 간의 변천사를 요약하여 살펴보게 될 것이다.

Front-end 발전에 대해 이야기의 시작은 Front-end 초기 초점인 Web 환경이다. 대중적으로 사용되고 있는 언어인 HTML은 199년 Tim Berners-Lee에 의해 제안되었다. **초기 HTML은 현재와 달리 텍스트만 지원할 수 있었고, 태그는 18가지 뿐이었다.**

그로부터 3년 뒤 현재 대중적으로 사용되는 CSS가 Hakon Wium Lie에 의해 제안되었다. 초기에는 HTML이 CSS를 지원하지 않았지만, 두 가지 언어의 조합은 Web Front-end를 구축하는데 도움이 되었다. 때문에 HTML은 1996년 CSS를 지원하는 HTML 4.0을 발표하게 된다. 이와 더불어 Internet Explorer 3는 CSS를 지원하는 최초의 상용 브라우저가 되었다.

1995년에는 Front-end 개발자라면 대부분 알고 있을 JavaScript가 개발되었다.[1] 그가 만든 초기 버전의 이름은 Moca였고, 정적인 웹문서에 동적 효과를 주기 위한 목적으로 개발되었다. Moca는 Brendan Eich가 몸담은 넷스케이프사에서 개량되어 LiveScript가 되었고, 몇 달 후 이름이 변경되어 JavaScript가 되었다.

Web Front-end 발전의 초기인 90년대에는 대부분 브라우저가 표준화된 CSS 사양을 준수하지 않았다. 때문에 한 브라우저에서는 괜찮아 보여도 다른 브라우저에서는 완전히 이상하게 보이는 경우가 매우 잦았다. 예를 들어 Internet Explorer는 가장 널리 사용되는 브라우저였음에도 불구하고 CSS의 box model과 같은 여러 CSS 기능을 지원하지 않았다.

그러나 2000년대에 들어서며 대부분의 브라우저가 표준화된 CSS 사양을 준수하였으며 CSS 라이브러리와 프레임워크들이 등장하며 Web Front-end 개발에 UI 요소가 중요하게 작용하기 시작한다.[2]

2000년대 초반에는 다음 그림과 같이 CSS와 Web API, 그리고 Java-

---

[1] 여담으로 JavaScript를 개발한 Brendan Eich에 관해서는 일종의 전설이 존재한다. 그는 JavaScript의 첫 번째 버전을 10일 만에 만들었다고 한다. 이러한 무용담 때문에 그는 인터뷰할 때마다 이에 대해 질문을 매번 받는다. 그는 2017년 dotJS 컨퍼런스에 나와 "나는 10일 동안 정말 열심히 일했고, 잠을 많이 자지 않았다"라며 자신의 전설을 다시 강조한 바 있다. 이러한 주장이 상당히 신뢰성 있는 이유는 그는 이미 대학생일 때 프로그래밍 언어를 개발하고, 심지어 면접을 위해 새로운 언어를 개발한 후에 면접관에게 '나는 단지 재미로 언어를 만들어 보았다'라는 역사(?)가 있기 때문이다.

[2] 2007년 아이폰이 출시되며 기업들은 모바일 화면용으로 웹사이트를 디자인해야 하는 것의 중요성을 깨닫기 시작했다. 즉, 다양한 웹과 모바일 기기 사이즈를 호환할 수 있는 반응형 디자인의 필요성이 대두되었다. 때문에 반응형 디자인을 위한 다수의 프레임워크가 출시되었다. 예를 들어, 2011년 트위터는 부트스트랩 CSS 프레임워크를 오픈 소스 프레임워크로 출시했다.

Script를 활용하여 DOM의 내용을 조작하는 모델을 활용하여 개발하는 것이 일반적이었다. 즉, Application code 안에 동적 부분을 담당하는 JavaScript와 정적 부분을 담당하는 HTML+CSS로 이분화된 개발 구조를 활용하였다.

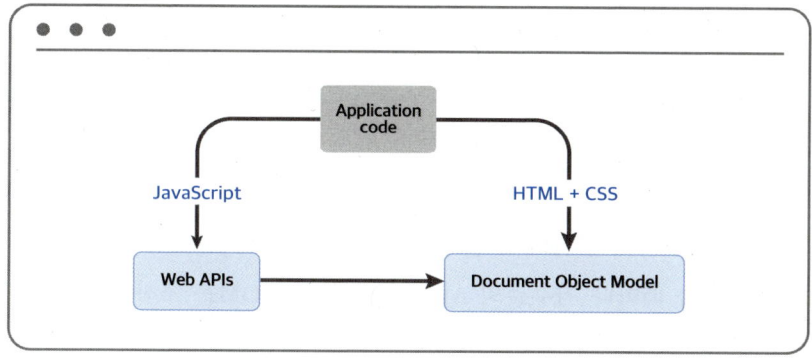

2000년도 초반 일반적인 웹 애플리케이션 개발 모식도

그러나, 이러한 구조에서는 동적 동작을 추가하기 위해 개발자는 DOM을 수정하고, 원격 API를 호출한 후에 예외 처리를 하고 애플리케이션 상태를 수정하는 등의 매우 많은 문제들을 동시에 다뤄야 한다는 문제가 있었다. 더불어 API를 호출하기 위해 필요한 작업(HTTP 객체 생성, Json Object Parsing 등)이 복잡하다는 문제점도 동시에 존재한다.

2006년 그에 대한 해결책으로 JQuery가 제안되었다. JQuery는 개발자들이 DOM 조작을 수행하는데 필요한 단계 수를 줄이기 위해 API와 Application code 사이에 추상화 계층을 추가하여 가독성과 유지보수성을 높일 수 있도록 도왔다. 더불어 JQuery는 DOM 표준을 따르지 않아 브라우저마다 코드가 다르게 작동되는 문제를 추상화 계층을 통해 이를 내부적으로 해결하여 간단히 해결할 수 있도록 도왔다.

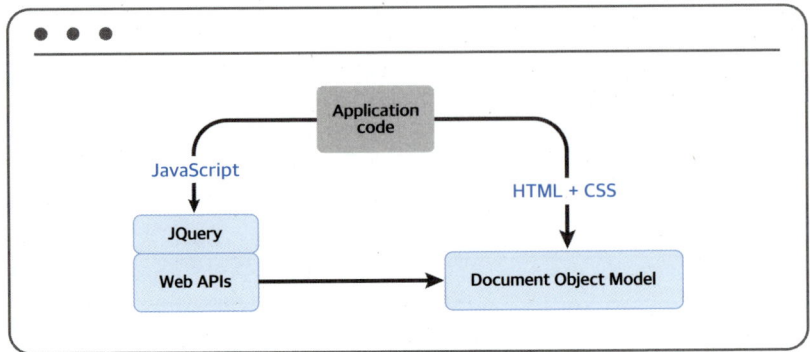

JQuery를 활용한 웹 애플리케이션 개발 모식도

그러나, **JQuery의 존재에도 불구하고** 개발자는 Application code에서 기능을 만들 때마다 저수준의 API와 소통하고 DOM을 조작하는 등 행위를 반복적으로 해야 했다. 애플리케이션이 대규모로 확장되며 이러한 개발 방법은 생산성과 유지보수 측면에서 문제가 있었다. **이러한 문제를 해결하기 위해 JavaScript Framework들이 제안되었다.** Framework를 사용함으로서 Front-end 엔지니어들은 간접적으로 DOM을 조작하고 API와 호출할 수 있게 되었다.

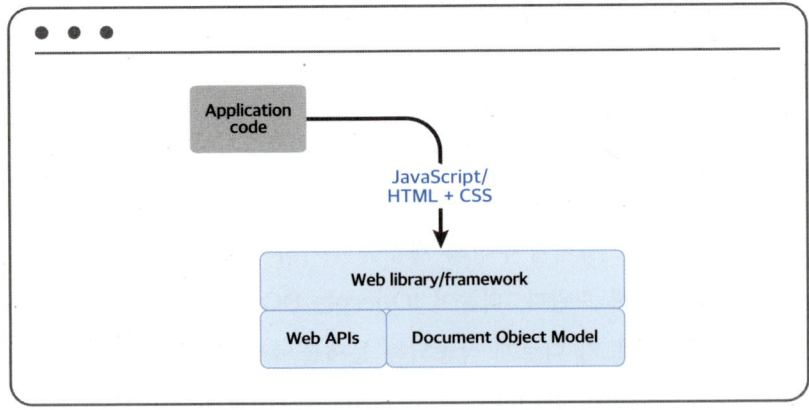

JavaScript Framework를 활용한 웹 애플리케이션 개발 모식도

더불어 대규모 애플리케이션들이 등장하며 개발 측면의 유지보수성 뿐만 아니라 더욱 빠른 사용자 경험을 제공할 필요성이 생겨났다. 때문에 JavaScript Framework들 중 대중적으로 사용되는 것들은 더욱 빠른 사용자 경험을 제공하기 위해 단일 페이지 응용 프로그램(SPA) 구조를 채택했다.

SPA 구조 이전에 브라우저에서 웹 페이지를 렌더링하는 방식은 "웹 서버에서 초기 요청 – 미리 정의된 템플릿을 사용하여 전체 HTML 페이지 반환 – 브라우저 리로딩"을 따르는 "다중 페이지 애플리케이션(MPA)" 방식이었다.

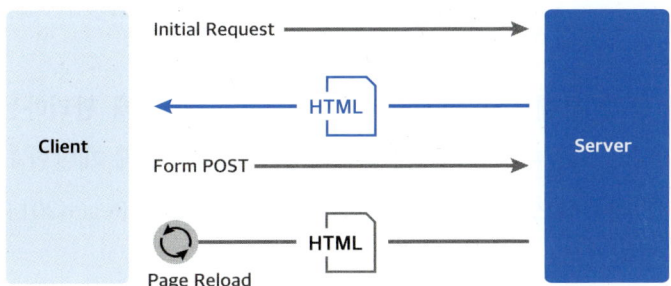

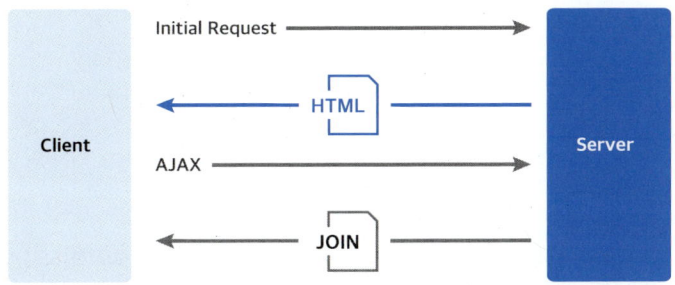

MPA와 SPA 구조의 웹 페이지 렌더링 방식

그러나, JavaScript 엔진과 컴퓨터 처리 능력이 향상됨에 따라 초기처럼 완전한 HTML 페이지를 가져올 필요가 없어졌다. 즉, 필요에 따라 페이지를 구성하는 일부 데이터만 호출하는 것이 가능해졌다. **전체 템플릿을 호출하는 것이 아닌 필요한 데이터만 호출하는 SPA 방식은 호출되는 데이터 단위를 작게 쪼갬으로써 더 빠른 사용자 경험을 제공할 수 있게 되어 많은 서비스에 채택되었다.**[3]

이러한 SPA 방식이 대중적으로 채택됨으로써 웹 페이지를 구성하는 여러 부분을 작고 독립적인 구성 요소로 분할하는 컴포넌트 기반 설계라는 개발 패러다임이 부상하게 되었다. 이에 따라 **개발자가 직접적으로 DOM을 조작하는 것 대신에 상태(State)를 기준으로 상태의 변화에 따라 DOM을 구성하는 컴포넌트를 렌더링하도록 돕는 Framework들이 주류로서 자리잡게 되었다.**

이러한 배경 하에 **CSR(Client-side Rendering)과 상태 관리라는 개념**이 생겨나게 되었다. CSR과 상태 관리 개념을 적용하게 개발한 Framework 중 대중적으로 채택된 것들은 Angularjs(2010), React(2013), Vue (2014) 등이 있다.

이러한 Framework들 중 상태 관리 방식의 변천사를 자세히 살펴보기 위해 가장 대중적으로 사용되는 Framework인 React의 상태 관리를 살펴보도록 하자.

---

[3] 단, 이러한 SPA 방식은 전체 템플릿을 반환하지 않기 때문에 검색엔진최적화(SEO)에는 단점을 가지고 있다. 이러한 문제를 해결하기 위해 SSR(Server Side Rendering)과 혼합한 SPA Framework인 Next.js, GatsbyJS, Nuxt.js 등이 개발되게 되었다.

8.2 React의 상태 관리 전략과 라이브러리

초기 React Framework의 경우 props와 state를 활용하여 상태를 관리하고 특정 컴포넌트와 연결된 상태가 변화할 때 DOM을 렌더링하는 형태의 구조를 가지고 있었다. React는 props를 목표 컴포넌트에 전달하기 위해 부모 컴포넌트부터 연쇄적으로 전달해주어야 했다.

이러한 전달 방식을 Props Drilling이라 한다. **Props Drilling은 명시적**이기 때문에 어떠한 데이터를 사용하는 지 직관적으로 이해할 수 있지만 애플리케이션의 규모가 커질수록 유지보수가 어렵고 불필요한 전달이 발생한다는 문제가 있었다. 예를 들어, 목표하는 컴포넌트로 전달하기까지 부모 컴포넌트가 100개가 있다면 100개의 전달을 모두 작성해줘야 한다는 문제가 있었다. 이러한 문제를 해결하기 위해 상태를 각 컴포넌트에서 관리하는 것이 아닌 새로운 상태 관리 방법론의 필요성이 대두되었다.

더불어, React가 출시된 시점에 통용되던 Front-end 개발의 디자인 패턴은 앞서 소개한 MVC(Movel-View-Controller) 패턴이었다. 페이스북의 주장에 의하면[4] 이러한 MVC 패턴은 양방향 데이터 흐름을 가지며 그러한 데이터 흐름은 애플리케이션에 기능이 추가될수록 복잡성이 기하급수적으로 증가하여 확장성을 가지지 못한다고 한다.

---

4 Facebook이 제시한 Flux 모델이 과연 근본적으로 MVC 모델과 다른 모델인지에 관해서는 여러 논란이 있기 때문에 페이스북의 주장으로 한정하여 책의 내용을 설명하고자 한다. 다음 그림을 살펴보면 Flux가 실제로 MVC 모델의 하위 버전이라는 일부 주장도 타당하게 생각된다.

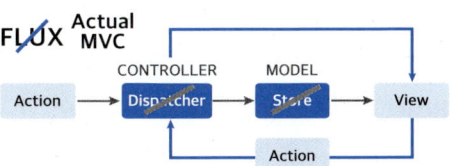

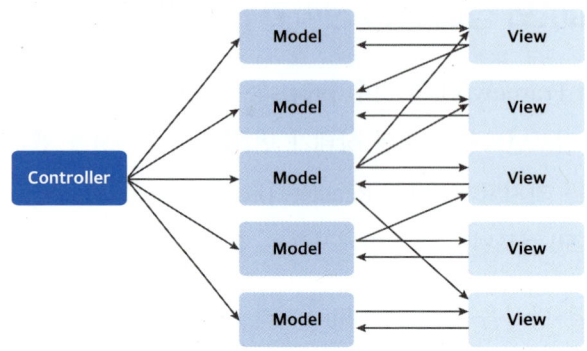

양방향 데이터 흐름을 통해 증가하는 복잡성

때문에 **페이스북은 일방향 데이터 흐름을 가지는 Flux라는 새로운 아키텍처를 제안**했다. Flux의 데이터 흐름은 언제나 디스패처(Dispatcher)에서 스토어(Store)로, 스토어에서 뷰(View)로, 뷰에서 액션(Action)으로 다시 액션에서 디스패처로 흐르는 **단방향 흐름**이며, 새로운 데이터를 넣으면 처음부터 흐름이 다시 시작된다. Flux 패턴은 Store에 상태를 전역적으로 저장하고 흐름에 따라 VIew에 주입함으로써 props driling으로 발생하는 문제를 해결할 수 있는 패턴으로 평가되었다.

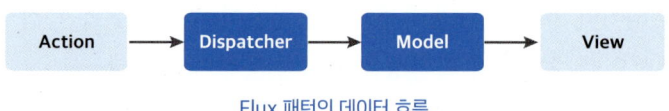

Flux 패턴의 데이터 흐름

페이스북이 Flux 패턴을 제안한 1년 후, Dan Abromov는 Flux를 개선하여 Dispatcher 대신 Reducer 개념이 추가된 Redux 패턴을 제안했다. Reducer가 상태 변화 로직을 담당하고 Store와 View로의 흐름을 갖는 Redux 패턴은 React 개발에 광범위하게 적용되어 주류 상태 관리 패턴이 되었다. Flux와 Redux의 차이는 다음 이미지가 명확하게 나타내고 있다. 예를 들어 Redux는 Flux에서 볼 수 있는 다수의 Store가 아닌 Elm 아키텍처에서 차용된 단일 Store 사용을 채택했다.

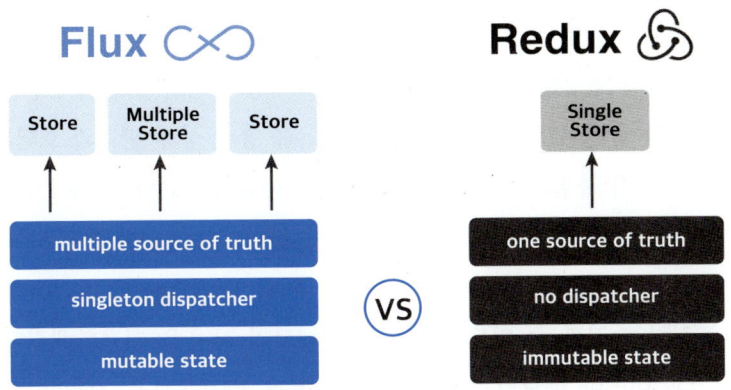

단방향 데이터 흐름 관리, State의 불변성, 단일 전역 Store라는 개념은 애플리케이션의 복잡성을 일부분 해소하는 개념으로 한동안 적극적으로 사용되었다. 그러나, Redux의 사용으로 인해 발생하는 다수의 보일러 플레이트 코드, 애플리케이션의 크기와 복잡성이 증가함에 따라 단일 전역 상태 관리의 어려움과 React의 함수형으로 전환으로 파생된 호환성 이슈, 서버 데이터 캐싱을 통한 동기화의 어려움으로 개발자들은 Redux 대신 복잡성을 줄일 수 있는 패턴을 찾게 되었다.[5]

개발자들은 복잡성을 줄이고 대규모 애플리케이션에 적합한 상태 관리를 위해 다음 요구사항들을 충족하는 패턴과 라이브러리를 찾게 되었다.

---

[5] Redux의 실제 사용 사례와 구체적 문제점에 대해 다루기에는 지면이 부족하다. 우리의 초점은 상태 관리이기 때문에 어떠한 문제점들이 있어 상태 관리 방법론들이 변화 했는지에 관해서만 이해할 정도면 충분하다. 만약 해당 내용에 알고 싶다면 "Redux vs Recoil" 혹은 "Front-end Statement management History" 등의 검색어를 통해 추가적으로 내용을 알아보길 추천한다.

1. 렌더링을 최적화할 수 있어야 한다. 기존의 Redux 형태의 상태 관리는 상태가 변경될 때 State를 주입받은 컴포넌트뿐만 아니라 해당 컴포넌트의 하위 컴포넌트까지 모두 불필요하게 렌더링하여 사용자 경험에 악영향을 미친다.
2. 새롭게 변경된 함수형 React 프로그래밍 방식과 호환되어야 한다. 예를 들어, 새로 도입된 React hooks을 통한 상태 관리와 호환되도록 하여 불필요한 작업이 발생하거나 충돌하지 않도록 해야 한다.
3. 메모리 사용을 최적화할 수 있어야 한다. Redux와 같이 Store에 전역적으로 상태를 저장하는 경우 이를 Garbage Collector가 적절히 수집할 수 있도록 수동으로 메모리 사용을 최적화해줘야 한다. 이러한 메모리 최적화를 자동 혹은 반자동으로 지원할 수 있도록 하여 사용자 경험을 개선할 수 있어야 한다.
4. 구성 요소의 트리의 모든 위치에서 저장된 상태를 읽을 수 있어야 한다. Redux는 이러한 점을 지원하지만, 단일 전역 Store를 사용함으로서 애플리케이션의 기능이 많아질수록 Store의 유지보수가 어려워지고, 성능 최적화가 어렵게 된다.
5. 서버 데이터를 캐싱하여 일관된 서비스를 제공할 수 있어야 한다. 대규모 트래픽이 발생하는 애플리케이션에서는 사용자의 상호작용에 따라 서버 데이터의 변화가 잦을 수 있다. 이러한 환경에서 서버 데이터를 캐싱할 수 없다면 사용자는 서버 데이터와는 다른 환경에서 서비스와 상호작용하게 된다. 이러한 상호작용은 서비스 에러를 발생시키거나 사용자 경험을 악화시킬 수 있다.
6. 동시성을 가진 구성요소를 "동시"에 사용자에게 제공할 수 있어야 한다. SPA에서는 작은 컴포넌트들이 연결된 상태의 변화에 따라 업데이트되기 때문에 "동시"에 사용자에게 보여줘야하는 UI가 "동시"에 보여지지 않아 사용자 경험을 해칠 수 있다.

이러한 요구사항 중의 일부는 React가 함수형으로 전환되며 제안된 React hooks을 통해 해결되었다. 그럼에도 불구하고 해결되지 않은 문제들을 위한 새로운 패턴과 라이브러리를 필요로 했다. **이러한 필요성 아래 React Query, SWR, Apollo, Relay 등의 API 등 서버 데이터와 연결하여 상태를 관리하는 라이브러리, Recoil, Jotai, Valtio 등의 전역 상태 관리 라이브러리 및 패턴들이 나타나게 되었다.**

새롭게 제안된 라이브러리와 패턴들은 앞서 언급한 대표적인 6가지 사례와 함께 대규모 애플리케이션 상태 관리를 위한 요구사항에 대한 솔루션을 가지고 있다.

예를 들어 대표적으로 사용되는 라이브러리인 Recoil을 간략히 설명해 보겠다. **Recoil의 경우 Atom이라는 개념을 도입하여 상태를 상향식으로 관리한다. 이러한 상향식 패턴은 상태가 변화할 때 원하는 컴포넌트만 렌더링할 수 있게 함으로서 렌더링을 최적화해줄 수 있다. 더불어, 상태에 대해 메모리 관리를 자동으로 해주어 애플리케이션이 사용하는 메모리를 최적화해줄 수 있다.**

이 절에서 우리는 Front-end 개발의 간략한 변천사와 상태 관리 개념의 탄생에 대해 알아보았다. 이와 함께 대규모 애플리케이션에 대한 유지보수성과 유저 경험을 위한 다양한 상태 관리 전략이 제안되었음에 관해서도 알아보았다.

한 가지 오해하지 말아야할 점은 소개한 상태 관리 전략들의 변화가 반드시 본인의 서비스에 최신의 전략을 채택해야 한다는 의미는 아니라는 것이다. **상태 관리 전략은 본인의 서비스와 조직의 상황에 따라 선별적으로 선택해야 한다.**

예를 들어, 책에서 소개하지는 않았지만 저자는 과거 운영하던 조직에서 Redux 레거시를 걷어내고 mobx로 변경한 적이 있다. 다양한 이유가 있었지만 가장 근본적인 이유 중 하나는 초기 러닝 커브가 높은 redux를 사용하는 것이 평균 근속 기간이 짧고, 단기간에 기능을 개발해야 하는 소규모 스타트업에서 적합하지 않았기 때문이다. 이러한 예시 사례처럼 본인의 서비스와 조직에 상황에 따라 적절한 상태 관리 전략을 주도적으로 선택해야 한다는 점을 독자들이 알아두길 바란다.

8.3 Flutter의 상태 관리 전략과 Provider

그렇다면 우리는 어떠한 상태 관리 전략을 채택해야 할까? Flutter는 상태 관리를 위해 widget을 rebuild해주는 setState, react의 props drilling과 같은 효과를 주는 InheritedWidget을 제공하고 있다. 그러나, Flutter에서 제공되는 방법만으로 애플리케이션의 상태를 관리하는 것은 애플리케이션의 크기와 복잡도가 증가할 수록 유지보수성이 떨어지는 문제를 가진다.

아직 대규모 트래픽을 다루는 Flutter 애플리케이션이 드물기 때문에 상태 관리 전략에 관련된 생태계가 미성숙하다. 때문에 Flutter 생태계에는 다양한 상태 관리 라이브러리가 제안되고 있음에도 아직 지배적인 상태 관리 라이브러리와 패턴에 관해서는 규정되지 않았다.

Flutter의 상태 관리 라이브러리로 사용되는 것들은 다음과 같이 있다. 라이브러리에 대해 간략한 설명과 그를 사용해 본 개인적인 느낀 점이나 타 개발자들의 평가를 종합해 보면 다음과 같다.

8.3.1 BLoC

UI와 비즈니스 로직을 분리하기 위해 설계된 패턴으로 Google의 Paolo Soares와 Cong Hui가 설계했다. 개인적인 경험으로는 BLoC Library는 **OOP에 익숙하지 않다면 초기 진입 장벽이 꽤나 높다.** 보일러 플레이트 코드가 많아 소규모 애플리케이션에는 부적합하고 중대 규모 애플리케이션에 적합한 패턴이라 생각된다.

8.3.2 Provider

Flutter 팀이 공식적으로 제안하는 상태 관리 라이브러리이다. 진입 장벽이 낮고 렌더링 최적화 등의 기능을 쉽게 사용할 수 있게 고안되어 있다. 그러나, 개인적인 경험으로는 **애플리케이션이 복잡해질수록 유지보수성와 사용자 경험을 개선하기 위한 요령이 필요**한 것 같다. 더불어 Flutter의 Buildcontext에 의존하여 발생하는 문제점들이 존재한다.

8.3.3 Riverpod

Proivder와 매우 유사하지만 단점이 개선된 라이브러리라고 한다.[6] 개인적인 경험으로는 Provider와 유사하면서도 상세 사용 방법은 다른 부분이 있어서 Provider에 익숙하다고 바로 Riverpod를 할 수 있는 것은 아니었다. **Riverpod은 위젯 트리에 직접적으로 의존하지 않기 때문에 불필요한 코드나 이슈를 작성하지 않아도 된다는 점이 장점**이라 생각한다. 다만, 라이브러리 생태계가 아직 미성숙하여 이슈가 생겼을 때

---

6   라이브러리 개발자의 주장이다. 실제로 Provider와 Riverpod는 같은 개발자가 개발했다.

디버깅을 하기 까다로웠다. 라이브러리 생태계가 발전되고 적용할 디자인 패턴이 구체화된다면 좋은 상태 관리 라이브러리로 도약할 수 있을 것으로 생각한다.

8.3.4 GetX

진입 장벽은 낮으나 단위 테스트가 어렵고 다수의 안티패턴을 포함하고 있다고 평가된다. 개인적인 경험으로 초기 진입이 어렵지 않았고, BuildContext와 연결되어 있지 않다는 점이 좋았다. 다만, 패키지가 많은 기능[7]을 포함하고 있기 때문에 깊은 이해를 하기 위한 노력이 필요하다 느꼈다. 더불어 자잘한 버그가 많아 사용 시 많은 디버깅이 필요하고, 그러한 버그가 고쳐지는 속도가 느리다고 판단되어 아쉬웠다.

8.3.5 Redux

앞서 소개한 Redux 패턴을 적용한 라이브러리이다. 패키지가 업데이트 되지 않은 지 꽤 되었다. 개인적으로는 보일러 플레이트 코드가 많고 관련된 문서가 거의 없어 사용을 추천하지 않는다.

8.3.6 Fish-Redux

알리바바에서 출시한 Redux 형태의 상태 관리 라이브러리로 중대형 규모의 애플리케이션을 유지보수하는데 적합하다고 한다. 해당 라이브러리를 깊게 활용해 보지는 못하였지만, 확장성을 염두에 두고 의존성을

---

7   상태 관리뿐만 아니라 라우팅이나 의존성 관리 등의 기능을 포함한다.

약화시키는 구조를 설계한 점이 인상 깊었다. 아키텍처 계층을 세분화하여 관리해야 하는 만큼 소규모 애플리케이션을 구축하기에는 효율성 측면에서 부적절하다고 판단되었다.

본 서적에서는 Provider와 MVVM 패턴을 활용한 상태 관리 전략을 소개할 것이다. Provider의 경우 Flutter 팀이 "Flutter의 초보자라면 Provider를 사용하라"할 정도로 진입 장벽이 낮으며, 사용 방법이 직관적이다. 다만, 앞서 밝힌 듯이 중대형 애플리케이션에 적용하기 위해서는 어느 정도 요령이 필요하다.

본 서적을 읽는 독자들이 레거시 전환을 시도할 때는 대규모 트래픽이 발생하는 서비스보다 우선적으로 중소규모 트래픽이 발생하는 서비스를 전환하고자 시도할 것으로 생각한다.

Provider를 활용하여 성공적인 레거시 전환과 운영 경험을 축적한다면 다음 대규모 서비스를 전환하는 데에도 큰 이슈가 없을 것이다. 그러한 가정하에 상태 관리 라이브러리로서 Provider를 소개하고자 한다.[8]

---

[8] 대규모 트래픽이 발생하는 애플리케이션을 안정적으로 개발하는 데에 Flutter는 손색없는 Framework라고 생각한다. 그러나, 이를 안정적 운영하기 위해서는 Flutter 생태계가 더욱 발전할 필요가 있다. 대규모 서비스를 운영해본 사례와 정보들이 제한적이기 때문이다. 그러나, 책을 집필하는 이 시점에도 다수의 서비스들이 Flutter를 적용하여 개발되고 운영되고 있기 때문에 그러한 생태계는 조만간 준비가 될 것으로 생각한다.

TIP GetX에 대한 개인적 의견

필자는 중소규모 소프트웨어를 개발할 때 GetX와 Provider를 혼용하여 사용한다. 개인적 경험으로는 **GetX는 코드 생산성도 나쁘지 않고, 중규모 소프트웨어에 사용하더라도 성능상의 이슈도 크게 발생하지 않는다.** GetX를 사용하는 것은 순전히 개발자 본인의 선택이다. 다만, 개발하고자 하는 소프트웨어가 다음 2가지 질문 해당한다면 GetX를 사용하지 않는 것을 권한다.

1. 테스트 커버리지를 확보하고 유지보수해야 하는 소프트웨어이다.
2. Flutter를 지속적으로 최신화해야 하는 소프트웨어이다.

GetX의 문제는 "너무 많은 것을 담았다"는 것이다. 엄밀히는 GetX는 상태 관리 라이브러리가 아니다. GetX는 **상태 관리 기능을 포함한 프레임워크에 가깝다.** GetX는 상태 관리뿐만 아니라 라우트 관리, 종속성 관리, 테마 관리, 위젯 관리 등의 다양한 기능을 포함한다. 그러나, 이를 개선하는 기여자는 많지 않다. GetX Github를 살펴보면 소수의 기여자들이 기능을 개선하고 있고 많은 issue와 PR이 열려 있다.

2장과 3장의 내용에서 밝힌 바와 같이 Flutter 생태계 폭발적으로 확장하고 있기 때문에 각 Release마다 수많은 기능이 추가되고 변경되고 있다. 그 때문에 GetX는 잠재적 미호환의 위험성을 내포하고 있다.

이와 비슷한 맥락에서 GetX를 사용하면 테스트 코드를 작성하기 어려워진다. 테스트 코드 사용 시에 다수의 기능에 대한 GetX 테스트 방법에 대해 이해하고 수행해야 한다. 또한 개인적인 경험상 테스트 코드 관련 버그가 많다. 때문에 테스트 코드가 자연스럽게 작성되기 어렵다.

그러한 이유로 개인적으로 GetX보다는 Provider와 Riverpod를 상태 관리 라이브러리로 사용하는 것을 선호한다. 때문에 본 서적에서는 Provider와 Riverpod를 중심으로 상태 관리 라이브러리를 소개하고자 한다.

8.4 Provider 시작하기

Provider의 개념에 대해 상세히 알아보기 전에 일반적으로 Provider가 어떻게 사용되는지 살펴보는 것이 다음 서술할 개념에 대해 이해를 용이하게 만들어줄 것이다.

Provider 일반적인 예제로 사용되는 Count 앱을 만든다고 가정해 보자.

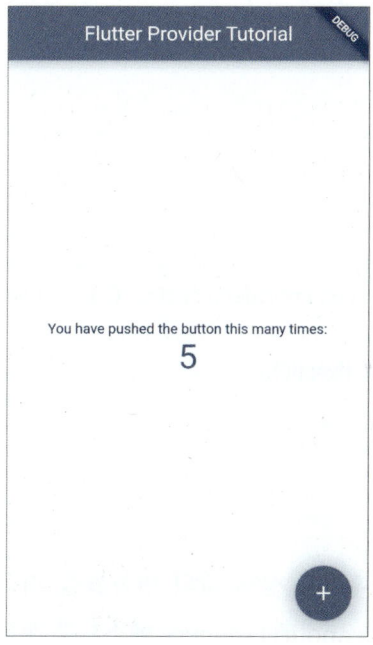

Flutter Documentation에서 제공되는 Count Example 실행 화면

Provider의 사용을 위해서는 사용하고자 목표하는 위젯 상단에 선언해주어야 한다. 일반적으로는 ChangeNotifierProvider를 사용하는 데, 이 Provider는 ChangeNotifier를 수신하여 Provider 하위 트리에 존재하는 위젯들에서 ChangeNotifier.notifyListeners가 호출될 때마다 종

속 항목을 다시 빌드 할 수 있도록 한다. 즉, Provider가 선언된 하위의 위젯에서 Provider 내부에 포함된 상태가 변경될 때 rebuild 하도록 개발할 수 있다는 것이다.

아래 코드는 애플리케이션의 진입점인 MyApp의 상단에 Provider를 선언해 주어 애플리케이션에서 전역적으로 해당 Provider를 사용할 수 있도록 해주는 예시 코드이다. 더불어, Provider 라이브러리에서는 MutiProvider 설정을 통해 다수의 Provider를 선언할 수 있도록 지원하고 있다.

```
void main() {
  runApp(
    MultiProvider(
      providers: [
        ChangeNotifierProvider(create: (_) => Counter()),
      ],
      child: const MyApp(),
    ),
  );
}
```

Provider를 선언한 후에는 상태 값의 변화들을 저장하고 그 값이 변화할 때 ChangeNotifier.notifyListeners 메소드를 통해 Provider 하위 목표하는 위젯에 변화를 알려줄 ChanageNotifier를 만들어야 한다.

다음 코드는 with를 통해 ChangeNotifier를 상속받는 class를 만들어 count 상태를 설정하고 그 값이 증가하는 increment() 메소드를 만드는 예시 코드이다. increment() 메소드가 호출되는 경우 메소드 내부에 notifyListeners()가 호출되어 목표하는 위젯에 값이 변화했음을 알려줄 수 있다.

```
class Counter with ChangeNotifier {
  int _count = 0;

  int get count => _count;

  void increment() {
    _count++;
    notifyListeners();
  }
}
```

다음 코드를 살펴보자. 핵심은 context.read와 context.watch이다. 간략히 설명하자면 context.read은 단순히 값을 반환하며 context.watch는 위젯이 변경 사항을 수신하게 하여 ChangeNotifier.notifyListeners()가 호출될 때 해당 위젯이 rebuild 될 수 있도록 한다. 코드에서는 Count class의 build 내부에서 context.watch를 사용하여 count 값의 변화를 수신하고 있다. 작동 방식은 다음과 같다.

1. floatingActionButton을 클릭하면 context.read〈Counter〉().increment()를 호출한다.
2. 호출을 통해 count 값이 증가된 후 notifyListeners()를 통해 수신하고 있는 위젯에 변화를 알려준다.
3. Count 위젯이 notifyListeners()에 따라 변화를 수신하고 rebuild 하여 context.watch〈Counter〉().count 값을 변경하여 표시한다.

```
class MyApp extends StatelessWidget {
  const MyApp({Key? key}) : super(key: key);

  @override
  Widget build(BuildContext context) {
    return const MaterialApp(
      home: MyHomePage(),
    );
  }
}

class MyHomePage extends StatelessWidget {
  const MyHomePage({Key? key}) : super(key: key);

  @override
  Widget build(BuildContext context) {
    return Scaffold(
      appBar: AppBar(
        title: const Text('Example'),
      ),
      body: Center(
        child: Column(
          mainAxisSize: MainAxisSize.min,
          mainAxisAlignment: MainAxisAlignment.center,
          children: const <Widget>[
            Text('You have pushed the button this many times:'),
            Count(),
          ],
        ),
      ),
      floatingActionButton: FloatingActionButton(
        key: const Key('increment_floatingActionButton'),
```

```
        onPressed: () => context.read<Counter>().increment(),
        tooltip: 'Increment',
        child: const Icon(Icons.add),
      ),
    );
  }
}

class Count extends StatelessWidget {
  const Count({Key? key}) : super(key: key);

  @override
  Widget build(BuildContext context) {
    return Text(
        '${context.watch<Counter>().count}',
        key: const Key('counterState'),
        style: Theme.of(context).textTheme.headline4);
  }
}
```

우리는 Provider에 간단한 작동 방법에 대해 알아보았다. 이러한 작동 방법만 알아도 간단한 상태 관리를 수행할 수 있다. 자, 그럼 이제 Provider에 대해 상세하게 알아보도록 하자. 우리는 Provider의 상세한 개념들과 함께 Provider에 존재하는 단점 및 한계점들에 관해서 알아볼 것이다. 그를 통해 Provider에 대해 더욱 깊게 이해하고, Provider가 어떠한 서비스에 적합한 상태 관리 라이브러리인지에 대해 판단할 수 있을 것이다.

먼저, 우리는 Provider 라이브러리에서 제공되는 Provider의 종류에 대해 알아볼 필요가 있다. 앞선 예제에서는 ChangeNotifierProvider에 대해 알아보았다. 해당 Provider Class는 우리가 상태 관리를 하며 가장 자주 사용하게 되는 Provider이다. 그러나, 제공되는 다른 Provider들도 원하는 기능에 따라 적재적소에 필요하기 때문에 소개하고자 한다.

Provider에서 제공되는 Provider class들 중에 우리가 살펴볼 것들은 ListenableProvider, ChangeNotifierProvider, ProxyProvider, ValueListenableProvider, StreamProvider, FutureProvider이다.

8.4.1 ListenableProvider

Listenable 객체에 대해 Provider로 ListenableProvider는 Listeanable를 수신하고 변경 event가 호출될 때마다 목표하는 위젯을 재구축하도록 한다. 우리는 ListenableProvider를 직접 사용하기보다 이를 상속받은 ChangeNotifierProvider를 주로 사용하게 된다. ListenableProvider는 직접 Listenable 객체를 구현하여 Amnimation 등을 만드는데 사용될 수 있다. 그러나, 그러한 내용은 우리의 관심사에서 벗어나므로 본 서적에서 따로 다루지는 않을 예정이다. 해당 내용에 대해 알아보고자 한다면 Listenable 객체에 대해 공식 문서(https://api.flutter.dev/flutter/foundation/Listenable-class.html)를 참고하길 바란다.

8.4.2 ChangeNotifierProvider

ChangeNotifierProvider는 앞서 밝혔듯이 ListenableProvider를 상속받은 객체로 ChangeNotifier 객체를 수신하고, ChangeNotifier.notifyListeners()가 호출될 때 ChangeNotifierProvider를 통해 변화를 수신하고 있는 위젯에게 상태변화를 알리고 rebuild 하게 한다.

여기서 한 가지 살펴볼 것은 Provider를 생성하고 재사용하는 방법이다. 다른 Provider도 마찬가지이기 때문에 ChangeNotifierProvider의 사례를 통해 함께 살펴볼 수 있다.

ChangeNotifierProvider를 사용할 때는 생성자를 사용한다. 다음 코드와 같이 이벤트를 수신할 ChangeNotifier 객체를 Change NotifierProvider 생성자 내의 create에 설정해 주면 사용할 수 있다.

```
ChangeNotifierProvider(
  create: (_) => new MyChangeNotifier(),
  child: ...
)
```

이때 주의할 점은 다음 코드와 같이 **ChangeNotifier의 인수로 변수를 전달해서는 안 된다는 점**이다. 변수로 인수를 전달하여 변경 이벤트에 사용하고자 한다면 ChangeProxyNotifier를 사용해야 한다.

```
int count;

ChangeNotifierProvider(
  create: (_) => new MyChangeNotifier(count),
  child: ...
)
```

한 가지 더 주의할 점은 **Provider의 재사용을 위해 제공되는 Provider.value를 Provider의 생성에 사용해서는 안 된다는 것**이다. value를 통해 ChangeNotifier 객체를 생성하는 경우 불필요한 렌더링 및 메모리 누수가 발생하기 때문에 다음 코드처럼 사용하는 것을 주의해야 한다.

```
ChangeNotifierProvider.value(
  value: new MyChangeNotifier(),
  child: ...
)
```

반대로 Provider를 재사용할 때는 생성자를 통해 사용하지 말고, 다음 코드처럼 "Provider.value"를 통해 재사용해야 한다.

```
ChangeNotifierProvider.value(
  value: variable,
  child: ...
)
```

다음 코드처럼 이미 생성된 객체를 재사용하는 데 Provider의 생성자를 사용하는 경우에도 불필요한 메모리 누수가 발생하기 때문에 **Provider.value**를 사용하여 생성된 ChangeNotifier 객체를 재사용하도록 하자.

```
MyChangeNotifier variable;

ChangeNotifierProvider(
  create: (_) => variable,
  child: ...
)
```

8.4.3 ProxyProvider

ProxyProvider는 다른 Provider의 여러 값을 새 개체로 결합하여 새로운 Provider를 제공하는 Class이다. 의존하는 Provider 중 하나가 업데이트될 때마다 proxyProvider가 새롭게 만든 개체가 업데이트된다.

이러한 이유로 proxyProvider는 하나의 Provider가 다른 Provider의 상태 변화에 종속되어야 하는 경우 사용한다. Provider에 저장된 다른 데이터에 접근하기 위해서 유저에 대해 서비스 권한 체크가 선행적으로 이뤄져야 한다고 가정해 보자. 그 경우에는 Auth의 권한 체크에 다른 Provider[9]들이 종속되게 만들어야 하고 이럴 때 ProxyProvider를 사용하게 된다. 우리는 주로 ChangeNotifierProvider를 사용하기 때문에 우리의 주된 초점은 ChangeNotifierProxyProvider이다.

예를 들어, 다음 코드는 ProxyProvider를 통해 Counter Provider를 Translations 위젯과 결합한 예시 코드이다. 다음 코드를 실행하면 Counter의 상태가 변화할 때 Traslations 위젯이 업데이트되게 된다.

```
Widget build(BuildContext context) {
  return MultiProvider(
    providers: [
      ChangeNotifierProvider(create: (_) => Counter()),
      ProxyProvider<Counter, Translations>(
        update: (_, counter, __) => Translations(counter.value),
      ),
    ],
```

---

[9] 예를 들면 상품에 대해 상태가 저장되어 있는 Product Provider 등

```
      child: Foo(),
    );
  }

  class Translations {
    const Translations(this._value);

    final int _value;

    String get title => 'You clicked $_value times';
  }
```

8.4.4 ValueListableProvider

ValueListableProvider는 ValueListenable을 수신하고 그 값을 노출하는 Provider로 프로덕션 코드보다는 테스트 코드에서 주로 사용된다.

예를 들어, 다음 코드는 counter의 값을 증가시키면 실제로 값이 변경되는지 체크하는 위젯 테스트이다.

```
testWidgets('example', (tester) async {
  final counter = ValueNotifier(0);

  await tester.pumpWidget(
    ValueListenableProvider<int>.value(
      value: counter,
      child: MyApp(),
    ),
  );
```

```
    counter.value++;
    await tester.pump();
});
```

해당 Provider도 우리의 주된 관심사는 아니기 때문에 자세한 내용을 알아보고 싶다면 "How to use ValueListableProvider" 등의 검색해 살펴보는 것을 추천한다.

8.4.5 FutureProvider

FutureProvider는 단어 그대로 비동기적으로 전달되는 값을 처리하는 Provider이다. FutureProvider는 비동기 값이 도달할 때까지 위젯이 사용할 수 있는 초깃값을 제공하기 때문에 Null 값이 전달되는 것을 피할 수 있다. 값이 도달하게 되면 FutureProvider는 도달한 값이 반영될 수 있도록 구독하고 있는 위젯을 rebuild 하는 이벤트를 호출한다.

주의할 사항은 후에 설명할 StreamProvider와 다르게 비동기적으로 값이 전달되는 한 번만 종속 위젯이 다시 빌드 되며 그 이후에는 다시 빌드 하지 않는다는 점이다.

다음 코드를 살펴보자. Home Class의 fetchAddress의 값이 2초 후에 반환되기 때문에 호출 당시에는 값이 반환되지 않는 상태이다. FutureProvider를 사용하면 initialData 값으로 "fetching address…"을 보여주게 되고, 2초가 지나 값이 반환되게 되면 "1234 North Commercial Ave"라는 값이 반환되게 된다.

```dart
class Person {
  Person({this.name, this.age});

  final String name;
  int age;
}

class Home {
  final String city = "Portland";

  Future<String> get fetchAddress {
    final address = Future.delayed(Duration(seconds: 2), () {
      return "1234 North Commercial Ave.";
    });

    return address;
  }
}


void main() {
  runApp(
    Provider<Person>(
      create: (_) => Person(name: 'Yohan', age: 25),
      child: FutureProvider<String>(
        create: (context) => Home().fetchAddress,
        initialData: "fetching address...",
        child: MyApp(),
      ),
    ),
  );
}
```

8.4.6 StreamProvider

StreamProvider는 FutureProvider처럼 미래의 값을 수신한다는 것은 유사하지만 StreamProvider는 값이 여러 번 반환될 때 여러 번 종속 위젯이 rebuild 된다는 점에서 다르다. 예를 들어 특정 프로그램을 설치하는 경우 설치 %에 따라 값을 지속해서 수신하여 설치된 %를 사용자에게 보여줄 수 있다.

예를 들어 다음 코드는 85초 동안 초를 세어 표현해 준다. 우리는 StreamProvider를 사용함으로써 yohan의 나이가 초마다 1살씩 늘어나는 것을 표현해 줄 수 있다.

```
class Person {
  Person({this.name, this.initialAge});

  final String name;
  final int initialAge;
  Stream<String> get age async* {
    var i = initialAge;
    while (i < 85) {
      await Future.delayed(Duration(seconds: 1), () {
        i++;
      });
      yield i.toString();
    }
  }
}

void main() {
  runApp(
    StreamProvider<String>(
      create: (_) => Person(name: 'Yohan', initialAge: 25).age,
```

```dart
      initialData: 25.toString(),
      catchError: (_, error) => error.toString(),
      child: MyApp(),
    ),
  );
}

class MyApp extends StatelessWidget {
  @override
  Widget build(BuildContext context) {
    return const MaterialApp(
      home: MyHomePage(),
    );
  }
}

class MyHomePage extends StatelessWidget {
  const MyHomePage({Key key}) : super(key: key);
  @override
  Widget build(BuildContext context) {
    return Scaffold(
      appBar: AppBar(
        title: Text("Future Provider"),
      ),
      body: Padding(
        padding: const EdgeInsets.all(8.0),
        child: Center(
          child: Consumer<String>(
            builder: (context, String age, child) {
              return Column(
                children: <Widget>[
                  Text("Watch Yohan Age..."),
                  Text("name: Yohan"),
                  Text("age: $age"),
                ],
```

```
            );
          },
        ),
      ),
    ),
  );
}
```

마지막으로 Provider들에 대해 공통으로 적용되어 있는 특징에 대해 알아보자. Provider들은 생성자의 create/update callback이 lazy 로딩이라는 것이다. 즉, **해당 Provider가 사용되기 전까지 created/update Callback은 호출되지 않는다.**10 만약 즉시 로딩으로 설정하여 애플리케이션 실행 초기에 create/update를 실행하고자 한다면 다음 코드와 같이 lazy 속성을 false로 설정할 필요가 있다.

```
MyProvider(
  create: (_) => Something(),
  lazy: false,
)
```

Provider의 종류를 알아보았으니 해당 Provider의 상태가 변화할 때 어떻게 종속된 위젯을 rebuild 해줄 수 있는지 알아보자. 우리는 BuildContext를 활용한 메서드를 사용하여 위젯을 쉽게 rebuild 할 수 있다.

BuildContext를 활용한 3가지 확장 메서드를 살펴보면 다음과 같다.

---

10 이 때문에 Provider 설정 시 애플리케이션 실행 초기에 실행되는 메소드들을 생성자에 넣고 작동되지 않아 디버깅을 헤매게 되는 경우가 종종 있다.

1. context.watch<T>() : widget이 T의 변화를 수신하고 있다. 만약 T(Provider)에 대해 notifyListeners() 이벤트가 호출되면 변화되었음을 수신 받고 widget이 rebuild 되게 된다. Provider의 이전 버전에서는 "Provider.of⟨T⟩(context, listen: true)"로 사용되었다.
2. context.read<T>() : 값을 읽어오는 것으로 값의 변화를 수신하고 있지 않는다. Provider의 이전 버전에서는 "Provdier.of⟨T⟩(context)"로 사용되었다.
3. context.select<T, R>(R cb(T value)) : Provider T 내부의 State인 R 값의 변화를 수신하고 있다가 R 값이 변경되면 Widget이 rebuild 하게 된다.

> **TIP Provider와 BuildContext**
>
> 상세한 메소드들을 설명하기 전에 한 가지 알아 둘 것은 Provider는 Flutter의 위젯 트리와 연관되어 사용된다는 것이다. 이러한 점 때문에 쉽게 트리 이내에 존재하는 위젯에 쉽게 접근하여 상태 변화에 따른 리렌더링을 쉽게 사용할 수 있지만, 위젯 트리에 의존하기 때문에 비효율이 발생하는 경우도 있다. 예를 들면 값을 호출할 때마다 context.read, context.watch, context.select 등을 반복적으로 작성해야 하는 보일러 플레이트 코드가 발생한다.
>
> 더불어 context를 외부로 전달할 시 메모리 유출이 발생하는 문제가 있다. 위젯의 context를 외부로 전달해 줄 때 위젯이 종료되더라도 context에 접근할 수 있도록 closure가 형성되는데, 이러한 경우 Flutter의 Garbage Collector가 Tree에서 위젯을 수거하지 않아 메모리 유출이 발생하게 된다. 때문에 flutter_lint 2.0.0 버전부터는 context를 외부 함수 혹은 객체에 전달하지 않도록 Warning을 표현한다. 이 때문에 context에 관련한 사항은 View 이외의 Business Logic과 완전히 분리하여 코드를 작성해야 한다. 이러한 코드 작성 방식은 개발자의 특성에 따라 불편하다 인식할 수 있다. 이를 해결하기 위해 Flutter 팀에서도 인지하고 수정하고자 준비하고 있는 것으로 알고 있으나 아직 고쳐지지 않았다. 이러한 부분은 생산성과 유지 보수 측면을 저하시키고 있어 빠른 수정이 필요하다고 생각한다.

BuildContext 확장 메소드 사용 방법에 관해서는 흔히 사용하게 되는 안티 패턴에 대해 알아보는 것으로 메소드에 대해 이해해 보고자 한다. 다음 코드를 살펴보자. **Provider 개발자는 다음 코드 자체의 버그는 없지만 build 내부에서 read를 사용하는 것이 안티 패턴이므로 지양해야 한다고 주장**하고 있다. 그의 주장에 따르면 read를 사용하면 Provider의 변화에 따라 해당 위젯이 업데이트되지 않기 때문에 Side Effect를 만들 수 있으며 리팩토링 시에 함께 신경 써야 하는 문제가 발생한다고 한다. 그러한 주장에 따라 그는 build 이내에서 사용하고자 하는 경우 변경된 값을 수신 받을 수 있는 watch를 사용하기를 권장한다.

```
Widget build(BuildContext context) {
  final counter = context.read<Counter>();

  return RaisedButton(
    onPressed: () => counter.increment(),
  );
}
```

그러한 이유로 다음과 코드와 같이 코드가 길어지더라도 이벤트 핸들러 이내에서 read를 호출하는 것을 추천하고 있다.

```
Widget build(BuildContext context) {
  return RaisedButton(
    onPressed: () {
      context.read<Counter>().increment()
    },
  );
}
```

더불어 다음 코드와 같이 위젯이 rebuild 하지 않도록 하기 위해 read를 사용하는 것도 리팩토링 시에 신경 쓸 사항이 많아지고, 적재적소에 상태 변화가 감지되지 않아 문제를 발생시킬 수 있다고 주장한다.

```
Widget build(BuildContext context) {
  final model = context.read<Model>();

  return Text('${model.valueThatNeverChanges}');
}
```

때문에 코드가 조금 길어지더라도 select를 사용하여 변화하는 값을 구독하는 것이 훨씬 안전하며 rebuild 되지 않는 side-effect를 줄일 수 있다고 주장한다.

```
Widget build(BuildContext context) {
  final valueThatNeverChanges = context.select((Model model) =>.
      model.valueThatNeverChanges);

  return Text('$valueThatNeverChanges');
}
```

Proivder 개발자의 주장을 정리하자면 **이벤트 핸들러에서 Provider 내부의 메소드를 호출하는 데에는 read를 사용하고, 그 외에는 값을 수신할 수 있도록 watch를 사용하거나 select를 사용하라는 것이다.**

다만, 저자는 모든 상태 변화를 select로 구독하는 것을 선호한다. 선호하는 여러 가지 이유 중 주된 이유를 한 가지만 소개하고자 한다.

Provider 개발자의 주장대로 read를 지양하고 watch만을 사용하게 되면

실무 환경에서 유지 보수성과 가독성이 저하되는 경우가 발생한다. 실무를 하다 보면 지속해서 리팩토링을 하더라도 애플리케이션의 크기에 따라 위젯 컴포넌트와 Provider의 크기가 증가하게 된다. 예를 들어 필자는 유지 보수를 위해 컴포넌트와 Provider를 2-depth로 유지하기 때문에 위젯과 Proivder의 크기 증가는 불가피하다.[11] 컴포넌트와 Provider의 크기가 증가하면 대표적으로 발생하는 2가지 문제가 있다.

첫째로, **단위 위젯에서 수신하는 데이터가 많아지게 되면서 "context.~"로 시작되는 데이터들이 매우 많아져 유지 보수성과 가독성을 저하시킨다.** 이러한 사항은 변수명을 직관적으로 짓는 최근 코드 문화와 결합되어 상당히 긴 이름의 상태 값을 View에 할당하게 된다. 이는 코드 가독성을 크게 떨어트린다. watch를 사용하며 가독성 저하를 개선하기 위해서는 build 내부에 다수의 watch를 선언하고 값을 가져와야 한다. 그러나 Watch는 Provider 전체의 상태 값 변경을 구독하기 때문에 불필요한 렌더링이 발생하게 된다.

두 번째 문제는 **비즈니스 로직이 복잡해져 다수의 메소드에서 비동기적인 상태 변경이 발생할 때 나타난다.** 특히 코딩을 하다 보면 단위 기능을 가진 메소드의 목적을 명확히 하고 유지 보수성을 개선하기 위해 메소드 추출을 진행하게 되는 경우가 종종 있다. 비즈니스 로직에 따라 메소드를 사용할 때 추출된 각 메소드마다 상태 변화를 notifyListeners()를 호출하여 위젯에 알려줘야 하는 경우도 발생한다. 이럴 때 watch를 통해 Provider를 전체 구독하게 되면 불필요하면 렌더링이

---

[11] 예를 들어 component를 가정하면 페이지를 구성하는 "1차 컴포넌트 - 1차 컴포넌트를 구성하는 2차 컴포넌트"로 구성한다. 짧은 경험으로는 3-depth, 4-depth로 소프트웨어를 구성하는 경우 기존 레거시를 다루던 개발자가 아닌 신규 개발자가 이해하고 온보딩하는 데에 어려움이 발생한다. 더불어, 개발 중 디렉터리를 탐색하는 데에 비효율이 발생하여 2-depth를 선호한다.

반복해서 발생하게 되고, 이러한 이슈들은 저사양 장치를 사용하는 유저들의 사용성을 치명적으로 저하시킬 수 있다.

이러한 이유들로 저자는 각 위젯에 rebuild에 필요한 값을 특정하는 select를 사용하는 것을 선호한다. select를 선언하는 과정에서의 코드는 다소 복잡해지지만 VIEW 내부에서 불필요한 보일러 플레이트 코드를 사용하지 않게 되며, 불필요한 렌더링을 유발하지 않아 사용자 경험을 저하시키지 않게 되는 장점이 있다.

BuildContext 확장 메소드를 사용할 때 주의해야 할 점은 위젯 트리와 연관되어 있기 때문에 변화 이벤트를 수신하는 목표 위젯과 같은 context로 연결된 하위 위젯이 모두 rebuild 된다는 것이다. 이러한 불필요한 리렌더링 또한 애플리케이션의 성능을 저하시키게 된다. 이러한 점을 개선하기 위해서는 Consumer와 Selector 메소드를 사용할 필요가 있다.

Consumer와 Selector 메소드는 BuildContext 확장 메소드와 유사하지만 builder를 통해 새로운 BuildContext를 만들어 줌으로서 연결된 하위 위젯이 모두 rebuild 되지 않도록 한다.

예를 들어 다음 코드는 Provider A를 수신하는 Consumer의 예제이다. Builder를 사용함으로서 Provider A가 변화할 때 Bar 위젯만 rebuild 되고, Baz 위젯은 rebuild 되지 않게 하여 성능을 최적화할 수 있게 돕는다.

```
Foo(
  child: Consumer<A>(
    builder: (_, a, child) {
      return Bar(a: a, child: child);
```

```
    },
    child: Baz(),
  ),
)
```

Selector도 Consumer와 유사하게 작동하나 "context.select"처럼 Provider 내부의 특정 값의 변화만 수신하여 위젯을 rebuild 하도록 한다. 예를 들어, 다음 코드를 살펴보자. 다음 코드에서는 오직 "foo.bar"와 "foo.baz"가 변할 때만 rebuild 되며, NotRendering 위젯은 rebuild 되지 않는다.

```
Selector<Foo, Tuple2<Bar, Baz>>(
  selector: (_, foo) => Tuple2(foo.bar, foo.baz),
  builder: (_, data, __) {
    return Text('${data.item1}  ${data.item2}');
  }
  Child: NotRendering();
)
```

8.5 Provider와 MVVM 패턴 활용

우리는 이 장에서 Provider의 개념에 대해 전반적으로 알게 되었다. 그럼 이제 그를 실제로 적용하여 사용하는 방법에 대해 알아보도록 하자. 본 서적에서는 MVVM 패턴과 Provider를 활용하는 소프트웨어 아키텍처를 소개하고자 한다. 앞서 여러 번 밝혔듯이 Flutter 생태계에는 아직 지배적인 소프트웨어 아키텍처 구축 방법론이 제안되지 않았다. 이 절에서 소개하는 내용은 오로지 저자의 경험과 주장일 뿐이므로 부족함이 있을 수 있다는 것을 감안하여 읽어주길 희망한다.

우선 Provider를 사용하기 위해서는 다음과 같은 명령어를 입력하여 설치해야 한다.

```
$ flutter pub add provider
```

그 후 main 함수에 Provider들을 선언해야 한다. 예제 코드는 다음과 같다.

```dart
import 'package:provider/provider.dart';

void main() async {

  runApp(MultiProvider(
    providers: [
        ChangeNotifierProvider(create: (context) => IssueViewModel()),
        ChangeNotifierProvider(create: (context) => LoginViewModel()),
        ChangeNotifierProvider(create: (context) => MyViewModel()),
        ChangeNotifierProvider(create: (context) => PaymentViewModel()),
        ChangeNotifierProvider(create: (context) => RankingViewModel()),
        ChangeNotifierProvider(create: (context) => SearchViewModel()),
        ChangeNotifierProvider(create: (context) => SignupViewModel()),
    ],
    child: DevicePreview(enabled: true,
                        builder: (context) => const MyApp()),
  ));
}

class MyApp extends StatefulWidget {
  const MyApp({Key? key}) : super(key: key);
```

```dart
  @override
  _MyAppState createState() => _MyAppState();
}

class _MyAppState extends State<MyApp> {

  @override
  Widget build(BuildContext context) {
      return MaterialApp(
        locale: DevicePreview.locale(context),
        // 테마 설정
        theme: ThemeData(
          fontFamily: 'Pretendard',
          scaffoldBackgroundColor: Colors.white,
        ),
        // 라우터 설정
        initialRoute:
            auth.currentUser != null ? '/issue/index' :
            '/login/index',
        routes: {
          '/issue/index': (context) => const IssueScreen(),
          '/issue/detail': (context) => const IssueDetailScreen(),
          '/issue/write': (context) => const IssueWriteScreen(),
          '/login/index': (context) => const LoginScreen(),
          '/my/index': (context) => const MyScreen(),
          '/policy': (context) => const PolicyScreen(),
          '/terms': (context) => const TermsScreen(),
          '/payment/index': (context) => const PaymentScreen(),
          '/profile/index': (context) => const ProfileScreen(),
          '/profile/information': (context) =>
          const InformationScreen(),
          '/profile/paid': (context) => const PaidScreen(),
          '/ranking/index': (context) => const RankingScreen(),
```

```
            '/ranking/my': (context) => const RankingMyScreen(),
            '/search/index': (context) => const SearchScreen(),
            '/signup/index': (context) => const SignupScreen(),
        },

        // debug 띠 없애기
        debugShowCheckedModeBanner: false,
      );
    });
  }
}
```

저자는 일반적으로는 "단위 Screen[12]" 단위로 Provider 분리하여 상태를 전역적으로 관리하기 때문에 MutiProvider를 사용하여 여러 개의 changeNotifierProvider를 선언한다. 이때 주의해야 할 점은 MultiProvider를 선언하면 선언된 Provider들이 순차적으로 MainApp의 상위 위젯이 되기 때문에 매우 많은 Provider를 선언하게 되면 성능이 급격히 저하된다는 것이다. 즉, Provider 개수마다 Widget tree의 depth가 증가하며 이는 devtool에서 확인할 수 있다. Provider 공식 문서에서는 150개 이하로 선언하기를 추천하고 150개 이상 선언하고자 한다면 비동기적으로 delay를 주어 선언하는 것을 추천하고 있다.

---

12 예를 들면 결제하기 Screen들

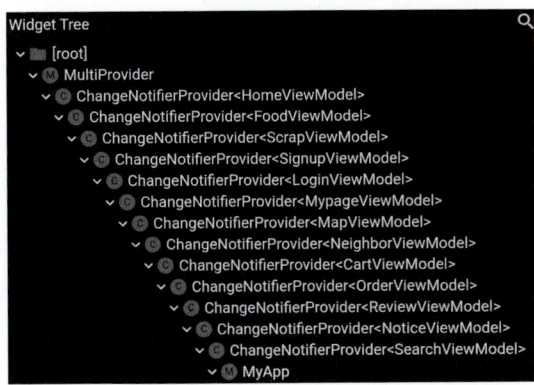

MyApp위에 중첩된 다수의 Provider를 Widget Tree에서 볼 수 있다.

사견을 덧붙이자면 Provider를 작은 단위로 유지하는 것도 중요하지만, 너무 작은 단위로 분화하는 것도 유지 보수에 악영향을 끼친다. 딱 알맞은 비유일지 모르겠지만 비유해 보자면 지나치게 세분화된 Provider 관리는 지나치게 세분화된 MicroService에서 발생하는 문제와 유사한 문제가 발생한다. 이러한 문제 때문에 한동안 MicroService가 각광을 받아 서비스를 세분화했던 기업들이 다시 monoRepo로 회귀하고자 하고 있다. 마찬가지로 Proivder의 지나친 분산은 불필요한 리소스를 낭비하게 하므로 지양하는 것이 좋다.

그럼 이제 앞서 살펴본 MVVM 패턴을 어떻게 적용시키는지 알아보자. MVVM 패턴은 소프트웨어를 Model, ViewModel, View로 분리하여 디자인하는 방법이다. 우리는 Main 함수에 선언한 Provider들을 ViewModel로서 관리한다.

아키텍처를 설계할 때 개인적으로 가장 중요하게 여기는 것은 "Model-ViewModel-View"의 단위 흐름이 교차하지 않도록 하는 것이다. 앞선 MVC 패턴에서 나왔듯이 단위 흐름의 교차가 발생하게 되면 소프트웨어의 규모가 커질수록 복잡성이 기하급수적으로 증대되게 된다. 때문에 보일러 플레이트 코드가 생길지라도 Provider와 Screen의 단일 연결을 유지할 수 있도록 상당히 주의하는 편이다.

한 가지 경험을 더 공유하자면 **Provider도 Component와 유사하게 2-depth로 관리**한다. 다만, Proivder는 Component 대비 2-depth로 관리하는 비중이 상대적으로 적다. 2-depth는 "단위 Screen"에 명확하게 상이한 기능들이 존재하는 경우에만 활용한다. 예를 들어, 결제 페이지를 관리할 때 결제 기능과 쿠폰 사용 기능이 동시에 사용되어야 한다면 PaymentPayViewModel, PaymentCoupoonViewModel과 같은 형태로 기능 단위로 쪼개 사용한다.

Screen에 따라 관리하는 방법을 예를 들면 다음 사진과 같이 디렉터리 구조를 구성하게 된다.

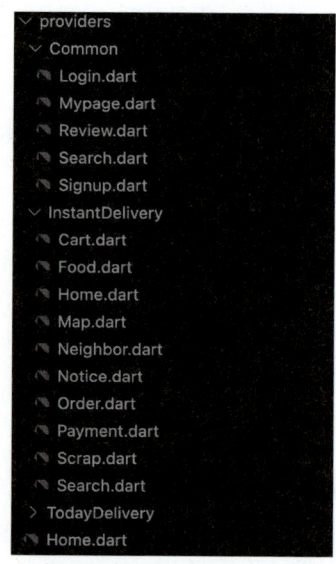

Screen 구조와 유사하게 구성한 Provider 구조

즉, View에 사용되는 상태를 저장하는 Provider는 ViewModel로서 사용되고 필요에 따라 Repo에 정의된 DB에 접근하는 CRUD API를 ViewModel(Provider)에서 호출하여 상태 변화에 따라 구독하는 View에 보여주는 형태가 되게 된다. 이러한 구조에 대한 이해를 바탕으로 실무 환경에서 사용되는 두 가지 사항을 설명하고자 한다.

첫째로, **호출된 데이터는 DTO를 사용하여 ViewModel에 전달하라는 점**이다. Repo를 통해 Model에 접근하여 데이터를 호출해올 때 일반적으로는 Json 형태로 호출되게 된다. 이때 호출된 Json을 직렬화하여 객체에 저장하는 DTO를 사용하여 ViewModel에 전달하는 것이 유지보수성을 개선하고 Layer간 결합도를 줄여 "side-effect"의 발생을 방지할 수 있다.[13]

둘째로, 애플리케이션 실행 초기에 호출이 필요하다면 Provider의 생성자에 호출이 필요한 메소드를 추가하고, main에서 선언한 Provider에 "lazy:false" 속성을 추가할 필요가 있다는 것이다. 간혹 오픈 소스들을 살펴보면 Proivder의 Eager 로딩을 활용하지 않고 main.dart 혹은 각 Widget의 initState 메소드 내부에서 지역적으로 관리하는 것이 종종 보인다. 물론, 지역적으로 관리해야 하는 기능이라면 해당 위젯에 추가되는 것이 바람직하다. 그러나, 무분별한 남용은 초기 호출할 메소드가 많아지고, 코드 가독성을 저하시키므로 지양하는 것이 좋다.[14]

---

13 모델을 관리할 때도 공통으로 사용되는 변수나 메소드는 인터페이스를 활용하여 관리하면 더욱 응집도 높은 DTO 객체를 만들 수 있다. 그러나 이러한 내용에 대해 다루는 것은 지나치게 세부적이므로 생략한다. 만약 이에 대해 더 알아보고 싶다면 인터페이스에 대해 검색하거나 '엘레강스 오브젝트'라는 책을 읽어 보기를 권한다.

14 이러한 이유는 앞서 Provider의 생성자를 설명하며 밝혔다.

이러한 설정이 완료되면 rebuild 원하는 위젯에 적절한 BuildContext 확장 메소드 "context.read", "context.watch", "context.select"를 사용하거나 Consumer, Selector를 사용하여 사용할 수 있다.

8.6 Riverpod 알아보기

이 절에서는 Provider의 개선된 버전인 Riverpod에 대해 알아볼 것이다.[15] 필자의 경우 **대규모 프로젝트의 경우 Provider 대신 Riverpod와 Flutter hooks를 활용하여 Flutter 소프트웨어의 상태를 관리**한다.[16]

Riverpod는 Provider를 만든 "이 Provider의 단점을 개선하기 위해 만든 새로운 상태 관리 라이브러리이다". Riverpod에 대한 소개에 따르면 대표적으로 개선한 사항은 다음 그림과 같이 3 가지이다.

Riverpod 홈페이지에서 소개하는 3 가지 개선점

---

15 다만, 본 서적에서는 Riverpod에 대해 기본적인 내용만 알아보고자 한다. Riverpod은 Provider에 비해 다소 이해하기 어려우며 실무 사용 환경에서의 다양한 경험이 뒷받침되어야 효율적으로 사용할 수 있다. 때문에 Riverpod의 실무 사용에 대한 내용을 서술하는 것은 너무 방대하고 깊은 내용으로 판단했다.

16 Provider 라이브러리의 한계가 존재함에도 불구하고 필자는 여전히 중소규모 Flutter 소프트웨어에는 Provider를 사용한다. 여러 이유가 존재하지만 가장 큰 이유는 효율적이기 때문이다. Riverpod와 Flutter hooks를 사용하면 상태 관리를 체계적으로 수행할 수 있다. 그러나, 전역 및 지역 상태 등의 복잡한 관리 전략을 수립해야 하며, 지속적인 코드 리팩토링을 통해 Provider 및 도메인 모듈간 결합도를 개선해야 한다.

소개된 3 가지 내용 중 본 서적에서 집중할 사항은 Flutter에 의존하지 않아 개선된 사항과 관련 있는 "제한 없는 Provider"와 "Flutter에 의존하지 않습니다"에 표현된 내용이다.

먼저 Flutter의 BuildContext에 의존하지 않게 되며 main.dart에 Provider를 선언하지 않고 Screen이나 Component 파일에 직접적으로 연결된 Provider를 선언할 수 있게 되었다. 때문에 코드 가독성과 유지보수성이 개선되었다.

BuildContext에 의존하지 않는 Riverpod

둘째로, StatefulWidget의 생애주기에 의존하지 않아 Provider 라이브러리처럼 build method 내에 Provider를 정렬하지 않아도 된다. 그에 따라 build될 때마다 불필요한 계산이 발생하지 않도록 코드를 수정할 수 있게 되었다.

StatefulWidget의 생애주기와 독립된 Riverpod

이 두 가지 개선점 덕분에 Riverpod를 사용하면 코드 가독성과 생산성이 향상될 수 있다.

더불어, 개인적으로 느끼기에 **Riverpod는 Provider에 비해 객체지향적**이다. Riverpod는 BuildContext에 의존하지 않아 Provider를 선언할 수 있는 위치의 제약이 없어졌다. 때문에 Provider 간의 결합이 용이해졌다. 때문에 **동일한 주제를 가진 작은 단위의 모듈 Provider들을 모아 큰 단위의 Provider로 관리할 수 있게 되었다.** 이는 객체 간 의존성 주입과 매우 유사하다. 예를 들어 할 일에 대한 List를 관리하는 Provider와 완료 등의 상태 Filter를 관리하는 Provider가 다음 코드와 같이 존재한다고 가정해 보자.

```
class TodoList extends StateNotifier<List<Todo>> {
  TodoList(): super(const []);
}

final todoListProvider = StateNotifierProvider((ref) => TodoList());

enum Filter {
  none,
  completed,
  uncompleted,
}

final filterProvider = StateProvider((ref) => Filter.none);
```

Riverpod에서는 다음과 같이 선언만으로 의존성을 주입하여 사용할 수 있다.

```
final filteredTodoListProvider = Provider<List<Todo>>((ref) {
  final filter = ref.watch(filterProvider);
  final todos = ref.watch(todoListProvider);
```

```
  switch (filter) {
    case Filter.none:
      return todos;
    case Filter.completed:
      return todos.where((todo) => todo.completed).toList();
    case Filter.uncompleted:
      return todos.where((todo) => !todo.completed).toList();
  }
});
```

Riverpod의 기본적인 사용법은 Provider와 유사하다. **차이점은 BuildContext 대신 Provider의 ref를 사용한다는** 점이다. 예를 들어, 다음과 같이 Count를 제공하는 Provider가 있다고 가정해 보자.

```
final counterProvider = StateNotifierProvider<Counter, int>((ref) {
  return Counter(ref);
});

class Counter extends StateNotifier<int> {
  Counter(this.ref): super(0);

  final Ref ref;

  void increment() {
    final repository = ref.read(repositoryProvider);
    repository.post('...');
  }
}
```

해당 Provider는 다음 코드와 같이 사용할 수 있다. 주목할 만한 점은 StatelessWidget과 StatefulWidget 대신에 ConsumerWidget과 ConsumerStatefulWidget을 사용한다는 것이다.

```dart
class HomeView extends ConsumerWidget {
  const HomeView({Key? key}): super(key: key);

  @override
  Widget build(BuildContext context, WidgetRef ref) {
    final counter = ref.watch(counterProvider);
    return Text('$counter');
  }
}

class HomeView extends ConsumerStatefulWidget {
  const HomeView({Key? key}): super(key: key);

  @override
  HomeViewState createState() => HomeViewState();
}

class HomeViewState extends ConsumerState<HomeView> {
  @override
  void initState() {
    super.initState();
    ref.read(counterProvider);
  }

  @override
  Widget build(BuildContext context) {
    final counter = ref.watch(counterProvider);
    return Text('$counter');
  }
}
```

Provider와 유사하게 ref도 read와 watch를 사용할 수 있다. 앞서 사용한 CountProvider의 increment 메소드를 사용하려면 read를 사용하여 다음 코드와 같이 사용할 수 있다.

```dart
final counterProvider = StateNotifierProvider<Counter, int>((ref) 
=> Counter(ref));

class HomeView extends ConsumerWidget {
  const HomeView({Key? key}): super(key: key);

  @override
  Widget build(BuildContext context, WidgetRef ref) {
    return Scaffold(
      floatingActionButton: FloatingActionButton(
        onPressed: () {
          ref.read(counterProvider.notifier).increment();
        },
      ),
    );
  }
}
```

마지막으로 Provider에서 중요하게 다뤘던 select는 다음과 같이 사용할 수 있다. 다음 코드와 같이 사용하면 구독한 위젯은 userProvider 내부의 상태 중 name이 변화되었을 때 상태 변화에 따라 위젯을 re-build 하게 된다.

```dart
Widget build(BuildContext context, WidgetRef ref) {
  String name = ref.watch(userProvider.select((user) => user.name));
  return Text(name);
}
```

우리는 Riverpod를 간단하게 살펴보았다. 앞서 밝혔지만 **Riverpod는 StreamProvider, FutureProvider, ProviderObserver, Provider 간의 결합 등의 다수의 복잡한 개념과 경험치를 요한다.** 때문에 Flutter 소프트웨어 개발이 처음이거나 경험이 많지 않다면 Provider를 사용하는 것을 추천한다.

우리는 이 장에서 상태 관리 전략에 대한 이해를 위해 Front-end에서 상태 관리 전략의 변천사를 살펴보고 필요성을 알아보았다. 더불어 Flutter의 상태 관리 라이브러리들의 특징을 살펴보고, 그중 Provider의 실무 적용에 대해 알아보았다. 여기까지 책을 읽었다면 충분히 Flutter 소프트웨어를 만들어 배포할 수 있는 수준이라 생각된다. 우리는 다음 장에서 배포하기 전 애플리케이션을 테스트하는 방법에 대해 알아볼 것이다. TDD에 대한 개념과 함께 Flutter에서의 단위 테스트, 위젯 테스트, 통합 테스트에 대해 알아 봄으로서 제작된 소프트웨어의 품질을 평가하고 지속해서 리팩토링 하는 방법에 대해 알아볼 수 있다.

CHAPTER

9

Flutter 테스트 코드

CONTENTS

9.1 단위 테스트

9.2 위젯 테스트

9.3 통합 테스트

9.4 Flutter와 TDD(Test-Driven Development)

우리는 이전 장들을 통해 Flutter 소프트웨어를 구축하기 위한 방법들에 대해 알아보았다. 이 장에서는 구축된 Flutter 소프트웨어를 검증하기 위한 테스트 코드 작성 방법에 대해 살펴볼 것이다. 먼저 **Flutter의 3가지 테스트 방법인 단위 테스트, 위젯 테스트, 통합 테스트의 개념과 메소드들에 대해 설명할 예정이다.** 그 후 TDD(Test-Driven Development)에 대해 간략히 설명하고, 그를 활용해서 개발하는 것의 장단점에 대해 **설명**하고자 한다. 그 과정에서 Flutter 소프트웨어 개발 시에 어떠한 방식으로 테스트 코드를 작성해야 하는지에 대해 설명할 것이다.

9.1 단위 테스트

먼저 살펴볼 것은 3가지 테스트 중 가장 작은 테스트 단위인 "단위 테스트"이다. **단위 테스트를 수행하기 위해서는 먼저 다음과 같이 Flutter에서 제공하고 있는 test 패키지를 추가**해 주어야 한다. 테스트 패키지는 개발 환경에서만 사용되기 때문에 dev_dependencies로 관리하는 것을 추천한다.

```
Pubspec.yaml
dev_dependencies:
  test: <latest_version>
```

테스트 파일은 test 디렉터리에 "_test"를 붙여 관리하는 것이 일반적이며 이러한 구조를 유지하는 것이 다음 유지 보수에도 도움이 되니 디렉터리 구조를 동일하게 사용하는 것을 권한다. 예를 들어 counter 객체를 만들어 테스트를 수행한다고 하면 다음과 같다.

```
counter_app/
  lib/
    counter.dart
  test/
    counter_test.dart
```

단위 테스트에 사용되는 객체를 다음과 같이 만든다 가정해 보자.

```
class Counter {
  int value = 0;

  void increment() => value++;

  void decrement() => value--;
}
```

해당 객체의 increment 메소드에 대해 테스트 코드를 작성하면 다음과 같다. Expect 메소드는 해당 값과 같은 값이 나오는지 검증하는 메소드로 아래 코드에서는 "counter.value"가 1이어야 테스트가 성공하게 된다.

```
// test 패키지와 Counter 클래스를 import합니다.
import 'package:test/test.dart';
import 'package:counter_app/counter.dart';

void main() {
  test('Counter value should be incremented', () {

    final counter = Counter();
```

```
    counter.increment();

    expect(counter.value, 1);
  });
}
```

객체에는 내부에는 다양한 메소드들이 존재하기 때문에 이러한 **테스트들을 묶어서 실행하려면 group 함수를 사용**해야 한다. group 함수는 다음과 코드와 같이 테스트들의 상위에 선언하기만 하면 적용된다.

```
import 'package:test/test.dart';
import 'package:counter_app/counter.dart';

void main() {
  group('Counter', () {
    test('value should start at 0', () {
      expect(Counter().value, 0);
    });

    test('value should be incremented', () {
      final counter = Counter();

      counter.increment();

      expect(counter.value, 1);
    });

    test('value should be decremented', () {
      final counter = Counter();

      counter.decrement();
```

```
      expect(counter.value, -1);
    });
  });
}
```

테스트가 작성되고 나면 다음 명령어를 입력함으로써 테스트 코드가 정상적으로 실행되는지 확인해 볼 수 있다.

```
$ flutter test test/counter_test.dart
```

단위 테스트를 수행할 때 데이터베이스 호출 등의 외부 클래스 의존성이 발생하는 경우가 종종 생기는데, 이럴 때는 **Fake 객체를 만들거나 Mocking을 사용**할 수 있다.

> **TIP Mocking을 지양해야하는 이유**
>
> Flutter의 test 라이브러리에서는 Mockito 패키지를 제공하기 때문에 Mocking 관련하여 소개하지만, 테스트에 Mocking을 작성하는 것은 지양해야 한다. Mock을 사용하여 테스트 코드를 사용하면 테스트 코드가 쉬워지지만 유지보수와 테스트 코드 품질에 악영향을 준다. 단위 테스트 안에서 클래스는 블랙박스이기 때문에 실제로 클래스 안의 메소드가 어떻게 호출되는지 정확히 모르지만, 우리는 Mocking을 함으로서 "이 메소드는 이렇게 작동할 것이다"라는 가정을 사실로 바꿔 버리기 때문에 프로덕션 코드가 정확하게 작동할 것을 안전하게 보장하고자 작성하는 단위 테스트의 목적에서 벗어나게 된다. 다소 추상적일 수 있지만, 논의를 이어 나가면 단위 테스트는 "클래스의 행동이 변경되면 단위 테스트가 실패되어야 하며, 변경되지 않으면 단위 테스트는 실패해서는 안된다"라는 기본적 원칙을 준수해야 하는데 Mocking을 사용하게 되면 단순히 인터페이스에서 테스트하고자 하는 메소드를 오버로딩했을 때에도 테스트 코드가 실패되게 된다.

> 결과적으로 Mocking이 많은 코드는 검증해야 하는 가정을 사실로 전제한다는 점, "객체가 정상"임에도 불구하고 쉽게 깨지고 불안정한 테스트 코드가 발생한다는 점에서 지양되어야 한다. 이러한 이슈를 해결하기 위해서는 Fake 객체를 사용하는 것을 추천한다. Fake 객체는 우리의 관심사는 아니기 때문에 간략하게만 설명하고자 한다. Fake 객체는 프로덕션 코드와 별개로 테스트 코드를 위해 "우리가 검증해야 하는 가정"을 논리적으로 기술 해놓은 메소드를 가지고 있다. 때문에 Fake 객체의 메소드들을 활용하여 테스트 코드를 작성하게 되면 "검증해야 하는 가정"을 검증할 수 있고 더욱 단단한 테스트 코드를 작성할 수 있기 때문에 Mocking의 대체 방법으로 추천한다.

Flutter의 Mocking 관련 메소드인 Mockito에 대해 살펴보자. Mockito 패키지를 사용하기 위해서는 먼저 의존성을 추가해 주어야 한다. 이어지는 예시에서는 http 패키지도 활용해야 하기 때문에 dependencies에 http 패키지도 함께 추가한다.

```
dependencies:
  http: <newest_version>
dev_dependencies:
  test: <newest_version>
  mockito: <newest_version>
```

다음 예제 코드에서는 "http.Client"를 사용하여 reponse를 반환 받는 fetchPost 함수를 단위 테스트하게 된다. 예시 함수를 테스트하기 위해서는 "http.Client"를 Mocking 하여 테스트에 제공할 예정이다. fetchPost 함수는 "http 요청이 성공하면, Post를 반환", "http 요청이 실패하면, Exception을 throw"라는 두 가지 일을 수행하게 된다.

```
Future<Post> fetchPost(http.Client client) async {
  final response =
      await client.get('https://jsonplaceholder.typicode.com/posts/1'
);

  if (response.statusCode == 200) {
    // 만약 서버로의 요청이 성공했다면, JSON으로 파싱한다.
    return Post.fromJson(json.decode(response.body));
  } else {
    // 만약 요청이 실패하게 되면, 에러를 던진다.
    throw Exception('Failed to load post');
  }
}
```

Mocking을 위해서 다음과 같이 Mock 객체를 만들 수 있다. 이러한 Mock 객체의 인스턴스는 테스트에서 사용할 수 있다.

```
class MockClient extends Mock implements http.Client {}
```

이러한 Mock 객체를 활용하여 테스트 코드를 작성하면 다음과 같다. 다른 프레임워크에서 사용되는 Mockito과 유사하게 "when"."then" 메소드를 통해 Mock 객체의 반환 값을 정의할 수 있고, 이를 활용하여 테스트가 정상적으로 수행되게 만들 수 있다.

```
main() {
  group('fetchPost', () {
    test('returns a Post if the http call completes successfully',
        () async {
      final client = MockClient();
```

```
    // 제공된 http.Client를 호출했을 때, 성공적인 응답을
       반환하기 위해 Mockito를 사용한다.
    when(client.get('https://jsonplaceholder.typicode.com/posts/1'))
      .thenAnswer((_) async => http.Response('{"title": "Test"}', 200));

    expect(await fetchPost(client), const TypeMatcher<Post>());
  });

  test('throws an exception if the http call completes with
  an error', () {
    final client = MockClient();

    // 제공된 http.Client를 호출했을 때, 실패 응답을
       반환하기 위해 Mockito를 사용한다.
    when(client.get('https://jsonplaceholder.typicode.com/posts/1'))
        .thenAnswer((_) async => http.Response('Not Found', 404));

    expect(fetchPost(client), throwsException);
  });
 });
}
```

9.2 위젯 테스트

위젯 테스트가 반드시 단위 기능을 포함하지는 않지만 일반적으로는 단위 기능을 포함하는 위젯을 테스트하는 목적을 가진다. 때문에 일반적으로 위젯 테스트는 단위 테스트보다 큰 단위의 테스트이다. Flutter에서는 위젯 테스트는 flutter_test 패키지를 통해 실행할 수 있고 Flutter SDK와 함께 제공되므로 별도의 설치는 불필요하다. flutter_test는 다음과 같이 의존성 설정을 통해 사용할 수 있다.

```
dev_dependencies:
  flutter_test:
    sdk: flutter
```

테스트를 위해 타이틀과 메시지를 포함하는 위젯을 만들어보자. 코드는 다음과 같다.

```
class MyWidget extends StatelessWidget {
  final String title;
  final String message;

  const MyWidget({
    Key key,
    @required this.title,
    @required this.message,
  }) : super(key: key);

  @override
  Widget build(BuildContext context) {
    return MaterialApp(
      title: 'Flutter Demo',
      home: Scaffold(
        appBar: AppBar(
          title: Text(title),
        ),
        body: Center(
          child: Text(message),
        ),
      ),
    );
  }
}
```

위젯을 테스트하기 위해서는 flutter_test에서 제공하는 testWidgets() 함수를 사용하여 작성할 수 있으며, **WidgetTesterpumpWidget이 위젯을 빌드하고 렌더링하여 테스트할 수 있도록 돕는다.** 예를 들어 이미 만든 MyWidget에 "T"라는 title과 "M"이라는 message를 넣는다고 가정해 보자. 그렇다면 다음과 같은 위젯 테스트 코드를 작성할 수 있다.

```
void main() {
  testWidgets('MyWidget has a title and message',
  (WidgetTester tester) async {
    await tester.pumpWidget(MyWidget(title: 'T', message: 'M'));
  });
}
```

한 가지 주의할 점은 **상호작용에 따라 State가 변하는 위젯 테스트의 경우 setState()가 호출되더라도 위젯이 다시 빌드 되지 않는다는 점이다.** 때문에 상호작용에 따라 State가 변하는 기능을 확인하기 위해서는 Widget을 rebuild 하는 함수인 tester.pump()와 tester.pumpAndSettle()을 사용해야 한다. 두 가지 메소드의 차이점은 tester.pump()는 지정된 기간 후에 위젯을 rebuild 한다면 tester.pumpAndSettle()은 더 이상 예약된 프레임이 없을 때까지 지정된 시간 이내에 반복적으로 위젯을 rebuild하는 기능이다. Tester.pumpAndSelttle()은 주로 애니메이션 위젯이나 스트림 등의 반복 호출이 필요한 위젯 테스트를 수행할 때 사용한다.

가장 단순한 **위젯 테스트 중 하나는 Finder를 활용한 검색**이다. Finder는 테스트 환경의 위젯 트리에서 위젯을 검색하는 방식으로 위젯 테스트가 유효한 지 검사한다. Find는 text로 검색하는 "find.text(), key"로 검색하는 "find.key()", widget으로 검색하는 "find.byWidget()" 메소드를 제공한다.

예를 들어 우리가 만든 MyWidget의 위젯 트리에 "T" 텍스트와 "M" 텍스트가 존재하는지 확인하기 위해서 다음과 같이 위젯 테스트 코드를 작성할 수 있다. 여기서 expect에 두번째 파라미터로 사용되는 Matcher 클래스의 메소드는 3가지로 위젯을 찾지 못함을 나타내는 findsNothing, 하나 혹은 그 이상 위젯이 존재함을 나타내는 findsWidgets, N개의 위젯이 존재함을 나타내는 findsNWidgets[1]을 사용할 수 있다.

```
void main() {
  testWidgets('MyWidget has a title and message',
  (WidgetTester tester) async {
    await tester.pumpWidget(MyWidget(title: 'T', message: 'M'));

    final titleFinder = find.text('T');
    final messageFinder = find.text('M');
  });

    expect(titleFinder, findsOneWidget);
    expect(messageFinder, findsOneWidget);

}
```

find() 함수로 key와 위젯으로 찾는 예제코드는 다음과 같다.

---

1 findOneWidget, findTwoWidge 등을 의미함.

```
testWidgets('finds a widget using a Key', (WidgetTester tester)
async {
  final testKey = Key('K');

  await tester.pumpWidget(MaterialApp(key: testKey, home:
  Container()));

  expect(find.byKey(testKey), findsOneWidget);
});
testWidgets('finds a specific instance', (WidgetTester tester)
async {
  final childWidget = Padding(padding: EdgeInsets.zero);

  await tester.pumpWidget(Container(child: childWidget));

  expect(find.byWidget(childWidget), findsOneWidget);
});
```

위젯 테스트에서는 finds()를 활용한 찾기 뿐만 아니라 Tap, drag, enter 등의 사용자 상호작용에 대한 테스트도 진행할 수 있다. flutter_test 내의 WidgetTester가 제공하는 tap, dart, enterText 메소드를 사용하면 사용자 상호작용에 대해 테스트할 수 있다. 이때 대부분의 사용자 상호작용은 앱의 상태를 업데이트하기 때문에 앞서 설명한 pump()나 pumpAndSettle() 메서드를 호출하여 사용할 수 있다.

다음과 같이 상호작용에 따라 상태가 변경하는 기본적인 위젯을 만들어보자. Todo 위젯은 floatingActionButton을 누를 때 입력된 텍스트가 todos 리스트에 추가되어 추가된 데이터를 화면에 보여주는 기능을 한다. 더불어 Dismissible 위젯을 통해 Drag 상호작용 발생 시 해당 텍스트를 todos 리스트에서 제거하고 위젯을 rebuild 하여 화면에서 해당 텍스트가 사라지게 하는 기능을 가진다.

```
class TodoList extends StatefulWidget {
  @override
  _TodoListState createState() => _TodoListState();
}

class _TodoListState extends State<TodoList> {
  static const _appTitle = 'Todo List';
  final todos = <String>[];
  final controller = TextEditingController();

  @override
  Widget build(BuildContext context) {
    return MaterialApp(
      title: _appTitle,
      home: Scaffold(
        appBar: AppBar(
          title: Text(_appTitle),
        ),
        body: Column(
          children: [
            TextField(
              controller: controller,
            ),
            Expanded(
              child: ListView.builder(
                itemCount: todos.length,
                itemBuilder: (BuildContext context, int index) {
                  final todo = todos[index];

                  return Dismissible(
                    key: Key('$todo$index'),
                    onDismissed: (direction) => todos.removeAt(index),
```

```
                    child: ListTile(title: Text(todo)),
                    background: Container(color: Colors.red),
                  );
                },
              ),
            ),
          ],
        ),
        floatingActionButton: FloatingActionButton(
          onPressed: () {
            setState(() {
              todos.add(controller.text);
              controller.clear();
            });
          },
          child: Icon(Icons.add),
        ),
      ),
    );
  }
}
```

우리는 이러한 기능을 가진 ToDo 위젯을 테스트하기 위해 다음과 같은 테스트를 구성할 수 있다.

1. "hi"라는 텍스트를 TextField에 입력
2. 버튼을 누르면 "hi"가 todo 리스트에 추가되는지 확인(rebuild)
3. 추가된 텍스트를 스와이프(드래그) 하여 리스트가 삭제되는지 확인(rebuild)

이러한 요구 사항을 구현한 테스트 코드는 다음과 같다.

```
void main() {
  testWidgets('Add and remove a todo', (WidgetTester tester) async {
    // 위젯 만들기
    await tester.pumpWidget(TodoList());

    await tester.enterText(find.byType(TextField), 'hi');

    await tester.tap(find.byType(FloatingActionButton));

    // 위젯 Rebuild
    await tester.pump();

    expect(find.text('hi'), findsOneWidget);

    await tester.drag(find.byType(Dismissible), Offset(500.0, 0.0));

    await tester.pumpAndSettle();

    expect(find.text('hi'), findsNothing);
  });
}
```

9.3 통합 테스트

통합 테스트는 완성된 소프트웨어나 큰 단위의 특정 기능을 테스트한다. 단위 테스트와 위젯 테스트는 클래스, 함수, 위젯을 테스트하기 유용한 반면, 각 개별 요소들이 실제 소프트웨어에서 어떻게 상호작용하는지나 앱의 성능을 테스트하기 어렵기 때문에 통합 테스트를 이용한다.

일반적인 실무 환경에서는 주요 기능을 위주로 통합 테스트를 작성한다.

커머스를 예를 들면 결제하기 기능, 장바구니 기능, 리뷰 쓰기 기능 등의 주요 기능을 통합 테스트의 단위로서 관리한다. 통합 테스트의 작동 방식은 단위와 위젯 테스트와 약간 다르다. 통합 테스트를 수행하기 위해서는 먼저 instantment 앱을 설치하고 이를 구동하여 올바르게 동작하는지 확인하는 방식을 거쳐야 한다. 이를 위해서는 flutter_driver 패키지를 사용할 수 있다. flutter_driver는 다음과 같이 의존성을 추가할 수 있다. 통합 테스트에는 테스트 함수와 assertion도 사용되기 때문에 test 의존성도 추가해야 한다.

```
dev_dependencies:
  flutter_driver:
    sdk: flutter
  test: any
```

통합 테스트는 단위 테스트와 위젯 테스트와 다르게 테스트 중인 앱과 별도의 프로세스에서 실행되게 된다. 때문에 통합 테스트를 위해서는 앱의 "instrument" 버전을 별도로 만들어야 한다. instrument는 테스트 모음으로부터 앱을 구동하고 성능 프로파일을 기록하는 파일이다. 즉, 통합 테스트를 위해서는 instrument 파일과 테스트 파일 2가지를 모두 만들어야 한다. 디렉터리 구조는 다음과 같다.

```
counter_app/
  lib/
    main.dart
  test_driver/
    app.dart
    app_test.dart
```

예시 통합 테스트를 만들기 위해 버튼을 누르면 값이 증가하는 일반적인 예시 앱을 만들어보겠다. 예시 코드는 다음과 같으며, 주목할 사항은 Text와 floatingActionButton 위젯에 key를 입력하여 테스트에서 해당 위젯을 식별하고 문자열을 읽을 수 있게 했다는 점이다.

```dart
import 'package:flutter/material.dart';

void main() => runApp(MyApp());

class MyApp extends StatelessWidget {
  @override
  Widget build(BuildContext context) {
    return MaterialApp(
      title: 'Counter App',
      home: MyHomePage(title: 'Counter App Home Page'),
    );
  }
}

class MyHomePage extends StatefulWidget {
  MyHomePage({Key key, this.title}) : super(key: key);

  final String title;

  @override
  _MyHomePageState createState() => _MyHomePageState();
}

class _MyHomePageState extends State<MyHomePage> {
  int _counter = 0;

  void _incrementCounter() {
    setState(() {
```

```dart
      _counter++;
    });
  }

  @override
  Widget build(BuildContext context) {
    return Scaffold(
      appBar: AppBar(
        title: Text(widget.title),
      ),
      body: Center(
        child: Column(
          mainAxisAlignment: MainAxisAlignment.center,
          children: <Widget>[
            Text(
              'You have pushed the button this many times:',
            ),
            Text(
              '$_counter',
              // 특정 Text 위젯에 Key를 설정해야 한다. 이를 통해
              // 테스트 모음에서 이 위젯을 식별하고 문자열을
              // 읽을 수 있게 해준다.
              key: Key('counter'),
              style: Theme.of(context).textTheme.display1,
            ),
          ],
        ),
      ),
      floatingActionButton: FloatingActionButton(
        // 이 버튼에 Key를 설정해야 한다 이를 통해 테스트 모음에서
        // 버튼을 찾고 누를 수 있게 해준다.
        key: Key('increment'),
        onPressed: _incrementCounter,
```

```
      tooltip: 'Increment',
      child: Icon(Icons.add),
    ),
  );
 }
}
```

다음으로 앱에 instrument(지시)하기 위한 instrument 파일을 다음과 같이 만든다. 해당 예시는 Flutter driver extensions을 활성화하고 앱을 실행하는 코드이다.

```
import 'package:flutter_driver/driver_extension.dart';
import 'package:counter_app/main.dart' as app;

void main() {
  // Extension을 활성화한다.
  enableFlutterDriverExtension();

  // 앱의 `main()` 함수를 호출하거나 테스트하고 싶은 위젯을
  // 인자로 넣어 `runApp`을 호출한다.
  app.main();
}
```

Instrument 앱이 준비되었다면 테스트 코드를 작성할 수 있다. 테스트 코드 시나리오는 다음과 같다.

1. finder를 정의하여 찾고자 하는 위젯을 반환받는다. 앞서 예시 코드에서 위젯에 키를 넣어주었기 때문에 byValueKey 메소드를 통해 위젯을 찾을 수 있다.

2. 테스트를 수행하기 전에 Flutter driver와 연결하여 별도의 프로세스의 instrument 앱을 실행한다.
3. 카운터가 0부터 시작하는지 확인하고 버튼을 눌렀을 때 카운터 값이 1만큼 증가했는지 확인한다.
4. 테스트가 완료되면 driver와 연결을 종료해준다.

```dart
// Flutter Driver API를 import 한다.
import 'package:flutter_driver/flutter_driver.dart';
import 'package:test/test.dart';

void main() {
  group('Counter App', () {
    // 먼저 Finders를 정의한다. 테스트 모음의 위젯들을 위치시키기
    // 위해 Finder를 사용할 것이다. 참고로 `byValueKey` 메서드에
    // 인자로 넘겨줄 문자열은 step 1에서 사용한 Key와 동일해야 한다.
    final counterTextFinder = find.byValueKey('counter');
    final buttonFinder = find.byValueKey('increment');

    FlutterDriver driver;

    // 테스트를 수행하기 전에 Flutter driver와 연결한다.
    setUpAll(() async {
      driver = await FlutterDriver.connect();
    });

    // 테스트 완료 후 driver와의 연결을 종료한다.
    tearDownAll(() async {
      if (driver != null) {
        driver.close();
      }
    });
}
```

```
  test('starts at 0', () async {
    // `driver.getText` 메서드를 사용하여 카운터가 0부터
    // 시작하는지 확인한다.
    expect(await driver.getText(counterTextFinder), "0");
  });

  test('increments the counter', () async {
    // 먼저 버튼을 누른다.
    await driver.tap(buttonFinder);

    // 그리고 카운터 값이 1 만큼 증가했는지 확인한다.
    expect(await driver.getText(counterTextFinder), "1");
  });
 });
}
```

위와 같이 통합 테스트를 작성하고 나면 다음 명령어로 테스트를 실행할 수 있다. 해당 명령어를 실행하면 –terget에 선언된 앱을 빌드하여 에뮬레이터 혹은 기기에 앱을 설치한 후 그를 실행하여 테스트를 수행하게 된다.

```
$ flutter drive --target=test_driver/app.dart
```

더불어, **통합 테스트는 해당 Screen의 기능 작동뿐만 아니라 성능에 대한 프로파일링을 수행할 수 있다.** 통합 테스트를 이용하면 서비스 내부에서 특정 작업이 수행되는 동안 성능 타임라인을 기록하고 해당 결과를 로컬 파일에 저장하여 성능을 확인할 수 있게 된다.

예를 들어, 다음과 같이 스크롤이 가능한 서비스가 있다고 가정해 보자. 예시 코드는 다음과 같다.

```dart
import 'package:flutter/foundation.dart';
import 'package:flutter/material.dart';

void main() {
  runApp(MyApp(
    items: List<String>.generate(10000, (i) => "Item $i"),
  ));
}

class MyApp extends StatelessWidget {
  final List<String> items;

  MyApp({Key key, @required this.items}) : super(key: key);

  @override
  Widget build(BuildContext context) {
    final title = 'Long List';

    return MaterialApp(
      title: title,
      home: Scaffold(
        appBar: AppBar(
          title: Text(title),
        ),
        body: ListView.builder(
          key: Key('long_list'),
          itemCount: items.length,
          itemBuilder: (context, index) {
            return ListTile(
              title: Text(
                '${items[index]}',
                key: Key('item_${index}_text'),
              ),
            );
```

```
        },
      ),
    ),
  );
 }
}
```

테스트 코드는 다음과 같이 만들 수 있다. scrollUntilVisible() 메소드는 항목 목록을 찾을 때까지 반복적으로 스크롤 하는 기능의 메소드이다.

```
import 'package:flutter_driver/flutter_driver.dart';
import 'package:test/test.dart';

void main() {
  group('Scrollable App', () {
    FlutterDriver driver;

    // Flutter driver 연결
    setUpAll(() async {
      driver = await FlutterDriver.connect();
    });

    // 끝나기 전에 Flutter driver 연결 종료
    tearDownAll(() async {
      if (driver != null) {
        await driver.close();
      }
    });

    test('verifies the list contains a specific item', () async {
      final listFinder = find.byValueKey('long_list');
      final itemFinder = find.byValueKey('item_50_text');
```

```
      await driver.scrollUntilVisible(
        listFinder,
        itemFinder,
        dyScroll: -300.0,
      );

      expect(
        await driver.getText(itemFinder),
        'Item 50',
      );
    });
  });
}
```

테스트 코드에서 성능 프로파일링을 위해서 test_driver에서 제공되는 traceAction() 메소드를 사용할 수 있다. 예를 들어, 위의 테스트 코드에서 스크롤이 진행될 때 앱의 성능을 측정하고자 한다면 다음과 같이 코드를 작성하면 된다.

```
final timeline = await driver.traceAction(() async {
  await driver.scrollUntilVisible(
    listFinder,
    itemFinder,
    dyScroll: -300.0,
  );

  expect(await driver.getText(itemFinder), 'Item 50');
});
```

traceAction() 메소드를 통해 성능 타임라인을 측정한 경우 이를 기록하여 확인할 수 있도록 추가적으로 코드를 만들어주어야 한다. Timeline은 모든 이벤트 정보를 제공하기 때문에 만약 결과를 요약하여 주요 사항만 보고 싶다면 Timeline을 TimelineSummary로 변경하여 기록할 수 있다.

다음 코드는 Timeline에 측정된 이벤트 중 요약 내용은 scrolling_summary라는 이름으로, 전체 이벤트를 scrolling_timeline으로 저장하는 코드이다. 참고로 이렇게 저장된 파일은 json 확장자를 가지며, 크롬 브라우저 추적 도구에서 확인할 수 있다.

```
final summary = new TimelineSummary.summarize(timeline);

summary.writeSummaryToFile('scrolling_summary', pretty: true);

summary.writeTimelineToFile('scrolling_timeline', pretty: true);
```

위와 같이 코드를 작성해준 후 마찬가지로 다음 명령어를 통해 통합 테스트를 실행하게 되면 파일이 생성되게 된다.

```
$ flutter drive --target=test_driver/app.dart
```

테스트가 완료되면 다음 두 가지 파일이 생성된다.

1. scrolling_summary.timeline_summary.json : 이벤트에 대한 요약 파일이다. 요약 파일은 다음과 같이 일부 이벤트들로 구성되어 있다.

```
{
  "average_frame_build_time_millis": 4.2592592592592595,
  "worst_frame_build_time_millis": 21.0,
  "missed_frame_build_budget_count": 2,
```

```
"average_frame_rasterizer_time_millis": 5.518518518518518,
"worst_frame_rasterizer_time_millis": 51.0,
"missed_frame_rasterizer_budget_count": 10,
"frame_count": 54,
"frame_build_times": [
  6874,
  5019,
  3638
],
"frame_rasterizer_times": [
  51955,
  8468,
  3129
]
}
```

2. scrolling_timeline.timeline.json : 전체 timeline 이벤트를 포함한다. 크롬 브라우저의 추적 도구에서 성능 문제를 확인할 수 있는 GUI를 제공해준다.

9.4 Flutter와 TDD(Test-Driven Development)

개발 경험이 있다면 TDD라는 개념에 관해서 한 번쯤 들어봤을 것이다. TDD는 단어 그대로 "테스트주도개발"로서 쉽게 말하면 테스트 코드를 먼저 작성하고, 그를 통해 프로덕션 코드를 만들어가는 개발 방식을 의미한다.

다음 그림을 살펴보면 TDD의 방법에 대해 명확하게 이해할 수 있다. TDD는 "Red-Green-Refactor"의 방법을 가지는데 과정을 설명하면 다음과 같다.

1. 실패할 테스트 코드를 먼저 작성한다. 테스트 코드는 작은 단위부터 작성한다. 쉽게 비유를 들자면 자동차라는 프로젝트를 만들기 위해 바퀴와 핸들을 만드는 것과 유사하다.
2. 작성된 "실패한테스트코드"를 성공시키기 위한 프로덕션 코드를 작성한다. 해당 방식에 관해서는 이 절에서 이어서 구체적인 방법을 안내할 예정이다.
3. 작성된 프로덕션 코드의 불필요한 사항을 제거하고 리팩토링한다.
4. 해당 주기를 반복하여 작은 단위부터 큰 단위까지 테스트 코드를 "쌓아 올리며" 프로덕션 코드를 완성해간다.

이러한 TDD 방법의 장점은 크게 3가지가 있다.

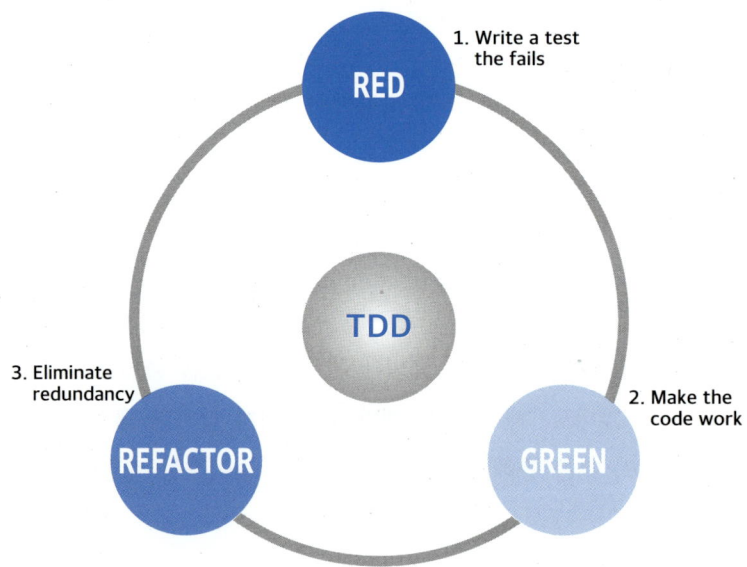

TDD Red-Green-Refactor

9.4.1 코드 품질 향상

TDD를 활용하면 개발 시 테스트 코드를 인터페이스처럼 사용할 수 있다. 즉, 테스트 코드에 미리 프로덕션 코드가 수행해야 하는 골격을 작성하기 때문에 불필요한 중복이나 기능 작성을 피할 수 있어 코드 품질이 향상된다.

9.4.2 문서로서의 테스트 코드 활용

테스트 코드는 문서로서 작동하여 협업의 생산성을 높여준다. 물론, 소수의 개발자들과 협업하는 소수의 기능을 보유하는 애플리케이션이라면 주석과 코드 컨벤션으로 충분히 프로덕션 기능을 전파할 수 있다. 그러나, 협업 인원이 증가하고 다수의 프로덕션 기능이 개발되게 되면 주석은 산발적으로 존재하게 되어 관리되지 않고, 엄격한 컨벤션 없이는 이해하기도 어려워진다. 때문에 테스트 코드를 온보딩 혹은 협업의 문서로서 활용한다는 가정하에 작성하는 것이 좋다.

사견을 첨언하자면 팀 내의 개발자가 모두 한국인이라면 테스트 코드 작성 시 한글 메소드 등의 한글로 설명될 수 있도록 기재하는 것이 좋다. 팀 내부에서 테스트 코드를 문서로서 사용하기 위해서는 테스트 메소드 명명부터 변수 설정까지 명확한 컨벤션이 필수적이다. 그러나, 대부분의 팀 구성원이 원어민이 아니기 때문에 이를 영어로 작성하게 되면 각각 상이한 영어 표현을 사용하게 된다. 이러한 이슈가 누적되면 가독성과 유지 보수성이 떨어지게 된다.

다만 테스트 코드를 한글로 기재함으로서 발생하는 트러블 슈팅 등의 이슈가 발생할 수도 있다. 그러한 이슈 때문에 한글 작성을 피하고 싶다면 영어로 기재하는 것을 선택하라. 다만, 영어로 기재하고자 한다면 복수형, builder와 manipulator의 명명, 테스트 메소드 접두어 등 영어 코드 컨벤션을 상세하게 규정하는 것을 추천한다.

9.4.3 코드의 '측정가능성' 향상

'측정가능성'은 직관적으로 표현하면 자신감이라고 할 수 있다. 소수의 트래픽을 가진 토이 프로젝트라면 배포 에러가 발생하는 것이 큰 이슈가 아닐 수 있다. 그러나, 다수의 트래픽을 가진 서비스라면 이는 곧 비즈니스적 손실로 직결될 수 있다. 더불어, 회사와 조직의 분위기에 따라 배포 실수나 QA가 발생했을 때 개발자의 귀책을 따지거나 심지어는 성과 평가에 불이익을 주는 경우도 있다. 그러한 경우에는 일반적으로 개발자 개인 혹은 조직적으로 생산성 저하가 발생한다. 코드를 측정 가능하게 하여 개발자에게 "자신감"을 제공한다는 것은 꽤나 중요한 일이다.

TDD를 적용하는 방법에 관해서 알아보자. 이해를 위해 개발 요구 조건이 다음과 같은 간단한 메모 작성 앱을 만들어보자.

- 사용자는 메모 목록을 볼 수 있다.
- 사용자는 메모를 작성할 수 있다.
- 사용자는 메모를 편집할 수 있다.
- 사용자는 메모를 삭제할 수 있다.

우리는 TDD 방법론을 사용하여 가장 작은 단위의 실패 테스트부터 작성해야 한다. 우리는 메모의 CRUD 기능을 먼저 구현해야 하기 때문에 CRUD 기능에 대해 먼저 작성해보겠다.

```dart
import 'package:test/test.dart';

void main() {
  group('Notes Cubit', () {
    test('default is empty', () {
      var cubit = NotesCubit();
      expect(cubit.state.notes, []);
    });

    test('add notes', () {
      var title = 'title';

      var body = 'body';
      var cubit = NotesCubit();
      cubit.createNote(title, body);
      expect(cubit.state.notes.length, 1);
      expect(cubit.state.notes.first, Note(1, title, body));
    });

    test('delete notes', () {
      var cubit = NotesCubit();
      cubit.createNote('title', 'body');
      cubit.createNote('another title', 'another body');
      cubit.deleteNote(1);
      expect(cubit.state.notes.length, 1);
      expect(cubit.state.notes.first.id, 2);
    });

    test('update notes', () {
      var cubit = NotesCubit();
      cubit.createNote('title', 'body');
      cubit.createNote('another title', 'another body');
      cubit.createNote('yet another title', 'yet another body');
```

```
      var newTitle = 'my cool note';
      var newBody = 'my cool note body';
      cubit.updateNote(2, newTitle, newBody);
      expect(cubit.state.notes.length, 3);
      expect(cubit.state.notes[1], Note(2, newTitle, newBody));
    });
  });
}
```

작성한 테스트 코드는 메모 객체에서 인스턴스를 생성하고 메소드를 테스트하는 간단한 테스트 코드이다. 해당 코드를 실행하게 되면 객체가 없으므로 테스트 코드는 실패하게 된다. **이 과정이 바로 "Red-Green-Refactor" 주기에서 Red**이다.

다음으로 우리는 Green 단계를 수행하기 위해 메모 객체를 다음과 같이 구현해야 한다.

```
// lib/mode/note.dart

class Note extends Equatable {
  final int id;
  final String title;
  final String body;

  Note(this.id, this.title, this.body);

  @override
  List<Object> get props => [id, title, body];
}
```

```dart
// lib/cubit/notes_cubit.dart
class NotesState {
  final UnmodifiableListView notes;
  NotesState(this.notes);
}

class NotesCubit extends Cubit<NotesState> {
  List _notes = [];

  int autoIncrementId = 0;

  NotesCubit() : super(NotesState(UnmodifiableListView([])));

  void createNote(String title, String body) {
    _notes.add(Note(++autoIncrementId, title, body));
    emit(NotesState(UnmodifiableListView(_notes)));
  }

  void deleteNote(int id) {
    _notes = _notes.where((element) => element.id != id).toList();
    emit(NotesState(UnmodifiableListView(_notes)));
  }

  void updateNote(int id, String title, String body) {
    var noteIndex = _notes.indexWhere((element) =>
    element.id == id);
    _notes.replaceRange(noteIndex, noteIndex + 1,
    [Note(id, title, body)]);
    emit(NotesState(UnmodifiableListView(_notes)));
  }
}
```

이를 구현하고 나면 처음에 만들었던 CRUD에 대한 테스트가 정상적으로 수행되게 된다. 이후 Refactor 과정에서 테스트 코드와 프로덕션 코드를 비교하며 불필요한 변수나 로직이 추가되어 있지는 않는지, 혹은 컨벤션이 잘못되어 있지는 않는지 등을 살펴보아 객체와 메소드를 더욱 "단단하게" 만들어 코드 품질을 높일 수 있다. 즉, **TDD는 이러한 주기를 반복적으로 실행하여 목표하는 프로덕션 코드를 구현하는 방법**이다.

이어서 위에서 만든 객체를 사용하는 UI를 만들어보자. 다시 Red 단계에서 UI가 가져야 하는 기능을 가지고 테스트 코드를 다음과 같이 만들 수 있다. 위젯 테스트에 대해 메소드들은 이어지는 절에서 소개할 예정이니 코드가 이해되지 않아도 좋다. TDD의 흐름이 "Red-Green-Refactor" 주기의 반복이라는 점에 집중해 보자.

```dart
// test/widget/home_page_test.dart

import 'package:flutter_test/flutter_test.dart';

void main() {
  group('Home Page', () {
    _pumpTestWidget(WidgetTester tester, NotesCubit cubit) => tester.pumpWidget(
      MaterialApp(
        home: MyHomePage(
          title: 'Home',
          notesCubit: cubit,
        ),
      ),
    );

    testWidgets('empty state', (WidgetTester tester) async {
      await _pumpTestWidget(tester, NotesCubit());
      expect(find.byType(ListView), findsOneWidget);
      expect(find.byType(ListTile), findsNothing);
    });
```

```dart
    testWidgets('updates list when a note is added',
        (WidgetTester tester) async {
      var notesCubit = NotesCubit();
      await _pumpTestWidget(tester, notesCubit);
      var expectedTitle = 'note title';
      var expectedBody = 'note body';
      notesCubit.createNote(expectedTitle, expectedBody);
      notesCubit.createNote('another note', 'another note body');
      await tester.pump();

      expect(find.byType(ListView), findsOneWidget);
      expect(find.byType(ListTile), findsNWidgets(2));
      expect(find.text(expectedTitle), findsOneWidget);
      expect(find.text(expectedBody), findsOneWidget);
    });

    testWidgets('updates list when a note is deleted',
        (WidgetTester tester) async {
      var notesCubit = NotesCubit();
      await _pumpTestWidget(tester, notesCubit);
      var expectedTitle = 'note title';
      var expectedBody = 'note body';
      notesCubit.createNote(expectedTitle, expectedBody);
      notesCubit.createNote('another note', 'another note body');
      await tester.pump();

      notesCubit.deleteNote(1);
      await tester.pumpAndSettle();
      expect(find.byType(ListView), findsOneWidget);
      expect(find.byType(ListTile), findsOneWidget);
      expect(find.text(expectedTitle), findsNothing);
    });
  });
}
```

위에 작성한 테스트 코드는 역시나 실패한다. 해당 테스트 코드에 적합한 위젯이 없기 때문이다. 우리는 테스트 코드를 "Green"한 상태로 만들기 위해 다음과 같은 위젯을 만들 수 있다.

```dart
// lib/home_page.dart

class MyHomePage extends StatelessWidget {
  final NotesCubit notesCubit;
  final String title;

  MyHomePage({Key key, this.title, this.notesCubit}) : super(key: key);

  @override
  Widget build(BuildContext context) {
    return Scaffold(
      appBar: AppBar(
        title: Text(title),
      ),
      body: BlocBuilder<NotesCubit, NotesState>(
        cubit: notesCubit,
        builder: (context, state) => ListView.builder(
          itemCount: state.notes.length,
          itemBuilder: (context, index) {
            var note = state.notes[index];
            return ListTile(
              title: Text(note.title),
              subtitle: Text(note.body),
            );
          },
        ),
      ),
      floatingActionButton: FloatingActionButton(
        onPressed: () {},
```

```
      tooltip: 'Add',
      child: Icon(Icons.add),
    ),
  );
 }
}
```

해당 위젯을 만들고 나면 우리는 "사용자는 메모의 목록을 볼 수 있다"라는 단위 기능을 구현한 것이다. 이어서 나머지 요구사항도 구현해보도록 하자. 우리는 추가로 "사용자가 새 메모를 추가할 수 있다"라는 기능을 구현해야 한다. 그를 위해서는 새로운 페이지가 생성되어야 하고 해당 페이지로 이동할 수 있어야 한다. 그럼 먼저 이동하는 테스트를 구현해 보자.

```
// test/widget/home_page_test.dart

// ...
testWidgets('navigate to note page', (WidgetTester tester) async {
  var notesCubit = NotesCubit();
  await _pumpTestWidget(tester, notesCubit);
  await tester.tap(find.byType(FloatingActionButton));
  await tester.pumpAndSettle();
  expect(find.byType(NotePage), findsOneWidget);
});
// ...
```

역시나 이 테스트도 "실패"한다. 이동할 페이지가 없기 때문이다. 그럼 테스트를 "성공" 시키기 위해 이동할 페이지를 만들어주자.

```
// lib/note_page.dart

class NotePage extends StatelessWidget {
  final NotesCubit notesCubit;

  MyHomePage({Key key, this.notesCubit}) : super(key: key);

  @override
  Widget build(BuildContext context) => Container();
}

// lib/home_page.dart
// Here we add a new method to our widget
// ...
_goToNotePage(BuildContext context) => Navigator.push(
      context,
      MaterialPageRoute(
        builder: (context) => NotePage(
          notesCubit: notesCubit,
        ),
      ),
    );
// ...

// And update our floatingActionButton
floatingActionButton: FloatingActionButton(
      onPressed: () => _goToNotePage(context),
      tooltip: 'Add',
      child: Icon(Icons.add),
    ),
```

그 다음에는 해당 페이지에서 메모를 작성하는 기능을 구현해야 한다. 이를 위해 메모를 작성하는 테스트를 만들어보자.

```dart
// test/widget/note_page_test.dart

void main() {
  group('Note Page', () {
    _pumpTestWidget(WidgetTester tester, NotesCubit cubit) =>
        tester.pumpWidget(
          MaterialApp(
            home: NotePage(
              notesCubit: cubit
            ),
          ),
        );

    testWidgets('empty state', (WidgetTester tester) async {
      await _pumpTestWidget(tester, NotesCubit());
      expect(find.text('Enter your text here...'), findsOneWidget);
      expect(find.text('Title'), findsOneWidget);
    });

    testWidgets('create note', (WidgetTester tester) async {
      var cubit = NotesCubit();
      await _pumpTestWidget(tester, cubit);
      await tester.enterText(find.byKey(ValueKey('title')), 'hi');
      await tester.enterText(find.byKey(ValueKey('body')), 'there');
      await tester.tap(find.byType(RaisedButton));
      await tester.pumpAndSettle();
      expect(cubit.state.notes, isNotEmpty);
      var note = cubit.state.notes.first;
      expect(note.title, 'hi');
      expect(note.body, 'there');
      expect(find.byType(NotePage), findsNothing);
    });
  });
}
```

이 테스트 역시 "실패"한다. 우리는 이 테스트를 "성공" 시키기 위해 UI 를 만든다.

```dart
// lib/note_page.dart

class NotePage extends StatefulWidget {
  final NotesCubit notesCubit;

  const NotePage({Key key, this.notesCubit}) : super(key: key);

  @override
  _NotePageState createState() => _NotePageState();
}

class _NotePageState extends State {
  final _titleController = TextEditingController();
  final _bodyController = TextEditingController();

  @override
  Widget build(BuildContext context) {
    return Scaffold(
      appBar: AppBar(),
      body: Padding(
        padding: const EdgeInsets.all(16.0),
        child: Column(
          children: [
            TextField(
              key: ValueKey('title'),
              controller: _titleController,
              autofocus: true,
              decoration: InputDecoration(hintText: 'Title'),
            ),
```

```dart
          Expanded(
            child: TextField(
              key: ValueKey('body'),
              controller: _bodyController,
              keyboardType: TextInputType.multiline,
              maxLines: 500,
              decoration:
                  InputDecoration(hintText: 'Enter your text
                  here...'),
            ),
          ),
          RaisedButton(
            child: Text('Ok'),
            onPressed: () => _finishEditing(),
          )
        ],
      ),
    ),
  );
}

_finishEditing() {
  widget.notesCubit.createNote(_titleController.text,
  _bodyController.text);
  Navigator.pop(context);
}

@override
void dispose() {
  super.dispose();
  _titleController.dispose();
  _bodyController.dispose();
}
}
```

이러한 과정을 반복하면 우리가 목표했던 사용자 요구 사항을 충족하는 메모 앱을 만들어 나갈 수 있다. 코드 전체가 이해되지 않더라도 괜찮다. **우리는 사용자 요구사항을 정리하고, 그에 따라 구현되어야 하는 가장 작은 테스트 단위부터 '실패'하고, '성공'하게 만들고, '리팩토링'하는, 주기를 반복**하면 된다. 그 과정을 통해 테스트 코드와 프로덕션 코드를 bottom-up으로 '쌓는' 방법에 대해 이해했다면 충분히 TDD를 활용하여 좋은 소프트웨어를 만들 수 있을 것이다.[2]

TDD를 앞서 소개한 Flutter 아키텍처에 적용하는 방법에 대해 설명하고 이 장을 마무리하고자 한다.[3] 우리가 설계한 Flutter 아키텍처는 다음 그림과 같다. Call Flow의 Low Level부터 살펴보면 **Database에 접근하기 위한 model 객체가 가장 하단에 존재하며 Repository 객체에서 호출한 데이터를 model 객체에 저장해 준다. 이렇게 저장된 Repository 데이터를 ViewModel에서 호출하여 사용한다.** 만약, Layer 간 의존성을 끊어주고 싶거나 데이터를 변경하고 싶다면 Repository와 ViewModel에 데이터를 전달할 때 DTO 객체를 만들어 전달하는 방법도 활용할 수 있다. 그러한 데이터는 Provider를 통해서 Widgets에 주입되어 사용된다.

---

2   TDD를 활용하면 애자일 조직의 개발 생산성을 향상시킬 수 있다. UI/UX 디자인 시안을 만드는 작업은 종종 애자일 조직에서 병목현상으로 작용한다. 그러나, TDD를 적용하면 디자인 병목을 일부 해소할 수 있다. TDD의 '개발 요구사항을 기반으로 bottom-up으로 쌓아가는 방식' 덕분에 개발하고자 하는 기능의 UI가 완성되지 않더라도 개발을 진행할 수 있다. TDD를 적용하면 유저 스토리 매핑만으로도 View 하위 레이어인 비즈니스 로직까지 개발을 디자인과 병렬적으로 수행할 수 있다.

3   실제 작성 방법을 공유하게 되면 내용이 매우 방대해지기 때문에 방법론에 대한 설명으로 요약하고자 한다.

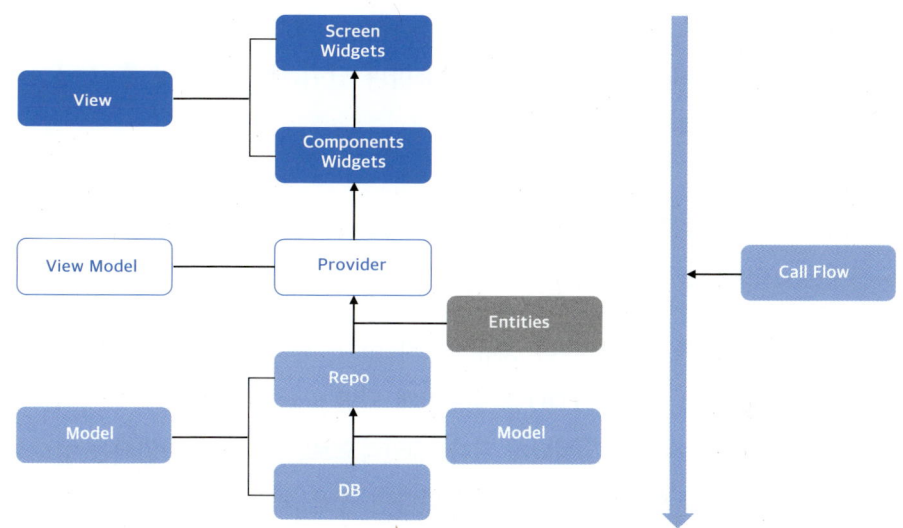

Flutter 소프트웨어 아키텍처와 Call Flow

그럼 어디서부터 TDD를 적용해야 할까? 바로 Call Flow의 가장 하단에 있는 **Model부터 시작해야 한다**. Flutter에서는 Client-Side를 다루기 때문에 Repo에 사용될 Entitiy를 가장 처음 만들어야 한다. 객체를 만들고 나면 Repository의 CRUD 메소드에 대해 테스트해야 하며, 그 후에 ViewModel 내부의 단위 메소드에 대한 테스트 코드를 작성해야 한다.

필자는 앞 장에서 소프트웨어의 복잡성을 줄이기 위해 "View-View-Model" 간의 단일 흐름을 유지하는 것을 선호한다고 밝혔다. 때문에 필자는 Screen 단위로 테스트 코드 작성을 분리한다. 때문에 View-Model Level부터는 테스트 코드를 다음과 같이 Bottom-up으로 작성한다.

1. ViewModel A 내부 단위 기능마다 단위 테스트 작성
2. 해당 메소드를 사용하는 컴포넌트 위젯 테스트 작성

3. Screen에 컴포넌트 주입하여 위젯 테스트 작성
4. ViewModel B 내부에 단위 기능마다 단위 테스트 작성 후 2~3 과정 반복

필자는 위와 같은 주기를 반복하여 ViewModel 단위로 TDD를 적용하여 프로덕션 코드를 완성해 나간다.

개인적인 경험을 두 가지 더 공유하고자 한다. 먼저 모듈 관리 방법이다. ViewModel 단위로 TDD를 수행하게 되면 Screen 단위별로 중복되는 위젯이 반복적으로 생성되게 된다. 개인적으로는 State가 주입되는 컴포넌트이거나 추후 변경될 가능성이 있다면 공통 기능을 가지더라도 공통 모듈로 관리하지 않고 분리하여 사용하는 것을 선호한다. 공통 모듈로 관리하게 되면 보일러 플레이트 코드를 가진 파일이 줄고 소프트웨어의 복잡성이 적을 때는 직관적으로 사용할 수 있지만, 서비스의 크기가 커지며 필연적으로 유사 모듈이 발생하게 된다. 그 과정에서 State 주입과 관리 부분이 "View-ViewModel" 다중 연결을 만들어 낼 가능성이 높다. View-ViewModel 다중 연결이 발생하는 순간부터 상태 관리 복잡도가 기하급수적으로 증가하므로 이러한 패턴을 지양하는 것을 추천한다. 때문에 개인적으로는 위젯이 공통되더라도 각 Screen의 별도의 컴포넌트로 분리하여 관리한다.

두 번째로 대규모의 소프트웨어가 아니라면 "완벽한" 통합 테스트는 수행하지 않아도 괜찮다고 생각한다. ViewModel에서 작성된 비즈니스 로직을 포함한 메소드에 대한 TDD 과정을 통해 단위 테스트와 위젯 테스트를 작성하였다면, 주요 기능에 대해 통합 테스트만 수행하거나 QA로 갈음해도 좋다.

중소규모의 소프트웨어에서 모든 소프트웨어를 검증할 수 있는 단위의 통합 테스트까지 작성하는 것은 우리가 서문에서 정의한 "유지 보수성"과 "생산성" 원칙에 위배된다. 때문에 통합 테스트를 작성할 주요 기능을 정의하여 관리하는 것을 추천한다.

이 장에서 소개한 테스트 방법론을 적용한다면 신뢰 가능한 품질을 가진 Flutter 소프트웨어를 개발할 수 있을 것이다. 이제 우리는 앞서 배운 과정들을 통해 Flutter 소프트웨어를 만들고 검증했다. 우리는 다음 장에서 소프트웨어의 배포 과정에 대해 알아보고자 한다.

CHAPTER

10

Flutter 프로젝트 배포하기

CONTENTS

10.1 Android 배포하기

10.2 iOS 배포하기

10.3 CI/CD를 위해 codeMagic 사용하기

10.4 BI Tool: Amplitude와 teableau 사용하기

우리는 이 장에서 개발된 Flutter 소프트웨어를 Android, iOS 스토어에 배포하는 방법에 대해 알아볼 것이다.[1]

더불어, 이러한 배포 과정을 통합하는 CI/CD Tool에 대해 알아볼 것이다. 본 서적에서 소개하는 Tool은 CodeMagic으로 GitHub와의 연동을 통한 지속적인 코드 통합과 GUI를 통한 Android/iOS의 지속적 배포를 제공하고 있어 매우 유용한 툴이다. 마지막으로 운영 데이터를 수집하고 분석할 수 있는 BI Tool인 Amplitude와 Teableau에 대해 소개하며 이 장을 마무리할 예정이다.

이 장을 모두 읽고 나면 여러분들이 만든 소프트웨어를 배포하여 사용자들에게 선보일 수 있다. 그를 통해 획득한 사용자 데이터들을 분석하여 고객의 니즈와 가치를 살펴볼 수 있을 것이다.

10.1 Android 배포하기

Android 앱을 배포하기 위해서는 다음과 같은 과정을 거친다.

1. App Icon 추가 및 변경
2. Google Play 스토어 출시를 위한 앱 서명
3. (선택) 앱 축소, 난독화 및 최적화
4. AndroidManifest.xml 설정
5. 빌드 구성 검토
6. App bundle 생성

---

[1] 배포를 위한 준비 과정에서는 네이티브 지식이 어느 정도 필요하다. 이러한 점은 일부 독자들에게 생소하거나 어려울 수 있기 때문에 모바일 애플리케이션 운영 시 필요하지만 알아야 하는 지식의 깊이가 지나치게 깊거나 많은 사전 지식을 요구하는 네이티브 개념들은 요약하여 설명한다.

7. App bundle 테스트
8. Google Play 스토어에 출시

한 단계씩 알아보자.

10.1.1 App Icon 추가 및 변경

Flutter 프로젝트를 만들면 App Icon의 기본 이미지는 Flutter 로고이다. 때문에 개발이 완료된 후에 우리가 원하는 로고로 바꿔주는 과정을 거쳐야 한다. App Icon을 변경하는 방법은 앞서 소개한 flutter_launcher_icons package를 이용하여 이미지를 등록하는 방법과 수동으로 경로를 찾아 이미지를 교체하는 두 가지 방법이 존재한다. 첫 번째 방법이 비교적 최신에 제안되었고 방법도 훨씬 편하기 때문에 첫 번째 방법을 추천하나 두 번째 방법에 대해 알아볼 필요가 있어 두 가지 모두 소개한다.

먼저 flutter_launcher_icons package를 활용하는 방법을 알아보자. 앞서 소개한 내용의 반복이니 이해하기 쉬울 것이다. 먼저 pubspec.yaml에 다음과 같이 flutter_iauncher_icons 패키지의 의존성을 추가하고 Icon 이미지 경로를 추가해야 한다.

```
// in pubspec.yaml

dependencies:
flutter_launcher_icons: ^0.9.2

flutter_icons:
    // android 환경에서 icon 등록
```

```
android: "launcher_icon"
// ios 환경에서 icon 등록
ios: true
// logo image 파일 경로 등록
image_path: "images/icon.png"
```

위와 같이 코드를 추가한 후 다음 명령어를 입력하면 해당 패키지가 Icon들을 만들어 Icon을 변경할 수 있다.

```
$ flutter pub run flutter_launcher_icons:main
```

수동으로 App Icon을 변경하기 위해서는 android/app/src/main/res 폴더 내부의 App Icon을 직접 변경하면 된다. 해당 폴더에 들어가면 mipmap으로 시작되는 폴더에 이미지를 넣으면 된다. 이미지를 해상도별로 여러 개 넣는 이유는 기기마다 해상도가 다르기 때문이다. 이처럼 해상도마다 아이콘을 준비하면 기기의 해상도에 따라 다른 해상도의 아이콘을 표현하게 된다.

다양한 해상도의 App Icon을 준비해야 한다

각각 다른 해상도의 이미지를 만드는 것이 번거롭기 때문에 이를 도와주는 도구들이 몇 가지 있다. 예를 들어 다음 사이트(https://romannurik.GitHub.io/AndroidAssetStudio/icons-launcher.html)에서는 하나의 이미지로 여러 가지 Icon을 만들어줄 수 있도록 돕는다.

10.1.2 Google Play 스토어 출시를 위한 앱 서명

Google Play 스토어 출시를 위해서는 개발자 정보를 인증하는 서명 절차가 필요하다. 그를 위해서는 keystore를 만들어서 개발자 정보를 소프트웨어에 주입해 주어야 한다. 앱 서명을 위해 keystore를 만드는 방법은 명령어를 통한 방법과 Android Studio GUI를 사용하는 2가지 방법이 있다. 이 중 명령어를 이용한 방법을 소개하고자 한다.[2]

다음 명령어를 입력하고 이름, 암호, 조직, 지역 등의 개발자 정보를 입력하면 keystore를 만들 수 있다. 이때 명령어를 이용한 방법을 사용하기 위해서는 JAVA가 설치되어야 한다.

```
// Mac, Linux
$ keytool -genkey -v -keystore ~/key.jks -keyalg RSA -keysize 2048 -validity 10000 -alias key
// Window
$ keytool -genkey -v -keystore c:/Users/USER_NAME/key.jks -keyalg RSA -keysize 2048 -validity 10000 -alias key
```

다음 명령어를 수행하게 되면 key.jks 파일이 생성된다. 우리는 해당 파일을 android/app 디렉터리에 복사한다. 이는 Release 용도의 앱을 빌드할 때 key 파일을 참조하기 위함이다. 우리는 같은 경로에 다음과 같

---

2 Android Studio GUI를 사용하는 경우 설정 변경 등의 이유로 비밀번호를 명시적으로 확인하기 어려워 비밀번호를 분실하여 서비스를 업데이트하지 못하는 경우가 종종 생기기 때문이다. Keystore의 비밀번호 분실 시 찾는 방법이 있긴 하지만 상당히 번거로운 일이기 때문에 비밀번호를 잊지 않는 것이 중요하다. 그러나, 앱을 배포하고 몇 달 혹은 몇 년이 지나 비밀번호가 필요한 경우, 혹은 조직에서 실무자가 퇴사하는 등 많은 변수가 존재하기 때문에 서명의 비밀번호를 명시적으로 기록하는 방법인 명령어를 통한 방법을 추천한다.

은 key.properties라는 파일을 생성하여 key 파일을 사용할 수 있다.[3]

```
storePassword=<키생성시 입력한 암호>
keyPassword=<키생성시 입력한 암호>
keyAlias=key
storeFile=./key.jks
```

properties 파일을 만들었다면 앱의 서명을 구성하기 위해 android/app/build.gradle 파일을 수정하여 앱 서명 정보 연결을 완료할 수 있다.

```
def keystoreProperties = new Properties()
def keystorePropertiesFile = rootProject.file('app/key.properties')
if (keystorePropertiesFile.exists()) {
    keystoreProperties.load(new FileInputStream(keystorePropertiesFile))
}

apply plugin: 'com.android.application'
apply plugin: 'kotlin-android'
apply from: "$flutterRoot/packages/flutter_tools/gradle/flutter.gradle"

android {
  ....
    signingConfigs {
        release {
            keyAlias keystoreProperties['keyAlias']
            keyPassword keystoreProperties['keyPassword']
```

---

[3] 해당 파일은 외부로 노출되지 않게 주의해야 한다. 예를 들어, gitignore 설정을 통해 GitHub에 업로드되지 않도록 주의하자.

```
            storeFile file(keystoreProperties['storeFile'])
            storePassword keystoreProperties['storePassword']
        }
    }

    buildTypes {
        release {
            signingConfig signingConfigs.release
        }
    }
}
```

10.1.3 앱 축소, 난독화 및 최적화 설정(선택사항)

Android에서는 사용자 경험을 개선하기 위해 앱을 축소하고 최적화하는 방법과 리버스 엔지니어링을 통한 공격을 방지하기 위한 난독화 기능을 제공하고 있다. Flutter 공식 문서에서는 "Proguard 설정을 통한 앱 축소 및 난독화 설정"이라는 이름으로 설명하고 있어 개발자들에게 약간의 혼란을 주고 있다. 이에 대해 설명하기 위해 네이티브 지식을 일부 설명하고자 한다.

Android Gradle 3.4.0 이상 버전부터 프로젝트를 빌드하는 경우 더 이상 ProGuard를 사용하여 앱 축소, 난독화 및 최적화를 수행하지 않는다. 대신에 R8 컴파일러가 그러한 역할을 대신 수행하게 된다. R8 컴파일러는 코드 축소, 리소스 축소, 난독화, 최적화 4가지 기능을 수행한다. 우리는 해당 기능들에 대해 요약하여 알아보고자 한다.

❈ 코드 축소 및 최적화

앱 및 라이브러리 종속 항목에서 사용되지 않는 클래스, 필드, 메서드, 속성들을 감지하여 삭제하거나 코드를 간결하게 다시 작성한다. 예를 들어, 특정 클래스를 코드에서 선언만 하고 실제로 사용하지 않는다면 R8 컴파일러는 해당 클래스를 삭제하게 된다. 또 다른 예로 if / else 구문에서 코드가 else {} 분기를 전혀 사용하지 않는 경우 R8 컴파일러는 else {} 분기 코드를 삭제한다.

다음 그림을 살펴보면 원리를 쉽게 이해할 수 있다. 다음 그림은 런타임 시에 앱이 작동되고 연결된 사항을 그림으로 나타낸 것이다. 이러한 구조의 프로젝트 코드를 검사하는 동안 R8은 앱의 진입점을 MainActivity. class로 가정하고, 그와 연결된 메서드 "foo()", "faz()", "bar()" 메서드에 연결할 수 있다고 판단하여 AwesomeApi.class 클래스를 유지한다. 반면 런타임에 OkayApi.class와 baz() 메소드는 앱에서 전혀 사용되지 않기 때문에 코드 축소를 실행할 때 해당 코드를 삭제하게 된다.

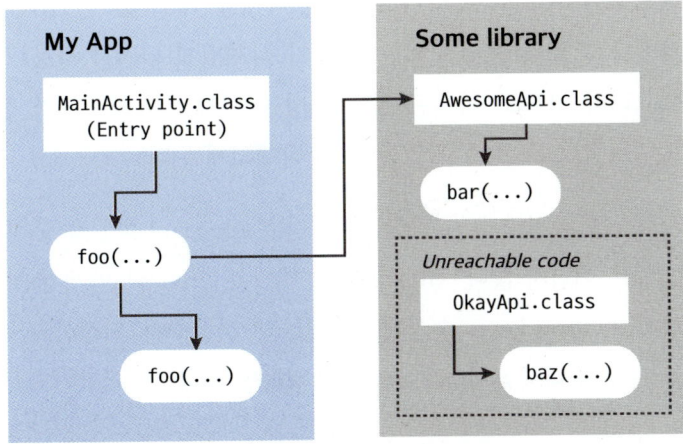

코드 축소의 작동 예시

따라서 진입점 설정에 따라 코드 축소는 다르게 작동할 수 있다. R8
는 R8.config 파일의 "-keep rule"을 이용하여 앱의 진입점을 결정한
다. 즉, keep rule은 코드 축소를 실행할 때 삭제하면 안 되는 클래스
를 지정하고, 앱의 진입점이 될 수 있는 클래스를 알려주는 등 R8 컴파
일러에게 코드 축소 과정을 지시한다. Flutter 공식 문서에서 설명되는
ProGuard 설정은 이때 사용되게 된다. 즉, ProGuard 설정은 "-keep"
규칙을 설정하여 R8의 기본 동작을 수정하고, 앱 코드의 진입점 역할
을 하는 클래스를 R8 컴파일러에게 알려주어 앱 구조를 더 잘 이해할
수 있도록 돕는다.

※ 리소스 축소

리소스 축소를 사용하기 위해서는 코드 축소가 선행되어야 한다. 코드
축소가 완료되어 사용되지 않는 코드가 모두 삭제되면 R8 컴파일러는
앱에서 사용되지 않는 리소스를 식별하고 삭제하는 "리소스 축소" 과정
을 거친다.

리소스를 포함하는 코드 라이브러리의 삭제를 예로 들 수 있다. 코드
축소 과정을 통해 사용되지 않는 코드가 삭제되게 되면서 사용되지 않
는 라이브러리 코드도 삭제된 경우 해당 라이브러리 리소스가 참조되
지 않으므로 리소스 축소 과정을 통해 삭제되게 된다.

특정 리소스를 유지하거나 삭제하려는 경우 keep.xml 파일을 구성할 수
있다. 방법은 어렵지 않다. 〈resources〉 태그로 프로젝트에서 xml 파일
을 생성하고, **tools:keep** 속성에 유지할 각 리소스를 지정하고, **tools:
discard** 속성에 삭제할 각 리소스를 지정하면 된다.

예를 들어 res/raw/keep.xml 파일을 다음과 같이 만들어 유지할 리소

스와 삭제할 리소스를 지정할 수 있다. 다만, **삭제할 리소스를 지정하는 것은** R8 컴파일러가 코드 축소와 리소스 축소 과정을 통해 "사용되는 리소스"라고 판단되는 것을 개발자 임의로 "이것은 명백하게 사용되지 않으므로 삭제되어야 한다"라고 명시적으로 선언하는 것이므로 정말 사용되지 않는 리소스인지 엄격하게 주의할 필요가 있다.

```
<?xml version="1.0" encoding="utf-8"?>
    tools:keep="@layout/l_used*_c,@layout/l_used_a,@layout/l_used_b*"
    tools:discard="@layout/unused2" />
```

❋ 코드 난독화

코드 난독화의 목적은 앱 클래스, 메서드 및 필드의 이름을 단축하여 앱 크기를 줄이고 리버스 엔지니어링을 통한 공격을 예방하기 위해서이다. 예를 들어 R8 컴파일러는 다음과 같은 코드를 난독화할 수 있다.

```
androidx.appcompat.app.ActionBarDrawerToggle$DelegateProvider -> a.a.a.b:
androidx.appcompat.app.AlertController -> androidx.appcompat.app.AlertController:
    android.content.Context mContext -> a
    int mListItemLayout -> O
    int mViewSpacingRight -> l
    android.widget.Button mButtonNeutral -> w
    int mMultiChoiceItemLayout -> M
    boolean mShowTitle -> P
    int mViewSpacingLeft -> j
    int mButtonPanelSideLayout -> K
```

난독화된 코드를 다시 디코딩하여 추적하는 방법도 별도로 존재하나 이는 우리의 초점에 벗어나므로 생략한다. 만약 해당 사항이 궁금하다면 Android 난독화에 대해 별도로 검색하여 공부해 보길 추천한다.

다시 Flutter 설정으로 돌아와보자. 코드 축소, 난독화 및 최적화 설정을 하기 위해서는 먼저 Proguard Rule 설정을 통해 Flutter 엔진 라이브러리들이 Android 코드 축소에서 삭제되는 것을 방지하는 -keep 규칙을 만들어야 한다. 이를 위해 /android/app/proguard-rules.pro 파일을 만들고, 다음과 같은 코드를 추가하도록 하자.[4]

```
## Flutter wrapper
-keep class io.flutter.app.** { *; }
-keep class io.flutter.plugin.**  { *; }
-keep class io.flutter.util.**  { *; }
-keep class io.flutter.view.**  { *; }
-keep class io.flutter.**  { *; }
-keep class io.flutter.plugins.**  { *; }
-dontwarn io.flutter.embedding.**
```

ProGuard Rule 설정을 위해 파일을 생성하고 난 후에 "/android/app/build.gradle" 파일에서 다음과 같이 설정하면 코드 축소, 난독화 및 최적화가 작동되게 된다.

---

4 ProGuard 설정과 관리는 매우 깊은 내용이라 한 가지 사항만 간략히 소개하고자 한다. 만약 ProGuard 설정을 관리하고자 한다면 추천하는 ProGuard 설정은 사용하는 외부 라이브러리별로 구분하여 관리하라는 것이다. Flutter와 생태계를 구성하는 라이브러리들은 지속해서 발전하고 있기 때문에 개인적으로는 Stable 버전 업데이트가 있을 때마다 기존 레거시 버전을 업데이트하는 것을 추천한다. 이 과정에서 모든 규칙을 하나의 파일에서 관리하는 경우 유지보수성이 현저히 떨어지고, 코드 축소 과정을 커스터마이징하기 어려워진다.

```
android {

    ...

    buildTypes {

        release {

            signingConfig signingConfigs.release
            minifyEnabled true
            useProguard true

            proguardFiles getDefaultProguardFile
            ('proguard-android.txt'), 'proguard-rules.pro'

        }
    }
}
```

10.1.4 AndroidManifest.xml 설정

AndroidManifest.xml은 Android 프로젝트의 메타 데이터와 설정값을 기록하는 파일이다. 살펴볼 속성값들은 다음과 같다.

❈ uses-permission

사용자에게 제공되는 기능 중 '권한'과 관련된 기능을 사용하는 경우 추가되어야 한다. 예를 들어, 사용자의 위치를 추적하는 기능이 있다면 다음과 같은 'uses-permission'을 명시해야 한다. 만약 이러한 사항이 명시되어 있지 않다면 스토어 배포 시 반려 사유가 될 수 있다. 참고로 maxSdkVersion은 이 권한을 부여해야 하는 최상위 API이다. 특정 권한이 특정 API 수준부터 더 이상 필요하지 않은 경우 maxSdkVersion 속성을 설정한다.

```
// 인터넷을 사용하고자 하는 경우
<uses-permission android:name="android.permission.INTERNET"/>
// 사용자의 위치 정보를 사용하고자 하는 경우
<uses-permission android:name="android.permission.ACCESS_FINE_
LOCATION"android:maxSdkVersion : "18"/>
```

※ application 설정

application 설정에서는 배포되는 앱의 이름부터 구성된 activity 목록과 진입 activity, 그리고 http 연결 및 네트워크 보안 구성 등까지 application에 대한 메타 데이터를 선언하는 곳이다. 특히나 SNS 로그인 기능, FCM 등의 외부 SDK 기능을 사용하는 경우 SDK의 메타 데이터를 application 설정 내부에 선언해야 한다.

Flutter로 프로젝트를 생성하는 경우 AndroidManifest.xml에 기본적인 메타 데이터는 선언된다. 때문에 사용하는 권한에 따라 uses-permission을 설정하고 추가된 SDK의 메타 데이터를 application 내부에 선언하여 사용하면 된다.

10.1.5 빌드 구성 검토하기

빌드에 대한 설정은 "/android/app.build.gradle" 파일에서 할 수 있다. "app.build.gradle" 파일에서는 flutter build Version 설정, 앱 서명 정보 주입, 의존성 정보 설정, applicationId 설정, 최소 API 레벨과 개발 대상 버전으로 지정한 API, 컴파일 되는 API 버전 등을 지정할 수 있다.

네이티브 개발자가 아닌 독자라면 의존성에 추가된 라이브러리는 무엇인지, 애플리케이션ID가 제대로 설정되어 있는지, 빌드 API 버전은 어떻게 되는지에 대해 이해할 필요가 있다.

예를 들어, Web 서비스를 네이티브 혹은 웹 앱으로 변경하고자 하는 경우 서비스 사용자 페르소나에 따라 목표 API를 설정하여 사용자 커버리지를 확보하는 것을 우선 요구 사항으로 설정해야 한다. 목표 API에 따라 의존성 라이브러리의 버전과 종류가 달라질 뿐만 아니라 Flutter Version도 다르게 설정해야 하기 때문이다.

다음 표는 Android API version과 사용자 숫자를 표시하고 있다. 현 시점 기준 전체 안드로이드 사용자의 99.2%가 Android 5(롤리팝)의 API 21 이상을 사용하고 있기 때문에 일반적인 서비스의 경우 minSdkVersion을 21 혹은 19로 설정한다면 대부분의 유저를 커버할 수 있다.

그러나, 서비스의 주된 사용자가 50대 이상이라면 레거시 전환 이전에 사용자의 커버리지를 면밀히 검토해 볼 필요가 있다. 개인적인 경험으로는 API 19 이하로 설정하는 경우 다수의 라이브러리와 Flutter SDK에서 충돌 혹은 비호환성이 나타나 그 이하의 사용자가 다수인 서비스를 운영하고 있다면 레거시 전환을 하지 않거나 병렬적으로 사용하도록 하는 것을 추천한다.

Android OS별 API Level 및 점유율

Android 13	Level 33	TIRAMISU	Tiramisu 2	0.7%	2022
Android 12	Level 32 Android 12L	S_V2	Snow Cone 2	30.0%	2021
	Level 31 Android 12	S			
	• targetSdk must be 31+ for new apps. • targetSdk will need to be 31+ for app updates by Nov 2022 and all existing apps by Nov 2023. 3				
Android 11	Level 30	R	Red Velvet Cake 2	56.2%	2020
	• targetSdk must be 30+ for app updates, and new WearOS apps. • targetSdk will need to be 30+ for all existing apps by November 2022. 3				
Android 10	Level 29	Q	Quince Tart 2	75.3%	2019
Android 9	Level 28	P	Pie	84.8%	2018
	• targetSdk must be 28+ for Wear OS app updates.				
Android 8	Level 27 Android 8.1	O_MR1	Oreo	89.9%	2017
	Level 26 Android 8.0	O		92.0%	
Android 7	Level 25 Android 7.1	N_MR1	Nougat	93.2%	2016
	Level 24 Android 7.0	N		95.8%	
Android 6	Level 23	M	Marshmallow	97.7%	2015
Android 5	Level 22 Android 5.1	LOLLIPOP_MR1	Lollipop	98.9%	2015
	Level 21 Android 5.0	LOLLIPOP, L		99.2%	2014
	• Jetpack Compose requires a minSdk of 21 or higher.				
Android 4	Level 20 Android 4.4W 4	KITKAT_WATCH	KitKat	No data	2013
	Level 19 Android 4.4	KITKAT			
	• Google Play services do not support Android versions below API level 19.				
	Level 18 Android 4.3	JELLY_BEAN_MR2	Jelly Bean		
	Level 17 Android 4.2	JELLY_BEAN_MR1			
	Level 16 Android 4.1	JELLY_BEAN			
	Level 15 Android 4.0.3 - 4.0.4	ICE_CREAM_SAND-WICH_MR1	Ice Cream Sandwich		2012
	Level 14 Android 4.0.1 - 4.0.2	ICE_CREAM_SAND-WICH			

	• Jetpack/AndroidX libraries require a minSdk of 14 or higher.				
Android 3	Level 13 Android 3.2	HONEYCOMB_MR2	Honeycomb		2011
	Level 12 Android 3.1	HONEYCOMB_MR1			
	Level 11 Android 3.0	HONEYCOMB			
Android 2	Level 10 Android 2.3.3 - 2.3.7	GINGERBREAD_MR1	Gingerbread		2010
	Level 9 Android 2.3.0 - 2.3.2	GINGERBREAD			
	Level 8 Android 2.2	FROYO	Froyo		
	Level 7 Android 2.1	ECLAIR_MR1	Eclair		
	Level 6 Android 2.0.1	ECLAIR_0_1			
	Level 5 Android 2.0	ECLAIR			
Android 1	Level 4 Android 1.6	DONUT	Donut		2009
	Level 3 Android 1.5	CUPCAKE	Cupcake		
	Level 2 Android 1.1	BASE_1_1	Petit Four		
	Level 1 Android 1.0	BASE	None		2008

10.1.6 App bundle 생성

스토어에 업로드하기 위해서는 빌드 파일을 만들어야 한다. Release 버전의 앱 빌드 파일은 AAB(Android App Bundle) 파일과 APK(Android App Package) 파일 2가지로 만들 수 있으며, Google Play Store는 bundle 파일 업로드를 지원하고 있다.

bundle 파일은 APK를 완성하기 위한 요소들을 담은 패키지로 사용자가 Google Play 스토어에서 애플리케이션을 다운받을 때 각 단말기에 따라 필요한 요소들만 다운로드할 수 있게 해준다. 즉, 그 이전에는 모든 기기 혹은 목표한 기기에 호환할 수 있도록 하는 요소들을 APK 파일에 포함했다면 이제는 스토어가 사용자 기기에 따라 필요한 APK 파

일을 제공할 수 있도록 변화된 것이다.[5]

app bundle을 만들기 위해서는 다음 명령어를 실행하면 된다.

```
$ flutter build appbundle
```

"Flutter build"의 실행은 기본적으로 Release 빌드로 다음 경로에 생기게 된다.

```
<app dir>/build/app/outputs/bundle/release/app.aab
```

APK 파일을 빌드 해야 하는 경우 다음 명령어를 사용하여 파일을 만들 수 있다. 참고로 "--split-per-abi" 플래그를 제거하면 모든 타겟 ABI를 위한 방식으로 코드가 컴파일되어 APK가 무거워진다. 이를 Fat APK 라고 한다. "–split-per-abi" 플래그는 일반적으로 64비트용, 32비트용 apk 파일을 나누어 만들어 준다. 때문에 플래그를 사용하는 것을 추천한다.

```
$ flutter build app -split-per-abi
```

해당 명령어를 수행하면 두 가지 디렉터리에 release 번들이 생성된다.

```
- <app dir>/build/app/outputs/apk/release/app-armeabi-v7a-release.apk
- <app dir>/build/app/outputs/apk/release/app-arm64-v8a-release.apk
```

---

5 스토어에 APK가 아닌 AAB 파일을 업로드하는 정책은 21년도부터 강제화 되었다.

10.1.7 App bundle 테스트(선택사항)

APK 빌드 파일은 그 자체로 단말기 장치에 애플리케이션을 설치할 수 있지만, App bundle은 그렇지 않다. App bundle이 목표하는 장치에 설치할 때 이슈가 없는지 확인하기 위해서는 별도의 테스트 방법이 필요하다. 테스트 방법으로는 bundletool을 활용하여 APK 파일을 추출하거나 Google Play Store에서 테스트를 진행하는 방법이 있다.

엄밀히 말해서는 app bundle을 빌드하고 다시 apk로 만들어서 QA를 진행하는 방법이 AAB 파일을 스토어에 업로드하여 배포되는 방식과 같은 과정이다. 때문에 Local 환경에서 QA를 진행하더라도 추가 테스트 과정을 거치는 것이 바람직하다.

bundletool을 활용하기 위해 별도의 스크립트를 만들어 실행하거나 Google Play Store 내부에 "내부 앱 공유" 기능을 활용하여 APK 파일에 접근하고 테스트하는 것을 추천한다.

10.1.8 구글 플레이 스토어에 APK 출시하기

이제 구글 플레이 스토어에 배포만 진행하면 서비스를 제공하기 위한 준비는 마무리된다. 구글 플레이 배포를 위해서는 구글 개발자 등록이 필요하다. 등록 수수료는 $25로 1회만 부과된다.[6]

개발자 계정 등록 과정은 구글 계정으로 로그인한 후 개인 정보를 입력하고 카드를 등록하여 결제하는 간단한 절차로 어렵지 않다.

---

[6] iOS 배포를 위해서는 iOS 개발자 등록을 해야 하는데 이는 연간 $99로 매우 비싼 편이다.

개발자 계정

개발자 계정 이름
이 개발자 계정의 공개 이름을 입력하세요. Google Play에 표시됩니다.

[   ]
0/50

담당자 이름
Google에서 계정에 대해 연락해야 하는 경우 이 담당자에게 연락합니다. Google Play에 표시되지 않습니다.

[   ]

연락처 이메일 주소
이 정보는 Google에서 개발자에게 연락하는 데만 사용되며 Google Play에 표시되지 않습니다. Google 계정에 연결된 이메일 주소와 다른 주소를 지정할 수 있습니다.

[   ]

이메일 주소 인증

선호 언어
이메일 커뮤니케이션에 사용할 기본 언어를 선택하세요.

[선호하는 언어 선택   ▼]

연락처 주소

[국가   ▼]
국가 또는 지역 선택

연락처 전화번호
이 정보는 Google에서 개발자에게 연락하는 데만 사용되며 Google Play에 표시되지 않습니다.

[   ]
+ 기호, 국가 코드, 지역 번호를 포함하세요.

문자 메시지 받기 ▼   전화번호 확인

구글 플레이 스토어 개발자 계정 등록 화면

구글 플레이 개발자 Console 대시보드에 접속하면 배포를 위한 앱을 만들 수 있다. 앱 이름, 기본 언어, 앱 또는 게임, 유료 또는 무료, 개발자 프로그램 정책 동의 여부, 미국 수출 법규 동의 여부 등을 입력하면 배포를 위한 앱을 만들 수 있다.

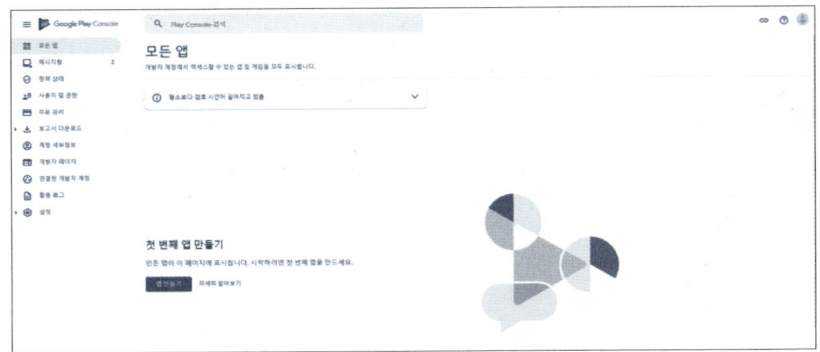

Google Play Console 화면

배포할 앱을 만든 후 출시하고자 한다면 앱 액세스 권한, 광고, 콘텐츠 등급 설정, 타겟층 설정, 앱 카테고리, 스토어 등록 정보[7], 국가 정보를 입력해야 한다. 이러한 설정에 대한 방법은 "구글 플레이스토어 배포" 등의 키워드로 검색하면 이해하기 쉽게 이미지를 첨부한 다수의 등록 관련 자료가 검색되므로 그를 따라 설정하기를 추천 한다.

모든 설정을 입력하고 나면 프로덕션 새 버전 출시 버튼을 통해 새로운 버전의 앱을 출시할 수 있다. 출시하고자 하는 앱은 모두 앱 서명이 완료되어야 하기 때문에 우리가 앞서 진행했던 서명 절차를 반드시 거쳐야 한다.

---

7 이메일, 전화 번호 등 개인정보 설정을 포함한 앱에 대해 정보

Google Play Console 새 버전 출시 화면

미리 생성된 **Appbundle**을 첨부하게 되면 자동으로 프로젝트 버전을 인식하게 되며, 이미 사용한 버전의 Appbundle은 사용할 수 없으니 버전을 관리하도록 하자. 신규 출시가 아닌 업데이트의 경우 다음 사진과 같이 이전 버전의 앱의 버전, target API, 최대 지원 API 등의 정보가 포함되게 된다. 출시명은 사용자에게 표시되지 않으니 개인 혹은 조직이 정해진 규칙에 따라 기재하거나 appbundle 업로드 시 자동으로 기재되는 앱 버전으로 관리하면 된다.

출시 노트의 경우 앱을 다운로드하는 사용자에게 "새로운 기능"이라는 항목으로 노출되는 정보이니 주의하는 것이 좋다. 간혹 출시 노트를 git commit처럼 사용하는 경우가 있다. 그러한 경우에는 다운로드하는 사용자들이 앱의 서비스 소개에 집중하기 어려울 수 있으니 주의하도록 하자.

CHAPTER 10 Flutter 프로젝트 배포하기 505

사용자에게 노출되는 출시 노트

배포 관련 사항에 대해 다루었으니 배포 심사에 관해서도 함께 다루고자 한다. 초기 배포 시에는 다수의 반려 심사에 직면할 수 있다. 더불어, **대부분의 반려 심사의 코멘트가 어떤 것이 문제인지 명확히 식별하기 어려운 경우가 많다.** 때문에 주요 반려 사례에 관해서는 미리 공부해두는 것이 좋다. 간혹 반려 심사에 대해 부당하다 생각하여 이의 제기를 신청하는 경우가 종종 있는데, 그러한 소명이 받아들여지는 경우는 거의 없으니 번거롭더라도 반려된 사항을 수정하여 배포하는 것을 추천한다.

iOS와 Android라는 두 가지 지배적인 Player가 존재하기 때문에 앱을 배포하고 운영하는 과정에서 어려움이 존재한다. **Play Store의 경우 일정 수준 이상의 배포가 진행되게 되면 30분 이내 배포되는 경우도 잦아** 그나마 낫지만, iOS는 대부분 작업자가 QA를 진행한다. 때문에 주로 미국 현지 시간에 맞게 검수 및 배포 승인이 이뤄지며, 최소한 1일 이상이 걸린다.

이처럼 배포 과정에서 심사의 번거로움과 단말기 업데이트 관리의 이슈가 발생하기 때문에 다수의 상용 서비스들이 하이브리드 앱을 개발한다. 웹 뷰를 사용하면 심사 과정을 거치지 않아도 되고 고객이 업데이트를 수행하지 않더라도 신규 기능을 제공할 수 있다.

더불어, **Android와 iOS 모두 사용자의 앱을 최신 버전으로 유지하는 데에도 이슈가 존재**한다. iOS는 강제 업데이트도 불가능하여 강제 업데이트를 위해 스토어 정보를 비교하여 업데이트를 하지 않은 유저는 앱 사용을 하지 못하게 하는 방법을 활용할 수 있다. 그러나, 강제 업데이트 방법의 경우 사용자 경험을 훼손하여 이탈을 유도하기 때문에 제한적으로 활용할 수밖에 없다. 이에 반해, 선택 업데이트를 사용하는 경우 사용자들이 업데이트를 하지 않는 문제가 있다. 앱에 진입할 때 매번 팝업이 뜨더라도 매번 팝업을 취소하는 사용자가 꽤나 많다. 더불어, Android는 지속해서 스토어 코드를 변경한다. 때문에, 바뀐 스토어 정보와 비교하여 업데이트 여부를 확인하는 기능과 라이브러리들이 작동되지 않는 문제도 존재한다.

개인적인 배포 관리 방법 중 몇 가지 소개하니 참고하길 바란다.

1. 내부 규칙에 따라 변화 가능성을 평가하고 그에 따라 웹 앱과 네이티브로 제공할 부분을 분류한다.
2. 앱의 배포 빈도를 최소화하고, 네이티브 배포 단위는 '독립된 단위 기능'으로 제한한다. 단순하게 설명하면 우리의 소프트웨어는 Screen Layer를 기준으로 연결성이 분리되어 있으므로 해당 단위가 기본적인 배포 단위가 된다.
3. 테스트 코드는 반드시 작성한다. QA 진행하더라도 API 기능과 같이 클라이언트에게 노출되지 않는 에러를 모두 찾기 어렵다. 통합 테스트까지 작성하지 않더라도 최소한 단위 테스트와 그를 포함한

위젯 테스트는 반드시 작성하는 것을 추천한다.
4. 신규 기능이 배포되는 경우 독립된 데이터베이스 테이블(컬렉션)로 구성되어야 하는지 반드시 검토한다. 데이터베이스 테이블을 하나의 객체로서 간주하여 작은 단위를 유지하는 것은 전체 서비스 안정성에 큰 도움이 된다.

다시 본론으로 돌아오자. Play Store는 App Store 대비 반려 사유가 적지만, 그럼에도 불구하고 개발자들은 많은 반려 사유에 직면하게 된다. 더불어, 몇몇 반려 사유는 직관적이지 않아 초기 배포 시에 헤매거나 딜레이가 발생할 수 있다. 우리는 Android의 주요 반례 사례 중 답변이 직관적이지 않아 혼동을 야기하는 사례들을 몇 가지 살펴보고자 한다.

※ **앱에 Webview 및 제휴 스팸 정책을 준수하지 않는 콘텐츠가 포함되어 있습니다.**

해당 반려는 웹 관리자에게 페이지 표시를 허가 받았는지 여부를 제출하거나 웹 페이지가 본인의 소유임을 증명하면 된다. 대부분 이러한 반려 사례의 이유는 앱의 문제는 아니다. 때문에 앞서 설명한 2가지를 증명할 수 있는 사항을 이의 제기로 제출하면 문제가 해결된다. 다만, 시간이 많이 걸리기 때문에 반려로 인한 서비스 노출 제한을 방지하기 위해 Google Play Store에 사전 자료 제출을 하는 것을 추천한다.
(https://support.google.com/googleplay/android-developer/answer/6320428)

※ **앱에 사용자 제작 콘텐츠 정책을 준수하지 않는 사용자 제작 콘텐츠(UGC)가 포함되어 있거나 이를 추천합니다.**

해당 반려의 경우 가장 흔하게 겪을 수 있는 반려 사유이지만 사유가 직관적이지 않아 알아차리기 어려운 부분이다. 그중 신고 및 차단하기 기능이 가장 자주 문제가 된다. 사용자가 만들 수 있는 리뷰 등의 기능이 있는 경우 신고 및 차단하기 기능을 구현해야 심사를 통과할 수 있다. 해당 심사 요건을 비교적 최근에 생긴 정책이며 해당 정책으로 많은 앱들이 심사 거부를 당했다.

한 가지 요령을 소개하자면 UI만 만들어 "신고 및 차단"되는 것처럼 만들어 배포하더라도 심사 통과가 가능하다. 신고 및 차단 기능을 만드는 것이 어렵거나 MVP 형태로 테스트만 하고자 한다면 해당 요령을 활용해보아도 좋을 것 같다.

❄ 앱에 사용자 평점, 리뷰 및 설치 수 정책을 준수하지 않는 콘텐츠가 포함되어 있습니다.

해당 반려의 경우 앱 설명 텍스트 및 이미지를 수정해야 한다. 스토어 실적이나 순위가 포함되었거나(올해의 앱, 1위, 인기 등), 가격과 홍보 정보가 표시되었거나(5% 할인, 무료 등), Google Play 프로그램을 나타내는(에디터 추천, 신작 등)을 나타내는 이미지 또는 텍스트가 반영되어 있어서 이를 수정해야 한다.

해당 반려 사유를 겪으면 다소 당황스러울 수 있다. 심사자에 따라 앱 정보의 변화가 없음에도 불구하고 어떤 경우에는 통과하다가 어떤 경우에는 갑자기 반려되기 때문이다. 서비스가 제공하는 소비자 가치가 "무료"(무료 배달 등)인 경우에는 그를 이미지에 표시하기 위해서는 다수의 이의 신청과 설득이 필요하다.[8]

---

8   참고로 Android보다 iOS의 반려 가능성이 더 높다. 간혹, 일부 상용 서비스에서 '무료'라는 표기를 앱 설명 이미지에 포함되어 있는 것을 발견할 때마다 개발팀이 얼마나 공을 들였을까라는 생각을 하곤 한다.

※ 발견된 문제: 데이터 보안 섹션 잘못됨

해당 반려 사유는 2022년에 추가된 사항이다. 해당 반려 사유는 서비스에서 사용자에게 "이 데이터를 수집하겠습니다"라고 명시하지 않은 데이터를 앱에서 수집하고 있을 때 겪을 수 있다. 직접적으로 서비스에서 데이터를 수집하고 있지 않더라도 외부 SDK에서 데이터를 수집하고 있다면 해당 사항을 확인해야 한다.

또한, 데이터 수집이 없더라도 데이터 보안 설정을 추가해야 한다. "정책 > 앱 콘텐츠 메뉴 > 데이터 보안 관리"에서 보안 설정을 추가하고 있으며, 해당 내용도 "발견된 문제: 데이터 보안 섹션 잘못됨" 이라 검색하면 다수의 설명글이 나오니 따라 수정하길 추천한다.

소개한 내용 이외에도 다수의 반려 사유가 있지만, 그러한 반려 사유들은 앱이 명시적으로 작동되지 않거나 앱 제목이 타 앱과 중복되거나, 연령 설정이 잘못되거나(가족 정책 위반), 심사를 위한 로그인 정보가 입력되지 않는 등의 명확하게 알 수 있는 사항이기 때문에 별도로 소개하지는 않겠다.[9] 다만, 그러한 반려 사유들도 빈번히 나타나니 초기 배포 시에는 다양한 반려 사유가 나타날 수 있음을 가정하고 배포 일정을 설정하는 것을 추천한다.

---

[9] 매우 당연하게도 아동에게 유해하거나 테러, 폭력, 도박, 성적인 콘텐츠 등이 포함된 경우에는 심사가 반려된다.

10.2 iOS 배포하기

iOS 배포의 경우 Android 대비 까다로운 부분이 있다. 특히나 권한 등을 추가로 사용하는 경우 별도의 절차들을 거쳐야 해서 꽤나 까다롭다. 본 서적에서는 별도의 권한을 설정하는 경우까지 모두 다루기에는 지면이 부족하므로 공통으로 적용되는 배포 프로세스 중심으로 서술할 것이다. 본인의 애플리케이션에 사용되는 기능에 따라 별도의 프로세스가 추가될 수 있다는 점을 인지하고 이 절을 읽어 나가길 추천한다.

❋ App Store Connect에서 개발자 정보 등록하기

iOS 앱 배포를 위해서는 반드시 Apple 계정과 개발자 계정이 필요하다. Apple 개발자 계정을 만들기 위해서는 다음 링크(https://developer.apple.com/kr/programs/)에서 개발자 계정을 등록해야 한다. Apple 개발자는 개인 개발자와 법인 개발자로 나뉘어 입력하는 정보가 다르다.[10] 그와 더불어 이름과 주소, 국가 등의 개인정보를 입력한 후 등록비를 결제해 주면 개발자 계정이 생성된다. 등록비는 1년에 $99로 등록비가 1회만 청구되는 안드로이드에 비해 상당히 비싼 편이다. 결제를 한다고 바로 등록이 되는 것은 아니다. 경험상 24~48시간 정도 지나서 승인을 해준다.

참고로 개발자명은 회사명이 바뀌는 등의 명백한 사유가 있는 것이 아니면 바꿔주지 않으므로 등록 시에 주의하도록 하자. 개발자 등록 과정에 관해서도 "Flutter iOS 개발자 등록" 등의 키워드로 검색하면 다양한 설명들이 있으니 그대로 따라 등록하면 된다.

---

10 법인 개발자는 D-U-N-S라는 국제 사업자 번호, 회사명, 웹사이트 등을 입력해야 한다

❋ 앱 아이콘 만들기

Icon을 만드는 과정은 Android와 동일하다. flutter_launcher_icons package를 활용하거나 Xcode 프로그램에서 이미지를 적용할 수 있다.

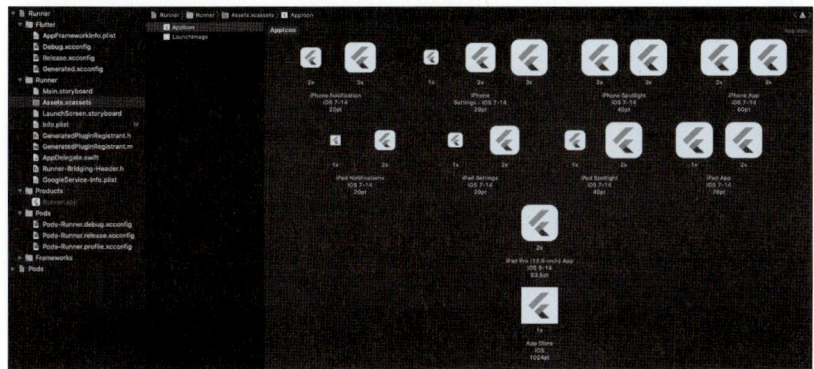

Xcode App Icon 화면

iOS도 Android와 같이 이미지를 기기 사이즈별로 만들어주는 사이트들(https://appicon.co/)이 존재하여 해당 사이트에 이미지를 첨부하여 생성된 이미지들을 다운로드해 수동으로 적용할 수 있다.

❋ Xcode 설정하기

iOS 애플리케이션 배포를 위해서는 Apple Store Connect의 Identifiers에서 bundleID를 등록해야 한다. 다행히도 Xcode 상에서도 이를 등록할 수 있다. 과거에는 Xcode에서 bundle ID 설정 시 자동으로 등록되었으나 현재는 Capabilities에서 인앱 결제 혹은 푸시 알림 등을 활성화하는 등의 요령이 필요하다.[11]

---

[11] 답을 알 수는 없지만 개인적으로는 Xcode에서 자동으로 등록되지 않는 것은 오류보다는 의도된 것

때문에 Xcode 설정을 통해 identifier가 등록되지 않으면 다음과 같이 수동으로 bundleID를 등록해야 한다. App Store Connect (appstoreconnect.apple.com)으로 개발자 계정으로 로그인한 후 "나의 앱 > + > 신규 앱"을 클릭하여 플랫폼, 이름, bundleID 등을 입력하면 된다.[12]

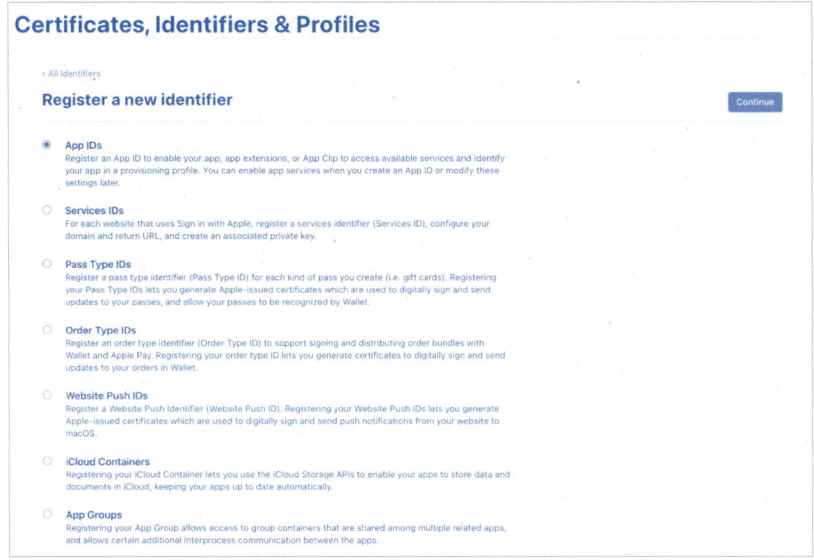

App Store Connect 신규 앱 등록 화면

Xcode 설정으로 넘어가 보자. Xcode 설정을 위해서는 먼저 Flutter/iOS 폴더에서 Runner.xcworkspace를 실행시켜야 한다.

일 가능성이 높다고 생각한다.
12 모든 iOS 애플리케이션은 Apple에 등록된 고유 값인 bundle ID와 연결되기 때문에 bundle ID를 잘못 입력하지 않도록 주의해야 한다.

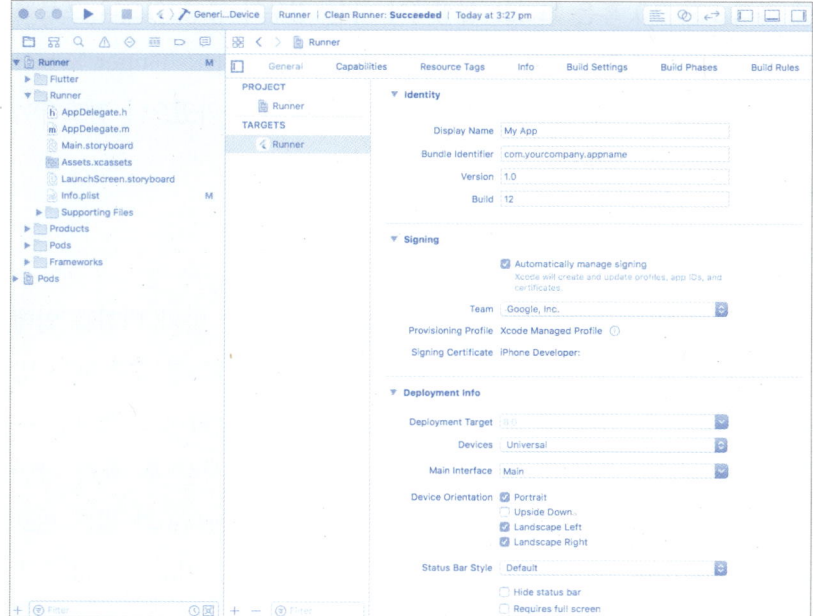

실행된 Xcode 화면

사진과 같이 General 설정 중 Identity에서 Display Name과 Bundle Identifier을 정해야 한다. 앞서 밝힌 바와 같이 Bundle Identifier가 자동으로 연동되지 않는다면 수동으로 App Store Connect에서 번들 ID를 등록하고 이와 동일하게 기록해야 한다. 그 후, Signing 설정에서 "Automatically manage signing"을 true로 설정한다. 해당 설정은 Xcode가 앱 서명 및 프로비저닝을 자동으로 관리하는지에 대한 여부인데 일반적인 경우는 true로 설정하면 된다. 더불어 Team 설정에서 Apple Developer 계정에 등록된 팀을 추가해야 한다.

마지막으로 Deployment Info 설정에서 Deployment Target 설정을 추가한다. 해당 설정은 앱이 지원할 최소 iOS 버전을 선택하는 것으로 Flutter는 iOS 8.0 이상을 지원한다. 사용하는 라이브러리나 외부 SDK 등에 따라 iOS 9.0 혹은 11.0로 설정해야 하는 경우가 종종 있으니 프로젝트에 적합하게 수정하길 바란다. 이에 대한 설정 방안도 "Flutter Xcode 설정" 등의 키워드로 검색하면 다양한 설명들이 나와있으니 참고하여 설정을 완료하면 된다.

❋ App 빌드하기

Xcode 설정이 완료되었다면 App을 빌드 하면 된다. 만약 버전을 업데이트하고 싶다면 코드를 직접 수정하는 방법과 Xcode를 수정하는 방법을 수행할 수 있다. Xcode로 수정하는 방법만 간략히 소개하면 루트 디렉터리에서 "iOS/Runer.xcworkspace"를 실행시킨 후 좌측 상단의 Runner를 클릭하여 Identity 섹션에서 원하는 Version과 빌드 번호로 업데이트하면 된다. 명령어는 다음과 같다. 참고로 "flutter build" 명령어는 "--release" 속성을 기본값으로 가진다.

```
$ flutter build ipa
```

해당 명령어를 입력하면 환경에 따라 상이하긴 하지만 일반적으로 15~30분 내외에 빌드 아카이브가 생성된다. 빌드 아카이브가 생성되면 배포 준비가 가능하다. 루트 디렉터리에서 "build/ios/archive/Runner.xcworkspace"를 통해 Xcode를 실행한 후 Distribute App 버튼을 누르면 된다. 해당 과정을 통해 유효성 검수 진행 후 배포를 진행할 수 있다.

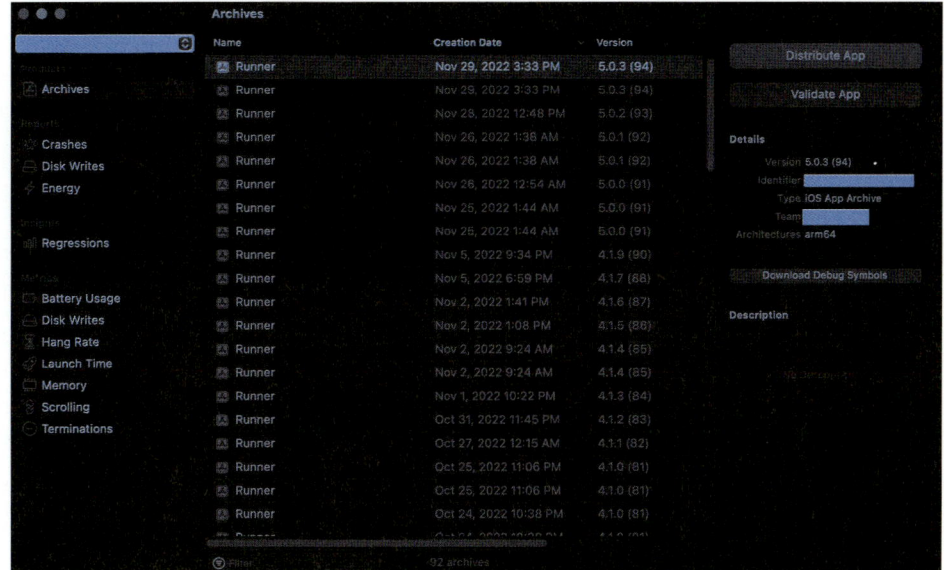

빌드 파일 배포 화면

※ TestFlight 배포하여 테스트하기

App 빌드 과정을 거치고 나면 App Store Connect에 빌드 된 애플리케이션이 업로드된다. 업로드가 되었는지는 TestFlight에서 먼저 확인할 수 있다. TestFlight 배포를 사용하는 경우 다수의 테스터들에게 애플리케이션을 실제 단말 환경에서 사용하도록 제공할 수 있기 때문에 유용하다. 특히 단말별 TC(Test Case)를 기반으로 복수의 QA 절차를 거치는 경우 TestFlight를 활용하는 것을 추천한다. TestFlight는 내부 테스팅과 외부 테스팅이 존재하며 말 그대로 내부 테스팅은 내부 구성원, 외부 테스팅은 외부 구성원에게 테스트를 진행하는 목적으로 나누어진다. 내부 테스트는 최대 100명의 테스터, 외부 테스트는 최대 10,000명의 테스터에게 테스트를 진행할 수 있다.

회사 혹은 조직 내 프로세스로 규정된 사항이 아니라면 실무 환경에서 매번 두 가지 절차를 진행하기는 다소 어려움이 있다.[13] 때문에 조직 혹은 개인의 상황에 따라 테스트 절차를 활용하는 것을 추천한다. 참고로 외부 테스팅의 경우 다음 이미지와 같이 배포와 동일하게 앱 심사를 거쳐야 한다. 다만, 배포 심사 대비 시간은 짧다.

TestFlight 배포 화면

애플 계정을 가진 사람을 테스터로 초대할 수 있다. 초대받은 Tester는 TestFlight 애플리케이션을 다운받은 후 테스트를 수행할 수 있다. TestFlight는 개발자가 테스터에게 어떠한 기능이 추가되었고 어떠한 사항은 의도되었는지, 주의해야 할 사항들은 무엇인지 등에 대한 안내를 입력하여 제공할 수 있다. 더불어, 테스터는 피드백을 개발자에게 회신할 수 있는 기능을 가지고 있다.

---

13 개인적인 경험으로는 외부 테스팅은 오히려 QA 목적보다 UX 분석 혹은 마케팅의 목적으로 사용하는 회사를 더욱 많이 본 것 같다.

❄ 앱스토어에 앱 배포하기

테스트 과정까지 마무리되었다면 앱을 배포할 준비가 된 것이다. 이때 한국에서 배포했다면 **App Store Connect는 반드시 "수출 관련 규정 준수에 면제되는 암호화를 사용하는지"를 묻는다.** 미국 법상 미국 서버에 있는 소프트웨어[14]를 해외 사용자[15]가 다운로드하면 수출로 간주하기 때문에 나타나는 표시이다. 거의 대부분의 애플리케이션이 해당 이슈가 없으므로 아니요(false)를 체크해 주면 된다.

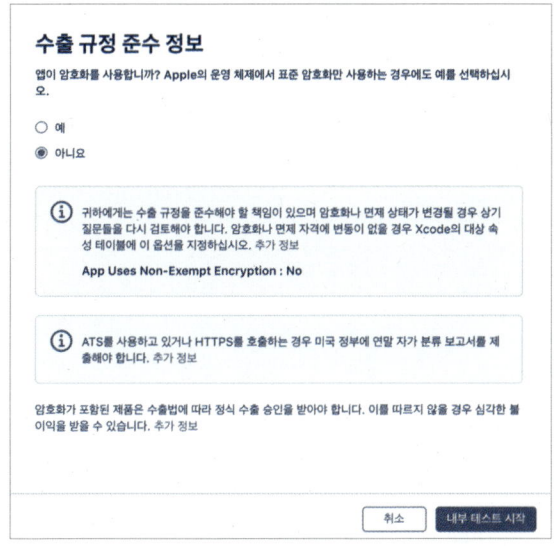

수출 규정 준수 정보

해당 내용은 별도의 설정 없이는 반복적으로 확인해 주어야 배포가 가능하기 때문에 앱 내부에 정보를 추가하는 것을 추천한다. Info.plist 파

---

14 앱스토어에 업로드된 우리의 앱
15 한국 사용자 등 미국 이외의 사용자

일에 다음 코드를 추가하면 더 이상 해당 질문이 나타나지 않게 된다.

```
<key>ITSAppUsesNonExemptEncryption</key> <No>
```

규정에 대한 확인이 끝나면 배포가 준비가 된 빌드 파일을 배포 심사에 추가할 수 있다. 배포를 위해서는 지원 단말 사이즈별 미리보기 및 스크린샷, 프로모션 텍스트, 설명, 업그레이드된 사항, 키워드, 지원 URL, 마케팅 URL, 버전, 저작권, 배포할 빌드, 앱 심사 정보[16] 등을 입력하면 된다. 그 후 심사에 애플리케이션을 추가하게 되면 별도의 심사 절차를 통해 배포가 진행되게 된다.

App Store Connect 어플리케이션 배포 설정 화면

책에서 다루는 내용이 충분하지 않다면 배포 관련 내용도 "iOS 배포"라는 키워드로 검색하면 다양한 관련 글이 있으니 살펴보고 소개되는 사항에 따라 배포 절차를 마무리하길 바란다.

---

16 로그인 및 연락처 정보

배포 절차를 알아보았으니 앱스토어의 반려 사유도 함께 알아보자. 개인적으로 느끼기에는 **앱스토어의 경우 안드로이드보다 반려 사유에 대해 안내가 직관적**이라 생각한다. 대부분의 서비스와 관련된 사항은 스크린샷을 첨부하여 반려 사유를 제공하기 때문이다. 다만, 애플의 경우 스크린샷에 포함된 단말기 상태바가 반드시 iOS와 동일해야 하며 SNS 로그인이 있으면 반드시 애플 로그인이 있어야 하는 등의 사항 등을 강제하고 있어 불편함이 있고, 테스트로 만들어 놓은 파일명을 수정하지 않았을 때 반려되는 등 Google Play 스토어보다 반려되는 이유들이 좀 더 까다로운 편이다.

더불어 애플 인터페이스 가이드 디자인을 위반하는 경우에도 배포가 반려된다. 개인적인 경험으로는 엄격하게 적용되는 것 같지는 않다. 다만, iOS 경험이 없는 디자이너와 작업을 하게 될 때 종종 겪게 되는 문제이다.

가장 주의할 만한 사항 중 하나는 네이티브 기능이 없는 WebView 앱을 배포하는 경우 반려 당할 수 있다는 점이다. 이에 대한 대처 방안으로는 네이티브 패키징, 네이티브 기능(푸시 알림, 카메라 등)을 추가, WebView UI를 iOS UI와 유사하게 변경, 아이패드 등의 타 모바일 단말을 지원하는 반응형으로 개발하는 방법 등이 있다. 다만, 심사 통과 여부는 앱스토어 검수자에 따라 상이할 수 있어 각자의 상황에 따라 여러 시행착오를 겪을 수 있다.

이외에도 다음과 같은 다양한 반려 사유들이 존재한다. 일부에 대해 소개하면 다음과 같다.

1. 관공서 혹은 지역 등의 아이콘을 삽입했을 때 해당 관청 및 부서와 관련성을 증명하는 서류를 내지 않는 경우
2. 하이브리드 앱에서 Web 내의 개인정보 수급 정보에 대해 종류와 이유를 제공하지 않는 경우
3. 사용자 생성 콘텐츠에 대한 신고 기능이 없는 경우
4. 디지털 콘텐츠에 인앱 결제 대신 PG 결제를 붙인 경우
5. 본인인증 서비스 도입 후 인증 프로세스를 제공하지 않는 경우
6. 초대한 사람에게 리워드를 제공하는 경우
7. 앱 내부에서 회원가입이 불가능한 경우
8. 회원가입 시 성별 등의 개인정보를 필수적으로 요구하나 그 필요성에 대한 소명이 불충분한 경우
9. 요구하는 권한에 대한 설명이 불충분한 경우
10. 회원 탈퇴 기능이 없는 경우

소개한 주요 사항 이외에도 다양한 반려 사유가 존재하기 때문에 각자의 반려 사유에 따라 검색을 활용하여 대처하는 것을 추천한다.

마지막으로 한 가지 안내하고 싶은 사항은 배포 심사 시간이다. **앱스토어 배포는 심사 신청 후 24~48시간이 걸리는 것이 일반적이고, 연휴 기간을 포함하면 시간이 더욱 오래 걸리기 때문에 개발 및 배포 과정의 일종의 병목으로 작용**한다. 때문에 앱스토어 배포 관련한 일정을 운영 배포 일정에 보수적으로 포함하는 것을 추천한다.[17]

---

17 hot fix 등의 사유로 빠른 앱 심사를 신청할 수는 있지만, 사유가 명확해야 한다. 설령 그렇더라도 항상 받아들여지지는 않는 경우도 많다. 때문에 배포 일정을 보수적으로 잡는 것이 바람직하다고 생각한다.

10.3 CI/CD를 위해 codeMagic 사용하기

앞서 진행했던 것처럼 배포하는 과정을 수동으로 수행할 수도 있지만 생산성을 높이기 위해 CD 툴을 사용하는 것을 추천한다.[18] Flutter 생태계에도 다양한 CD 툴이 존재한다. 그중 **협업한 소스를 지속해서 통합하고 자동으로 테스트하는 CI 기능도 함께 제공하는 툴들을 같이 사용하는 것이 업무 생산성 측면에 효율적이다.** 그중 개인적으로 가장 편하다고 생각하는 CodeMagic에 관해서 소개하고자 한다.[19]

CodeMagic은 타 툴에 비해 편리한 GUI를 제공하고 있어 초기 설정에 대한 진입 장벽이 낮고 기능이 다양하다. 참고로 CodeMagic은 Flutter뿐만 아니라 Native, React Native, Cordova 등의 다양한 프레임워크에 대한 CI/CD를 함께 지원하고 있다.

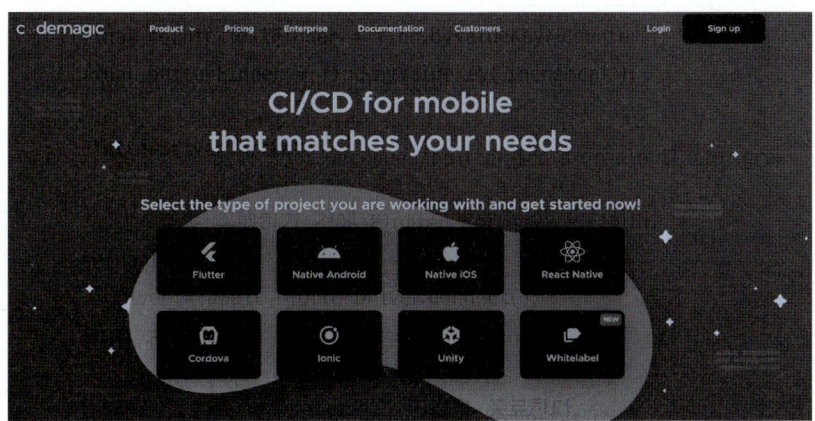

CodeMagic 웹사이트 메인 페이지

---

18 이 절의 주제상 CD만 다루는 것이 적합하다고 생각되지만, CodeMagic이 CI를 함께 제공하기도 하고, 이 절 이외에는 CI에 대한 사항을 소개할 기회가 없어 함께 소개하고자 한다.

19 무료 시간 500분 혜택 이후에는 비용이 부과되므로 개인이 사용하거나 비용이 부과되는 것이 부담이 된다면 fastlane이나 git Action, bitbuket pipline 등을 활용하는 방법도 고려해 볼만 하다.

CodeMagic은 GitHub, Bitbucket, GitLab을 포함한 클라우드 기반 Git Repository와 통합할 수 있어 Repository에 소스를 업로드하면 규칙에 따라 빌드와 테스트가 자동으로 진행되며 Android와 iOS 스토어에 자동으로 배포할 수 있도록 도와주는 CI/CD 도구이다.

사용방법은 굉장히 단순하다. 가입 후 Repository를 연결하게 되면 GUI인 Workflow Editor가 나타난다.

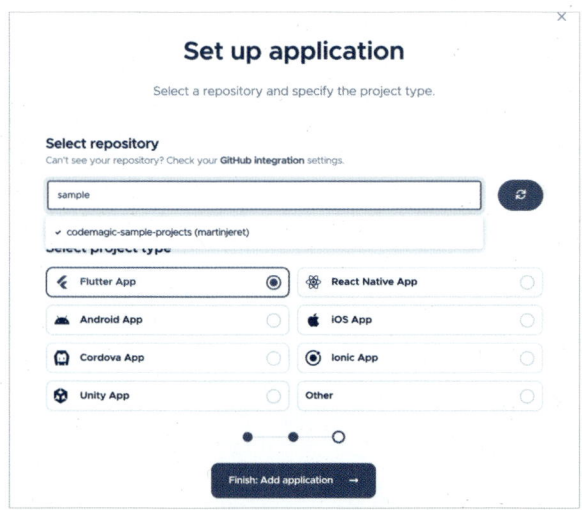

CodeMagic Set up 화면

빌드를 위한 설정으로는 Build triggers, Environment variables, Dependency caching이 존재한다.

Build triggers의 경우 어떤 'Action을 구독할 것인지'[20]와 '구독하는 branch와 tag의 패턴은 어떻게 설정할 것인지' 설정하는 것으로 설정

---

20 Push, PR update, tag 등의 Action을 구독할 수 있다.

방법은 단순하다. 본인 혹은 조직의 workflow에 맞춰서 Build triggers 를 설정하면 CodeMagic은 Action을 인식하여 자동으로 CI와 CD를 수 행하게 된다.

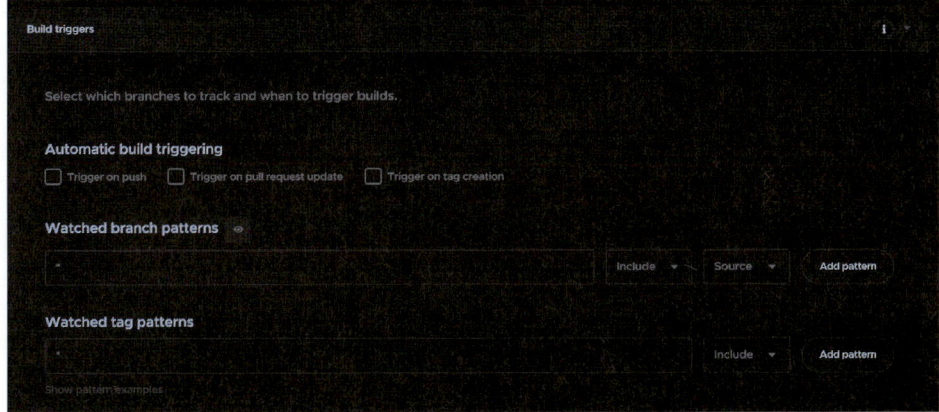

CodeMagic Build Trigger 설정 화면

Environment variables의 경우 빌드 과정에서 스크립트를 작성할 때 사 용하는 환경 변수를 설정할 수 있다. CodeMagic은 일부 환경 변수를 export 하는 기본 설정이 되어 있다. 때문에 Envioronment variables 을 수정하면 code magic의 기본 설정을 커스터마이징할 수 있다.

CodeMagic Environment Variable 설정 화면

Enviornment variables를 별도로 설정하지 않으면 다음과 같은 기본 환경설정값들이 export 된다.

export 되는 환경 변수 기본값들

Environment variable	Value
ANDROID_SDK_ROOT	Absolute path to Android SDK and tools
CI	true
CONTINUOUS_INTEGRATION	true
BUILD_NUMBER	Number of the build for this project in Codemagic for the given workflow
PROJECT_BUILD_NUMBER	Number of the build for this project in Codemagic
FLUTTER_ROOT	Absolute path to Flutter SDK
CM_BRANCH	The current branch being built, for pull requests it is the source branch
CM_TAG	The tag being built if started from a tag webhook, unset otherwise
CM_REPO_SLUG	The slug of the repository that is currently being built in the form owner_name/repository_name. Unset for repositories added from custom source
CM_COMMIT	Commit hash that is currently being built by Codemagic, for pull request builds it is the hash of the source commit
CM_PREVIOUS_COMMIT	Commit hash of the previous successfully built commit (current excluded), unset if there is no previous successful commit
CM_PULL_REQUEST	true, if the current build is building a pull request, false otherwise
CM_PULL_REQUEST_NUMBER	Set to Integer ID of the pull request for the Git provider (Bitbucket, GitHub etc) if the current build is building a pull request, unset otherwise
CM_PULL_REQUEST_DEST	The destination branch, if the current build is building a pull request, unset otherwise

Environment variable	Value
CM_CLONE_UNSHALLOW	If set to true performs a full clone of the repository instead of top 50 commits
CM_CLONE_DEPTH	Specifies the number of commits to be fetched from the repository when cloning, default: 50. Specifying a smaller number can decrease the default fetching time
CM_RECURSIVE_SUBMODULE_INIT	If set to false, recursive submodule cloning is disabled
CM_PROJECT_ID	UUID of the project that is being built
CM_BUILD_ID	UUID of the build
CM_TEST_STEP_STATUS	Test step status, success or failure
CM_BUILD_STEP_STATUS	Build step status, success, failure or skipped. Only available when using Workflow Editor, unavailable with codemagic.yaml
CM_BUILD_DIR	Absolute path to the root directory of the cloned repository in Codemagic builders
CM_BUILD_OUTPUT_DIR	Contains the artifact files generated during the build
CM_EXPORT_DIR	The files added to this directory will be added to a zip file and made available as build artifacts
CM_FLUTTER_SCHEME	Name of the iOS scheme to be used
CM_KEYSTORE_PASSWORD	Password of Android keystore as configured in the UI
CM_KEY_PASSWORD	Password of Android key as configured in the UI
CM_KEY_ALIAS	Alias of the key as configured in the UI
CM_KEYSTORE_PATH	Path of the file in our VM
CM_ARTIFACT_LINKS	Information about generated build artifacts that is available in post-publishing step. Read more about it below.

Dependency caching의 경우 반복적으로 수행되는 의존성 설치를 지양하고 빌드 속도를 높이기 위해 설정하는 값이다. 이를 설정하면 어느 경로에 의존성 패키지들을 캐싱하여 사용할 것인지 설정할 수 있다.

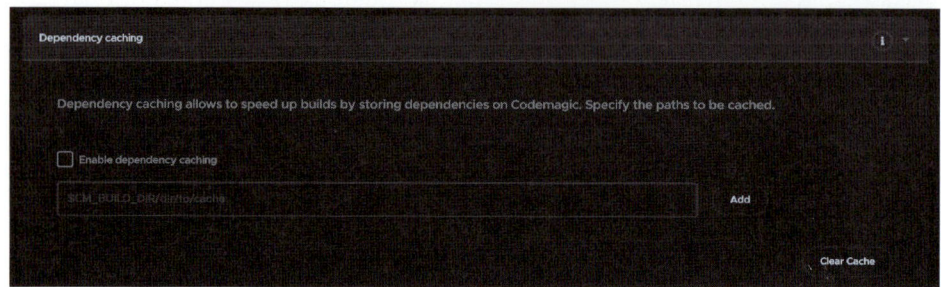

CodeMagic Dependency caching 설정 화면

이제 배포 과정을 살펴보자. 배포 과정의 경우 기본 설정으로 "Tests – Build – Distribution – Notifications"이 설정되었다. 더불어, 각 과정 전후에 스크립트를 삽입하여 과정을 커스터마이징할 수 있다.

각각의 배포 과정 중간에 Script를 실행할 수 있다.

배포 단계 전후에 실행시킬 수 있는 Script 작성 화면

Tests의 경우 Flutter analyzer와 Dart Code Metrics을 활용한 정적 분석을 수행할 것인지에 대해 설정할 수 있다. 만약, analyzer에 별도의 arguments가 있다면 그에 대해 설정할 수 있다. 더불어, 기작성된 테스트(단위, 위젯, 통합)의 수행 여부와 통합 테스트 시뮬레이터, arguments 설정을 할 수 있다.

CodeMagic Test 설정 화면

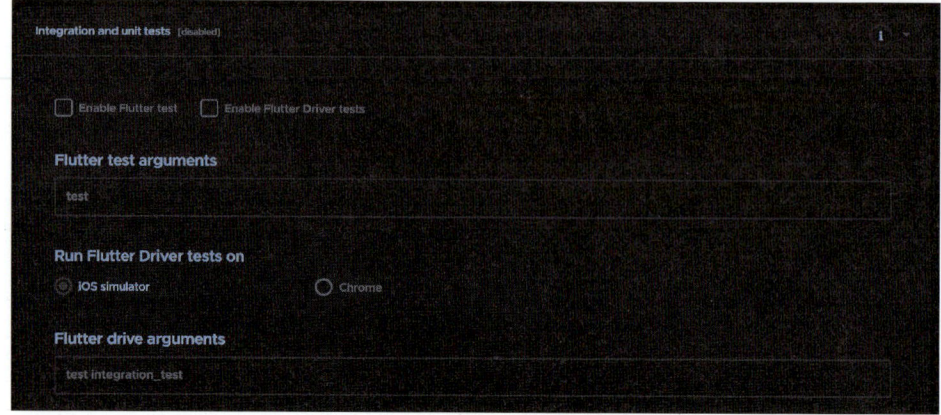

CodeMagic Test 설정 화면

Build의 경우 Android와 iOS의 빌드 버전 및 포맷과 어떠한 프로젝트를 배포할 것인지 설정할 수 있다. 더불어 배포 모드와 Build arguments를 설정할 수 있다. 만약 배포 시에 빌드 버전을 자동으로 조절하고 싶다면 Build argments에 자동으로 빌드 버전을 업데이트해주는 스니펫을 추가해야 한다.[21]

CodeMagic Build 설정 화면

Distribution의 경우 Google Play Store, App Store Connect, 테스트 배포를 위한 Firebase App Distribution을 연결하여 배포를 자동화할 수 있다.

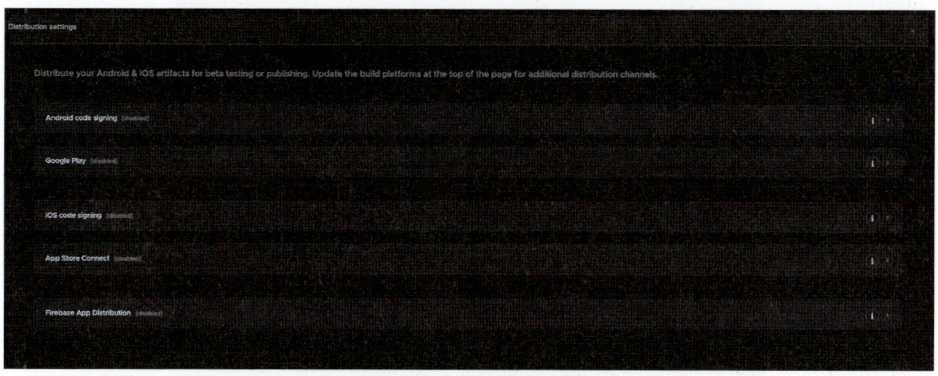

CodeMagic Distribution 설정 화면

예를 들어, iOS 배포를 위해서는 App Store Connect와 연동해야 한다. 연동 방법은 어렵지 않다. 다음 그림에서 API key name은 사용하고자 하는 이름으로, IssuerID와 Key ID, AP key는 "App Store Connect > Users and Access > Keys"로 이동하여 key를 생성한 후 해당 ID 값과 API key 파일을 다운로드하여 업로드하면 된다. **Key는 한 번만 다운로드되기 때문에 분실하지 않도록 주의해야 한다.**

---

21 혹은 빌드 과정 중간에 스크립트를 추가하여 빌드 버전을 업데이트하는 방법도 있다.

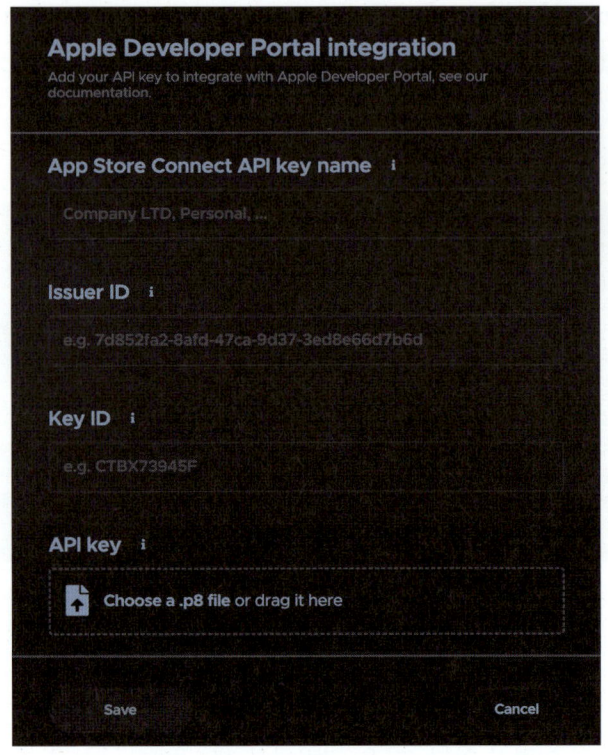

CodeMagic App Store Connect 연동 설정 화면

App Store Connect에서 생성된 key

연결이 완료되면 배포 설정을 Automatic으로 설정하고 연동한 Key를 선택하면 된다. 그로서 iOS code signing은 완료된다.

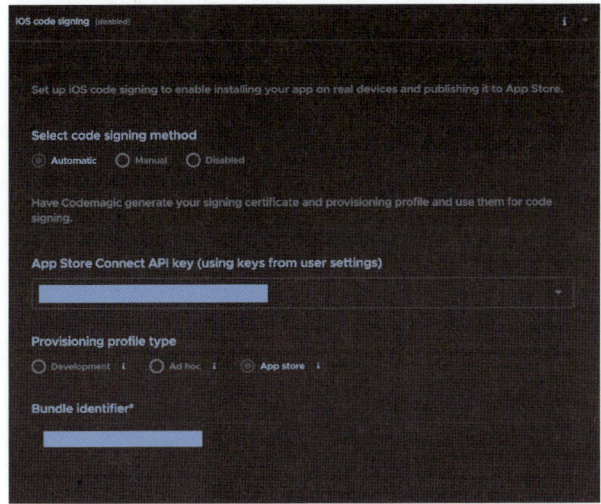

CodeMagic iOS code signing 설정 화면

그 후 App Store 연결도 진행할 수 있다. 다음 그림처럼 설정하고 key를 추가하면 연결이 완료된다. 그 이외의 설정 사항은 테스트 및 리뷰에 대한 선택사항으로 만약 필요하다면 추가로 설정하면 된다.

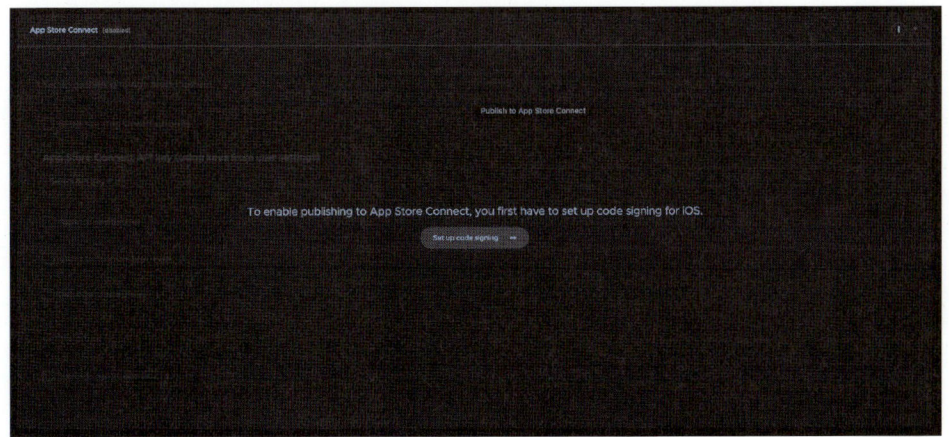

CodeMagic App Store 연결 설정 화면

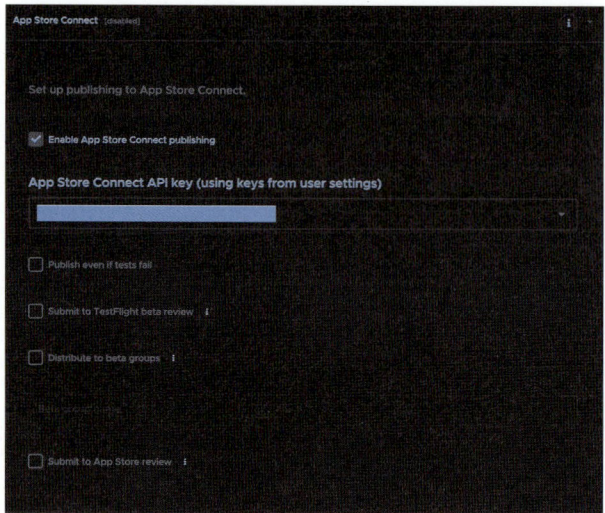

CodeMagic App Store 연결 설정 화면

Google Play 연동도 마찬가지로 Signing 설정을 먼저 수행해야 한다. Android는 간단한데, 우리가 미리 만들어 놓았던 key.properties의 정보를 그대로 작성하고 keystore 파일을 업로드하면 된다.

CodeMagic Android code signing 설정 화면

Google Play Store 연결을 위해서는 "GCP 서비스 계정 생성 – 해당 서비스 계정 key 생성 후 json 파일 다운로드→Google Play API Access 연결→json 파일 codemagic에 업로드 후 설정 추가" 과정을 거치면 연동할 수 있다. Codemagic의 공식 문서(https://docs.codemagic.io/flutter-publishing/publishing-to-google-play/)를 그대로 따라 하면 설정이 완료되므로 해당 링크를 참고하여 설정을 완료하길 바란다. 연동이 완료되면 아래 사진과 같이 설정할 수 있다.

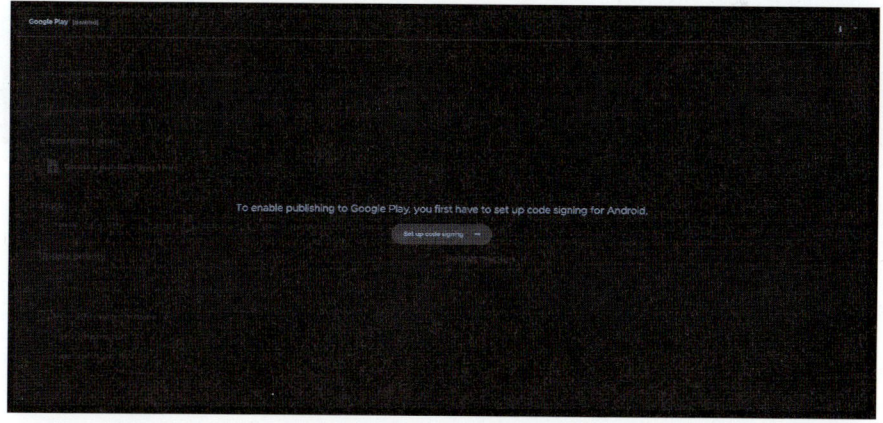

Google Play Store 연동 전

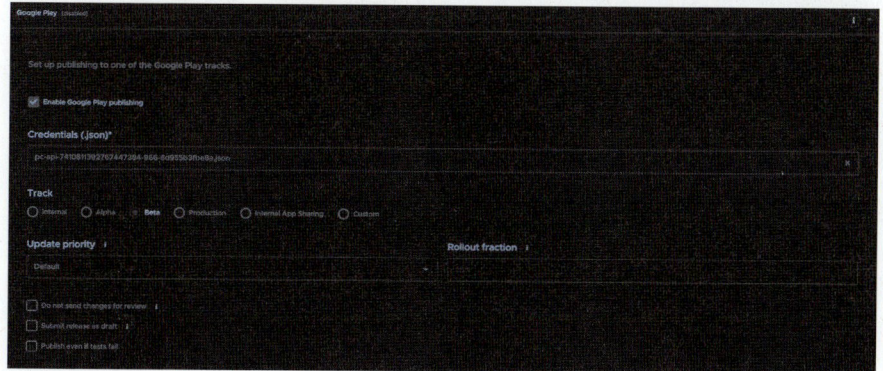

Google Play Store 연동 후

마지막으로 Notifications 설정을 통해 해당 과정이 수행되었음을 Email 혹은 Slack으로 수신 받을 수 있도록 설정할 수 있다.

CodeMagic Notifications 설정

이제 설정이 완료되었다. 그럼 첫 빌드를 해보자. Workflow Editor의 Build for platform 설정에서 "Run tests only"를 선택하고 "start first build"를 클릭하면 첫 빌드를 수행할 수 있다.

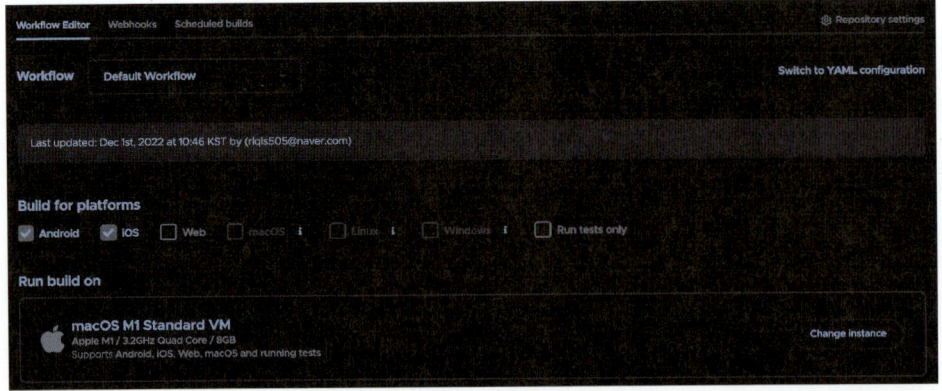

CodeMagic Workflow Editor Build 설정 화면

"Start your first build" 버튼을 클릭하면 다음과 같이 branch를 선택할지 tag를 선택할지에 대해 안내하는 창이 나온다. 그와 함께 나오는 하단의 체크박스는 SSH 또는 VNC/RDP 클라이언트를 통해 빌드를 실행하는 가상 머신에 연결하는 것을 허용할지에 대한 내용이며 주로 디버깅을 위해 사용된다.

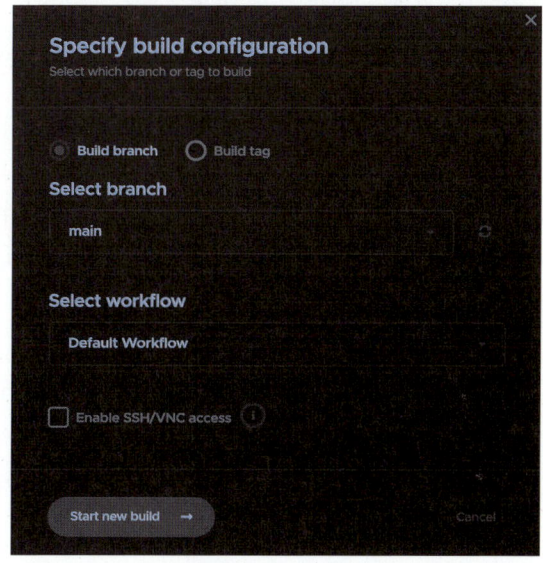

CodeMagic Build 설정 화면

빌드를 진행하면 지정한 절차에 따라 build machine에 코드 소스를 받아 dependencies를 설치한 후 앱을 빌드한다. CodeMagic은 해당 과정을 통해 소스 코드가 정상적으로 빌드가 가능한 지 확인해 준다. 각 항목을 클릭하면 로그에 대해 확인할 수 있다. 또한, 빌드 과정을 파악하고 빌드 실패 시에 디버깅을 위해 사용할 수 있다.

각 빌드 단계별로 로그를 확인할 수 있다.

10.4 BI Tool: Amplitude와 teableau 사용하기

배포 후 운영을 진행하면 마케팅, UX 팀 등의 유관 부서와 업무를 진행하게 된다. 때문에 Visualiztion & BI tool에 대한 설정 방법도 알고 있을 필요가 있다.

사용자 상호작용 이벤트를 분석하는데 최근 현업에서 자주 사용되는 것은 Amplitude이다. Amplitude는 유료 플랜이 경우 최저 월 100만 원 이상으로 매우 비싸고 무료의 경우 제한된 기능만 사용이 가능하다. 더불어, 점점 무료 기능을 제한하고 있다는 점이 아쉽다. GA에 익숙하다면 GA를 사용해도 되지만 실무 환경에서 Amplitude 사용을 요구하는 경우가 많기 때문에 Amplitude 사용법을 익힐 필요가 있다.

Amplitude는 사용자 세션 데이터를 순차적으로 보여주고 대시보드를 편하게 만들 수 있다는 장점이 있고, Flutter에 GA를 적용하는 방법과 유사하기 때문에 Amplitude 설정을 익힌다면 GA 설정도 어렵지 않게 할 수 있다.

Amplitude는 다음과 같은 명령어를 입력하여 설치할 수 있다.

```
$ flutter pub add amplitude_flutter
```

Amplitude를 사용하기 위해서는 Amplitude 프로젝트를 만들고 해당 프로젝트의 메타데이터 값을 가져와야 한다. 프로젝트 생성 후에 나타나는 Flutter SDK 버튼을 선택하면 상세한 연동 가이드와 메타데이터 값을 제공해 준다.

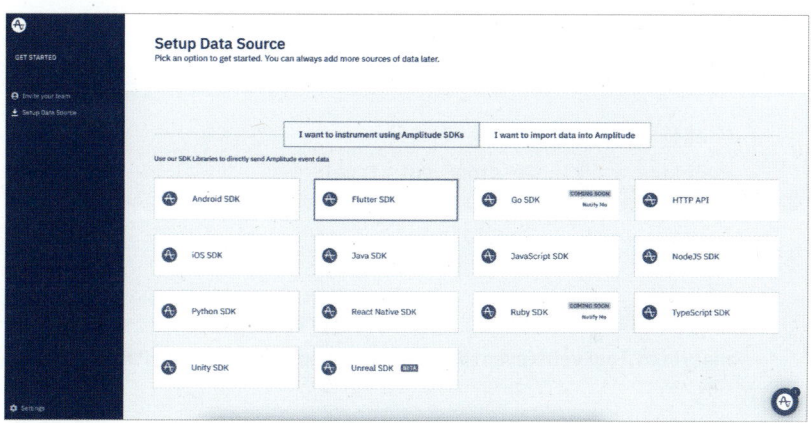

Amplitude Setup 화면

가이드에 따라 다음과 같이 Flutter "config" 디렉터리에 Amplitude Class를 만들어 기본 설정을 완료할 수 있다. 추가적인 설정의 경우 Amplitude Flutter SDK(https://www.docs.developers.amplitude.com/data/sdks/flutter/) 공식 문서를 참고하길 바란다.

설정이 완료되면 프로덕션 코드에서 Amplitude를 연결해 줄 수 있다. 초기 설정은 다음 코드와 같다.[22]

---

22 event method 선언을 단순화하기 위해 logEvent라는 메소드를 별도로 만들었다.

```dart
import 'package:amplitude_flutter/amplitude.dart';

class amplitudeConfig {
  final Amplitude analytics = Amplitude.getInstance(instanceName:
      <프로젝트명>);
  Future<void> init() async {
    // SDK init
    analytics.init(<API Key>);

    // 유저 데이터 수집 기록용
    analytics.enableCoppaControl();

    // 세션 시작 이벤트 자동 기록용
    analytics.trackingSessionEvents(true);

  }

  logEvent(String eventName, {var eventParams}) async {
    analytics.logEvent(eventName, eventProperties: eventParams);
  }
}
```

그 후 main.dart에서 다음과 같이 선언하면 Amplitude 사용을 위한 설정은 마무리된다.

```dart
void main() async {
  WidgetsFlutterBinding
      .ensureInitialized(); // SDK 초기화 이전에 Flutter의 위젯
                            // 바인딩이 보장되어야 하기 때문에 선언
  amplitudeConfig().init(); // amplitude 선언
}
```

Amplitude 이벤트를 Amplitude에 기록하기 위해서는 원하는 상호작용이 발생할 때 다음과 같이 eventName과 eventProperties를 통해 logEvent 메소드를 호출하는 코드를 호출하면 된다. eventProperties는 선택사항이다. 다음 코드는 selectInstantNeighbor라는 이름의 이벤트에 neighborName을 파라미터로 logEvent를 호출하는 스니펫이다.

```
// amplitude
amplitudeConfig().logEvent('selectInstantNeighbor',
                eventParams: {"neighborName": neighbors
                [index].name});
```

이러한 이벤트 메소드를 통해 이벤트를 송신하면 다음과 같이 유저의 상호작용 경로에 관해서 살펴볼 수 있으며, 축적된 유저 데이터를 대시보드 형태로 만들어 분석에 활용할 수 있다.

수신된 User Event를 시간순으로 살펴볼 수 있다.

Amplitude와 함께 현업에서 같이 쓰이는 데이터베이스 분석 툴로는 Tableau가 있다. 그러나 Tableau는 Flutter를 공식 지원하고 있지 않아 설정하기 불편하다. 책에서 소개한 소프트웨어 구조로 Tableau를 사용하기 위해서는 Firebase의 Firestore를 BigQuery와 연결하여 데이터를 축적하고, 그를 다시 Tableau와 연결하는 과정을 거쳐야 한다. 만약 필요하다면 Firestore를 BigQuery로 연결하는 과정(https://support.google.com/firebase/answer/6318765)와 BigQuery를 Tableau로 연결하는 (https://cloud.google.com/bigquery/docs/analyze-data-tableau?hl=ko)에 대한 공식 문서를 참고하여 연동하여 사용하길 바란다.

마치며

본 서적에서는 Dart와 Flutter의 탄생 배경과 실무 레거시 전환 사례에 대한 소개를 시작으로 Dart와 Flutter 개발을 위한 배경지식과 경험 공유, 그리고 배포 방법을 다뤘다. 내용을 충실히 이해한다면 'Flutter를 통한 실무 소프트웨어 개발'에 필요한 리소스와 장단점에 대해 분명히 이해했을 것으로 생각한다.

한 가지 아쉬운 점은 필자의 역량 부족으로 Flutter의 운영 이슈 관리에 대해 충분히 다루지 못했다는 것이다. 책은 본래 12장으로 기획되었다. 책을 집필할 때부터 필자는 부족한 경험을 기반으로 Flutter 운영 이슈 관리에 대해 서술하는 것에 대해서 오랫동안 고민했다. 최종적으로 Flutter 전환을 결정한 조직들에게 통용되기 어렵다고 판단하여 11장과 12장은 생략하게 되었다. 추후 역량이 확보된다면 추가적으로 내용을 정제하여 독자들에게 소개하고 싶다.

이러한 한계에도 불구하고 책을 집필한 이유는 하나이다. 바로 Flutter에 도전하라는 것이다. Flutter 생태계는 폭발적으로 성장하고 있다. 필자는 버전이 업그레이드될 때마다 개선된 성능과 추가된 기능들에 놀라곤 한다.

프레임워크를 변경하는 것은 매우 도전적인 일이다. 작동하는 레거시를 버리고 새로운 기술로 도전한다는 것은 많은 고민이 필요하다. 이 책이 그러한 고민을 하는 독자들에게 도움이 된다면 좋겠다. Flutter로 전환하는 것에 도전하라. 그를 통해 생산성과 유지 보수성을 증대시켜라. 이 책이 개인 차원에서는 개발의 즐거움을, 조직 차원에서는 경쟁력을 확보할 수 있도록 도움이 된다면 좋겠다.

INDEX

A

AAB(Android App Bundle)	499
AlertDialog	229
Amplitude	536
AndroidManifest.xml	495
AOT(Ahead-Of-Time)	058
Apache Cordova	012
APK(Android App Package)	499
App bundle	499
App Store Connect	510
Atom	397
Authentication	313

B

badges	295
BigQuery	540
BLoC	399
BLoC 패턴	256
BottomSheet	229
Bridge	014
BuildContext	181
BuildContext 확장 메소드	422

C

Call Flow	479
Cascade notation	124
ChangeNotifierProvider	408
Checked Error	128
CI/CD	521
Cloud Firestore	326
Cloud Function	358
Cloud Storage	348
codeMagic	521
Collection	331
Column	198
Consumer	422
Container	195
Crashlytics	384
CSR(Client-side Rendering)	392
Cupertino Design	188
CustomScrollView	212

D

dart2js	072
Dart isolate	129
Dart VM	129
DAU	316
dependencies	249
Dependency caching	526
dev_dependencies	249
device preview	291
DevTools	096
DOM	389
DTO	429
DVM(Dart Virtual Machine)	003
dynamic type	133

E

Effective Dart	154
Element Tree	163
enumerator	150
Enviornment variables	524
Equatable	292
eventName	539
eventProperties	539

F

Fake 객체	442
Firebase	303
Firebase CLI	310
Firebase Hosting	324
Fish-Redux	400
FlutterBoost	059
flutter launcher icons	284
flutter native splash	280
Flutter Package	273
flutter screenutil	287
flutter secure storage	298
Flux	394
font awesome flutter	279
Form	220
FormState	220
Front-end	387
Fuchsia OS	064
FutureProvider	413

G

GC(Garbage Collector)	128
GestureDetector	217
GetX	400
Google 애널리틱스	308
GridView	204

H

Homebrew	107
HTTP benchmark	074

I

InkWell	217
Ionic	012

J

JIT(Just-In-Time)	058
JQuery	390
JSON 트리	326

L

Lint	101
ListenableProvider	408
ListView	204
lowerCamelCase	155

M

main 함수	117
Material Design	188

MAU	316	**R**	
Mixins	120	R8 컴파일러	492
Mocking	442	React-Native	013
monorepo	379	Realtime Database	323
MPA	391	Real-time 액세스	343, 345
Multi-device Debugging	088	Red-Green-Refactor	463
MVC 패턴	254	Redux	394, 400
MVP 패턴	255	Render Tree	163
MVVM 패턴	256	Riverpod	399, 430
		RouteObserver	223
N		Row	198
Navigator	223		
NoSQL	323	**S**	
NPE(Null-Pointer-Error)	121	Scaffold	193
Null-safety	114	Selector	422
		Share plus	296
O		shimmer	290
One-time read	340	SnackBar	229
OOP	292	SPA	391
		Stack	201
P		StatefulWidget	173
PageView	204	StatelessWidget	173
path provider	277	StreamProvider	415
ProGuard	492		
ProGuard Rule	494	**T**	
Props Drilling	393	TDD(Test-Driven Development)	463
Provider	399	teableau	536
ProxyProvider	411	Temporary directory	277
pubspec.yaml	243	TestFlight	515

Test Lab	384	**ㄷ**	
toggle switch	297	다중 상속	119
		다중 페이지 애플리케이션	391
U		단위 테스트	439
Unchecked Error	128	단일 페이지 응용 프로그램	391
UpperCamelCase	155	단일 필드 인덱스	336
url launcher	274	동적 형식	133
		디자인 패턴	253
V			
ValueListableProvider	412	**ㄹ**	
ViewModel	479	레거시 코드	038
		렌더 트리	163
W		리소스 축소	492
Widget	162		
WidgetTesterpumpWidget	447	**ㅁ**	
Widget Tree	163	모바일 크로스 플랫폼 프레임워크	009
Worker Isolate	131		
		ㅂ	
X		보안 규칙	328
Xcode	511	복합 인덱스	338
		비동기 프로그래밍	152
ㄱ			
객체 버전 관리	375	**ㅅ**	
계단식 표기법	124	상태 관리 전략	264, 393
		서버리스 프레임워크	358
ㄴ		성능 타임라인	458
네이티브 SDK	047	소프트웨어 아키텍처	253
네이티브 코드	060	식별자	123

ㅇ

안티 패턴	419
앱 서명	488
연산자	138
열거자	150
와일드카드	328
요소 트리	163
위젯	162
위젯 테스트	445
위젯 트리	163
위치 선택 매개변수	144
이벤트 핸들러	420
일급 객체	117

ㅈ

접근 지정자	121
죽음의 다이아몬드 문제	120

ㅊ

추상 클래스	118

ㅋ

코드 난독화	493
코드 축소 및 최적화	491
코드 컨벤션	115
코드 품질	465

ㅌ

통합 테스트	452

ㅍ

패키지 관리자	116
프로파일링	458